LIBRAIRIE DE FIRMIN DIDOT FRÈRES, FILS ET Cᴵᴱ,

IMPRIMEURS DE L'INSTITUT, RUE JACOB, 56.

LES NIÈCES
DE MAZARIN

ÉTUDES DE MŒURS ET DE CARACTÈRES AU DIX-SEPTIÈME SIÈCLE.

PAR AMÉDÉE RENÉE.

DEUXIÈME ÉDITION,

REVUE ET AUGMENTÉE DE DOCUMENTS INÉDITS ET D'UNE TABLE ANALYTIQUE.

1 VOLUME IN-8°. — PRIX : 6 FRANCS.

TABLE DES MATIÈRES.

1857

Les journaux ont consacré de longs articles aux *Nièces de Mazarin*. Voici quelques extraits de leurs jugements :

« Depuis l'enlèvement d'Hélène ou celui des Sabines, il ne s'est jamais vu tant de si beaux enlèvements de femmes qu'aujourd'hui. Il est vrai que ce sont des enlèvements littéraires . . . .

« . . . . . Quant à M. Amédée Renée, il s'est arrangé si bien qu'il en a pris sept d'un coup de filet et qu'il les saura garder. Sérieusement, ç'a été une idée heureuse et bien conçue, d'embrasser un groupe naturel, un groupe de famille qui offre à la fois des traits frappants de vraisemblance et une agréable variété.

« . . . . . . Je ne recommencerai pas ce qui a été si bien dit. M. Amédée Renée a défilé le plus joliment du monde ce chapelet de belles, de violentes et de légères, où il y a deux ou trois grains à oraison. M. Renée, dans sa jeunesse a eu ses *heures de poésie*; il a eu son hymne à *la beauté idéale*; il s'est attelé en fidèle au cortége d'André Chénier. . . . . Je ne sais quel goût de distinction native se sent toujours chez ceux qui, jeunes, ont eu de ces religions secrètes. Même quand l'heure de l'érudition est venue, on se dit en les lisant, et on devine que la poésie a passé par là. . . . . Comme les nièces de Mazarin, ne se referont pas et qu'elles ont trouvé maître, etc., etc. »

SAINTE-BEUVE. (*Revue contemporaine,* 31 janvier 1857.)

« Mazarin jusqu'à présent n'était pas connu avec cette exactitude qui seule donne aux récits de l'histoire leur véritable prix et dont nous devons aujourd'hui l'entière connaissance à la plume ingénieuse de M. Amédée Renée. . . . .

« On voit maintenant, dit en terminant l'auteur, que nous n'avons pas eu tort de trouver heureux le choix que M. Amédée Renée a fait de son sujet. Nous pouvons donner à l'exécution de justes éloges. M. Renée a traité son sujet avec autant de tact qu'il l'a choisi.... Il mêle habilement à son récit de rapides discussions qui portent coup. Toujours sobre, toujours contenu, il doit à ces qualités d'avoir écrit un livre tout à fait agréable, toujours amusant et qui néanmoins a de la solidité. » LERMINIER. (*Assemblée Nationale,* 31 juillet.)

« Cette histoire des nièces de Mazarin a été racontée d'une manière très-élégante et très-distinguée par M. Amédée Renée dont nous venons d'analyser le travail. Les belles Mazarinettes ne brillèrent pas précisément par la vertu; mais elles eurent toutes de l'esprit, du goût, de la beauté; elles offraient à une plume délicate et soigneuse des physionomies originales. M. Amédée Renée les a reproduites en peintre habile et ingénieux. »

HIPPOLYTE LUCAS. (*Siècle,* 5 août.)

Le *Journal des Débats* a consacré aux *Nièces de Mazarin* deux longs articles; après une analyse très-étendue de l'ouvrage; le spirituel auteur termine ainsi : « Ce dont je saurai toujours gré à Mazarin, c'est d'avoir eu sept nièces, puisqu'elles nous ont valu le charmant livre que j'annonce. Une édition nouvelle en paraît en ce moment, augmentée de très-curieuses pièces *inédites* et d'une table qui ajoute au plaisir des lectures la facilité des recherches. »

F. BARRIÈRE. (*Débats,* 16 et 22 novembre.)

« Avant d'écrire dans la *Revue Contemporaine* une suite de pages charmantes sur les nièces de Mazarin, avant de consacrer à Laure, à Olympe, à Marie, à Hortense Mancini cette plume fine, élégante, spirituelle qui semble avoir été taillée tout exprès pour dessiner des portraits de femme, M. Amédée Renée avait donné aux esprits sérieux la mesure d'un talent plus grave et plus élevé en mettant la dernière main à l'Histoire de France de Sismondi. . . . .

« Résignons-nous à suivre M. Renée dans cette voie nouvelle, et consolons-nous en prouvant qu'il est resté maître dans l'art difficile de voir, de penser, de sentir et de peindre. L'introduction du livre de M. Renée restera comme un des meilleurs commentaires de l'histoire de la Fronde et comme la biographie la plus vraie du cardinal Mazarin. . . . . »

VICTOR DRONSART. (*Patrie,* 24, 27 et 30 août 1856.)

« . . . . . . Ainsi va d'un bout à l'autre ce livre charmant qui instruit, qui plaît, qui retient, que l'on commence avec curiosité, que l'on finit sans y songer, qui paraît long à considérer tout ce qu'il apprend, qui est court si l'on regarde au plaisir qu'il donne. Dans cette suite de récits, œuvre d'un talent exquis, l'habileté de l'artiste égale la pénétration de l'érudit, les grâces de l'esprit se confondent avec la délicatesse du sentiment ; et si parfois l'élégance de l'expression y touche à la coquetterie, et l'aisance des tours à la familiarité, qu'importe ces misères que la critique aperçoit à la loupe dans un des ouvrages les plus remarquables et les plus distingués qu'on ait publiés depuis longtemps ? »

J. J. WEIS. (*Revue de l'instruction publique*, 17 juillet et 15 novembre 1856.)

« Ce livre, qui a l'attrait d'un roman et qui est une histoire, nous représente différents épisodes du XVIIᵉ siècle.... L'auteur a consulté les documents originaux, il a réuni des traits épars ; il a rendu une physionomie distincte, propre et complète à des figures jusqu'ici indécises. . . . . . Chacun de ses personnages apparaît dans son originalité, violente, fantasque, gracieuse. Ils s'agitent tous en quelque sorte sous une fatalité. Quelques traits suffisent à l'auteur pour en marquer la présence et l'effet ; et c'est là le triomphe de l'artiste ; biographe sans cesser d'être historien, tout entier à la description de ses personnages, il n'omet rien de ce qu'ils ont été. . . . . Le plus grand éloge que nous ferons de son livre, c'est que les nièces de Mazarin y sont bien des femmes, avec les attributs charmants de leur grandeur et de leur faiblesse naturelle. Et il en est ainsi au milieu d'une narration érudite, exempte de ces complaisances d'imagination et de style qui sont indignes de l'austère gravité de l'historien.... Cette œuvre d'érudition et de talent rappelle, par l'abondance et l'exactitude des détails, la finesse des appréciations, la fermeté gracieuse des aperçus, un des meilleurs tableaux de l'école de Van-Dyck. »

RAPETTI. (*Moniteur*, août, novembre 1856.)

« M. Amédée Renée avait déjà touché à l'histoire de plain-pied, à l'histoire politique, d'une main ferme et compétente. Le livre que nous annonçons va montrer qu'il a également la délicatesse de la main. . . . .
« Il a concentré des facultés plus grandes que son sujet dans un travail d'application et de miniature qui demandait beaucoup de finesse, et il nous a donné cette collection de médaillons, délicieusement réussis, qu'il appelle les *Nièces de Mazarin*. . . . . . . Jamais vous n'avez rencontré d'érudition si légère, si ailée, et qui passe plus vite sur les épis de blé sans les courber, mais non sans les couper, car elle les coupe et les emporte. . . . . . . L'auteur juge les femmes qu'il peint en homme que la bonne compagnie ne trouble point, parce qu'il la connaît. Attiré, mais non enivré, esprit trop solide pour ne pas savoir résister à l'ivresse, il a la légèreté et l'aplomb qu'il faut pour badiner agréablement avec ces dentelles et passer outre ; et comme les femmes qu'il nous raconte touchaient à tout dans le monde de leur temps, il se rencontre qu'en ayant l'air de ne s'occuper que de cette heptarchie de nièces, il nous raconte le temps lui-même. Le livre de M. Renée pourrait s'appeler les coulisses du dix-septième siècle. . . . .
« Nous avons là beaucoup plus qu'un Mazarin en famille ; nous avons toute une société retrouvée et saisie en pantoufles et en négligé. L'auteur, qui est un esprit très-littéraire, y a rencontré de la littérature dans son sujet. Son Philippe de Nevers est un petit chef-d'œuvre de critique, de discernement et de choix dans la citation, d'appréciation suavement dégustée. . . .
« Le livre de M. Renée, qui renferme ce qu'on y cherche, contient aussi ce qu'on s'attend le moins à y rencontrer. Tous ceux qui voudront ajouter à leurs notions sur le grand siècle devront consulter cet ouvrage où l'érudition brille et fourmille sous les douces lueurs d'un esprit qui a les grâces que donne la vie, et qui est, comme toutes les supériorités désintéressées, tout à la fois désabusé et charmant. »

BARBEY D'AUREVILLY. (*Le Pays*, 6 août, 15 novembre.)

« C'est un grand embarras que de se décider entre ces charmantes femmes, embarras d'autant plus grand que tous les portraits que nous en donne leur peintre dans l'heureuse galerie qu'il leur consacre, sont également charmants et touchés avec un goût infini.... Le seul moyen de les bien connaître sera de lire le livre de M. Amédée Renée. Elles demeureront dans ces pages vivantes et définitivement fixées.... Il y a des recherches et une science énorme dans ce livre si amusant, et on ne s'en aperçoit que lorsqu'après l'avoir lu comme un roman on l'étudie comme une histoire. Au reste nos éloges arrivent trop tard, c'est un succès consacré ; l'auteur donne une *seconde édition* de son ouvrage, et ce qui m'étonne, c'est qu'il ait trouvé le moyen d'y joindre de nouveaux documents. »

GASTON DE SAINT-VALRY. (*Gazette de Paris*, 7 décembre.)

.... « En disant que les *Nièces de Mazarin* sont une des lectures les plus instructi-ves et les plus curieuses, les plus agréables et les plus profondes sur le XVII° siècle, avec des aperçus vraiment neufs, et des personnages retrouvés et rétablis puissam-ment dans leur caractère et leur physionomie, tels que Vardes, par exemple; en ajou-tant que l'auteur se distingue par une érudition de bon lieu, un style souple et brillant, un bon sens à l'allure rapide, et un imperturbable bon goût, je suis sûr d'avoir tous mes lecteurs pour complices. . . . . »

Le beau succès des *Nièces de Mazarin* est maintenant consacré. La critique, d'une voix unanime, a reconnu le mérite sérieux et brillant de ce livre, et, dans ce ta-bleau, qui est à la fois un tableau de genre et un tableau d'histoire, elle a salué un talent de maître. . . . .
« Le sujet, du reste, était heureusement choisi ; et, comme d'aventure, l'auteur se trouvait également versé dans les études historiques et dans les études litté-raires; comme la Muse sérieuse lui tendait la main, en même temps que la Muse aimable l'accueillait d'un doux sourire, il devait sortir de ce sujet un livre grave et charmant. Les nièces de Mazarin étaient une légende flottante à laquelle l'éru-dition et le style de M. Renée ont donné un corps historique. Elles vivent désor-mais ; elles forment un groupe, et comme un Décaméron au milieu duquel s'élève dans toute sa vérité originale la figure du cardinal.
« La première édition des *Nièces de Mazarin* devait être et a été promptement enlevée. La seconde édition a paru, avec ces retouches délicates que l'écrivain soi-gneux, l'artiste en matière de style, apporte à son œuvre à chaque nouvelle épreuve. En outre, cette seconde édition est enrichie de documents extrêmement neufs. . . . . L'avenir réservé aux œuvres d'élite appartient à cette page curieuse du XVII° siècle, que M. Amédée Renée a intitulée : *les Nièces de Mazarin*. »

PAULIN LIMAYRAC. (*Constitutionnel*, 15 décembre.)

« Quelle tragi-comédie que celle de ces nièces de Mazarin dont M. Renée nous débrouille si spirituellement l'imbroglio dans un livre qui restera comme la plus sérieuse et la plus piquante des Mazarinades . . . .
« Ce sont ces féeries de la destinée que M. Renée nous raconte avec la gravité de l'historien, tempérée par l'ironique sourire du conteur. Regardons-les à travers son livre, c'est la plus excellente lorgnette que l'on puisse souhaiter pour les voir de près. . . . . . . Son livre est une galerie de portraits où l'enjouement du style voile gracieusement le fini de l'exactitude et la sûreté de l'érudition. Il a le ton des belles causeries d'autrefois, et, c'est lui donner une louange méritée que de dire qu'il tiendrait son rang parmi les meilleurs mémoires du dix-septième siècle. »

PAUL DE SAINT-VICTOR. (*Presse*, 2 novembre.)

« M. Renée a réussi avec un bonheur qui serait le fruit de l'art le plus raffiné, s'il ne l'était d'un instinct délicat et d'un naturel exquis. Rien de solennel ni d'o-ratoire dans son livre ; tout y est fin, vif et familier, rien de dogmatique non plus. L'auteur raconte, et je ne sais comment il sort de son récit même une leçon morale d'une juste portée et d'un charme pénétrant.
« La vie de ces charmantes nièces est à elle seule une suffisante moralité. Ajoutons que dans ce sujet, si difficile par son agrément même, l'auteur a su prendre le ton naturel et vrai. Il n'y a pas une seule fausse note dans tout le livre. M. Renée semble avoir dérobé le langage de ces aimables sociétés. On dirait qu'il a fait passer dans son esprit et dans son style l'esprit et le style des personnes qu'il a voulu peindre.... D'un bout à l'autre du livre, on se croit en plein courant de la langue du siècle, de la langue des conversations polies et des Mémoires. Il y a là une habileté rare et particulière
« Ajoutons que cette souplesse de talent s'allie à la plus consciencieuse érudi-tion. Il y a de l'artiste et du savant chez M. Renée ; aucune peine ne lui a coûté pour rassembler ses matériaux... Après un succès dont la rapidité n'a que peu d'exemples, voici une seconde édition qui paraît véritablement revue et sincère-ment augmentée. »

E. CARO. (*Journal général de l'instruction publique*, 14 janvier 1857.)

Paris. — Typographie de Firmin Didot frères, fils et Cⁱᵉ, rue Jacob, 56

LES NIÈCES

DE MAZARIN.

Paris. — Typographie de Firmin Didot frères, fils et Cie, rue Jacob, 56.

LES NIÈCES

DE MAZARIN

ÉTUDES

DE MŒURS ET DE CARACTÈRES AU XVIIe SIÈCLE

PAR

AMÉDÉE RENÉE.

DEUXIÈME ÉDITION

Revue et augmentée

DE DOCUMENTS INÉDITS ET D'UNE TABLE ANALYTIQUE.

PARIS

FIRMIN DIDOT FRÈRES, FILS ET Cie,

IMPRIMEURS DE L'INSTITUT, RUE JACOB, 56.

1856.

LES NIÈCES

DE MAZARIN.

Tel est le privilége de ce dix-septième siècle, dont on s'occupe toujours, que tous ceux qui ont vécu de cette grande vie nous semblent dignes de la postérité, et faits pour poser devant l'histoire comme dans ces galeries de Versailles que leurs portraits peuplent encore. Des érudits très-complaisants pour ces personnages si charmants et si fiers, des écrivains de grand renom, épris de passion pour ces belles figures, ont, de nos jours, intéressé le public à ces évocations du passé. Le cadre modeste de la biographie s'est fort agrandi dans leurs mains; elle n'est devenue qu'un moyen heureux pour faire mouvoir sur la scène, autour de l'héroïne ou du héros, tout le groupe brillant des contemporains.

Nous ne prétendons pas faire aux nièces de Mazarin

une aussi grande part dans l'histoire, ni raconter la guerre, la politique, à propos de ces séduisantes Italiennes que la fortune de leur oncle transporta loin de leur patrie, et qui, après d'étranges aventures, allèrent errer et mourir en différents pays. Nous tâcherons de nous renfermer chez Mazarin, et d'éclaircir d'abord ce qui est de son origine, de sa famille, de sa jeunesse, et de ces particularités de la vie intérieure qui durent influer sur l'éducation et l'avenir de ses nièces.

Jules Mazarin gouvernait la France depuis cinq ans déjà lorsqu'il fit venir de Rome, où résidaient tous ses parents, quatre des enfants de ses sœurs. Ce ne fut qu'après cette longue épreuve que, se croyant solidement établi, il songea à se faire une famille en France. Les troubles de la Fronde, en effet, n'éclatèrent point dès le lendemain de son élévation. Les premières années de son pouvoir, de 1643 à 1648, furent paisibles et glorieuses. « Dans les premières années de la Régence, nous dit madame de Motteville, la cour étoit si tranquille et notre vie si délicieuse qu'il nous étoit impossible de ne la pas aimer. » Sans être populaire, cet Italien, souple et charmant, ce politique consommé que Richelieu avait pris pour successeur, avait su, à force d'adresse et de ménagements, se faire accepter dans ces commencements difficiles d'une régence. Rapprochement assez singulier : ce fut lorsque Mazarin donnait à la France la paix de Westphalie, et rachetait à si haut prix son origine étrangère, que l'on s'en souvint tout à coup, et que tout le monde se souleva contre lui! Quand cette tempête le surprit, il y avait quelques mois à peine qu'il avait auprès de lui ses nièces. Quelle était l'origine de Mazarin? Quel rang tenait sa famille? C'est un point mal éclairci jusqu'à présent, et sur lequel il ne paraît pas s'être fort pressé de porter la lumière. Quelque temps avant sa mort, il s'occupa, dit une lettre de Colbert, de faire travailler à sa généalogie (A). Il envoya un de ses affidés en Sicile, en Italie; mais sa mort, qui survint, interrompit ce travail. Il avait attendu bien tard pour l'entreprendre; Mazarin avait eu, il est vrai, beaucoup mieux à faire.

Les mille pamphlets de la Fronde, connus sous le nom de *Mazarinades*, ont eu beau jeu dans cette obscurité. Ils n'ont épargné ni sa famille, ni sa naissance, ni sa jeunesse. Ces écrits-là sont de peu d'autorité sans doute, et on ne puise à pareille source qu'avec précaution. La passion dont ces libelles ont été l'écho n'y regarde pas de bien près; mais ce fut celle du temps en général. Ils peuvent fausser les faits, mais ils attestent les opinions : ils nous répètent assez fidèlement ce qu'on a dit, ce qu'on a cru; l'époque s'y retrouve : c'est à ce seul titre que de tels écrits sont vrais et valent la peine d'être consultés. Voyons donc ce que nous racontent les Mazarinades.

En voici une des débuts de la Fronde, et qui fut composée, comme beaucoup, sous l'inspiration du cardinal de Retz; car l'auteur était un membre du clergé

1.

de Paris; il était curé de Saint-Roch et se nommait Brousse. Voici comment il parle *du* Mazarin : ⸻

« Quoiqu'il prenne les haches avec le faisceau de verges pour ses armes, il ne faut pas s'imaginer que ce soient celles qui servoient de marque d'autorité aux anciens sénateurs de Rome, mais bien les haches dont son ayeul fendoit du bois, et les houssines dont son père fouëttoit les chevaux... Tout Rome sçait ce qu'il étoit, et le rang qu'il tenoit pour lors dans les maisons des cardinaux Sachetti et Antonio. Chacun sçait aussi que son esprit avoit été formé sous l'astre de Mercure..., qu'il fit voyage à Venise et à Naples pour apprendre les piperies qu'on pratique dans les jeux de hasard, dont il devint maître, et si parfait qu'on lui donnoit par excellence le nom de pipeur...[1]. »

C'est ainsi que ce curé de Saint-Roch, frondeur et janséniste, peignait à ses ouailles le cardinal Mazarin. La Fronde avait en Italie des correspondants qui charitablement la tenaient au courant de cette chronique édifiante. Mazarin, d'après leurs témoignages, était le fils d'un chapelier de Palerme, qu'une banqueroute força de s'expatrier. Les pamphlétaires, sauf de légères variantes, sont d'accord sur ce point. L'un d'eux, plus allégorique, nous assure que « la Fortune accoucha de ce monstre pendant son divorce avec la Vertu. » Il ajoute :

[1] *Lettre d'un religieux à monseigneur le prince de Condé, contenant la vérité de la vie et mœurs du cardinal Mazarin.* — A Paris, 18 janvier 1649.

« Je connois son pays ; et la Sicile même, qui ne
l'avoue que pour notre honte, m'a fait sçavoir son origine chez un cabaretier de ses parents en la ville de
Palerme. J'y sçus la banqueroute de son père, qui
étoit chapelier et boutonnier de son métier ; et comme
il se retira à Rome, il y mit son fils auprès du connétable Colonne. De là il passa au service du cardinal
Antonio Barberini... Il s'y signala par ses débauches,
et fut l'intendant des plaisirs déshonnêtes de la cour
de Rome. »

L'auteur de cette Mazarinade avait sans doute puisé
aux mêmes renseignements que le curé de Saint-Roch ;
il ajoute : « Ce Sicilien, de la plus basse populace de
Sicile..., dit qu'il étoit d'une race de vieille faction
angevine ou françoise... Il eût mieux fait de se dire
bourgeois de l'univers et fils de la terre, comme les
Cyclopes, ses compatriotes...[1]. »

Mazarin se serait donc flatté de descendre des Nor-
mands ou des Angevins conquérants de la Sicile, c'est-
à-dire d'être un Français de la plus vieille souche :
c'est là ce que ses ennemis n'étaient guère disposés à
croire. Condé l'appelait militairement « un gredin de
Sicile, » gredin de naissance, gredin de fortune. C'é-
tait le mot d'ordre des frondeurs de le nommer *le Sicilien,* afin de persuader au peuple qu'étant né sujet de
l'Espagne il lui était vendu. Cela prêtait d'ailleurs aux
réminiscences historiques ou mythologiques. « Peut-

---

[1] *Lettre du chevalier Georges,* 26 janvier 1649.

on se fier, dit l'un, à ce qui vient de Sicile? Et ce
capelan ne vouloit-il point continuer les Vespres en
France?... Il est né sur la même terre où les mons-
tres furent accablés par la foudre... Son extraction
est si basse qu'on diroit presque qu'il n'a point de
père [1]. »

Maintenant écoutons Scarron :

> Elle fit du val de Mazare
> Sortir ce ministre si rare ;
> De Mazare vient Mazarin...
> Comme on dit le Manceau du Maine,
> Le Tourangeau de la Touraine,
> Basque, Champagne ou le Picard...
> Comme en usent, en nostre France,
> Les faquins de basse naissance [2].

A la fin comme au début de la Fronde, on bafoue
le Sicilien [3]. Parmi les pièces les plus comiques et
les plus répandues, en voici une qui a pour titre :
Virelay sur les vertus de Sa Faquinance :

> Il est de Sicile natif ;
> Il est toujours prompt à mal faire ;

---

[1] *Lettre du P. Michel,* 19 févr. 1649. — On lit, dans un pamphlet,
que Mazarin était fils d'un marchand de chapelets dont les ancêtres
étaient juifs, et avaient pris le nom de leur ville natale.

[2] *Mazarinade;* Paris, 1649. Cette pièce, dont le titre est devenu
plus tard le nom commun de tous les autres pamphlets, fut attribuée
à Scarron, qui cependant la désavoua *après* la Fronde. Elle porte
bien, du reste, le cachet de sa verve burlesque et de son cynisme.

[3] Voici quelques titres de Mazarinades : *L'Icare sicilien.* — *Le
Papillon sicilien.* — *Le Géant sicilien terrassé par les bons François,* etc.

Il est fourbe au superlatif ;
Il est de Sicile natif.
Il est lâche, il est mercenaire...
Il n'est qu'à son bien attentif...
Le peuple ne cesse de braire...
Il est de Sicile natif ;
Il est toujours prompt à mal faire.

On ne sait quel est ce chétif,
Quel est son père présomptif,
D'où nous est venu ce faussaire ;
S'il est noble ou s'il est métif ;
Et la cour, comme le vulgaire,
Chante, pour tout point décisif :
Il est de Sicile natif ;
Il est toujours prompt à mal faire [1].

Ainsi, l'origine sicilienne du Mazarin était le *seul point décisif ;* l'on s'accordait assez généralement aussi à établir en vers et en prose qu'il était fils d'un chapelier, quelques-uns disent un bonnetier ; mais il n'y a pas loin de l'un à l'autre. Gabriel Naudé, le bibliothécaire et le panégyriste de Son Éminence, n'avait-il pas lui-même imprimé que le cardinal était fils d'un bonnetier de Rome ? C'était avant d'être à ses gages, il est vrai.

Après les pamphlets viennent les Mémoires, qui, pour la plupart, ont été écrits par des gens qui n'étaient pas les amis de Mazarin. Ses adversaires de la Fronde lui ont continué une guerre posthume. Le car-

---

[1] *Virelay sur les vertus de Sa Faquinance.* Paris, 1652.

dinal de Retz surtout, le père des Mazarinades, le traite encore, dans ses souvenirs, comme au plus fort de la bataille. Ses Mémoires sont le meilleur de tous les pamphlets et celui dont Mazarin a le plus souffert, car celui-là est resté.

« Sa naissance, dit-il, étoit basse et son enfance étoit honteuse. Au sortir du Colisée, il apprit à piper, ce qui lui attira des coups de bâton d'un orfévre de Rome, appelé Morato. Il fut capitaine d'infanterie en Valteline, et Bagni, son général, m'a dit qu'il n'y passa que pour un escroc. Il eut la nonciature extraordinaire par la faveur du cardinal Antoine, qui ne s'acquéroit pas, dans ce temps-là, par de bons moyens [1]. »

Un tel langage a de quoi surprendre, de cardinal à cardinal : c'est faire bon marché de l'honneur du corps. Madame de Motteville, qui n'avait pas d'aussi graves motifs de réserve, ne traite pas ainsi Mazarin de Turc à More. Sans s'expliquer tout à fait sur son origine, elle dit que ses parents menaient à Rome une médiocre existence, et que sa jeunesse y avait laissé un mauvais renom. Il est vrai qu'elle avait à se plaindre de Mazarin, soit pour elle-même, soit pour les siens, et son témoignage, quoique sincère, se ressent un peu de ses rancunes.

Quant au duc de Saint-Simon, il n'avait point connu

---

[1] *Mémoires du cardinal de Retz*, t. LXIV, p. 186, coll. de Petitot.

le cardinal; mais pouvait-il manquer de prendre à partie sa généalogie? Saint-Simon, en fait de parchemins, ne trouvait guère que les siens d'irréprochables. « Jamais, dit-il, on n'a pu remonter plus haut que le père de cette trop fameuse Éminence, ni savoir où elle est née, ni quoi que ce soit de sa première jeunesse. On sait seulement qu'ils étaient de Sicile; on les a crus des manants de la vallée de Mazare, qui avaient pris le nom de Mazarin comme on voit, à Paris, des gens qui se font appeler Champagne et Bourguignon. » Saint-Simon se rappelait les Mazarinades.

Parmi les autorités plus récentes, Sismondi qualifie Mazarin « un gentilhomme qui était né à Rome de parents siciliens. » Walckenaer hasarde une opinion fort opposée. « Romanciers et poëtes, s'écrie-t-il, vous dont l'imagination se complaît dans les chutes rapides et les élévations subites, contemplez cet enfant qui se joue sur le rivage de Sicile, près de la ville de Mazarra. Sa famille n'a pas même de nom; c'est un des enfants de Pierre, de ce pêcheur dont vous voyez là-bas l'humble cabane; mais un jour viendra que ce bambin sera Jules de Mazarin, couvert de la pourpre romaine, etc. [1] »

Voilà certes ce que nous avons rencontré de plus

---

[1] *Mémoires sur madame de Sévigné*, par Walckenaer, t. 1er, p. 465.

poétique sur Jules Mazarin ; cette agréable idylle vaut
bien l'histoire du bonnetier et de sa banqueroute, ou
même la prétention du gentilhomme angevin. Malheureusement on ne peut pas se contenter ici d'une simple pastorale, et nous demanderons à l'historien de
madame de Sévigné où il a puisé ces renseignements.
Une note de son ouvrage nous répond que des recherches récentes, dues à un savant italien, sur l'origine de la famille Mazarin, ont constaté ces faits.
M. Walckenaer doit cette communication, nous dit-il, à
M. Artaud de Montor. Voilà, on en conviendra, un
renseignement de grande autorité ! Mais quel est le
nom de cet Italien, je vous prie ? Quel est le titre de
son livre ? Hé quoi ! le savant M. Walckenaer, si
exact annotateur, ne nous en dit rien ; il s'est contenté
de ce que M. Artaud de Montor lui a dit à l'oreille !
Assurément il n'y aurait rien d'impossible à ce que le
fils d'un pêcheur, jouant sur le rivage, le beau Giulio
Mazarini, eût séduit, par sa figure, ses yeux intelligents et sa grâce, quelque étranger qui l'eût conduit
et élevé à Rome ; mais ce qui n'est point vraisemblable
du tout, c'est que l'adroit parvenu eût fait venir à
Rome son père, le pêcheur de Mazare, qu'il l'eût ins-
tallé dans un palais avec sa grossière famille, et enfin
que cet ancien pêcheur se fût allié à une dame de la
maison des Ursins.

Il est peu probable aussi que les rustiques filles de
ce Pietro, que ces *contadine* eussent épousé des gen-

tilshommes romains. C'est à quoi le bon M. Walckenaer n'a point songé, en acceptant sans contrôle cette
naïve légende. On voit du reste, par la grande déférence de Mazarin pour son père, dans les lettres qu'il
lui écrit, par les commissions délicates dont il le
charge, que ce personnage n'était ni d'un esprit ni
d'une condition vulgaires. Aussi le savant M. de Laborde n'hésite-t-il pas à lui octroyer des lettres de noblesse, et même de très-vieux parchemins[1], dans son
bel ouvrage, *le Palais Mazarin* : tel est le zèle qu'il
apporte à défendre son client jusque dans ses plus petits intérêts. Certes, Mazarin n'eut point d'ami plus
chaud de son vivant, on peut dire surtout plus désintéressé que M. de Laborde : il prend fait et cause en
tout pour « cet homme d'État méconnu, » comme il
l'appelle. N'allait-il pas jusqu'à demander, il y a dix
ans, aux ministres de cette époque, « la réhabilitation
d'un ancien collègue qui, plus qu'eux tous, avait souffert de la liberté de la presse et des discussions *parle-
mentaires?* » Ce qu'il entendait par réhabilitation,
c'était la publication des lettres et des divers écrits
du cardinal[2]. Cette rare sollicitude du savant a, du
reste, de bons et légitimes motifs : c'est qu'il a eu le

[1] *Le Palais Mazarin*, par le comte Léon de Laborde, p. 171.

[2] *Palais Mazarin*, p. 421. — Cet important travail vient d'être
confié par le gouvernement aux soins de M. Chéruel, l'un de nos
érudits les plus capables de recueillir soigneusement ces textes nombreux, et d'y porter la lumière d'une critique très-éclairée.

mérite de connaître de bonne heure le véritable Mazarin. Il est un des premiers qui l'aient étudié dans sa vie
privée, qui se soient donné la peine de déchiffrer ses
lettres inédites, ses carnets. Maintenant il a, comme
tout inventeur, la passion de sa découverte, et il ne
faut point s'étonner s'il exagère un peu son homme.

Il proclame donc son héros bon gentilhomme; il
trouve même qu'à l'exemple de bien d'autres la maison Mazarin pouvait avoir des droits ou des préten-
tions à se croire issue des patriciens de l'ancienne
Rome, et que Jules Mazarin se figurait apparemment
tenir de Jules César les faisceaux et les haches de son
blason. Nous voilà loin du pêcheur de Mazare et de
M. Walckenaer! Serons-nous plus heureux en fait de
preuves, et M. de Laborde arrivera-t-il à résoudre
enfin ce problème généalogique?

« Voici, nous dit-il, ce que mes recherches m'ont
démontré. Un sieur Ravioli, avocat attaché à l'ambassade de France à Rome, dont je faisais partie, a
cru pouvoir établir, en compulsant les correspondances et les registres du collége de Naples, qu'un
noble personnage sicilien, charmé de la gentillesse
et des dispositions heureuses d'un jeune enfant, l'envoya audit collége, sous le nom du fils de Pietro Mazare... » Jusqu'ici nous rentrons, il me semble, dans
le système de M. Walckenaer : voilà bien l'histoire
de son pêcheur de Mazare; car le noble sicilien avait
amené très-probablement de Sicile cet enfant, dont

la gentillesse l'avait séduit. Ajoutons à cela que ce nom de Pietro Mazare, sous lequel l'enfant aurait été inscrit, ne semblerait pas déceler une origine très-patricienne. Mais voici ce que M. de Laborde ajoute : « Le pauvre boursier aurait répondu aux espérances de son protecteur, et, après avoir fait de bonnes études, serait sorti du collége des gentilshommes pour prendre l'uniforme militaire. Or, ce collége étant fondé par la noblesse de Naples, il n'y a pas de gentillesse ou de protection qui vaille contre des règlements ; et puisque Jules Mazarin est admis, nous pouvons en conclure qu'il était noble [1]. » Cette conclusion n'est-elle pas un peu tranchante ? et en tenant même pour exactes les recherches de l'avocat Ravioli, qui sont restées dans le domaine des confidences, est-il certain que les règlements de ce collége eussent conservé l'inflexible rigueur que M. de Laborde leur suppose ? Quoi qu'il en soit, à part ce témoignage verbal, nous ne voyons nulle part que le fils de Pietro Mazare ait été élevé à Naples dans un collége noble.

Le comte de Brienne dit, dans ses Mémoires, qu'il ne sait au juste ce qu'était l'origine de Mazarin, et laisse aux généalogistes le soin de débrouiller cela. Mais les plus experts d'entre eux ne s'entendent point. Le Père Anselme lui-même, comme s'il avait peur de se compromettre, dit simplement et sans parler de noblesse : « Pierre Mazarini, natif de Palerme, quitta

[1] *Palais Mazarin*, p. 171.

le lieu de sa naissance pour s'établir à Rome. » Cependant les historiens de Mazarin, Gualdo Priorato et Aubéry, font naître leur héros à Piscina, dans les Abruzzes, et tous deux, plus hardis que le Père Anselme, assurent qu'il était bon gentilhomme. Ils disent qu'il fit ses études à Rome, sans se douter de ce collége de Naples d'où M. Léon de Laborde est allé tirer les preuves authentiques de sa noblesse.

On voit, par toutes ces opinions, que le berceau de Mazarin reste encore entouré d'autant de nuages que celui des dieux de l'Olympe. C'est le fait le plus positif que nous ayons encore à constater.

Mais voici qu'un document nous arrive à point pour jeter sur ces ténèbres quelque lumière : c'est une vie manuscrite de Mazarin, dont l'auteur avait été, à l'en croire, son compagnon d'enfance [1]. Il sait mille particularités sur la jeunesse de son condisciple Jules. Il a vu, entendu, dit-il, la plupart des choses qu'il raconte. Il connaît le fort et le faible de son héros, sa naissance, son origine véritable, ses parents, dont il

---

[1] Manuscrit découvert tout récemment à la bibliothèque de Turin, sous le titre *Il cardinale Mazarino*, sans nom d'auteur. Ce document a été publié pour la première fois par la *Rivista contemporanea* de Turin, novembre 1855. L'auteur parle à un prince (de la maison de Savoie probablement) qui lui avait sans doute demandé d'écrire ce qu'il savait de la vie du cardinal Mazarin. Selon l'éditeur, l'époque où cette biographie fut composée peut s'étendre de 1653 à 1659. Nous croyons pouvoir la fixer à l'année 1654, après le mariage d'Olympe Mancini, dont l'auteur parle comme d'un fait récent.

nous trace scrupuleusement le portrait. Pietro, son père, était né en Sicile, dans un bourg appelé Mazarino, dont il profita pour se donner le surnom de Mazarino [1]. Fils d'un ouvrier qui avait de l'aisance (*il padre fu commodo artigiano*), Pietro reçut quelque instruction, et vint chercher fortune à Rome, sur la foi de cet antique proverbe que « Rome n'est marâtre à personne » (*Matrigna non fu mai Roma ad alcuno*). Il y devint *camérier* du connétable Colonna; il sut plaire à son patron, qui lui confia ses affaires, lui fit épouser une fille de bonne maison, sa filleule (*una gentildonna, sua figlioccia*). Elle s'appelait Ortensia Ruffalini [2]; elle était vertueuse et belle, avec une dot à laquelle n'eût pu prétendre un homme de la naissance et de la condition de Pietro Mazarino [3]. Le camérier finit par devenir intendant des terres du connétable, et se fit distinguer dans ce poste par sa prudence, la netteté de sa gestion, et le soin qu'il mit à élever sa nombreuse famille. Quand la prodigieuse fortune de son fils Jules fit pleuvoir sur lui, plus tard, un surcroît d'opulence et de crédit, Pietro Mazarino ne s'en-

---

[1] « In un castello detto Mazarino, dalla cui patria prese occasione di pigliari il cognome di Mazarino. » Le P. Anselme écrit Mazarini; le cardinal lui-même signa Mazarini jusqu'au moment où il succéda à Richelieu.

[2] Le P. Anselme et les pamphlets écrivent Buffalini.

[3] « Con una dote più che conveniente allè facoltà e ai natali dello sposo, sendo inoltre molto dotata di una bellezza non ordinaria e molto virtuosa. »

ivra point de ses grandeurs ; il sut jouir avec réserve,
et en philosophe prévoyant, de sa prospérité.

Tels sont les dires de ce nouveau biographe, qui
avait vu de près, nous répète-t-il, la famille de son
ami Jules. Quant à celui-ci, il prétend, comme de
raison, le connaître encore mieux : c'est à Rome qu'il
le fait naître, sur la paroisse des Saints Vincent et
Anastase, dans le quartier qui porte le nom de *Rione
di Trevi*. Voilà qui ne s'accorde guère avec tout ce
que nous avons vu. Il est de notoriété, dit notre
anonyme, que l'enfant vint au monde coiffé (*vestito*),
présage d'une fortune éclatante [1]. Jules fut élevé chez
les Jésuites de Rome ; il charmait maîtres et parents
par sa grâce, sa facilité, son gentil esprit. Il n'avait
pas cinq ans qu'il récitait en public les petits sermons (*i sermoncini*) qu'il entendait à l'oratoire des
Pères de Saint-Philippe de Néri, à l'Église-Neuve et
au mont de Saint-Onuphre. On parla tant de ce jeune
prodige qu'un Vénitien, fixé à Rome, assigna dix écus
par mois pour aider aux frais de son éducation. Ses
maîtres firent tout pour attirer dans leur ordre un sujet qui promettait tant ; mais ils n'y réussirent point [2].

---

[1] « E come e publico e notorio nacque vestito, involto in una certa
pellicina sottile come foglia di cipola... »

[2] « Li Padri della compagnia del Gesù, in Roma, alle cui scole an-
dava Giulio ald imparare le scienze, invaghiti del ingegno, della ca-
pacità e graziose maniere del giovine, tentarono ogni via per tirarlo
nella loro compagnia, promettendogli mari e monti... dandogli i
premii e regali che sogliono darsi a' più degni delle loro scole... »

La jeunesse de Mazarin, que la Fronde avait entourée de légendes grotesques, nous apparaît donc ici sous un jour plus sérieux. C'est sur les points restés les plus obscurs que le nouvel historien nous paraît surtout mériter confiance; ses détails sont précis et persuasifs; il a le ton et la couleur italienne de l'époque; il est vraisemblable en tout ce qu'il a vu. On peut tenir pour prouvé que Mazarin fit ses études chez les Jésuites de Rome, quoique les pamphlétaires de la Fronde assurent qu'il n'en fit point du tout :

> Cette superbe librairie
> Au-dessus de ton escurie
> Ne t'a pas rendu plus savant...

Avec une mémoire si surprenante, avec un esprit si prompt, si pénétrant, on peut admettre que ses études furent brillantes et qu'il fit honneur à ses maîtres. Ses biographes nous l'assurent; si c'est un compliment, la vie appliquée de ce grand travailleur vient bien à l'appui de la flatterie. Tous s'accordent également sur un voyage qu'il fit en Espagne, à dix-sept ans, à la suite de l'abbé, depuis cardinal Colonna. Était-ce dans le but d'étudier encore à Alcala ou à Salamanque? Nous avons eu jusqu'ici peu de données certaines sur le séjour que Mazarin fit en Espagne. Quant aux médisants de la Fronde, ils en savent de belles, comme toujours. Écoutons Scarron, autant qu'il est permis du moins de le faire parler :

Te souvient-il bien d'Alcala?
. . . .
L'amour de certaine fruitière
T'attira maint coup d'étrivière,
Quand le cardinal Colonna
De paroles te malmena,
Et qu'à beaux pieds, comme un bricone,
Tu te sauvas à Barcelone?

Scarron n'a point tout à fait inventé le trait de la
fruitière espagnole, qu'il nous cite à sa façon ; car
Segrais rapporte aussi l'épisode dans ses Mémoires [1].
Mazarin revint-il plus savant qu'il n'était parti, après
trois ans passés en Espagne? Nous en étions réduits
jusqu'à présent à des anecdotes un peu suspectes sur
ce séjour, mais la biographie de Turin nous apporte
ici encore des détails qui semblent précis; on nous
révèle même les causes du voyage [2]. Il paraît qu'après
avoir glissé des mains de ses maîtres Mazarin oublia
leurs sages avertissements : il ne résista pas aux tentations ; il fit des connaissances dangereuses qui l'entraînèrent au jeu, et à d'autres pratiques que son condisciple, très-coulant sur bien des choses, ne peut se
défendre de blâmer un peu. Pietro Mazarino s'inquié-

---

[1] *Mém.* de Segrais, t. i, p. 183, éd. d'Amst.
[2] L'auteur dit que les Jésuites, en obsédant leur élève jusqu'à le
violenter (*persuasioni continue et violenti*), pour le faire entrer
malgré lui dans leur ordre, furent cause des écarts dans lesquels il
tomba. « Abbandonare affatto li studii, darsi alle conversazioni de
giovani, ed a poco buono pratiche. » *Rev. cont.*, nov. 1855, p. 545.

lait de voir tourner à mal ce Giulio, son fils favori, et cherchait une occasion de le dépayser, pour couper court à cette fâcheuse vie. Lui-même en sentait le besoin, car il n'était pas sans quelques remords ; mais c'était quand le jeu lui avait été contraire et qu'il avait tout perdu qu'il se livrait à ces réflexions salutaires. Il me racontait alors, dit son ami d'enfance, qu'il n'avait de repos ni nuit ni jour, qu'il gémissait sur ses désordres, et qu'il souhaitait une occasion de s'éloigner de Rome quelque temps (*per tornar homo novus*). Ses vœux furent exaucés : Pietro Mazarino plaça son fils, comme camérier, auprès de l'abbé Girolamo Colonna, qui se rendait à la cour de Madrid. Mais ce pays n'était guère favorable au succès de la réforme à laquelle Giulio aspirait. On jouait à Madrid autant qu'à Rome : la vue des cartes et des dés ébranla ses résolutions ; pourtant il fut sage quelque temps, grâce à cette circonstance qu'il n'avait point d'argent, et qu'il n'osait, sous les yeux de son patron, emprunter, comme il le faisait à Rome, à des juifs, en mettant ses bagues et ses habits en gage. Enfin il risqua le peu qu'il avait et perdit sur parole une assez grosse somme. Cela le jeta dans une profonde tristesse : c'était en pareil cas qu'il s'écriait toujours : » Oh! le sot animal qu'un homme sans argent! » Un notaire de Madrid, qui l'avait pris en affection, voyant son air mélancolique, le questionna sur la cause de son chagrin ; et Jules de lui répondre vite qu'il attendait de Rome une somme im-

portante, et que le retard du courrier le jetait dans un
grand embarras. L'Espagnol aussitôt lui offrit sa
bourse, dont son discret ami n'accepta pourtant que
quelques doublons. Il courut tenter la fortune ; il la
saisit aux cheveux cette fois (*per la chioma*). Puis il
alla rendre au notaire ce qu'il lui avait emprunté, en
lui annonçant que le courrier de Rome était arrivé.
L'Espagnol avait une fille qui était belle, et Mazarin,
reçu en ami dans la maison, fut à même de la voir,
et il devint éperdument amoureux d'elle. Le notaire
pouvait-il hésiter à prendre pour gendre un homme si
exact à payer ses dettes, et à qui les courriers de Rome
apportaient ainsi de l'argent ? Il crut son jeune ami
aussi riche qu'il était aimable, et le mariage fut décidé. Mais il fallait y faire consentir l'abbé Colonna.
Celui-ci songeait pour son camérier à quelque poste
ecclésiastique ; pourtant il le vit si décidément amoureux qu'il se fit scrupule de le désespérer. Il lui donna
une dépêche à porter à Rome, en lui disant qu'il pourrait par cette occasion annoncer son mariage à sa
famille. Tout amoureux se laisse duper, et Mazarin
fut pris comme un autre. Il partit joyeux, et plaida si
bien sa cause vis-à-vis de son père qu'il obtint son
consentement ; mais le connétable Colonna, à qui son
fils avait écrit de Madrid, ne voulut rien entendre ; il
railla cruellement le malheureux, lui commanda de
rester à Rome et d'y reprendre ses études. Le pauvre
Mazarin, enfermé dans sa chambre, y pleura plusieurs

jours sa chère Espagnole ; puis il se résigna. Tel est le
récit de son contemporain, qui pouvait tenir ces détails
du héros lui-même. Ainsi il n'est pas question, chez
l'auteur italien, de la fruitière dont parle Scarron :
acceptons à sa place cette belle *notariana* dont Mazarin fut réellement épris, et qui faillit le dérober à l'histoire. Fût-il devenu notaire à Madrid ? Peut-être qu'il
aurait fini par supplanter, dans le conseil de Castille,
le duc d'Olivarès, et qu'on l'eût vu, dans l'île des Faisans, traiter pour l'Espagne contre la France.

Un historien de Mazarin [1] prétend qu'une fâcheuse
affaire aurait hâté son retour à Rome : son père Pietro, nous dit-il, se trouvait accusé d'un meurtre, et le
fils, grâce à ses démarches, sut le tirer de ce mauvais
pas. On trouve aussi dans les Mazarinades plus d'une
allusion à ce fait ; mais le nouveau biographe ne nous
en dit rien. Mazarin avait vingt ans lorsqu'il revint
d'Espagne, vers 1622. Cette heureuse époque de la
vie n'est pas toujours celle qui offre le jour le plus
brillant à l'histoire. Les oracles que nous interrogeons
ne se trouvent pas toujours d'accord : de Retz, aussi
hardi que tous ses pamphlétaires, jette à pleines mains
l'outrage à Mazarin ; il diffame sa jeunesse de telle
sorte qu'il nous avertit de nous tenir en garde. Mais
le biographe dont nous avons fait connaissance ne
laisse percer ni passion ni rancune ; tout au contraire,

---

[1] Aubery, *Histoire du cardinal Mazarin.* Amsterdam, 1751.

il se souvient de Jules comme d'un compagnon charmant. « Personne, dit-il, de plus doux, de plus obligeant, de plus désintéressé que lui ; jamais de querelle
avec lui, jamais une parole malhonnête ; il savait dépenser, et il disait souvent que « l'homme généreux
a le Ciel pour trésorier. » Notre Italien se complaît
dans ses récits ; il admire ingénument Mazarin, ses
talents au jeu, sa grâce, sa dextérité pour emprunter
aux juifs. Il nous raconte qu'ayant affaire un jour à
un capitaine qui se permettait, en jouant, quelques
licences, Jules étendit *gentilment* la main sur les en-
jeux (*con gentil maniera*) et les fit disparaître ; mais
il se garda bien de mettre l'argent dans sa poche : il le
rendit galamment au capitaine tout ébahi. Ce n'était
qu'un avertissement qu'il voulait donner à son joueur ;
et c'est un témoin oculaire que nous avons ici pour ga-
rant. Il a soin de nous répéter souvent : « Je l'ai vu,
j'étais présent. » Ce vilain mot d'*escroc*, que Retz jette
cyniquement à la tête de son collègue, ne se trouve donc
pas justifié. Jules, il est vrai, était passé maître dans tous
les jeux, il en remontrait aux plus habiles ; mais son ami
ne nous dit pas qu'il fît un usage illicite de ses talents ; et
en vérité son indulgence est telle, et son admiration si
naïve, que, s'il en savait davantage, il ne tiendrait pas
au plaisir de le raconter. Mazarin possédait à fond les
tours d'adresse, mais c'était sans nul doute une précaution, une arme de défense contre les pipeurs. Il
gagnait fréquemment, il est vrai, et trouvait dans le

jeu de quoi s'habiller splendidement, et s'acheter des chaînes d'or et des bagues ; mais il n'est pas défendu d'être heureux, et le plus beau joueur a le droit d'être habile. Du reste, y a-t-il à s'étonner de cette passion du jeu chez Mazarin? Elle était si commune alors en France, en Italie et partout, que des hommes graves, que des femmes réputées sages jouaient fort gros jeu, et que l'on prenait *un maître à piper* comme on pouvait prendre un maître à danser (B).

Mazarin, après son retour d'Espagne, chercha, nous assure-t-on, des distractions meilleures pour son amour que celles du jeu : il s'adonna tout entier à l'étude ; il suivit les leçons du savant Cosimo Fiorentino, maître fameux de cette époque. Il visait, nous dit-on, à la prélature, et il devint en très-peu de temps docteur « dans l'une et l'autre loi. » Citons un trait de sa vie à cette époque. Les Jésuites songeaient à faire représenter un drame dont le héros était saint Ignace, leur patron ; mais ils n'avaient pas de sujet capable de jouer le principal rôle. La voix publique leur désigna Mazarin, qui résista à toutes les instances, soit modestie, soit rancune contre ses anciens maîtres, soit que son feu pour l'étude l'emportât sur toute autre considération. Il fallut que des princes, des ambassadeurs s'en mêlassent, pour le décider. Il représenta donc saint Ignace avec tant de majesté et d'éloquence, et dans un si beau costume, que Rome en fut tout émerveillée (*stupir di Roma*). Quant aux Jésuites, ils

ne se tenaient pas de joie de voir leur saint applaudi
comme il le fut.

Par un jeu singulier de sa destinée, ce jeune homme,
qui avait suivi en Espagne un prélat, et qui fréquentait les écoles de théologie, au lieu de se donner à
l'Église, se jette tout à coup dans une autre voie, et
devient le capitaine Mazarin. Grâce à l'appui des Colonna, il fut fait capitaine-lieutenant de la compagnie
colonnelle. On voit qu'il cherchait sa route de plus
d'un côté, incertain sur lui-même, tant il avait de
goûts et d'aptitudes diverses, mais partout et toujours
mettant son génie souple au service de ceux qui pouvaient aider sa fortune.

L'armée du pape avait rarement l'occasion de quitter ses garnisons, et la discipline la plus commode
y permettait aux gens de guerre d'agréables distractions. Mazarin aimait la musique, la peinture; il avait
le goût de tous les arts; comme beaucoup d'autres,
il faisait des vers, et se les rappelait avec plaisir longtemps après, en les comparant à ceux de Benserade,
qui en fut bien flatté et s'en alla remercier Son Éminence. Par malheur, le capitaine Mazarin était livré
à d'autres passe-temps plus dangereux que la poésie:
dans cette oisiveté des casernes, il retrouva cet amour
du jeu qu'il conserva toujours. Sa vie, à cette époque,
prête encore le flanc à la médisance.

Mais il était né sous une heureuse étoile; il eut, cet
officier du pape, une bonne fortune singulière: il lui

arriva de faire une campagne ; elle fut courte, il est vrai, et peu sanglante, mais c'en fut assez pour le faire connaître. Si le capitaine Mazarin n'avait pas eu cette occasion de guerroyer, peut-être fût-il resté militaire toute sa vie. Mais il eut la chance de voir l'ennemi, et, grâce à cela, il devint cardinal.

Voici le fait en quelques mots. Le pape envoya des troupes dans la Valteline ; Mazarin en fit partie ; mais Torquato Conti et le marquis de Bagni, généraux de cette petite armée, eurent plus à négocier qu'à combattre, et ils y employèrent avec succès le capitaine Mazarin. Tantôt ils l'envoyèrent au duc de Feria, gouverneur de Milan, tantôt au maréchal d'Estrées, qui commandait les Français ; il sut mener à bonne fin ces missions ; puis il fit si habilement la relation de l'affaire que le pape, lorsqu'il la lut, en fut charmé.

De retour à Rome, Mazarin se mit à réfléchir sans doute sur la carrière qu'il avait prise ; sa campagne en Valteline lui avait ouvert les yeux et révélé sa vocation. Il se décida à quitter l'habit militaire. Ses historiens [1] disent qu'il se mit alors à étudier de nouveau les lois. Peut-être auraient-ils pu ajouter que, tout en étudiant beaucoup, il intrigua beaucoup encore, et fit de son mieux pour se faire de puissants amis. Il accompagna plusieurs légats dans leurs missions, en attendant quelque heureuse occasion qui le plaçât en évidence.

[1] Gualdo Priorato et Aubery.

La succession de Mantoue avait mis aux prises la France, l'Espagne et la Savoie. Le Piémont et la Lombardie étaient le théâtre d'une guerre acharnée, et la peste y ajoutait ses ravages. Le pape, craignant que l'Italie ne fût entraînée dans la lutte, se porta médiateur. Il fit partir un légat chargé de négocier la paix, et Mazarin se faufila dans l'ambassade. Au milieu des partis ennemis, dans un pays où régnait la peste, il déploya autant d'ardeur que de dextérité : courant d'une ville à l'autre, s'abouchant avec tout le monde, s'offrant comme ami aux Espagnols, aux Français, à la cour de Savoie, il allait à Rome en toute hâte rendre compte au pape, ou à Saint-Jean de Maurienne, pour s'entendre avec Richelieu : il fut d'emblée un personnage considérable.

Les Français assiégés dans Casal, où luttait intrépidement Toiras, allaient être secourus par une armée qui s'avançait sous le commandement de Caumont La Force, et l'adroit Mazarin en faisait grand'peur aux Espagnols, pour les décider à la paix [1]. « L'armée du roy, dit Caumont La Force, marchoit en très-bel ordre : estant sur le point de donner, vint à eux le seigneur Mazarin, agent du pape, au galop, faisant signe du chapeau. Il approche et leur dit : Je viens vous offrir de la part de ces messieurs de lever le siége [2]. » Tel est le dire du bon maréchal; mais

---

[1] *Il card. Mazar.* Rev. cont., p. 552.
[2] *Mémoires du maréchal de Caumont La Force*, t. III, p. 17.

le biographe italien donne un coloris plus vif au tableau. « Mazarin, nous dit-il, s'empara par stratagème de la croix du légat; puis il s'élança à cheval, et courut à bride abattue entre les armées, sa croix en main, en criant : *Paix, paix!* Son ardeur était si grande qu'il mit sur les dents plusieurs chevaux [1]. Il produisit un tel effet que les troupes, transportées, répétèrent aussi : *Paix, paix!* » Peut-être crut-on que cet intrépide pacificateur était le légat lui-même. La paix se fit comme par surprise au milieu de cette émotion. Mais une nouvelle brouille éclata, et ce ne fut plus en médiateur, mais en ami des Français, que Mazarin intervint cette fois. Richelieu l'avait-il gagné? L'armée française allait être surprise par l'ennemi. « M. de Mazarin, dit un témoin oculaire, voyant le péril où nous nous trouvions exposés, joua un tour d'Italien aux Espagnols, et, étant monté à cheval, vint à toute bride en notre camp de Péronne, en pleine nuit. J'étais de garde cette même nuit du côté qu'il arriva; et la sentinelle l'ayant arrêté et ouï le nom de Mazarin, elle m'appela. Je m'avançai à l'heure même, et vis M. de Mazarin qui me dit d'abord avec une grande émotion : Ah! Monsieur, vous êtes perdus! Les ennemis sont à une petite lieue d'ici, et ils viennent avec toute leur armée fondre sur vous. Faites promptement sonner l'alarme [2]. »

[1] *Il card. Mazar.*, Rev. cont., p. 552-553.
[2] *Mémoires de Pontis,* collection Petitot, t. xxxii, p. 119.

C'est à ce tour d'Italien, joué par Mazarin aux Espagnols, qu'il est fait allusion dans cette pièce :

> Il fourba dès sa naissance,
> Il fut fourbe dans son enfance,
> Plus fourbe dans sa puberté.....
> Fourbe à Rome, *fourbe à Casal,*
> Fourbe dans sa basse fortune;
> Mais quand, par grâce non commune,
> Pour cardinal on l'eut choisy,
> Il devint fourbe cramoisy [1].

De retour à Rome, l'heureux négociateur éprouva cependant quelques disgrâces; le parti espagnol l'accusait, non sans motif, de l'avoir fort mal servi; Francisco Barberini, neveu du pape, et le plus puissant des cardinaux, parla même de le mettre en jugement. Mais Mazarin ne fut pas en peine de détourner l'orage; il mit dans ses intérêts le cardinal Antonio, autre neveu du pape [2]. Il obtint par ce canal un bénéfice et de petites charges, en attendant mieux. Le pape même, enchanté du succès de sa campagne diplomatique, fit placer au Capitole un tableau qui représentait Mazarin à Casal, galopant, le chapeau en main,

---

[1] *La Juliade, ou Discours,* etc., 16 février 1651.
[2] Le curé Brousse explique à sa façon comment Mazarin aurait gagné les bonnes grâces de son protecteur. «Qui ne sçait ce que coustent à la France les comédiens-chanteurs qu'il a fait venir d'Italie, parmi lesquels estoit une infame qu'il avoit desbauchée à Rome, et par l'entremise de laquelle il s'estoit mis dans les bonnes graces du cardinal Antonio? » *Lettre d'un religieux au prince de Condé,* etc.

entre les deux armées. On nous raconte que les gens se disaient, en regardant ce tableau, qu'un chapeau qui s'était conduit si bien méritait de devenir rouge. En attendant, le beau cavalier de Casal devint camérier, monsignore; il prit l'habit et les bas violets. On l'admira fort dans ce costume. « Il étoit, dit un religieux, son panégyriste, l'un des plus considérés parmi les quatre prélats les plus beaux de la cour, fort semblables ou égaux en beauté; aussi, en toute assemblée, les voyait-on toujours ensemble, unis tous les quatre d'une fort étroite et fort respectueuse amitié [1]. »

Gardons-nous d'en douter! Le bon bénédictin admire qu'un si bel homme, un cavalier de si bonne mine, ait quitté le chapeau, la cape et l'épée pour la soutane, moins propre à faire briller ses avantages physiques. Mais les compensations lui arrivèrent : il fut nommé vice-légat d'Avignon, et plus tard nonce extraordinaire à la cour de France.

Ce fut vers ce temps (1634), et avant de quitter Rome, qu'il parvint à établir avantageusement ses sœurs. L'aînée épousa Girolamo Martinozzi; la cadette, Hyeronima, fut mariée à Lorenzo Mancini, baron romain, qualifié très-illustre dans son contrat de mariage [2]. Le

---

[1] *Recherches curieuses sur quelques qualités, etc.*, *de l'éminentissime cardinal Mazarin,* dédiées à la reine, par Th. Bonnet, de l'ordre de Saint-Benoist, p. 18.

[2] Voyez l'*Histoire généalogique de France*, t. v, p. 462. Cet ouvrage, d'accord avec la vie manuscrite de Turin, donne à Mazarin

premier nous est peu connu; on nous dit qu'il tenait un
rang dans la noblesse de Rome (*gentiluomo principale
di quella cità*). Quant aux Mancini, leur nom remonte
au quatorzième siècle, et Saint-Simon en fait la preuve
tout en les dénigrant.

La signora Mancini, la signora Martinozzi furent-
elles de riches partis pour leurs époux? Cela paraît
peu probable, car la fortune de leur père était médiocre. Ce fut plutôt par le crédit de leur frère, grâce à
la figure qu'il faisait déjà, et leur beauté y aidant
aussi, qu'elles se marièrent si brillamment. Notre
nouveau biographe assure que Mazarin fit parvenir de
France à son père une forte somme comptant et une
cassette pleine de bijoux, pour servir à doter ses trois
sœurs [1].

Ce fut à peu près vers cette époque que Pietro Mazarino, veuf de sa femme Ortensia Ruffalini, se remaria avec une dame de grande naissance, Portia Orsini,
de la maison des Ursins. Scarron y fait allusion dans
la *Mazarinade :*

de ux autres sœurs : l'une épousa Francisco Muti (*nobile romano, col
laquale non ebbe mai figlioli*); l'autre fut religieuse à Rome, *nel
monasterio di Santa-Maria in Campo Marzo.* Un pamphlet de la
Fronde nomme aussi trois sœurs du cardinal : « L'on criera votre
descente aux enfers, votre rencontre avec le marquis d'Ancre... les
regrets de vos niepces, les consolations à la Muti, à la Martinozzi, à
la Mancini, vos sœurs; les justes reproches de la signora Portia Ur-
sina à Pietro Mazarini, votre père, sur l'inégalité de leur mariage... »
Remerciement des imprimeurs. Paris, 4 mars 1649.

[1] *Il Card. Mazar.* Rev. cont., nov. 1855, p. 554.

Fils et petit-fils d'un faquin,
Qui diffame la case ursine
Par l'alliance mazarine.

Le crédit de Jules Mazarin fut sans doute encore pour beaucoup dans ce mariage. Après avoir résidé à Avignon, en qualité de vice-légat, pendant deux ans, il retourna à Rome, où, grâce au cardinal Antonio Barberini, et peut-être plus encore à Richelieu, il fut nommé nonce extraordinaire en France. Il arriva à Paris en grand appareil, « fit son entrée par la porte Saint-Antoine, dans un carosse que le roy lui avoit envoyé, devancé de ses gentilshommes et de quantité d'estafiers et laquais richement vêtus de ses livrées, et suivi d'un cortége de cent vingt carosses...[1]. »

Le nonce réussit à Paris aussi bien qu'à Rome. De Retz nous dit « qu'il plut à Chavigny par des contes libertins d'Italie, et par Chavigny à Richelieu. » Mais de Retz, qui fait la caricature de Mazarin à côté d'un portrait superbe de Richelieu, croit-il que celui-ci se fût accommodé de ces contes en échange de ses secrets d'État? Mazarin, rappelé à Rome, quitta la nonciature pour se mettre tout à fait au service de la France. Ici nous le laisserons en tête-à-tête avec celui qui fut son maître, et qui le fit, en mourant, légataire de son autorité. Il ne faudrait pas abuser de l'oncle à propos des nièces. Nous avions à parler de son origine, de ses

---

[1] *Gazette*, 26 décembre 1634.

commencements jusqu'à présent restés, comme ceux
des peuples, dans le domaine de la légende. Les idées
répandues en France nous ont paru curieuses à connaître ; puis des données plus précises, et au moins
vraisemblables, nous sont arrivées de l'Italie à propos,
et nous pouvons les accepter ; mais là notre confiance
finit avec la jeunesse de Mazarin. Cette histoire fami-
lière ne mérite crédit qu'autant que l'auteur rapporte
ce qu'il a vu ; mais, quand les choses se passent ensuite hors de l'Italie, le récit manque d'exactitude et
d'autorité [1]. Notre Italien, par exemple, nous raconte
des histoires de Mazarin à la cour de France qui ont
un peu l'air de contes de fées : c'est du merveilleux
créé par la distance.

Voici, par exemple, une anecdote qui se rapporte-
rait aux premiers voyages de Mazarin à Paris. Il va
un soir au Palais-Royal, où beaucoup de dames et de
seigneurs étaient assemblés et jouaient gros jeu. Pressé
d'y prendre part, il y consent surtout *dans l'espérance
d'être vu de la reine.* Mazarin fit bientôt un gain si
prodigieux que la nouvelle s'en répandit dans les galeries, et tout le monde d'accourir pour voir le tas
d'or qui était devant lui. La reine vint comme les au-

[1] Dans ce qui est relatif aux nièces surtout : l'auteur confond les
Mancini et les Martinozzi ; il fait épouser deux Mancini au prince de
Conti et au duc de Modène ; il gratifie Olympe d'une beauté extraordinaire, etc. ; autant d'erreurs. Cet ancien condisciple de Mazarin
avait sans doute perdu de vue la famille.

tres; elle entra au moment où Mazarin tentait un coup décisif : il gagna, et ne manqua pas d'attribuer son bonheur à la présence de Sa Majesté. Son gain s'élevait à quatre-vingt-dix mille écus; il quitta le jeu, et en distribua une partie aux dames et aux seigneurs; puis il fit porter cinquante mille écus en présent chez la reine. Elle refusa d'abord; mais l'Italien la supplia en des termes si persuasifs, avec des accents si doux, qu'elle se laissa vaincre (*con parole si aggiustate et con si soavi accenti*).

L'invraisemblance de ce récit saute aux yeux, vu la date qu'on lui assigne; on y voit l'exagération italienne. Ce n'était point la reine, c'était Richelieu que Mazarin courtisait à ce moment-là, et il se fût bien gardé de faire alors de tels fracas de galanterie pour Anne d'Autriche. Mais, à Rome, on ne voyait pas les choses de si près : on n'y parlait que des faits et gestes de Mazarin en France, et naturellement l'amour et le jeu y jouaient un grand rôle dans l'imagination de ses anciens amis.

Mazarin, pour se fixer en France, dut y entrevoir de bien grandes perspectives, puisqu'il leur sacrifia ses espérances de fortune à Rome, ses puissantes amitiés, voire la chance, pour un homme tel que lui, de devenir pape un jour. Richelieu lui fit donner le cardinalat, et, à la mort de Louis XIII, on vit avec étonnement la reine régente investir tout à coup de sa confiance ce favori de Richelieu.

Mazarin, premier ministre, resta sans famille autour de lui pendant plus de cinq ans; cet isolement lui profitait, il s'en faisait un mérite. « Il déclaroit, dit La Rochefoucauld, qu'il ne vouloit rien pour lui, et que, toute sa famille étant en Italie, il vouloit adopter pour ses parents tous les serviteurs de la reine, et chercher également sa sûreté et sa grandeur à les combler de biens [1]. » Il disait, en montrant les belles statues qu'il faisait venir de Rome, que c'étaient là les seules parentes qu'il voulût avoir en France. Mais le temps lui apporta d'autres idées. En effet, quand il se crut bien affermi, il songea à faire venir de Rome les enfants de ses sœurs.

La signora Martinozzi, qui était devenue veuve, avait deux filles. Madame Mancini, plus richement partagée, avait eu dix enfants. Leur troisième sœur était morte, et sans doute sans postérité. Le cardinal demanda à madame Martinozzi sa fille aînée, et aux Mancini trois de leurs enfants : deux filles et un fils. Ces enfants avaient de sept à treize ans. Il est présumable que, si le père de Mazarin avait eu des héritiers de son second mariage, le cardinal les eût pris de préférence à ceux-là. Il aurait fort aimé, sans doute, à voir le sang des Mazarin mêlé en eux à celui des Orsini; mais, n'espérant plus de ce côté, il se rejeta sur les enfants de ses sœurs. Il aimait sa famille : on retrouve çà et là dans ses car-

---

[1] *Mémoires de La Rochefoucauld*, coll. Petitot, t. LI, p. 373.

néts un souvenir, un regret affectueux pour les siens. Il note les présents qu'il veut envoyer à ses sœurs : « *Mostre e altre galanterie per inviar alle mie sorelle.* » Bien qu'elles fissent à Rome une assez bonne figure, l'on y fut sans doute un peu ébahi quand on vit arriver en grand équipage madame de Noailles, chargée, nous dit-on [1], par Son Éminence d'aller jusqu'à Rome lui chercher ses nièces : c'était d'emblée les traiter en princesses. Elles arrivèrent ainsi à la cour sans leurs mères, sans aucun parent qui les accompagnât. Le cardinal affecta de recommander qu'on les traitât simplement ; mais il n'en donna guère l'exemple lui-même par le choix qu'il fit de leur gouvernante : ce fut la marquise de Sénecé, de la maison de La Rochefoucauld, et qu'on avait vue gouvernante de Louis XIV. L'arrivée de ces enfants est racontée par madame de Motteville avec quelques détails d'intérieur qui méritent d'être rapportés. « Le 11 septembre, dit-elle, nous vîmes arriver d'Italie trois nièces du cardinal et un neveu... L'aînée des petites Mancini (Laure) étoit une agréable brune qui avoit le visage beau, âgée de douze ou treize ans. La seconde (Olympe) étoit brune, avoit le visage long et le menton pointu. Ses yeux étoient petits, mais vifs, et on pouvoit espérer que l'âge de quinze ans leur donneroit quelque agrément... Made-

---

[1] *Palais Mazarin*, par M. Léon Laborde. — Cependant madame de Motteville ne fait point mention, dans son récit, de cette commission donnée à madame de Noailles.

moiselle de Martinozzi étoit blonde ; elle avoit les traits
du visage beaux, et de la douceur dans les yeux. Elle
faisoit espérer qu'elle seroit effectivement belle... Ces
deux dernières étoient de même âge, et on nous dit
qu'elles avoient environ neuf à dix ans. Madame de
Nogent les fut recevoir à Fontainebleau, par ordre du
cardinal... La reine les voulut voir le soir qu'elles arrivèrent, et les vit avec plaisir. Elle les trouva jolies,
et le temps que ces enfants furent en sa présence fut
employé à faire des remarques sur leur personne. Madame de Sénecé offrit à la reine de les aller voir le
lendemain ; mais on lui fit entendre que le cardinal
ne souhaitoit point qu'on les visitât, et qu'étant logées
chez lui dans sa maison, où il étoit bien aise d'aller
quelquefois se reposer, le monde l'incommoderoit
trop... Quand cet oncle si révéré et si puissant vit ses
nièces, il quitta la reine aussitôt qu'elles arrivèrent, et
s'en alla chez lui se coucher. Après qu'elles eurent vu
la reine, on les lui mena, mais il ne montra pas de
s'en soucier beaucoup ; au contraire, il fit des rail-
leries de ceux qui étoient assez sots de leur montrer
des soins ; et, malgré ce mépris, il est certain qu'il
avoit de grands desseins sur ces petites filles. Toute
son indifférence là-dessus n'étoit qu'une pure comédie,
et par là nous pouvons juger que ce n'est pas toujours
sur les théâtres des farceurs que se jouent les meilleures pièces.

« Le lendemain on les ramena encore chez la reine,

qui les tint quelques moments auprès d'elle pour les
mieux considérer. On les montra ensuite en public :
chacun se pressa pour les voir... Le duc d'Orléans
s'approcha de l'abbé de La Rivière et de moi, qui cau-
sions ensemble auprès de la fenêtre du cabinet, et
nous dit tout bas : « Voilà tant de monde autour de
« ces petites filles que je doute si leur vie est en sû-
« reté et si on ne les étouffera point à force de les re-
« garder. » Le maréchal de Villeroy, qui avait une
gravité de ministre, s'approcha de lui et lui dit aussi :
« Voilà des petites demoiselles qui présentement ne
« sont point riches, mais qui bientôt auront de beaux
« châteaux, de bonnes rentes, de belles pierreries, de
« bonne vaisselle d'argent, et peut-être de grandes di-
« gnités ; mais, pour le garçon, comme il faut du
« temps pour le faire grand, il pourrait bien ne voir
« la fortune qu'en peinture [1]. »

Le cardinal, par le choix de la gouvernante, semblait mettre ses nièces de pair et compagnon avec les
princesses du sang. On en glosa, et la Fronde, quelque temps après, rappelait cela dans ses pamphlets.
« Il a fait venir, disait le curé Brousse, de petites ha-
rengères de Rome, les fait élever dans la maison du
roi, avec train de princesses du sang, et sous la conduite
de celle qui a eu l'honneur d'être gouvernante du

---

[1] *Mémoires de madame de Motteville,* collect. Petitot, t. XXXVII,
p. 270 à 274.

roy [1]. » La marquise aussi ne manqua pas d'être
chansonnée :

> Faire la maîtresse d'école
> Sur une espérance frivole
> De voir sa fille au tabouret ;
> Lui faire oublier sa naissance,
> Jouer toujours bien son rolet :
> Honny soit-il qui mal y pense [2] !

Nous avons dans madame de Motteville un portrait
assez vif de cette marquise. « Le nom de La Rochefoucauld seulement à prononcer lui donnoit une joie
extrême. Son esprit alloit toujours à l'extrémité de
toutes choses ; il étoit plein d'emportement et d'impétueuse vanité... Elle avoit de ces contrariétés que
les Espagnols appellent *altos y baxos*, car tantôt elle
pestoit comme les autres, tantôt elle recherchoit le
cardinal avec de grandes soumissions, et se louoit de
la moindre douceur qu'il lui disoit [3]. »

Sut-elle remplir, au gré de Son Éminence, la délicate mission qu'on lui avait confiée ? On se demandera
ici pour quel motif Mazarin mit ses nièces dans les
mains de cette gouvernante du roi, dont il se défiait
et se plaignait dans ses carnets. On y lit qu'elle ap-
prenait à Louis XIV à détester la mémoire de Riche-

---

[1] *Lettre d'un religieux*, etc.

[2] Les *Honny soit-il de ce temps*. Paris, 1649.

[3] *Mémoires de madame de Motteville*, collect. Petitot, t. xxxvii,
p. 29 et 67.

lieu, et qu'un jour, lui montrant le portrait du cardinal, elle s'était écriée : « Le voilà, ce chien[1] ! » Sur quoi le jeune prince aurait dit : « Donnez-moi vite une arbalète, pour que je l'ajuste. » Mais à sept ans le roi fut retiré des mains de sa gouvernante pour passer dans les mains de Mazarin lui-même, qui voulut être le surintendant de son éducation. Quant aux nièces du cardinal, madame de Sénecé ne dut pas les conserver longtemps sous sa garde; la Fronde, qui ne tarda pas à éclater, semble avoir rompu leurs liens.

Mazarin avait à Rome un frère jacobin, dont il fit sans difficulté un archevêque; mais il eut quelque peine à le faire cardinal. En effet, après de longues négociations qui n'amenèrent point de résultat, il en vint à la menace et fit assiéger Orbitello, sur la frontière romaine. Le Saint-Père intimidé céda, et nomma l'archevêque d'Aix cardinal de Sainte-Cécile. Ce résultat coûta cher, si l'expédition n'eut pas toutefois de meilleurs motifs; car la France y perdit Armand de Brézé, l'un de ses plus vaillants hommes de mer.

Le nouveau cardinal différait étrangement de son frère : il était borné, emporté, brutal; c'est ainsi qu'il nous est dépeint. Il n'avait ni déférence ni égards pour la reine elle-même, malgré les étranges faveurs dont on l'avait comblé. Il paraît qu'il en usait bien

---

[1] « Senese disse, videndo il ritratto del cardinale : Eccolà quel cane! « il re disse : Datemi una balestra per tirarl » m^e *carnet,* p. 30.

cavalièrement avec son aîné, car il avait coutume de dire, si l'on en croit l'abbé de Choisy : « Mon frère est un poltron ; faites du bruit, et il tremble. »

Ce fut peut-être en employant ce procédé qu'il réussit, malgré tous les obstacles. Mazarin, pour se débarrasser de son humeur incommode, l'envoya vice-roi en Catalogne, au scandale de bien des gens ; mais il n'y resta que quelques mois, soit incapacité, soit autre cause ; il se rendit à Rome, où il mourut [1]. On ne peut douter qu'il n'ait donné de grands sujets d'ennui à son frère ; car on voit celui-ci prier leur père, dans ses lettres, de lui faire des représentations, et de le ramener à bien, s'il le peut.

Tous les ennemis de Mazarin avaient jeté les hauts cris à cette exorbitante élévation de son frère ; les pamphlétaires ne laissèrent pas tomber ce grief, quoique le personnage fût mort avant la Fronde.

« Aller en Italie, dit le curé de Saint-Roch, chercher un moine mendiant, jacobin de profession, lui faire quitter son froc et sa besace pour en faire un vice-roi en Catalogne [2] ! »

Cet essai malheureux fut peut-être ce qui décida Mazarin à laisser à Rome son père, ses beaux-frères et ses sœurs. Pietro Mazarino y vivait tranquille, et

---

[1] Le docteur Guy Patin, dont le diagnostic est sujet à médisance, prétend être au courant des causes de sa mort : il nous dit très-indiscrètement que le cardinal mourut *ex immodica venere.*

[2] *Lettre d'un religieux,* etc.

trop philosophe sans doute pour aller tenter au loin la fortune ; mais sa femme Portia et quelqu'un des autres auraient eu peut-être cette ambition. Le cardinal, lui, ne se soucia pas de donner à la cour le spectacle de sa famille, et de s'exposer encore à quelques déboires ; il trouva plus sûr de se charger des enfants, qu'il pourrait former selon ses desseins, et qui plus tard viendraient lui fournir de grandes alliances : ce qui arriva, en effet, de Laure et d'Olympe Mancini, et surtout d'Anne-Marie Martinozzi. Il faut les distinguer de leurs cadettes, qui ne parurent en France que cinq ans après. On a souvent confondu les unes et les autres, et des écrivains s'y sont trompés tous les premiers : c'est ainsi que Rœderer, dans son Mémoire sur *la société polie,* fait arriver à la fois les sept nièces de Mazarin ; l'exact Sismondi répète cette méprise ; M. Capefigue en fait à peu près autant, en appliquant les quolibets de la Fronde à celles des nièces qui n'arrivèrent qu'après. Le duc de Nivernais lui-même, ce descendant des Mancini, s'embrouille aussi dans ce labyrinthe de sa famille.

Laure Mancini et Anne-Marie Martinozzi étaient belles ; quant à Olympe, contentons-nous de dire ici que cette fille de Rome était fort brune, et que ce serait plutôt à elle qu'à la blonde Martinozzi que s'applique cet agréable portrait, que nous fournit une Mazarinade :

        Elles ont les yeux d'un hibou,

L'écorce blanche comme un chou,
Les sourcils d'une âme damnée,
Et le teint d'une cheminée [1].

Mazarin installa ses trois nièces dans sa maison;
puis, sur les instances de la reine, il les fit venir au
Palais-Royal, où elle avait transporté sa cour, et où le
cardinal avait réussi à s'établir auprès d'elle. Il avait
d'abord habité l'hôtel de Clèves et se trouvait ainsi
fort rapproché de sa souveraine (C); mais il tenait
beaucoup à être logé plus près encore, comme on le
voit dans ses carnets. Il veut être investi d'une charge
domestique chez la reine, « afin, dit-il, d'avoir son
logement auprès d'elle [2] : » il arriva à ses fins. Ce fut
donc au Palais-Royal que ses nièces furent élevées, avec
le roi et son frère, et sur un pied à peu près pareil. La
reine s'occupait d'elles comme de ses propres enfants, se mêlant de les instruire, soit aux usages du
monde, soit aux choses de religion. Elle aimait à les
conduire fréquemment au Val-de-Grâce, pour y diriger elle-même leurs dévotions. Elle réussit bien, du
reste, dans cette éducation, et deux de ses élèves lui
firent grand honneur.

Le neveu du cardinal, Paul Mancini, également
amené de Rome, fut placé chez les Jésuites. Nous

---

[1] *Satyre sur le grand adieu des nièces de Mazarin à la France.*
Paris, 1649.

[2] « S. M. pensi a darmi carica di suo domestico, per haver stanze
in casa. »

trouvons dans un pamphlet certains détails sur la manière dont les Pères en usaient avec cet élève. Il est vraisemblable, en effet, que le neveu fut mis sur le même pied que les nièces.

« Le cardinal l'élevoit à Paris dans un éclat pareil à celui des enfants de France. Il avoit la chambre de M. le prince de Conti au collége de Clermont, sa chaire dans les classes ; et rien ne faisoit la différence de ce prince fantastique à cet autre effectif, sinon qu'il recevoit plus d'honneur et qu'il estoit bien autrement suivy, servy et meublé [1]. »

Comment ce Mazarin si souple et si prudent, cet homme avisé à qui l'orgueil ne troublait point la tête, en vint-il à prendre ce haut vol? Il n'avait point la superbe de Richelieu, ni son mâle despotisme ; son caractère ne l'eût point porté, il nous semble, à braver si hardiment ses envieux, à offusquer les princes par des airs de grandeur si formelle. Quel motif avait-il de se croire leur égal et de trancher quasi du monarque? Sur quel appui certain comptait-il? La famille de Mazarin se trouve si directement intéressée dans cette question délicate que nous ne pouvons l'écarter.

Louis XIII, en mourant, avait désigné Mazarin pour principal ministre ; mais la régente respecterait-elle cette volonté dernière d'un époux médiocrement aimé? Créature de Richelieu, Mazarin ne pouvait

---

[1] *Lettre du Père Michel*, etc., 19 février 1649.

avoir que des ennemis autour de la reine ; il sut pourtant se faire accepter. Richelieu avait trouvé sa force
dans la raison de Louis XIII, Mazarin dut chercher
la sienne dans le cœur d'Anne d'Autriche : les leçons
de politique qu'il put bien lui donner en sus auraient
peu profité sans cela. Mazarin avait alors quarante
ans ; il était resté l'un des beaux hommes de la cour,
et le plus séduisant de tous par sa grâce, son élégance
italienne, et le soin le plus exquis de toute sa personne. Les malveillants même en conviennent, à l'exception peut-être de Retz, trop vain, trop petit-maître
lui-même pour accorder des avantages de ce genre à
un ennemi. Voyons quelques portraits du temps, celui
que nous a tracé le comte de Brienne, par exemple,
« Il étoit d'une belle taille, un peu au-dessus de la médiocre ; il avoit le teint vif et beau, les yeux pleins de
feu, le nez grand, le frond large et majestueux, les cheveux châtains et un peu crépus, la barbe plus noire et
toujours bien relevée avec le fer, ce qui avoit bonne
grâce ; il avoit grand soin de ses mains, qui étoient
belles [1]... » « Il avoit le don de plaire, dit aussi sa discrète ennemie, madame de Motteville, et il étoit impossible de ne pas se laisser charmer par ses douceurs. »

Le satirique et mécontent Bussy-Rabutin semble

---

[1] *Mémoires de Louis-Henri de Loménie, comte de Brienne,*
t. II, publiés par M. Barrière.

être encore sous le charme quand il trace le portrait de Mazarin. « Il étoit, dit-il, l'homme du monde le mieux fait ; il étoit beau, il avoit l'abord agréable, l'esprit d'une grande étendue ; il l'avoit fin, insinuant, délicat ; il faisoit fort plaisamment un conte... »

Un autre contemporain, le maréchal de Grammont, courtisan passé maître, nous montre Mazarin sous le même aspect. « Il étoit affable, insinuant, agréable de sa personne, capable d'amitié, et d'une société charmante. Nous l'avons vu venir à bout de toutes les traverses de la fortune, faire *bouquer* tous ses ennemis, conserver le pouvoir suprême jusqu'au moment de sa mort, et styler son maître dans l'art de régner [1]. »

Tel était l'homme dont la fortune dépendait d'une femme oisive et passionnée, une Espagnole, qui avait été belle, habituée aux hommages, aux galanteries, aux amours romanesques. La femme de chambre d'Anne d'Autriche nous montre ainsi les premières relations de la reine avec son ministre : « Il commença à venir les soirs chez la reine, et d'avoir avec elle de grandes conférences. Sa manière douce et humble, sous laquelle il cachoit son ambition et ses desseins, faisoit que la cabale contraire n'en avoit quasi pas de peur [2]. »

---

[1] *Mémoires du maréchal de Grammont*, t. i, p. 121.
[2] *Mémoires de madame de Motteville*, collect. de Petitot, t. xxxix.

Cette sécurité ne dura pas toujours. Quand le cardinal eut son logement au Palais-Royal, les conférences particulières devinrent si fréquentes et les têté-à-tête si longs que l'entourage de la reine en murmura, et que ses amies véritables se risquèrent à lui parler des bruits répandus sur sa réputation. La plus dévouée d'entre elles, la belle et vertueuse Marie d'Hautefort, perdit sa faveur pour ce motif. Le cardinal ne pardonnait pas ces démarches faites pour inquiéter la reine sur le fâcheux effet de leurs entretiens ; il les notait jour par jour sur ses carnets. « L'évêque de Beauvais, y écrit-il, a chargé madame de Sénecé de parler à la reine pour qu'elle ne me voie plus si souvent, dans l'intérêt de sa réputation[1]. » Et ailleurs : « La marquise de Sénecé et mademoiselle d'Hautefort ont fait tous leurs efforts auprès de la mère Angélique pour qu'elle parlât à Sa Majesté contre moi[2]. » On lit encore : « J'ai contre moi Hautefort, Sénecé, et toute la maison de la reine[3]. »

Ces dames avaient une arme contre Mazarin : c'était la dévotion d'Anne d'Autriche ; elle s'adonnait, en véritable Espagnole, à toutes les pratiques de re-

---

[1] « Bove a Senese di parlar a S. M. perche non mi videsse cosi sovente, per sua reputatione. » IIe *carnet*, p. 105.

[2] « La marchesa di Senese e Otfort hanno fatto grandissimi sforzi con la madre Angelica perche parlasse a S. M. controdime. » IIIe *carnet*, p. 30.

[3] « Questa (Otfort) con Senese e tutta la casa della regina era contradime. » IIIe *carnet*, p. 93.

ligion; elle allait sans cesse au Val-de-Grâce, aux
églises, aux sermons. Mazarin s'en plaint à son tour,
et trouve cela d'un effet pire que de s'enfermer avec
lui; il s'en prend aux couvents, aux moines, aux dévots et dévotes qui, sous prétexte d'entretenir la fer-
veur de la reine, n'ont d'autre but, dit-il, que de lui
faire perdre son temps à tout cela, « afin qu'elle n'en
ait plus pour ses affaires et pour me parler... » « La
reine, dit-il encore, subordonne les affaires publiques
aux affaires domestiques, et particulièrement aux
affaires de dévotion; elle devrait faire tout le contraire... Dieu est partout, et la reine pourrait le prier
dans son oratoire...[1] »

L'inquiétude et l'humeur qui percent çà et là dans
ces notes semblent prouver que Mazarin, dans les
premiers temps, n'était pas encore bien sûr de sa conquête. Il est probable qu'il ne manquait pas de faire,
pendant ses conférences avec sa souveraine, ce que
la duchesse de Chevreuse conseillait comme un bon
moyen d'intéresser Sa Majesté : c'était d'attacher sur
ses belles mains, dont elle était vaine, des yeux dis-
traits et rêveurs. Il s'inquiétait assez peu de ce qu'on
pouvait penser et dire, pourvu qu'il fît montre de son
ardeur; il n'y regardait pas de plus près qu'un jeune
page. Un jour, il s'élança galamment par-dessus la

[1] IVe *carnet*, p. 62 et suiv., trad. par M. V. Cousin. Voyez le *Journal des Savants*, janvier 1855.

portière du carrosse de la reine, le laquais s'étant fait attendre pour l'ouvrir ; ce qui donna lieu à cette chanson :

> Devant la reine Mazarin
> A fait une trevelinade ;
> Il a sauté comme Arlequin
> Devant la reine, Mazarin [1] !

La femme du secrétaire d'État Brienne fut une des personnes qui prévinrent charitablement la régente de ces bruits fâcheux à sa réputation ; nous trouvons cette curieuse scène dans les Mémoires de son fils [2]... « Quand ma mère eut cessé de parler, dit-il, la reine, les yeux mouillés de larmes, lui répondit : Pourquoi, ma chère, ne m'as-tu pas dit cela plus tôt ? Je t'avoue que je l'aime, et je te puis dire tendrement ; mais l'affection que je lui porte ne va pas jusqu'à l'amour, ou, si elle y va sans que je le sache, mes sens n'y ont point de part ; mon esprit seulement est charmé de la beauté de son esprit. Cela serait-il criminel ? Ne me flatte point : s'il y a, dans cet amour, l'ombre d'un péché, j'y renonce dès maintenant devant Dieu et devant les saints dont les reliques reposent en cet oratoire. Je ne lui parlerai désormais, je t'assure, que des affaires de l'État, et romprai la conversation *dès qu'il me parlera d'autre chose* [3]. »

---

[1] BIBL. IMP., collect. de Maurepas, t. I, fol. 333.

[2] *Mém. de Louis-Henri de Loménie, comte de Brienne*, t. II, p. 39 et suiv.

[3] Voilà un serment, à coup sûr, bien solennel, et ce récit de Brienne

Anne tint-elle parole à son amie, et imposa-t-elle silence à Mazarin chaque fois qu'il lui arriva de s'écarter de ce programme? La scène rapportée ci-dessus, un peu arrangée peut-être, est confirmée par d'autres récits qui vont plus loin encore. La Porte, valet de chambre du roi, et qui avait donné de grandes marques de dévouement à sa mère, se mêla aussi de l'avertir; il lui dit un jour « que tout le monde parloit d'elle et de Son Éminence d'une manière qui la devoit faire songer à elle. A ces mots, elle devint rouge, et se mit fort en colère, disant que c'étoit M. le Prince qui la décrioit et faisoit courir ces bruits; que c'étoit un méchant homme. Je lui répliquai que, puisqu'elle avoit des ennemis, elle devoit bien prendre garde de leur donner sujet de parler. Après avoir bien battu les vitres avec son éventail, elle s'apaisa un peu; et je pris sujet de lui dire qu'elle avoit un exemple bien récent pour sa conduite, savoir, celui de la reine mère Marie de Médicis et du maréchal d'Ancre, et que les fautes qu'elle avoit faites la devoient instruire pour les éviter. — Quelle faute? me dit-elle. — D'avoir

---

est-il aussi exact qu'il est pompeux? Dans tous les cas, M. Cousin, dans son éloquente étude sur madame de Hautefort, nous rappelle qu'en l'année 1637 Anne d'Autriche, sortant de communier, jura sur la sainte Eucharistie qu'elle venait de recevoir, et sur le salut de son âme, qu'elle n'avait pas une seule fois écrit en Espagne, tandis que plus tard elle fit des aveux contraires à ses premiers serments.

fait mal parler d'elle et de cet Italien, lui répon-
dis-je... »

Ainsi la régente ne manquait pas de gens prêts à
l'avertir. « Je ne fus pas le seul, ajoute La Porte, qui
donnai cet avis à la reine et qui lui rapportai l'exemple
de feu la reine mère. M. Cottignon, mon beau-père,
que j'introduisis un jour dans la chambre de Sa Majesté, suivant la franchise de son naturel, lui dit la
chose devant le monde, et avec bien moins de réserve[1]... » La fière Anne d'Autriche ne put manquer
d'être touchée de cet avis charitable donné devant tout
le monde; ses gens, comme on le voit, prenaient avec
elle de bien gracieuses libertés.

Il est inutile de rappeler l'opinion du cardinal de Retz
sur la question délicate que nous touchons. Cette question paraît aujourd'hui résolue, car il existe des lettres
de Mazarin et de la reine qui en disent plus que les mémoires les plus médisants. Ils sont en grand nombre
ces témoignages indiscrets qu'il est dangereux de laisser traîner après soi dans l'histoire, et il se retrouve
encore de temps en temps de ces survivants malencon-

---

[1] *Mém. de La Porte*, collect. Petitot, t. LIX. On peut lire, à la
page 400 de ce recueil, les singuliers motifs qu'Anne d'Autriche aurait donnés à madame d'Hautefort pour lui persuader qu'il ne pouvait y avoir de commerce d'amour entre elle et Mazarin; elle disait
en riant à son amie que le « cardinal n'aimait point les femmes,
qu'il était Italien... » Comment concilier avec cela les beaux sentiments dont la reine aurait fait parade pour lui, Mazarin, d'après le
récit de Brienne?

treux. Reste une question pourtant : Anne d'Autriche
n'aimait-elle Mazarin que de la façon dont elle en parlait à madame de Brienne ? N'était-elle amoureuse que
de la beauté de son génie ? Ce gracieux, ce bel homme,
qui faisait tant pour lui plaire, n'était-il pour elle qu'un
grand politique et un ami charmant ? Richelieu, qui
était plus grand encore, s'était mis à ses pieds comme
l'autre, et elle ne l'avait point aimé. Ce puissant esprit
l'avait si peu touchée qu'elle eut l'étourderie de se
moquer de son amour. Anne avait-elle d'ailleurs ce
qu'il faut pour se laisser prendre aux seules beautés
de l'intelligence ? Est-ce bien ainsi que son cœur espagnol entendait l'amour ? Puis l'intérêt de Mazarin se
fût-il accommodé d'une affection platonique ? Les calculs de l'un, la nature de l'autre devaient s'accorder
assez bien. Il est vrai que madame de Motteville, témoin grave à tous égards, dépose en faveur d'Anne
d'Autriche ; mais pouvait-on s'attendre qu'elle fût un
témoin à charge envers sa maîtresse ? Sa réserve était
un devoir, et n'est guère une autorité.

Une autre opinion mérite encore examen : la Palatine, duchesse d'Orléans, affirme, dans sa correspondance, que Mazarin et la reine étaient mariés, le cardinal n'étant point prêtre. Elle dit que, de son temps,
on montrait encore au Palais-Royal un escalier dérobé
par où Son Éminence se rendait chez sa femme.

Cette supposition que Mazarin n'était point prêtre
et que la reine l'avait épousé se rencontre dans divers

pamphlets. On y lit qu'ils « étoient liés par un mariage
« de conscience, et que le Père Vincent, supérieur de
« la Mission, avoit ratifié le contrat [1]. »

Les vers suivants, d'un abbé fort connu dans la
Fronde, disent aussi que Mazarin n'avait point reçu
la consécration :

> Vous êtes un grand cardinal,
> Un homme de haute entreprise,
> Vingt fois abbé; prince d'Église,
> Quoique ne *soyez in sacris*,
> N'ayant Ordres donnés ni pris,
> Et n'ayant point de caractère,
> Non plus que l'art du ministère [2].

Cet *art du ministère*, qui fournit un jeu de mots à
notre abbé, appartenait-il ou non à Mazarin? Peut-être,
en effet, n'était-il point prêtre, puisqu'il y a des cardinaux laïques [3]. Il est même assez probable que le

---

[1] *Requête civile pour la conclusion de la paix.* Paris, 1649. Il
est encore fait mention du mariage dans le *Silence au bout du doigt*,
et dans le *Testament véritable*, etc.

[2] *Lettre à M. le cardinal*, etc., par l'abbé de Laffemas. Paris,
4 mars 1649.

[3] Un cardinal n'est pas nécessairement prêtre; il y en a qui ne
sont que diacres, ayant reçu les ordres mineurs, mais non la consécration. Représentants de la chrétienté tout entière, ecclésiastique et
laïque, les cardinaux, par quelques-uns d'entre eux, correspondent
à la partie laïque de la chrétienté : ce sont les cardinaux non prêtres,
simples diacres. Un diacre peut se marier, en cessant, bien entendu,
d'être diacre (le diaconat n'étant pas indélébile); en lui, aucun caractère n'interdit le mariage; mais il est d'usage que les cardinaux,
même diacres, ne se marient point. Ainsi Raphaël ne voulut point

capitaine Mazarin, en quittant l'habit militaire, ne prit du sacerdoce que le strict nécessaire pour arriver à son but, et ne s'arrêta pas en chemin pour se charger d'un lourd bagage. A qui mieux qu'à lui peut-on appliquer ce mot d'un prélat italien : « *Bisogna enfarinarsi di teologia, e farsi un fondo di politica?* » Il faut s'enfariner de théologie, et se faire un fonds de politique.

Il serait donc possible que Mazarin, cardinal laïque, eût pris ce parti d'un mariage secret pour s'accommoder à la piété et aux scrupules de la reine. Rien, il est vrai, ne fait allusion dans leurs lettres à ce lien matrimonial; mais il donnerait le mot de leur correspondance amoureuse ; cela couperait court à tout scandale; et nous ne demandons pas mieux.

Mazarin, qui avait tenu à loger sous le même toit que la reine, au Palais-Royal, ambitionna ensuite d'habiter un palais à lui. Ceci pourrait être un indice de plus de la sécurité parfaite à laquelle il était arrivé. Un peu las peut-être de ces longs entretiens qu'il s'ingéniait naguère à faire naître, il songea à se créer une certaine indépendance, en mettant un peu d'espace entre sa souveraine et lui. Il ne s'éloigna guère, il est vrai. Au bout du jardin de la reine s'élevait, au milieu des vergers et des champs, un bel hôtel qu'un prési-

se marier, et il se contenta de la Fornarina, parce qu'il avait l'espoir de devenir cardinal.

dent, appelé Tubeuf, venait de construire. Le cardinal
en eut envie ; il ne le gagna pas cependant, comme
l'ont dit les pamphlétaires, dans une partie de jeu ; il
le paya beaucoup plus cher, puis il s'occupa de l'agran-
dir et de l'orner.

Il fit venir, dans ce but, des peintres et des sculpteurs
d'Italie. Les neveux du pape Urbain VIII, ces cardinaux
Barberini qui l'avaient protégé à Rome, se voyant écar-
tés sous un nouveau pontife, vinrent à Paris sur les
instances de Mazarin ; il les logea dans son palais, où
il mit à profit le goût éclairé de ses hôtes, grands ama-
teurs d'art, comme tous les prélats italiens. Les dons
lui arrivèrent de toutes mains, et rien ne lui coûta, en
outre pour orner ses galeries de statues, de tableaux,
de toutes les raretés qu'il put réunir à grands frais (D).
Son Éminence jouissait en amateur de toutes ces merveilles, quand la Fronde vint troubler ses plaisirs. Son
ministère, jusque-là, avait été paisible ; les cabales qui
s'agitaient autour de la reine, celle des Importants surtout, ces mélancoliques, comme de Retz les appelle,
« qui avoient la mine de penser creux, » n'auraient pu
venir à bout d'un adversaire tel que Mazarin ; il n'é-
tait point encore impopulaire : des victoires sur terre
et sur mer, des traités qui consolidaient les conquêtes,
donnaient au loin faveur à son pouvoir. Le faste où il
se complaisait, la hauteur où il avait mis ses nièces,
l'empire qu'il avait sur la reine, ne touchaient encore
que les princes et les gens de cour. Mais un incident

irrita le parlement, le pouvoir faiblit en croyant concilier; alors la résistance enhardie se propagea, et le nom de Mazarin fut bientôt honni.

Dispensons-nous de toute digression sur les causes de la Fronde; nous n'avons à y voir que la famille et l'intérieur de Mazarin. Quand la cour s'évada de Paris pour se retirer à Saint-Germain, ses trois nièces furent confiées à la garde des religieuses du Val-de-Grâce. Il est fort à croire que la marquise de Sénecé ne les dirigeait plus [1], et qu'elle se tourna du côté de la Fronde, où se trouvaient les La Rochefoucauld, ses parents.

Après la paix de Ruel, la cour rentra à Paris, où le peuple se montra fort aise de revoir la figure de Son Éminence.

« Ce Mazarin si haï, nous dit madame de Motteville, étoit à la portière avec M. le Prince... Les uns disoient qu'il étoit beau, les autres lui tendoient la main et l'assuroient qu'ils l'aimoient bien; d'autres disoient qu'ils alloient boire à sa santé... »

Mais Condé était devenu plus incommode que tous les frondeurs; il fallut que Mazarin s'engageât, par traité, à ne marier ses nièces qu'avec le consentement de Son Altesse. Toujours mécontent nonobstant, M. le Prince tenta de le faire supplanter dans le cœur

---

[1] Le cardinal avait retiré à la comtesse de Fleix, fille de la marquise, les honneurs du tabouret, qu'elle avait obtenus; ce qui indique assez que la mère n'était plus en faveur.

de la reine par un petit-maître de ses amis, le marquis
de Jarzé, qui se flattait assez haut de mener à bonne
fin l'entreprise. Le cardinal, qui en eut vent, en prit
ombrage; il exigea d'Anne d'Autriche qu'elle fît sentir publiquement ses dédains au présomptueux. La
reine s'en acquitta à souhait et chassa le marquis de
la cour. Il paraît que cette idée de supplanter Mazarin
avait passé par plus d'une tête. Madame de Chevreuse,
de son côté, l'avait suggérée au coadjuteur. « Si vous
voulez bien jouer votre personnage, lui dit-elle, je ne
désespère de rien; faites seulement le rêveur quand
vous êtes auprès de la reine; regardez continuellement ses mains (elles étoient fort admirées); pestez
contre le cardinal; laissez-moi faire du reste. — Nous
concertâmes le détail.... Je suivis de point en point les
avis de madame de Chevreuse. La reine, qui étoit naturellement très-coquette, entendit ces airs... Il y eut
vingt ou trente conversations de cette nature, dans
lesquelles il se trouva que la reine persuada à madame de Chevreuse que j'étois assez fou pour me mettre cette vision dans l'esprit [1]... »

La mésaventure de Jarzé acheva de pousser à bout
l'intraitable Condé : il perdit alors toute mesure avec
le cardinal; il lui écrivit une lettre qui portait cette
adresse : *All' illustrissimo signor Facchino.* Il le quitta
en lui jetant à la tête, avec un geste outrageant, ces
paroles de défi : *Adieu, Mars!*

---

[1] *Mém. du cardinal de Retz,* collect. Petitot, t. xiv, p. 413-415.

L'arrestation de Condé et de son frère, au Palais-Royal, ne remédia pas au désordre, et le cardinal, voyant la révolte gagner les provinces, le parlement tout à fait déchaîné contre lui, et l'oncle du roi passer du côté de ses ennemis, se décida à quitter le royaume. Il sortit de Paris le 6 février au soir, déguisé en cavalier, suivi du comte de Broglie et d'un autre gentilhomme; il prit la route du Havre. Il s'y arrêta pour délivrer lui-même Condé et son frère, puis continua son chemin vers la frontière, en passant par Abbeville et Doullens.

Un poëte, qui fut le nouvelliste le plus exact de ce temps, nous peint de cette façon comique et sensée l'effet que produisit le départ de Mazarin :

> Le cardinal, lundy, la nuit,
> Fit sa retraite à petit bruit;
> Il sortit par l'huis de derrière.
> . . . .
> Bourgeois, métiers et populaire
> Montroient, par des cris redoublés,
> L'aise dont ils étoient comblés.....
> Et l'on remarqua maint courtaud
> Qui tournoit le visage en haut,
> Croyant qu'après cette sortie
> L'allouette toute rôtie,
> Sans rien faire et sortir d'illec,
> Luy tomberoit dedans le bec [1].

Les pamphlets, qui pleuvaient sur Mazarin depuis

---

[1] Loret, *Muse historique*, t. ii, p. 23.

le commencement de la Fronde, s'acharnèrent de plus
belle sur le fugitif. Ses nièces, tous ses parents restés
à Rome eurent leur part dans ce déluge d'outrages et
de facéties [1].

[1] Il est assez curieux de rassembler ici les titres des Mazarinades
qui s'adressent spécialement aux nièces et aux parents du cardinal;
il est question des premières, outre cela, dans beaucoup d'autres
pièces :

— *Ballet ridicule des nièces de Mazarin, ou leur théâtre renversé
en France*, par P. D. C., sieur de Carigny. Paris, 1649.

— *Lettre surprise écrite à Jules Mazarin par ses nièces*, etc.
Paris, 1649.

— *Lettre du cardinal Mazarin, envoyée à ses nièces, sur son
arrivée à Saint-Germain.*

— *Soupirs et regrets des nièces de Mazarin sur la perte et mauvaise vie de leur oncle.* Paris, 1649.

— *Satire du grand adieu des nièces de Mazarin à la France,
avec une plaisante description de leurs entreprises,* en vers burlesques. Paris, 1649.

— *Entretien du cardinal Mazarin avec ses nièces.* 1651.

— *Outrecuidante présomption du cardinal Mazarin dans le
mariage de sa nièce.* Paris, 1651.

— *Réponse à l'outrecuidante présomption du cardinal Mazarin.*
1651.

— *Anti-nocier, ou le blâme des noces de M. le duc de Mercœur
avec la nièce de Mazarin.* 1651.

— *Récit du grand combat donné, entre deux dames de la ville
de Cologne et les deux nièces du cardinal Mazarin, sur les affaires
du temps présent.* 1651.

— *Ballet dansé devant le roy et la reine régente par le trio ma-
zarinique, pour dire adieu à la France,* en vers burlesques :

Première entrée : *Mazarin, vendeur de beaume.*

Deuxième entrée : *Ses deux nièces, deux danseuses de corde.*

Quatrième entrée : *Mazarin, vendeur d'oublies.*

Cinquième entrée : *Sa grande nièce..... sa cadette.....* etc.

Les soins galants que le cardinal donnait à sa personne, à son costume ; ses belles mains, sa moustache relevée avec le fer, ses pommades, ses limonades, ses ragoûts, ses pâtisseries, jusqu'à son pain, toutes ces importations raffinées de l'élégance et de la sensualité italienne ; puis son palais, avec ses galeries de tableaux et de statues, et ses vastes écuries, tout cela fournit une belle matière aux pamphlets :

Adieu donc, pauvre Mazarin !
Adieu, mon pauvre Tabarin ;
Adieu, *l'oncle aux Mazarinettes;*
Adieu, père aux marionnettes;
Adieu, le plus beau des galans;
Adieu, buveur de limonades;
Adieu, l'inventeur de pommades;
Adieu, l'homme aux bonnes senteurs!....

Les curés de la Fronde, en leur qualité de jansénistes, ne dénoncèrent-ils pas comme un scandale l'état de nudité de ses statues ?

« N'a-t-il pas employé, dit l'un, la fainéantise des

— *Apparition du cardinal de Sainte-Cécile à Jules Mazarin, son frère.* 1649.

— *Lettre du sieur Mazarini au cardinal Mazarin, son fils, de Rome, du 25 octobre 1648, tournée d'italien en françois, par le sieur de Lionne, avec la réponse du cardinal Mazarin à son père.* 1648.

— *Récit de ce qui s'est passé à l'emprisonnement du père de Jules Mazarin.* 1649.

— *Apparition d'Hortensia Buffalini à son fils Jules Mazarin.* 1649.

moines d'Italie, pendant trois années entières, à composer des pommades pour blanchir les mains? N'a-t-
on pas donné son nom au pain, aux pâtés et aux ragoûts [1]?... »

« Quelles prodigieuses dépenses n'a-t-il pas faites,
dit un autre, pour porter son frère au cardinalat, pour
les palais qu'il a fait bâtir à Paris et à Rome, pour
la dignité de noble vénitien pour son père et pour luy,
pour la bonne table qu'il tenoit [2]?.... »

« Qui croira jamais qu'un petit estranger, sorty de
la dernière lie du peuple, né subjet du Roy d'Espagne, soit monté dans six ans jusques sur les épaules
du Roy de France, ait faict la loy à tous les princes,
emprisonné les uns, chassé les autres, et basty dans
Paris un palais qui faict honte à celuy du Roy, et où
le luxe est au plus haut point, jusques sur les man-
geoires des chevaux [3]. »

Sa maison tout entière fut en quelque sorte in-
ventoriée par la satire. Le cardinal avait diverses sortes d'animaux, et surtout de singes, qu'il affectionnait;
ils n'échappèrent point aux brocards; on chansonna
ces pauvres singes, qui reviennent souvent dans les
Mazarinades :

[1] *Lettres d'un religieux, contenant la vérité de la vie et des
mœurs du cardinal Mazarin.*

[2] *La Vérité descouverte des pernicieuses inventions que le cardinal Mazarin avoit contre l'Estat.*

[3] *Lettres d'un religieux*, etc.

> Ainsi donc, par vos limonades,
> Par vos excellentes pommades,
> Par la bonne odeur de vos gands,
> . . . .
> Par les singes que tant aimez,
> Qui comme vous sont parfumez,
> Par les belles Mazarinettes [1].....

Enfin, les outrages les plus cyniques et les plus affreux furent prodigués à ses mœurs. Il suffirait de nommer *les Soupirs des Fleurs de lys*, *la Mazarinade*, et la pièce intitulée *la Custode de la Reine* [2].

Le neveu, les nièces du cardinal, expulsés aussi par arrêt du parlement, le rejoignirent à Péronne, où le maréchal d'Hocquincourt se chargea de les conduire.

> Le parlement, deux jours après,
> A grands coups d'arrêts sur arrêts,
> (Qui sont de furieuses pièces!)
> Fit sortir les trois chères nièces
> Tant de Paris que de la cour;
> Mais le généreux d'Hocquincour,
> Ayant l'âme obligeante et bonne,
> Les reçut, dit-on, dans Péronne [3].

[1] *Le Passeport et l'Adieu de Mazarin.*

[2] Nous ne pouvons taire notre étonnement d'avoir vu citées, dans les notes du *Palais Mazarin*, p. 157, 158, 159, cette dernière pièce et autres pareilles. M. le comte Léon de Laborde dit qu'en ce genre il ne cite que l'*indispensable;* mieux vaudrait, nous croyons, se dispenser tout à fait de ce genre-là.

[3] Loret, *Muse historique*, 11 janvier 1651.

Voici maintenant un échantillon des traits gracieux que les frondeurs décochaient de loin aux nièces fugitives :

> Vos nièces, trois singes ragots
> Qu'on vit naître de la besace,
> Plus méchantes que les vieux Goths,
> Prétendoient icy quelque place,
> Et vous esleviez ces magots
> Pour nous en laisser de la race.
> Elles avoient fait leurs adieux
> A leurs parents de gueuserie,
> Pour s'accoupler, à qui mieux mieux,
> Aux Candales, aux Richelieux,
> Aux grands maîtres d'artillerie,
> Ravis de voir en d'autres lieux
> Les singes et la singerie [1].

Bien leur en prit, sans doute, à ces pauvres nièces, de partir au plus tôt, car on les eût traitées fort mal. La crédulité populaire soupçonna le cardinal de s'être caché dans Paris ; le bruit courut qu'il était au Val-de-Grâce, habillé en religieuse, et que la reine allait l'y voir en secret :

> On disoit que le Mazarin
> Tous les jours chantoit au lutrin
> En habit de religieuse.

On crut également que ses nièces avaient trouvé asile dans Paris ; des attroupements se formèrent devant les maisons où on les supposait cachées ; on

---

[1] *Ministre d'État flambé.* Paris, 1651.

fouilla, entre autres, le logis d'une dame du nom de
Dampus.

> La canaille rien ne trouva,
> Mais jura de mettre en cent pièces
> Tous ceux qui logeroient les nièces [1].

Le cardinal, dans les embarras de son exil, ne
songea pas à se séparer de ces enfants si dangereux à
l'État, en les renvoyant à Rome rejoindre leurs mères.
On pourrait en conclure qu'il emportait l'espoir d'un
prochain retour. Il partit de Péronne avec ses nièces
et son neveu, pour se fixer dans quelque ville au delà
de la frontière. Il fut accueilli à Clermont en Argonne
par le maréchal de La Ferté-Senneterre, « qui le reçut
magnifiquement, malgré les arrêts du parlement qui
défendoient toute communication avec lui. » A Sedan,
le brave Fabert lui offrit ses services et un asile dans
cette place, qu'il commandait, bien qu'un message
forcé de la reine ordonnât à son ami de sortir du
royaume. Mazarin confia à Fabert la garde de ses
nièces, jusqu'à ce qu'il eût arrêté le lieu de son séjour.
Il choisit la ville de Bruhl, à peu de distance de Cologne. L'un des épisodes les plus singuliers de cet exil
fut, il nous semble, le mariage de Laure Mancini; elle
pouvait avoir quinze ans. Son oncle avait prêté déjà
l'oreille à des propositions du cardinal Barberini, qui
voulait la marier à un Colonna, son neveu. Mazarin

---

[1] Loret, *Muse histor.*, janvier 1651.

lui proposait de préférence une des jeunes Mancini, qui étaient encore à Rome dans un couvent ; car, disait-il, cela ne dérangerait en rien les arrangements que j'ai pris pour établir toutes les autres en France [1]. Cette Mancini offerte comme pis-aller était sans doute Marie, la plus âgée de celles qui étaient en Italie, et qui devait un jour épouser un autre Colonna ; elle avait au plus dix ans, ce qui n'empêcha pas l'oncle de régler les articles du contrat (*a far scrittura di matrimonio*).

Laure Mancini avait été fiancée au duc de Mercœur, le frère de celui qu'on appelait le Roi des Halles ; mais le fuite de Mazarin pouvait bien déranger ce projet. Il n'en fut rien cependant ; soit que la beauté de Laure et sa pieuse candeur y fussent pour quelque chose, soit tout autre motif, le duc de Mercœur se rendit bravement à Bruhl, et le mariage y fut consommé. Ce fut un beau scandale quand la nouvelle s'en répandit. Condé, que le projet seul avait mis en fureur, dénonça le mariage au parlement ; nous en verrons le détail plus loin.

[1] *Lettre de Mazarin au cardinal Barberini,* 15 février 1658. « Il che mi da occasione di dire à V. E. che complirebbe grandemente à miei interessi di far venire in Francia l'altra figlia ancora della signora Margerita, mia sorella, onde volontieri pregherei l'Em. Loro a contentar si d'una Mancini che è nel monasterio in Roma. » Il ajoute, dans une seconde lettre du 15 février : « Non si disaccomodarebbe lo stabilimento che io o fatto d'accomodare tutte l'altre in Francia. » (BIBL. IMP., *Manuscrits,* cit. par M. de Laborde.)

Ainsi il avait réussi, l'adroit banni, à contracter une assez belle alliance. Quel adoucissement à sa chute! Il avait marié sa nièce à un descendant de Henri IV. Il ne s'inquiéta guère des chansons et des quolibets que cet événement fit naître. Mais il avait espéré mieux faire encore, en prenant les deux frères à la fois dans son filet. C'eût été faire un *grand coup,* comme il le dit lui-même dans une note jetée sur ses carnets. « Si on povoit, écrit-il, gaigner tout à fait par une allianze le duc de Beaufort, je pourroy donner les deux nièces aux deux frères, et donner au cadet le gouvernement de Parys, et traiter même pour celui de l'Ile-de-France ; et avec cela on feroit un *gran coup;* car, ayant l'affection du peuple dans la ditte ville, il pourroit servir un jour à rendre quelque service considérable au Roy [1]. »

La popularité du Roi des Halles lui souriait, et il comptait en tirer bon parti. Ses nièces entraient pour beaucoup, comme on le voit, dans les combinaisons de sa politique : selon les fluctuations de sa destinée, il étendait doucement son réseau matrimonial tantôt d'un côté, tantôt d'un autre, et il ne désespérait pas d'y prendre ses ennemis les plus redoutés. Il avait d'abord enlacé le duc de Candale, opulent héritier de la maison d'Épernon ; mais la mort le lui enleva, comme nous le verrons.

[1] XIIe *carnet,* p. 129.

Les nièces du cardinal jouaient aussi un grand rôle dans les projets et les calculs de ses adversaires. Lors de l'arrestation des princes, leurs amis, réunis en conseil, proposèrent « d'aller au Val-de-Grâce enlever les nièces du cardinal, et les mener en diligence à quelques-unes des places du prince de Condé [1]... » Mais le cardinal, qui songeait à tout, avait déjà mis ses nièces en sûreté. On a vu que Condé s'était fait garantir par traité qu'elles ne pourraient être mariées sans son agrément. Dans ce temps d'intrigue et d'ambition égoïste, chacun spéculait sur elles à sa façon et à son heure, le coadjuteur tout comme les autres. N'ayant pas dans sa famille de parti pour les nièces, il jeta son dévolu sur le neveu, Paul Mancini, « qui avoit du cœur et du mérite, dit-il, et qu'il eust volontiers fait épouser à sa nièce, mademoiselle de Retz. »

Du fond de sa retraite de Bruhl, le cardinal dirigeait les affaires ; rien ne se décidait que par lui. La reine et lui entretenaient une correspondance active et secrète, au moyen d'émissaires adroits [2]. Les frondeurs n'en étaient pas dupes.

> Un bruit se répand par la vil'e
> Que l'esprit du gueux de Sicile
> Revient à la cour tous les jours.
> Pour chasser cet esprit immonde,

---

[1] *Mém. de Bussy-Rabutin*, t. I, p. 191.

[2] Le principal de ces agents était Barlet, homme de confiance du cardinal, et dont nous citerons plus loin la correspondance inédite.

Amis, il faut avoir recours
A l'eau bénite de la Fronde.

La reine bravait tout, la haine, les outrages, la mo-
querie des petits et des grands, la guerre civile, prête
à perdre sa couronne plutôt que l'homme qui lui sus-
citait ces périls. Cette femme indolente, assez mobile
en amitié, eût-elle été capable d'un si long effort si
elle n'avait eu dans Mazarin qu'un ami et un zélé serviteur? Une partie de leur correspondance subsiste encore, et là, au milieu de tant d'affaires qui le préoc-
cupent, Mazarin lui parle en véritable héros de roman,
qui ne songe qu'à donner à sa princesse de belles marques de sa passion; qui rêve, pour arriver jusqu'à
elle, « des choses étranges, extraordinaires; » qui hasar-
derait mille vies pour la revoir. « Il ne répond pas
d'être sage jusqu'au bout; car cela, dit-il, ne peut durer
de la sorte. » Ailleurs, il la conjure de retrancher par
pitié la moitié des douceurs qu'elle lui écrit. Ces lettres, nous sommes bien forcé d'en convenir, n'ont rien
de conjugal; ce n'est guère le ton d'un mari à sa
femme, même quand cette femme est une reine. L'hy-
pothèse que nous avons rapportée a donc peine à se
soutenir devant des preuves si authentiques. En adressant à sa Dulcinée de cinquante ans l'épître que nous
allons citer, Mazarin connaissait à quelle tête il avait
affaire. Ne touchons pas à son français, qui, après
tout, est celui d'un Italien à une Espagnole, pour qui
la forme est bien rachetée par le fond.

5.

« De Bruhl, le xi may 1651.

« Mon Dieu ! que je seroys heureux et vous satisfaite s'y vous pouviez voyr mon cœur ! Vous n'auriés
grand'peyne, en ce cas, à tomber d'accord que jamais
l'y a eue une amitié approchante à celle que j'ay pour
vous. Je vous advoue que je me feusse peu imaginé
qu'elle allât jusques à m'oster toutte sorte de contentement lorsque j'employe le temps à autre chose que
à songer à vous.

« Je voudroys aussy vous povoir exprimer la ayne
que j'ay contre ces indiscrets qui travaillent sans relâche pour faire que vous m'obliés, et empêcher que
nous ne nous voïons plus : en un mot, elle est propor-
tionnée à l'affection que j'ay pour vous. Ils se trom-
pent bien sy espèrent de voir en nous les effets de
l'absence : et si cet Espagnol disoyt que les montagnes de Guadarrama avoient grand tort de se mettre
au milieu de deux bons amis. . . . .

« Je crois vostre amitié à toute espreuve et tele que
vous me dites ; mays j'ay meilleure oppinion de la
mienne, car elle me reproche à tout moment que je
ne vous en donne assez de belles marques, et me fait
penser à des choses estranges pour cela, et à des moyens
ardis et hors du commun pour vous revoir : et sy je
ne les exécute, c'est que les uns sont impossibles, et
les autres de crainte de vous faire préjudice. Car sans
cela j'eusse déjà azardé milles vies pour en pratiquer

quelqu'un : et sy mon malheur ne reçoyt bientost quelque remède , je ne répond pas d'estre sage jusques au bout, car ceste grande prudence ne s'accorde pas avec une passion tele que est la mienne.

« Peut-estre j'ay tort, et je vous en demande pardon ; mais je croys que, sy j'estoys dans vostre place, j'auroys déjà fait grand chemin pour donner moyen à l'Amy de me revoyr... Mande-moy, vous prie, si je vous reverray et quand : *car cela ne peut durer de la sorte.* Pour moy, je vous assure que cela sera, quand mesme je devroys périr... Le plus grande ennemy que j'aye au monde, je l'aymerois comme ma vie, et du meilleur de mon cœur, s'il peut fayre en sorte que je revoye Sérafin ! (la reine)...[1] »

Nous avons bien quelques lettres d'Anne en réponse à ces galantes épîtres de Mazarin [2] ; mais on ju-

---

[1] *Lettres de Mazarin à la reine,* publiées par J. Ravenel. Certains passages de ces lettres sont chiffrés ; d'autres sont en espagnol.

[2] M. V. Cousin cite, dans la *Vie de madame de Hautefort,* quelques passages de lettres inédites, qui sont, en effet, de cette époque d'exil. « Elles sont bien fortes, dit M. Cousin, et semblent emporter la balance. » Ainsi Anne écrit à Mazarin : « Je ne sçais plus quand je dois attendre votre retour, puisqu'il se présente tous les jours des obstacles pour l'empêcher. Tout ce que je vous puis dire est que je m'en ennuie fort, et supporte ce retardement avec beaucoup d'impatience ; et si 16 (Mazarin) sçavoit tout ce que je souffre de ce retardement, je suis assheurée qu'il en seroit touché. Je le suis si fort en ce moment que je n'ai pas la force d'escrire longtemps , ni ne sais pas trop bien ce que je dis. J'ai receu de vos lettres tous les jours, et sans cela je ne sçais ce qui arriveroit. Continuez à m'en escrire aussi sou-

gera ce qu'elles pouvaient être, en général, par ce
billet que la reine lui écrivait à soixante ans, alors que
plus d'un nuage avait passé sur leurs amours.

« Le 30 juillet 1660.

« Votre lettre m'a donné une grande joie ; je ne sais
si je seroi assez heureuse pour que vous le croyez. Si
j'avois cru qu'une de mes lettres vous eût autant plu,
j'en aurois écrit de bon cœur, et il est vrai que de voir
les transports avec [lesquels] on les reçut, et je les
voyois lire, *me faisoit fort souvenir d'un autre temps,
dont je me souviens presque à tous moments,* quoique
vous en puissiez croire. Si je pouvois aussi bien faire
voir mon cœur que ce que je vous dis sur ce papier,
je suis assurée que vous seriez content, ou vous seriez le plus ingrat homme du monde ; et je ne crois
pas que cela soit [1]. »

Après quinze mois de séjour à Bruhl, le cardinal
se décida à tenter sa rentrée dans le royaume. Il avait
eu plus d'un genre d'embarras dans son exil : sa fortune, à cette époque, consistait en bénéfices qui fu-

vent, puisque vous me donnez du soulagement dans l'estat où je suis. »
Ici deux chiffres que M. Cousin traduit par ces mots : « Je serai à vous
jusqu'au dernier soupir. Adieu, je n'en puis plus. » Lettre du 26 janvier 1653. BIBL. IMP., *Boîtes du Saint-Esprit,* lettres inédites et autographes d'Anne d'Autriche à Mazarin.

[1] BIBL. IMP., lettre manuscrite citée par Walckenaer, dans les *Mémoires sur madame de Sévigné,* t. III, p. 475.

rent saisis, de même que les richesses mobilières de son palais. Il paraît certain qu'il avait emporté peu de chose, et que sa jeune famille éprouva, dans les premiers moments, de véritables privations. La reine vendit, pour lui envoyer de l'argent, le poste de surintendant au marquis de la Vieuville. Le cardinal finit pourtant par se procurer d'assez grandes ressources pour lever six mille hommes, à la tête desquels il repassa la frontière.

A cette nouvelle, le parlement mit sa tête à prix, et ordonna que « sa bibliothèque et ses meubles seroient vendus pour fournir à la somme de cent cinquante mille livres offerte en récompense à qui le livreroit mort ou vif[1]. » Cette bibliothèque, rassemblée

---

[1] Voici de quelle singulière façon les plaisants de la Fronde commentèrent ce monstrueux arrêt du parlement :

« A celui qui, après l'avoir guetté lorsqu'il paraîtra à la fenêtre, lui fera sauter par quelque bon coup de fusil ce peu qu'il a de cervelle, *dix mille écus.*

« A celui qui l'arquebusera lorsqu'il sera dans l'église, chose qui ne doit donner aucun remords de conscience, attendu la décision de la Sorbonne, *six mille écus.*

« Aux cochers et postillons qui, le conduisant près d'un précipice, le verseront adroitement, *quinze mille livres.*

« A tous médecins qui, le traitant, lui ordonneront des remèdes conformes à l'arrêt du parlement et au bien de l'État, *dix mille écus.*

« A l'apothicaire qui, lui donnant un lavement, empoisonnera le canon, *vingt mille livres.*

« A tous ceux qui, jouant avant lui le soir, feront semblant de se quereller, et, après avoir soufflé les flambeaux, à beaux coups de

à si grands frais, fut vendue aux enchères et dispersée (E). « Tout Paris y courut comme à la procession, »
nous dit Guy Patin. L'oncle du roi, Gaston, insista
méchamment pour que la vente se fît en détail et que
les livres fussent dispersés : c'était là un trait digne du
personnage, qui, amateur de livres lui-même, était sans
doute jaloux de ceux que possédait Mazarin. Celui-ci
en ressentit une vive douleur, et la perte de ses livres
lui arracha cette plainte éloquente :

« Du 11 janvier 1653 : Pont-sur-Yonne... Je voy la
précipitation avec laquelle on vouloit faire vendre ma
bibliothèque, et on me mande que S. A. R. insistoit
pour que cela se fist en détail, plus tôt pour me faire
injure que pour en retirer de l'argent. Il sera beau de
voir dans l'histoire que le cardinal Mazarin, ayant pris
tant de soins pendant trente ans pour enrichir des plus
beaux et des plus rares livres du monde une bibliothèque qu'il vouloit donner au public, le parlement de
Paris ait ordonné par un arrest qu'elle seroit vendue,
et que les deniers qui en proviendroient seroient employés pour faire assassiner le dit cardinal... »

Mazarin, à la tête de ses troupes, qui portaient l'é-
charpe verte de sa maison, entra dans Sedan, où Fabert son ami le reçut à bras ouverts. Il est présumable
que par prudence il confia de nouveau ses nièces à ce

chandelier en déferont le public : si ce sont financiers, la surinten-
dance des finances; si ce sont ecclésiastiques, des évêchés, etc. »
(*Tarif du prix dont on est convenu*, etc. — 20 juillet 1652.)

loyal soldat, qui lui était dévoué, jusqu'au moment où les incertitudes de son sort se trouveraient fixées. Il pénétra hardiment à travers les partis ennemis jusqu'à Poitiers, où il rejoignit la reine et le roi.

Le neveu du cardinal le suivit; c'était un jeune homme de belle espérance, et qui fut généralement aimé. De Retz lui-même lui a rendu justice, en disant qu'il avait du mérite et du cœur. Il avait fait de brillantes études chez les Jésuites, et il entra au service, plein du désir de bien faire. Il montra de la bravoure aux affaires de Bleneau et d'Étampes, où l'armée du roi sous Turenne repoussa le prince de Condé. Son oncle l'aimait de préférence à toute sa famille. Il rêvait de le voir bientôt à la tête des armées; il espérait en lui pour jeter sur sa maison l'éclat des hauts faits militaires. Mais l'illusion fut de courte durée : Mancini fut blessé mortellement au combat du faubourg Saint-Antoine. Son oncle en ressentit une vive douleur [1] que la Fronde ne respecta guère; elle y trouva l'occasion de faire tomber sur Mazarin un déluge d'in-

---

[1] On a retrouvé cette lettre, qu'il écrivit à l'occasion de la mort du jeune Paul à M. de Noirmoutiers : « Je ne doute pas qu'ayant bien voulu prendre part à la blessure de mon neveu, vous ne soyez touché de sa mort. Il me seroit malaisé de vous dire la douleur que j'en ay; mais, outre qu'il se faut conformer à la volonté de Dieu, il me reste cette consolation qu'il est mort pour le service du roi et avec l'honneur de ses bonnes grâces.

« Pontoise, 28 juillet 1652. »

(BIBL. IMP., fonds Béthune, volume 9355, fol. 62.)

vectives abominables ou de plaisanteries cyniques [1].

Mazarin était étranger, et par là plus commode à diffamer qu'un autre. Une presse dirigée par ses ennemis finit par soulever contre lui toutes les préventions populaires, d'autant que, par plus d'un côté, il prêtait le flanc à ses attaques. Le vulgaire, dans son ignorance, crut ce que tant de libelles lui répétaient, que Mazarin résumait en lui tous les vices. On certifia même que cet homme, dont la fortune tenait du merveilleux, avait vendu son âme au diable ; le peuple ne manqua pas d'y croire, car on lui donnait

---

[1] Il suffit de citer les titres des Mazarinades qui ont trait à la mort de Paul Mancini, pour deviner le genre d'outrages qui s'y trouvent renfermés.

Le Tombeau et l'épitaphe de Mancini, fils et neveu de Mazarin. Paris, 1652.

Regrets du cardinal Mazarin sur la mort de son neveu Manchiny, ses dernières paroles et son épitaphe. Paris, 1652.

Lettres des députés du Parlement à nos seigneurs de la cour, avec les circonstances de la mort de Manzini. Paris, 1652.

Tombeau et épitaphe de Mancini. Paris, 1652.

Ombre de Mancini, sa condamnation, etc., par le sieur de Sandricourt. 1652.

Ombre de Manchiny, apparue à Mazarin, et la conférence faite ensemble, au sujet de sa mort. 1652.

Entretiens de Saint-Maigrin et de Mancini aux Champs-Élysiens. 1652.

Jactance et remontrances et prières de Mancini au cardinal Mazarin, avec cette épigraphe : *Tu me regrettes mort, et je te plains vivant.* Paris, 1652.

Apparition au cardinal Mazarin de l'ombre de son neveu Manchini, retournée des enfers pour l'exhorter à bien faire, et sa rencontre avec Saint-Maigrin en l'autre monde. Paris, 1652.

le texte même du contrat, daté de Rome, l'an 1632.

« Il a donné son âme et son corps au démon, à condition d'être le plus riche et le plus grand de l'Europe, aimé des belles dames, et de mourir dans son lit [1]. »

On lit dans une autre pièce : « L'on sait bien que c'est d'une magicienne calabraise que tu tiens l'art de magie, dont tu t'es toujours servi pour gagner et prévenir les esprits des hommes et des femmes, etc. »

C'est par cette guerre de pamphlets et de calomnies que cet étranger, qui n'a jamais bronché au service de la France, se vit discrédité par des gens que intriguaient ou combattaient avec l'ennemi.

La retraite de Mazarin avait eu, à tout prendre, d'assez bons résultats; il prit donc le parti de s'éloigner de nouveau, pour faire plus beau jeu aux réconciliations. Il se retira encore à Sedan, près du brave Fabert, et il y séjourna quelques mois. En rentrant en France, Son Éminence se croisa avec Condé, qui passait à l'ennemi. L'occasion lui parut belle pour faire une campagne avec Turenne. Malgré les rigueurs de l'hiver, Mazarin guerroya très-activement pendant deux mois, assiégea des villes, comme s'il eût repris goût à son ancien métier. Quand il rentra dans Paris, ses deux nièces lui furent amenées par la princesse de Carignan. Les embarras que ces jeunes filles lui avaient causés dans l'exil ne le détournèrent pas du

---

[1] *Le Pacte de Mazarin avec le démon.* Paris, 1651.

désir d'augmenter encore sa maison. On trouve à ce propos une assez curieuse note de Colbert. L'habile intendant s'évertuait à mettre ce qu'il pouvait d'économie dans les lourdes dépenses du cardinal : oiseaux, animaux rares, singes et guenons, jusqu'aux chiens et aux chevaux, lui semblaient des hôtes ruineux à nourrir ; aussi se fût-il débarrassé volontiers de ce luxe de population. « Nous avons icy, écrit-il dans une de ses notes, dans l'escurie de Votre Éminence, deux grands lévriers qui mangent trente sols chacun par jour. » Et Colbert serait d'avis de s'en défaire ; mais le cardinal répond en marge : « Il faut garder ces lévriers. » Colbert ne se décourage pas ; il revient à la charge en mainte occasion. « Je supplie Votre Éminence, écrit-il, de penser à descharger son escurie et à ne pas *augmenter sa famille* [1]. » Nous voulons croire qu'ici le mot famille s'entendait pour domestiques. Colbert se fût-il permis de parler des nièces comme il parlait des lévriers ?

Laure Mancini était devenue la duchesse de Mercœur ; l'espoir de multiplier de pareilles alliances autour de lui décida le cardinal à faire venir de Rome deux autres filles et un des fils cadets de la Mancini, ainsi que la seconde fille de la Martinozzi (7 mars 1653). Les deux sœurs de Son Éminence firent également le voyage, et ce fut un événement pour la ville

[1] Cité par M. de Laborde, *Palais Mazarin*, p. 25.

et la cour. Ces trois nièces-là devaient faire un jour
grand bruit : la plus âgée était Laure Martinozzi, qui
épousa le prince souverain de Modène; puis Marie
Mancini, qu'un épisode de sa vie devait rendre particulièrement célèbre, et qui fut mariée au connétable
Colonna; après elle, Hortense, qui fut duchesse de
Mazarin. La plus jeune enfin, Marie-Anne, n'arriva de
Rome que plus tard, et devint duchesse de Bouillon.
Outre les cinq filles que nous connaissons, il restait
encore à madame Mancini deux fils cadets; elle amena
avec elle le plus âgé, Philippe Mancini, qui fut le duc
de Nevers; le dernier, laissé à Rome, vint en France
avec la plus jeune de ses sœurs [1]. »

Madame Martinozzi n'avait que deux filles; l'aînée,
qu'elle avait donnée à son frère depuis quatre ans,
devenait d'âge à être mariée, et le cardinal songeait à
cela. Il préparait aux Parisiens une singulière nouvelle : le parlement, en robe rouge, venait de condamner à mort Condé, lorsqu'on apprit le mariage
du prince de Conti, son frère, avec Anne-Marie Martinozzi. Bien des gens durent s'écrier, comme Guy
Patin : « Si la nouvelle n'est vraie, elle est au moins

---

[1] Guy Patin écrivait à ce propos : « On dit qu'il vient encore deux
autres nièces du Mazarin et un neveu : *nec miror,* puisqu'on le souffre. » (3 mai 1653.) Le gazetier-poëte annonce aussi la chose à sa
façon :

> Sans aucun accident sinistre,
> Les deux sœurs du premier ministre,
> Et trois autres nièces aussy,
> Sont à présent toutes icy.

tout à fait gaillarde. » Mazarin avait du même coup
mis la division chez ses adversaires, et introduit dans
sa famille un prince du sang. N'était-ce pas là, comme
il disait, un *bon coup?*

Ce fut vers la même époque que mourut, à Rome,
le père du cardinal, Pietro Mazarini ; il n'avait pas eu,
comme ses deux filles, le contentement de venir en
France, et de voir sa famille en de si grands honneurs.
Il existe des lettres de Mazarin à son père, qui roulent
sur des intérêts de famille ; il le consulte et le traite
avec déférence ; il s'excuse auprès de lui, par exemple,
d'avoir disposé de la main de sa petite-fille, Laure, sans
s'être assuré de son agrément comme chef de la famille. Pietro Mazarini habitait le palais de Monte-Cavallo ; par son mariage avec Portia Orsini, et par le
rôle que son fils jouait sur la scène du monde, il ne
pouvait manquer de faire figure à Rome. Saint-Simon,
néanmoins, ne s'est pas fait faute de rapporter cette
anecdote, plus piquante que vraie. « Le père du cardinal, dit-il, vécut toute sa vie si obscur à Rome que,
lorsqu'il mourut, en novembre 1654, à soixante-dix-
huit ans, cela n'y fit pas le moindre bruit. Les nouvelles
publiques de Rome eurent la malice d'y insérer ces
mots : « Les lettres de Paris nous apprennent que le
« seigneur Pietro Mazarini, père du cardinal de ce
« nom, est mort en cette ville de Rome le, etc. [1] »

---

[1] C'est là encore une plaisanterie renouvelée de la Fronde ; on lit
dans une Mazarinade : « Nous avons appris à Rome , par les derniè-

Une autre perte suivit d'assez près celle-là : madame Mancini mourut pendant son séjour à Paris, le 29 décembre 1656; elle avait quarante-deux ans. Il faut croire qu'elle n'avait point visé à faire grand bruit pendant les années qu'elle passa en France, car il est peu parlé d'elle dans les mémoires du temps; sa mort seule eut du retentissement. Les gazetiers donnèrent le pompeux récit de ses funérailles [2], et son éloge fu-

rcs lettres de France, qu'une des sœurs de l'éminentissime cardinal Mazarin estoit morte en notre ville... » (*Le Courrier du temps*, 17 juillet 1646.)

[1] « Hier, la dame de Mancini, sœur de Son Éminence, après une maladie d'environ quinze jours, mourut dans son appartement au Louvre, sur la fin de sa quarante-deuxième année, avec un deuil universel de toute la cour, particulièrement de Leurs Majestés, pour les rares qualités qui la rendoient des plus considérables, et principalement pour sa grande piété et cette haute vertu qu'elle a fait paroître jusques à son décez, mais dans laquelle elle montroit tant de douceur et de bonté que c'étoit une vertu tout à fait charmante. » (*Gazette*, 30 décembre 1656.)

« Le 30 eurent lieu les funérailles de la dame de Mancini; le carosse étoit attelé de six chevaux caparaçonnés de deuil, entouré de flambeaux portés par des pages de Son Éminence, et suivi de ses gentilshommes et officiers de sa maison, estant accompagné de vingt autres carosses remplis de personnes de qualité, etc., etc.

« Le roy, après avoir fait l'honneur au sieur de Mancini de le visiter en son appartement au Louvre, pour le consoler sur cette mort, eut aussi la bonté d'aller voir le jeune Mancini, son frère, au collége des Jésuites, comme fit Monsieur le lendemain. »

Le 16 janvier 1657 eut lieu le service funèbre, dans le grand couvent des Augustins. « Le clergé, qui avoit en tête le cardinal Antoine, s'y estant rendu au nombre de cinquante-trois prélats en camail et rochet, et tous ceux du second ordre, avec le prince et la princesse de Conti, les sieurs et damoiselles de Mancini, l'archevesque de

nèbre fut prononcé par l'évêque de Montauban. Du
reste, madame de Motteville, dont la caution est ici
plus sûre que celle d'une oraison funèbre, se plaît à
rendre le meilleur témoignage des sœurs de Mazarin.
« C'étoient deux vertueuses femmes, nous dit-elle...
Madame de Mancini étoit estimée de toute la cour pour
sa douceur et sa vertu ; elle y vivoit d'une vie très-
retirée, et ne se mêloit d'aucune affaire que de gouverner sagement sa famille... Le cardinal l'assista à
sa mort, et parut touché de piété à l'égard de Dieu et
d'une grande tendresse pour sa sœur. » Elle fit à son
frère de longues recommandations pour ses enfants.
Madame de Motteville rapporte encore sur la mort de
madame de Mancini cette anecdote caractéristique du
temps. « Son mari, nous dit-elle, qui avoit été un grand
astrologue, lui avoit prédit qu'elle mourroit sur la fin
de sa quarante-deuxième année ; il lui avoit prédit la
mort de son fils, tué à la journée de Saint-Denis (lisez
Saint-Antoine), et il avoit prédit sa propre mort au
temps même qu'elle arriva ; si bien que madame de
Mancini, voyant qu'il avoit été véritable en tout ce qu'il
avoit dit des autres, appréhendoit fort la prédiction
qui la regardoit ; et, pendant toute cette année, elle

Bourges commença la messe, et l'évesque de Montauban, à la fin de l'é-
vangile, prononça l'oraison funèbre, en laquelle, avec son éloquence
ordinaire, il fit un si pompeux tableau de l'illustre naissance et des
hautes vertus de la défunte qu'il en eut l'applaudissement de tous les
assistants. (*Gazette* du 20 janvier 1657.)

avoit souvent dit qu'elle ne vivroit plus guère. Elle
tomba malade, et ne le fut que onze jours..... Aussitôt
qu'elle fut morte, ajoute madame de Motteville, le cardinal son frère dit qu'il falloit faire comme David, qui
pria et pleura pendant la maladie de son fils, et qui joua
de la harpe après sa mort, louant Dieu des arrêts de sa
providence. Il parut ensuite aussi tranquille que s'il
n'eût point eu d'affliction, et travailla tout le jour à
faire ses dépêches [1]. »

Cette philosophie et ce calme biblique seraient encore plus étonnants s'il était vrai que sa sœur, en
mourant, lui eût révélé, comme le bruit en courut,
certaines prophéties de son mari, peu rassurantes
pour la vie de Son Éminence elle-même. Les astrologues devaient être, comme on le voit, d'assez fâcheux
parents.

Les morts et les mariages se succédèrent de près
dans la famille du cardinal. Ses alliances devaient
grandir encore : il finit par se donner un prince souverain pour neveu, en mariant sa nièce Laure Martinozzi à l'héritier de Modène. Peu de mois après, il
unissait Olympe Mancini à un prince de la maison de
Savoie. Mais, à mesure qu'il construisait l'édifice de
sa grandeur, la mort frappait sans relâche sur sa famille. Il vit mourir à dix-neuf ans sa nièce Laure, duchesse de Mercœur ; puis son beau-frère, l'astrologue

---

[1] *Mémoires de madame de Motteville,* collect. Petitot, t. xxxix.

Mancini, finit ses jours à Rome la même année. Il avait vu partir pour la France sa femme et tous ses enfants; il était resté seul à Rome, toujours livré à ses occupations favorites. Il se consola sans doute, au fond de sa solitude, en lisant dans les astres les prospérités de sa famille.

Les Mancini, comme les Mazarin, avaient été fort injuriés par la Fronde; on représenta le beau-frère du cardinal comme ayant été cocher, plâtrier, etc. :

> Ne vous sentez-vous pas toucher
> Qu'un petit-fils de Henry Quatre
> Prenne la fille d'un cocher,
> Qui vendoit autrefois du plâtre [1] ?

Mais Saint-Simon, qui trouve la fortune et les alliances des Mancini médiocres, établit l'ancienneté de leur noblesse. « Ces Mancini, dit-il, ne sont connus, depuis 1380, que par des contrats d'acquisition médiocre..... Un Laurent Mancini est dit avoir servi les Vénitiens avec distinction, mais en quelle qualité, c'est ce qui n'est point exprimé; enfin Paul Mancini servit en 1597 à la guerre de Ferrare, épousa en 1600 Victoria Capoccia, fille de Vincent, se qualifiant de patrice romain : voilà l'illustre de la race! Il revint à Rome, s'adonna à l'étude, et l'Académie des Humoristes prit naissance dans sa maison [2]. » Cet illustre, comme dit

---

[1] *L'outrecuidante présomption du cardinal Mazarin dans le mariage de sa niepce,* en soixante stances.

[2] *Mém. de Saint-Simon,* t. x, p. 215 et suiv., éd. in-18.

le dédaigneux Saint-Simon, fut le père de Laurent et
le grand-père des nièces du cardinal. L'intention du
généalogiste ici n'est point de faire ressortir les Mancini ; mais ses chicanes laissent voir ce qu'ils pouvaient
être en réalité.

Le cardinal avait perdu l'aîné de ses neveux ; il lui
en restait deux encore : le plus âgé fut le duc de Nevers, dont nous parlerons ; le plus jeune périt à quatorze ans par un bizarre accident. Il était au collége
des Jésuites, élevé en prince du sang ; ses camarades,
jaloux peut-être des distinctions dont il était comblé,
et poussés comme par l'esprit de la Fronde, s'avisèrent de le berner dans une couverture, d'où il tomba
et se tua. C'était un sujet de grande espérance ; Mazarin faisait un tel cas de cet enfant qu'il parlait de le
faire bientôt coucher dans sa chambre pour le former
aux affaires, disant qu'il n'aurait rien de secret pour
lui.

Quatre nièces du cardinal se trouvaient grandement
établies, et il lui en restait trois à pourvoir. Mais l'oncle, à qui la première tâche avait semblé douce, et qui
s'était trouvé si bien payé de ses soins, eut peut-être
à se repentir de ne s'en être point tenu là. Il avait
placé auprès des jeunes Mancini une femme toute dévouée à ses devoirs de gouvernante, qui s'en acquittait
avec zèle, et rendait bon compte au cardinal des faits
et gestes de ses élèves. Les lettres de Mazarin à cette
gouvernante, qui était madame de Venelle, nous mon-

trent qu'il ne lui était pas toujours facile de mettre la
paix dans sa maison. Une affaire de cœur de sa nièce
Marie, qui fut une grande affaire d'État, lui donna
de sérieux soucis. Mais n'anticipons point sur cette
histoire, qui viendra plus loin, bien que l'homme
d'État y ait joué un rôle que divers historiens ont vu
sous un faux jour.

Le cardinal s'était fort intéressé, en tout temps, à
l'éducation de ses neveux et nièces ; les lettres qu'il
écrivait à Rome à son père, à ses sœurs, contiennent
des détails sur ce sujet. Lorsqu'il se chargea lui-même
de faire élever ces enfants près de lui, sa sollicitude
ne fut pas moindre. Nous avons eu la bonne fortune
de rencontrer sur notre chemin des lettres manuscrites
écrites par Mazarin à madame de Venelle [1], pendant
qu'il était à Saint-Jean de Luz occupé à négocier la
paix avec l'Espagne ; mais, avant de toucher à cette
correspondance, voyons sur quel ton le cardinal écrit
à la reine au sujet de sa famille. Car la reine était
aussi la confidente de toutes les joies et tribulations de
l'oncle ; elle n'avait guère moins à faire que madame
de Venelle dans cette éducation ; c'est elle que Son
Éminence charge sans façon du soin de réprimander,
de corriger ses nièces. Ces détails intimes sont piquants, et ne laissent pas de nous offrir un intérieur
assez curieux.

---

[1] Huit lettres autographes du cardinal Mazarin à madame de Venelle, gouvernante de ses nièces. (BIBLIOTH. DU LOUVRE, manuscrits.)

« Saint-Jean de Luz, le 29 juillet 1659. »

Le cardinal mande à la reine :

« Marianne m'écrit contre Hortense, et avec raison, car elle est toujours enfermée avec Marie, de qui elle est confidente, et toutes deux chassent Marianne, en sorte qu'elle ne peut demeurer jamais avec elles. Je voy qu'Hortense prend le chemin de l'autre, et qu'elle a moins de déférence pour madame de Venel que son aînée ; jugez si cela me donne du chagrin... C'est un grand malheur quand on n'a pas sujet d'être satisfait de sa famille... Madame de Venel fait tout ce qu'elle peut, mais le respect que l'on a pour elle est médiocre... »

Mazarin écrit de nouveau à la reine, le 7 août :

« Je vous dirai confidemment qu'on me mande qu'Hortense prend une conduite qui n'est pas bonne, ne faisant aucun cas de ce qu'on lui dit, et se targuant de sa sœur, qui la conduit entièrement comme bon lui semble. Je vous prie, comme de vous, de lui faire une bonne réprimande, après vous avoir fait informer par madame de Venel de ce qui se passe. »

Sa Majesté se trouve ici traitée, comme on le voit, avec un sans-façon qui laisse à penser que la bonne dame était aussi de la famille.

Venons maintenant aux lettres que le cardinal écrivait, dans les mêmes circonstances, à madame de

Venelle ; voici divers extraits de cette correspondance,
tour à tour grondeuse, affectueuse ou gaie :

« Saint-Jean de Luz, 31 août 1659

« J'ay veu par la dernière lettre de Marie quelle prend
grand soin de se justifier sur ce qui lui est arrivé avec
la comtesse de Soissons ; elle pouvoit bien s'épargner
la peine de m'escrire là dessus, car je me soucie fort
peu de ces démeslés là, lorsqu'il y a d'autres choses
qui m'affligent au dernier point ; et je me voys si malheureux que, devant attendre du soulagement de ma
famille dans l'accablement d'affaires où je suis, je n'en
reçois que des sujets de desplaisir, et particulièrement
de ma nièce Marie... »

Plus satisfait d'elle ailleurs, il lui fait dire de lire
Sénèque pour fortifier sa philosophie ; il l'invite de plus
à se distraire et se bien divertir.

« Saint-Jean de Luz, 23 septembre 1659.

« Je suis ravy de ce que vous me mandez que ma
nièce Marie se divertit, et je vous prie de contribuer
à cela en tout ce qui pourra dépendre de vous, sans rien
espargner...

« Je vous prie d'ordonner que l'on fasse une bonne
table et qu'on la renforce, estant fort à propos que les
damoiselles de Marennes, avec lesquelles mes nièces

se divertissent, estant toujours avec elles, puissent faire bonne chère.

« Jescris la lettre cy-jointe à ma nièce, et jescris encore aux autres ; et vous priant de continuer à me donner de leurs nouveles, je demeure le meilleur de vos amis et le plus asseuré de vos serviteurs. »

L'humeur de l'oncle s'éclaircit tout à fait dans les lettres suivantes ; il y plaisante sa nièce Marianne, qui lui écrit en vers, et qui manque de rimes, dit-il, à mesure qu'elle a plus de raison.

« Saint-Jean de Luz, 31 août 1659.

« Dites à Ortence que j'ai receu sa lettre et que je suis persuadé quelle a de l'amitié pour moy; qu'aussy elle doit attendre d'en recevoir des marques de la mienne. Si vous aves a faire d'argent pour luy en donner et a Marianne, vous n'aurez qu'a en demander au sieur Du Perron.

« Et pour ce qui est de Marianne, vous lui direz que, si je sçavois écrire en vers, je ferois response à ses lettres, mais que pour cela elle ne doit pas laisser de m'en envoyer souvent.

« En vostre particulier je suis fort touché de tous les soins que vous prenez de mes nièces, et je vous asseure que je n'en perdray pas le souvenir. »

« Saint-Jean de Luz, 8 septembre 1659.

« Jay été bien ayse de la lettre que Ortense m'a
escrite, et d'autant plus que vous me mandez que c'est
elle qui l'a composée. Je vous prie de l'asseurer de mon
amitié, et de dire à elle et à Marianne que, si le séjour
de la Rochelle ne leur plaist pas, j'espère qu'elles le
pourront bien tost changer en un autre qui leur sera
plus agréable.

« Je ne vous sçaurois assez dire les obligations que
je vous ay du soin que vous prenez de mes nièces. Je
vous prie d'estre assurée que je ne manqueray pas de
le recognoistre.

« Je voy par la lettre de Marianne en vers qu'après
mesme qu'elle a plus de raison elle manque de rime,
mais que, nonobstant cela, je veux absolument qu'elle
m'escrive tous les ordinaires dans le même stil. »

Ici viennent des instructions à l'usage des nièces d'un
premier ministre.

« Saint-Jean de Luz, 26 janvier 1660.

« Vous direz à Hortense que je suis bien aise de ce
qu'elle m'a escrit, mais quelle ne scauroit rien faire
qui me plaise d'avantage que de suivre entièrement v s
advis, et de se souvenir de la promesse quelle m'a faite
de s'apliquer à aprendre à bien danser et à faire les
révérences à la perfection.

« Pour la lettre de Marianne, elle m'a donné beaucoup de contentement, et mesme je l'ay leue à la Reyne,
qui m'a ordonné de l'asseurer de l'honneur de sa bien-
veillance, et de luy mander qu'elle continue à se faire
lire ses lettres. »

Au moment où ses trois nièces vont rentrer à Paris,
Mazarin règle ponctuellement toutes leurs démarches,
toutes les visites qu'elles auront à recevoir et à rendre.

« D'Aix, 28 janvier 1660.

« Il faut vivre régulièrement à Paris, car beaucoup
de monde prendra garde à la conduite de mes nièces ;
je trouve bon qu'elles se divertissent, mais en sorte que
personne y puisse trouver à redire. Pour des visites, il
faut voir en arrivant la reyne d'Angleterre et y aller
tous les mois une fois ; il faut aussy visiter de temps
en temps madame de Carignan et madame de Vendôme,
et caresser soigneusement mes petits-neveux. On peut
voir aussy madame d'Angoulême la jeune, qui est
amie de nostre maison et fort vertueuse. Il faudra
visiter aussi madame de Villeroy et madame de Créqui,
et je n'entends pas que mes niesses aillent à la comédie
que lorsqu'elles le pourront avec une de ces dernières
dames. Quand elles se voudront promener à Vincennes
et mesmes y coucher, elles le pourront....

« Je croy qu'il a esté fort bien de vous estre doucement excusée de la proposition que madame de Bon-

nelle vous auroit faite d'amener familièrement M. le
duc d'Anguien pour jouer avec mes niesses, n'estant
pas à mon avis de la bienseance d'aller si vite en semblable matière. »

Remarquons ce conseil que Mazarin donne aux jeunes filles, de rechercher surtout la société et la solide
conversation de madame Colbert, la femme de son
intendant.

« Je ne doute pas que mes nièces ne soient toujours
très satisfaites de la manière dont madame Colbert en
usera avec elles, car, outre l'affection qu'elle a pour ma
famille, on peut beaucoup profiter de sa conversation.
Je seray donc tres aise lorsque j'apprendray que ladite
dame sera souvent avec mes niesses, lesquelles feront
ce qu'elles doivent si elles la caressent fort, de quoy je
seray fort satisfait. »

A la fin de janvier 1660, les belles exilées revinrent
à Paris. Leur retour fut célébré aussitôt en vers et en
prose [1].

---

[1] La *Muse historique* s'empressa de saluer

.. Les illustres Mancines,
Du Louvre à présent citadines.
....
Jeudy, dans la maison du Roy,
Arrivèrent en bel arroy
Les trois pucelles triomphantes,
Qui valent vrayment des Infantes,
Mesdemoiselles Mancini
Dont le mérite est infini :
A sçavoir l'illustre Marie,
Qui (sans aucune flatterie)
Fait voir un cœur placé des mieux,
Et digne du destin des dieux.

(LORET, *Muse hist.*, 1er février 1660.)

La ville et la cour avaient les yeux sur elles ; on savait que la richesse, les hauts emplois et la faveur
étaient attachés à leur alliance :

> Là, les jeunes beautés du Tibre
> Font maint cœur serf de maint cœur libre,

nous dit Scarron, qui faisait amende honorable, et brûlait aussi son encens aux pieds de ces Mazarinettes qu'il
avait traitées si mal.

Le gazetier consignait dans ses rimes leurs moindres
actions ; une indisposition, une absence de l'une ou de
l'autre suffisaient pour attrister la cour :

> Mancini, cette illustre fille,
> A rendu la cour si chagrine
> Que, depuis dimanche passé,
> On n'a presque ri ni dansé [1].

Leur entrée dans un bal était célébrée, comme l'apparition des divinités poétiques, dans des vers qui ne
l'étaient pas toujours [2].

[1] Loret, *Musè hist.*, 12 février 1656.
[2] Le rimeur parle d'une grande fête donnée à l'hôtel-de-ville, le
4 février 1658 :

> Olympe, l'illustre comtesse,
> Qui de grâce, esprit et sagesse
> A tout ce qu'on en peut avoir,
> Au second rang se faisoit voir,
> Ayant Monsieur à côté d'elle ;
> Ensuite cette demoiselle,
> Son agréable et chère sœur (Marie),
> Dont les yeux ont tant de douceur ;
> Et de plus la mignonne Hortense,
> Belle, certes, par excellence,
> Qui parut dans le fameux bal
> Comme un jeune astre oriental,

Le cardinal maria ses nièces Marie et Hortense avec moins d'éclat que les aînées; cependant ses richesses avaient grandi depuis l'époque des premiers mariages. N'ayant point envie d'être pris au dépourvu si quelque catastrophe lui survenait encore, il mit le temps à profit, et fit entrer une partie de la fortune publique dans sa maison. Il laissa à sa mort, outre ses palais, ses musées, etc., trente millions, selon les uns; soixante, disent les autres. Fouquet, le surintendant, portait même l'évaluation à cent millions. Nous verrons la part qu'il fit à chacun de ses héritiers.

A tout prendre, il mourut peu content de cette famille pour laquelle il avait tant fait. Il avait conçu de l'aversion pour son neveu, et ne cessait de regretter ceux qu'il avait perdus. Ses nièces lui donnaient aussi l'occasion d'exercer sa patience. Madame de Venelle, il faut bien le dire, n'avait point réussi à faire des anges de celles qu'elle avait dirigées. Elles n'avaient point de dévotion, et c'était jouer de malheur pour un prince de l'Église.

« Vous ne sauriez croire, dit Hortense, combien le peu de religion que nous avions le touchoit; il n'est point de raison qu'il n'employât pour nous en inspirer. Une fois, entre autres, se plaignant que nous n'entendions pas la messe tous les jours, il nous reprocha

Et dont les futures merveilles
Dans trois ans seront sans pareilles.
(LORET, 10 février 1658.)

que nous n'avions ni piété ni honneur. Au moins, di-
soit-il, si vous ne l'entendez pas pour Dieu, entendez-
là pour le monde [1].»

La santé du cardinal déclinait depuis son retour des
conférences. Ces trois mois passés à négocier la paix,
au milieu d'une rivière, sur une petite île enveloppée
de brouillards, avaient hâté les progrès du mal dont
il était atteint. « Il fit bon visage à la mort, » ont dit
ceux-là qui ne l'aimaient guère. Ses derniers moments,
du reste, sont un épisode assez connu pour que nous
passions sur les détails; nous n'avons à y voir que ce
qui se rapporte à sa famille, et ce n'est pas, malheureusement, le plus bel endroit du tableau. Faut-il répéter l'exclamation que jetèrent Mancini et ses sœurs
quand ils apprirent que leur oncle venait d'expirer
(*pure e crepato*)? La rudesse qu'ils lui reprochaient
n'excuse pas de pareils sentiments devant la mort.

Ce Mazarin, en effet, qui gouvernait avec les promesses et les sourires, cet homme d'État sociable et
charmant, armé de toutes les séductions lorsqu'il traitait
les affaires, rentrait brusque et colère dans sa maison.
Il gardait toute sa douceur pour sa politique. Fatigué,
il changeait de rôle chez lui, et devenait un oncle
grondeur. Il avait dépensé dehors sa grâce et ses caresses : c'est l'histoire de plus d'un homme aimable.

« Chose inconcevable, nous dit Hortense, qu'un

---

[1] *Mémoires de la duchesse de Mazarin*, Œuvr. de Saint-Réal,
t. v, p. 8.

homme de ce mérite, après avoir travaillé toute sa vie
pour élever et enrichir sa famille, n'ait reçu d'elle que
des marques d'aversion, même après sa mort. Si vous
saviez avec quelle rigueur il nous traitoit en toute
chose, vous en seriez moins surpris. Jamais personne
n'eut les manières si douces en public et si rudes dans
le domestique, et toutes nos humeurs, nos inclinations
étoient contraires aux siennes [1]. »

Nous verrons ces humeurs et ces inclinations dès
qu'elles furent hors de tutelle.

[1] *Mém. de la duchesse de Mazarin,* OEuvres de Saint-Réal, t. v,
p. 8-10.

LAURA MANCINI,

DUCHESSE DE MERCOEUR.

Réglons d'abord nos comptes avec la vertu; commençons par ces princesses, les aînées de la famille, et dont les destinées forment ici une catégorie à part.

Laura Mancini, la plus âgée, avait treize ans lorsqu'elle fut amenée de Rome en France; son oncle eut à songer à son établissement; les prétendants s'offrirent, et le cardinal put bientôt se vanter d'avoir attiré par cet appât les plus grands seigneurs du royaume. Il n'eut donc que l'embarras de choisir; mais, il faut bien le dire, le choix dépendait de combinaisons où le bonheur de ses nièces entrait pour peu de chose. Ce n'était pas par de purs motifs d'affection qu'il les avait tirées de Rome; il voulait, en les mariant, épouser lui-même de grandes alliances. Il porta ses vues sur le duc de Candale, l'héritier des

d'Épernon; c'était un jeune seigneur fort à la mode,
et dont la beauté faisait tourner bien des têtes : celle
du cardinal se laissa prendre aussi, et il voulut avoir
le duc de Candale pour neveu. Mais la chevelure
blonde et les grâces du personnage le touchèrent peut-
être moins que la puissance et les richesses de sa
maison. Ce mariage si souhaité, et dont le projet datait des premiers temps de la Fronde, éprouva de
longs ajournements. Le duc de Candale, occupé de
tant d'amours et de bonnes fortunes, ne fut point
pressé d'enchaîner sa liberté. Pourtant il fut toujours
question de cette alliance jusqu'au jour où finit triste-
ment une si brillante vie : une fièvre emporta Candale,
comme il passait à Lyon. Bien des beaux yeux le
pleurèrent; Saint-Évremond, son ami, nous peint,
avec tout l'intérêt d'un événement public, cette ex-
plosion de douleur universelle que sa mort produisit
parmi les femmes; c'est une page curieuse et charmante de l'histoire des mœurs à cette époque. « A la
« prison de M. le Prince, dit-il, j'avois un fort grand
« commerce avec M. de Candale... Comme il lui fal-
« loit toujours quelque confident, je le devins de sa
« passion pour madame de Saint-Loup. Dans la chaleur
« de sa nouvelle confidence, il ne pouvoit se passer de
« moi pour me confier en secret de petites choses fort
« chères aux amants, et très-indifférentes à ceux qui
« sont obligés de les écouter. Je les recevois comme
« des mystères, et les sentois comme des bagatelles

« importunes. Mais son humeur étoit si agréable, et
« il avoit un air si noble en toute sa personne, que je
« prenois plaisir à le regarder, en même temps que
« j'en avois peu à l'entendre... Les dernières années
« de sa vie, toutes nos dames jetèrent les yeux sur lui.
« Les plus retirées ne laissoient pas de soupirer en
« secret ; les plus galantes se le disputoient, aspi-
« roient à le posséder comme à leur meilleure for-
« tune. Après les avoir divisées par des intérêts de ga-
« lanterie, il les réunit dans les larmes par sa mort.
« Celles qu'il avoit aimées autrefois rappelèrent leurs
« vieux sentiments, et s'imaginèrent perdre encore ce
« qu'elles avoient déjà perdu. Plusieurs, qui lui étoient
« indifférentes, se flattoient qu'elles ne l'auroient pas
« été toujours ; et, s'en prenant à la mort d'avoir pré-
« venu leur bonheur, elles pleuroient cet homme si
« aimable dont elles eussent pu être aimées. Enfin, il
« y en eut même qui le regrettèrent par vanité, et on
« vit des inconnues s'insinuer dans ce commerce de
« pleurs, pour s'en faire un mérite de galanterie. »

Candale fut aussi fort regretté de Son Éminence,
qui avait subi la fascination et s'était toujours flattée
de l'enchaîner à sa fortune. Quant aux nièces, leur
perte fut légère ; car, sans avoir l'humeur incommode de son père ou de son aïeul, qui battait sa
femme en public et souffletait les archevêques dans
leur église, Candale avait, on le voit, beaucoup à faire
pour devenir le modèle des maris.

Laura Mancini courut moins de risques en épousant le duc de Mercœur. Ce petit-fils de Henri IV et de Gabrielle était d'une humeur fort différente ; il n'aspirait point aux nombreuses conquêtes de Candale ; il n'avait rien non plus du sang ardent de ses grands parents ; il était doux, pieux, tranquille. On ne lui voyait ni l'ambition ni la turbulence inquiète de son père, le duc de Vendôme, à qui ses fâcheuses équipées avaient valu force exils et emprisonnements. Le besoin de faire sa paix et de rentrer en grâce, après toutes ses traverses, décida ce duc de Vendôme à subir le mariage de son fils aîné avec une nièce du puissant cardinal ; mais la fortune du ministre, ébranlée tout à coup par la Fronde, donnerait à croire que le projet dut en demeurer là. Il n'en fut rien : Mercœur tint bon, et s'en alla, en dépit de tous les arrêts publiés à son de trompe, consommer son mariage à Bruhl, où l'oncle et les nièces étaient exilés. Ce doux et honnête jeune homme, fidèle à ses engagements et aux sentiments que la belle Laure lui avait sans doute inspirés, se vit raillé de tous côtés ; son désintéressement parut étrange et ridicule aux gens de cour. Mais le pauvre duc eut à subir, à son retour, une terrible avanie : Condé, furieux du mariage, l'accusa dans le parlement d'avoir enfreint les arrêts, pour avoir eu des relations avérées avec le cardinal et sa famille. Il eut donc à comparaître, comme pair de France, devant les chambres assemblées, et y donner ses expli-

cations. Il s'en tira du mieux qu'il put, prétendant que
son mariage avait eu lieu avant la fuite du cardinal,
et qu'il avait fait le voyage de Bruhl pour voir, non
le ministre, mais sa femme. Étaient-ils mariés en effet, ou seulement fiancés avant le départ? Cette question reste un peu douteuse. Le parlement ordonna que
le contrat de mariage lui fût présenté, et la scène se
termina par la défense expresse faite « à ladite Mancini d'entrer dans le royaume ou d'y séjourner, sous
prétexte de cette union. »

Le nouveau marié, au dire des contemporains, aurait joué, par son embarras dans cette occasion, un
fâcheux personnage. Mademoiselle trouve qu'il déclara son mariage de la plus sotte manière du monde[1].
Le cardinal de Retz dit plaisamment que « M. de Mercœur répondit d'abord comme aurait fait *Jean Doucet,*
dont il avait effectivement toutes les manières ; mais,
à force d'être harcelé, il s'échauffa si bien qu'il em-
barrassa cruellement Monsieur et M. le Prince, en
soutenant au premier qu'il l'avoit sollicité trois mois
de suite à ce mariage, et au second qu'il y avoit consenti positivement et expressément[2]. »

La reine avait pris beaucoup d'intérêt à la chose,
et l'algarade faite au duc de Mercœur la mit en grand
émoi. « Elle me chargea, dit de Retz, de conjurer

---

[1] *Mém. de mademoiselle de Montpensier,* collect. Petitot, t. XLI,
p. 137.

[2] *Mém. de Retz,* collect. Petitot, t. XLV, p. 335.

Monsieur en son nom d'empêcher que l'on ne poussât cette affaire ; elle lui en parla les larmes aux yeux, et me marqua visiblement que ce qu'elle croyoit être le plus personnel au cardinal étoit ce qui lui seroit toujours le plus sensible à elle-même [1]. »

Les Vendôme trouvèrent bientôt dans ce mariage de quoi racheter les déboires qu'il leur avait causés tout d'abord. Le père obtint, au retour de Mazarin, le gouvernement de Bretagne et l'amirauté ; le duc de Mercœur, qui avait déjà eu, par anticipation, le gouvernement de la Catalogne, obtint celui de Provence, et fut chargé de faire rentrer dans le devoir les villes que Condé avait entraînées dans sa révolte (1653). Ses succès furent prompts et rendus faciles par la lassitude même des frondeurs. Il eut à commander ensuite une armée française en Italie, où il opéra conjointement avec les ducs de Savoie et de Modène. Ils s'emparèrent de Valence après un long siége. Le duc de Mercœur, malgré son caractère timide et mou, était brave ; les contemporains disent même qu'il entendait passablement la guerre. Il faut dire aussi que les armées qu'il eut à commander se trouvèrent les mieux pourvues, et que le ministre sut aplanir le chemin de la gloire à son neveu.

La belle Laure, pendant ces campagnes, vivait dans une grande dévotion, tantôt à la cour, où la reine l'ai-

[1] *Mém. de Retz*, collect. Petitot, t. xlv, p. 335.

mait de prédilection, tantôt à Anet, la demeure des
Vendôme, semant partout d'abondantes charités, et en
parfait accord avec la duchesse sa belle-mère, qui
était une sainte femme comme elle. « La reine de Suède
railla le chevalier de Gramont sur la passion qu'il
avait pour madame de Mercœur, et ne l'épargna nullement sur le peu de reconnaissance qu'il en pouvait
espérer [1]. » Le roi, près de qui elle avait été élevée,
avait pour elle une vive affection. Il la menait danser
la première dans les ballets ; mais elle ne s'y montrait
que rarement. Madame de Motteville nous raconte
cette petite scène. « Le Roi, dit-elle, trop accoutumé
à rendre tous les honneurs aux nièces du cardinal, alla
prendre madame de Mercœur pour commencer le
branle. La Reine, surprise de cette faute, se leva brusquement de sa chaise, lui arracha madame de Mercœur,
en lui disant tout bas d'aller prendre la princesse d'Angleterre. La reine d'Angleterre, qui s'aperçut de la colère de la Reine, courut après elle, et lui dit tout bas
qu'elle la prioit de ne point contraindre le Roi, que sa
fille avoit mal au pied, et qu'elle ne pouvoit danser.
La Reine lui dit que, si la princesse ne dansoit, le Roi
ne danseroit point du tout. Ainsi la reine d'Angleterre
laissa danser la princesse sa fille, et, dans son âme, fut
mal satisfaite du Roi. Il fut encore grondé le soir par

---

[1] *Mém. de madame de Motteville*, collect. Petitot, t. xxxix,
p. 387.

la Reine sa mère; mais il lui répondit qu'il n'aimoit point les petites filles [1]. »

Madame de Mercœur eut trois fils : son aîné fut le célèbre Vendôme, le vainqueur de Luzzara ; le second fut le Grand Prieur : ni l'un ni l'autre n'hérita des angéliques vertus de leur mère; *Jean Doucet*, leur père, ne se fût pas retrouvé davantage dans ces intrépides libertins [2].

Madame de Mercœur était à la veille de donner le jour à son troisième enfant quand madame Mancini, sa mère, vint à mourir. Elle accoucha pourtant heureusement, au milieu de sa douleur; mais au bout de quelques jours elle tomba en paralysie et perdit la parole. Pour racheter la brièveté des détails de sa vie, citons ce touchant récit de sa mort. « Le cardinal ne fut point inquiet, et ne laissa pas d'aller à un ballet que le Roi dansoit le même jour; mais, comme il en sortoit, on vint lui dire que madame de Mercœur se trouvoit beaucoup plus mal. Il y courut aussitôt, en se jetant dans le premier carrosse qu'il rencontra. En arrivant à l'hôtel de Vendôme, il trouva qu'elle se mouroit, et que, ne pouvant parler, elle ne put lui faire qu'un souris. Comme elle ne souffroit pas et qu'elle

[1] *Mém. de madame de Motteville*, collect. Petitot, t. xxxix, p. 369.
[2] Le roi Philippe V demandait un jour au duc de Vendôme : « Comment se fait-il q l'éta it le fils d'un père si médiocre vous ayez de si grands talents? — C'est que mon esprit vient de plus loin, » dit le petit-fils de Henri IV.

avoit encore de la connoissance, la mort ne fit point
en elle les changements effroyables qu'elle cause en
tous les autres. Un beau vermillon, que la fièvre lui
donnoit, avoit augmenté sa beauté naturelle. Elle étoit
jeune, et avoit de l'embonpoint. Le seul défaut qui
étoit en elle étoit que, sans avoir la taille gâtée, elle
ne l'avoit pas assez belle, en ce qu'elle étoit un peu
entassée ; mais, ce défaut ne se voyant point dans le lit,
j'ai ouï dire à ceux qui la virent en cet état qu'elle leur
avoit paru la plus belle personne du monde ; et sa beauté
augmenta leur regret. Le cardinal en fut si touché qu'il
ne put se retenir d'en donner des marques très-fortes ;
il fit des cris qui parurent procéder d'une vive douleur. La perte de sa sœur lui étoit toute récente, et, cette
dernière venant attaquer son cœur par une double
affliction, il en fut accablé et entièrement abattu.

« Cette belle mourante, madame de Mercœur,
n'ayant été malade qu'un jour et une nuit, expira le 8
de février, sensiblement regrettée de ses proches et de
toute la cour ; car la vertu et la beauté attirent la bonne
volonté des hommes. Cette mort si prompte et si surprenante, qui paroissoit triompher d'une jeune princesse saine, belle, et nièce d'un favori si puissant, à
qui toute la France étoit soumise, fut un grand exemple
de la vanité qui se trouve dans les grandeurs et dans
les fausses joies de la terre [1]. »

[1] *Mém. de madame de Motteville*, collect. Petitot, t. xxxix,
p. 396.

Une publication récente nous met à même de placer, à côté de ce récit, celui d'un témoin oculaire qui offre des détails plus sûrs, plus circonstanciés.[1] On y trouve quelques traits du caractère de Laure ; on y entrevoit ce qu'était cette jeune femme, agréable d'humeur, qui eut encore un sourire et un éclair de gaieté devant la mort.

« Elle fut dix jours sans ressentir aucune incommodité. Je passai une partie de ces dix jours dans sa chambre, et je la trouvai plus gaie qu'elle n'avoit encore été depuis la mort de sa mère. Je la raillois de sa délicatesse, et de ce qu'elle gardoit le lit avec un aussi bon visage et tant de santé. Elle me dit qu'elle ne pouvoit s'ôter de l'esprit une pensée qu'elle avoit eue pendant toute sa grossesse : c'est qu'elle ne relèveroit pas de cette couche. Je me moquai de cette appréhension... Madame de Venelle, sa dame d'honneur, étant dans sa chambre, elle recommença à parler de sa mort en riant ; entre autres choses, elle dit que, quand elle mourroit, elle ne pourroit pas s'empêcher de rire de la grimace que feroit madame de Venelle. Je la trouvois en si bon état et en si belle humeur que je lui dis : « Madame, il faut vous habiller demain, et nous dînerons au coin de votre feu... » Le lendemain, je vins à midi à l'hôtel de Vendôme (F.). En montant les

---

[1] *Mémoires de Daniel de Cosnac,* archevêque d'Aix, publiés par la *Société de l'Histoire de France,* 2 vol. in-8°, 1855.

degrés, on me dit que madame se trouvoit fort mal.
Tout ce qu'elle avoit dit le jour précédent me revint
alors dans l'esprit... Lui ayant demandé de ses nouvelles, elle me répondit avec difficulté, et, de son bras
droit, elle alla prendre le gauche, et, me le montrant,
me dit qu'elle ne sentoit plus ni sa main ni son bras...
Les médecins soutinrent qu'il n'y avoit aucun danger
pour sa vie... Mais il lui prit un si grand assoupissement qu'on commença à craindre que le cerveau ne
fût attaqué. On ordonna les ventouses, qu'on appliqua
d'une si cruelle façon que cette pauvre princesse crioit
de manière à percer le cœur ; elle me regardoit, comme
pour me prier d'empêcher qu'on ne la torturât de la
sorte. En cet état déplorable, malgré les ventouses,
l'assoupissement augmentoit, et on ne la tenoit éveillée
qu'à force de la tourmenter. Cela dura tout le jour.
Le soir, les médecins commencèrent à changer de ton...
Le cardinal lui vint donner lui-même les sacrements.
Elle paroissoit si belle en ce triste état qu'on ne pouvoit s'imaginer qu'elle dût si tôt mourir. Elle aperçut,
au pied de son lit, madame de Venelle qui pleuroit. La
princesse prit garde à sa grimace ; elle me chercha des
yeux, et, quand elle eut rencontré les miens, elle les
conduisit sur le visage de madame de Venelle, se mettant à sourire, en se ressouvenant sans doute de ce
qu'elle m'avoit dit le jour auparavant[1]. »

[1] *Mémoires de Daniel de Cosnac*, t. I, p. 251 et 252.

Le duc de Mercœur, tendrement épris de sa femme, reçut ce coup terrible en homme pieusement résigné. Il se retira dans un couvent de capucins, et s'y tint plusieurs jours renfermé. Quoique jeune encore, il ne songea point à former de nouveaux liens, et, après avoir fait une dernière campagne en Catalogne, il se fit prêtre, en remplit avec vocation tous les devoirs, et mourut cardinal et légat du saint-siége en France.

ANNE-MARIE MARTINOZZI,

PRINCESSE DE CONTI.

———◦———

Le beau Candale, avons-nous dit, était resté en posture de prétendant auprès des nièces de Son Éminence; mais il ne fut jamais bien fixé sur le choix, ni surtout pressé d'en finir. Il adressa, pendant quelque temps, ses hommages à mademoiselle Martinozzi plus particulièrement; puis il paraît qu'il la négligea. Ce fut alors que le prince de Conti, revenu de ses égarements de plus d'une sorte, songea à racheter ses fautes en épousant une nièce du cardinal. Cet illustre coupable trouva les bras du ministre ouverts pour le recevoir. Anne-Marie Martinozzi et Olympe Mancini étaient d'âge à être mariées; elles avaient environ seize ans : la première, cette merveille aux cheveux blonds, comme on l'appelait, était de beaucoup la plus belle, et elle se vit préférée à sa cousine.

Si l'on écoutait le cardinal de Retz quand il nous trace le portrait de Conti, il y aurait de quoi trembler sur le sort de sa belle fiancée ; mais de Retz avait conservé toute l'âcreté de ses haines de la Fronde, et il faut rabattre un peu de ses jugements. Voici comment il traite le généralissime des Parisiens : « Ce chef de parti étoit un zéro qui ne se multiplioit que parce qu'il étoit prince du sang. La méchanceté fai-soit en lui ce que la foiblesse faisoit de M. le duc d'Orléans ; elle inondoit ses autres qualités, qui n'é-toient d'ailleurs que médiocres et toutes semées de foiblesses [1]. »

Armand de Conti avait une belle figure, ornée de magnifiques cheveux ; mais il était fort petit et bossu. Condé, son impérieux frère, ne le jugeant point propre à produire lignée, prétendait faire de Conti un cardi-nal. Il avait étudié avec succès pour l'Église, et se trouvait nanti des plus riches abbayes quand la Fronde et madame de Longueville s'emparèrent de lui. C'était sa destinée de subir en tout l'influence de sa sœur. Cette influence, qui l'égara tant, devait, avec le même succès, l'entraîner dans une meilleure voie ; ainsi le mal se trouva racheté : la conversion de madame de Longueville gagna le prince de Conti. Ce fut aux ap-proches de ce grand changement qui s'opérait en lui qu'il se maria. L'un des familiers du prince, l'abbé

---

[1] *Mémoires de Retz*, collect. Petitot, t. XLV, p. 312.

dé Cosnac, nous dévoile, dans sés Mémoires, quelques
détails d'intérieur relatifs à ce mariage. Ce fut le
poëte Sarrazin, secrétaire de Son Altesse, qui lui en
donna le premier l'idée. Conti venait de quitter furti-
vement Bordeaux, après la reddition de cette ville;
humilié, délaissé, criblé de dettes, il comparait sa position à celle du duc de Candale, qui commandait l'armée du roi. « Il ne tiendroit qu'à vous, Prince, lui
dit Sarrazin, d'être bientôt à la tête de l'armée que le
duc de Candale commande; faites ce que va faire
M. de Candale... » Malgré l'opposition de Cosnac, peu
favorable à un projet de mariage qui eût obligé le
prince à résigner trois cent mille francs de bénéfices,
les conseils de Sarrazin l'emportèrent, et il fut envoyé
à Paris pour entamer la négociation. Il avait reçu,
dit-on, des promesses d'argent du cardinal pour faire
entrer l'idée de ce mariage dans la tête de son maître.
Il s'aboucha avec le ministre, qui, tout enchanté qu'il
pût être, resta fidèle à son caractère : à mesure que
le prince s'avançait et se montrait plus désireux d'en
finir, Mazarin marchandait les avantages qu'il avait
fait entrevoir. Il chicana même sur la dot, qu'il finit
par réduire à la somme de deux cent mille écus.

L'abbé de Cosnac abonde en détails fort curieux sur
la négociation de Sarrazin. Son maître, à ce qu'il paraît, lui avait donné carte blanche quant au choix de
la princesse : M. de Conti disait bravement qu'il se
souciait peu quelle nièce on lui donnerait, qu'il épou-

sait le cardinal et point du tout une femme. Sarrazin, le bon serviteur, à qui on laissait tant de marge, tenait, lui, à donner à son maître la plus sage et la plus jolie : c'était mademoiselle Martinozzi.

Mais il y avait un obstacle : elle était promise au duc de Candale, qui avait parole de son oncle. Ce duc, fort heureusement, voyait les choses du même œil que le prince de Conti : c'était le cardinal qu'il voulait épouser. Il céda son tour au prince, en faisant fort le généreux ; il y gagnait du même coup un sursis pour lui-même, et il tirait d'embarras Son Éminence. « Si M. de Candale, dit Cosnac, eût su profiter de l'occasion, il en auroit obtenu de beaux avantages ; mais il étoit si content d'avoir pu rompre ou du moins éloigner son mariage qu'il crut avoir assez gagné. Mademoiselle de Martinozzi ne pensoit pas de même, et j'ai su depuis par elle-même que, si on l'eût consultée, elle n'auroit pas consenti à changer d'amant [1]. »

Mais, pendant que ces préliminaires se traitaient, le prince de Conti se préparait étrangement aux devoirs de l'hymen. On l'avait vu à Bordeaux, vers les derniers temps, passer du libertinage à la dévotion, puis retomber bientôt dans tous ses excès, pour retourner encore à la pénitence, comme ce frère Joyeuse dont Voltaire a dit :

> Vicieux, pénitent, courtisan, solitaire,
> Il prit, quitta, reprit la cuirasse et la haire.

---

[1] *Mém. de Daniel de Cosnac*, t. i, p. 132.

Il paraît que les tentations triomphèrent encore chez Conti pendant les pourparlers de son mariage : il s'en alla courir en masque les bals publics à Montpellier. Cette dernière équipée eut les plus fâcheux résultats pour lui, et plus tard (ce qui est plus triste) pour sa belle et chaste compagne.

Les fiançailles eurent lieu le 21 février 1654, à Compiègne. La blonde fiancée, nous dit la *Gazette*, était vêtue d'un habit de velours noir, qui étincelait de l'éclat des diamants dont il était couvert. Elle portait le lendemain, à la cérémonie du mariage, un habit de brocatelle enrichi de perles. Le soir, on joua *le Cid* de Corneille.

On lit partout, dans les écrits du temps, que Conti, honteux de cette union, et reprochant à son secrétaire de l'y avoir poussé, l'avait frappé, un jour, d'un coup de pincettes à la tête, dont Sarrazin mourut ; c'est à quoi ce quatrain fait allusion :

> Deux charmants, deux fameux poëtes,
> Disciples de Marot, Du Cerceau, Sarrazin,
> Ont éternisé les pincettes,
> Le premier par ses vers, et l'autre par sa fin [1].

Cosnac, qui appartenait à la maison du prince, nie le fait formellement, en disant qu'il était incapable d'une telle violence. Cependant lui-même nous rapporte

---

[1] Voir un travail très-intéressant sur Sarrazin, par M. Hippeau, dans les *Mémoires de l'Académie de Caen*. 1855.

des scènes très-orageuses qui eurent lieu à ce propos entre son maître et lui. Le cardinal avait promis d'abord à son futur neveu l'épée de connétable, voire même une petite souveraineté. Cosnac, quand il apprit qu'il n'en était plus question, s'écria, en s'adressant au prince : « Monsieur, vous êtes trahi! On vous marie *au denier deux*. » Sur quoi le prince, outré du sarcasme, étouffant de colère, prit son aumônier à la gorge et le poussa rudement hors de son cabinet. Il se calma toutefois, et madame de Motteville nous assure que Conti finit par faire bon visage à l'alliance qu'il avait contractée, « heureux, dit-elle, de devenir le neveu de celui qu'il avait haï et méprisé pour ami. Cette alliance ne parut pas convenir à la grandeur et à la naissance de ce prince; mais l'éclat de la fortune du cardinal étoit si grand qu'il pouvoit, en effaçant la bassesse de sa race, élever sa famille à la participation des plus suprêmes dignités. Mademoiselle Martinozzi, avec de la beauté, avoit beaucoup de douceur, beaucoup d'esprit et de raison. Ces qualités, si agréables à un mari, ont été perfectionnées par sa piété, qui a été si grande qu'elle a eu l'honneur de suivre le sien dans le chemin austère de la plus sévère dévotion. Mais elle a eu cet avantage sur lui qu'elle a donné à Dieu une âme toute pure, et dont l'innocence a servi de fondement à ses vertus [1]. »

[1] *Mém. de madame de Motteville*, collect. Petitot, t. xxxix, p. 537.

Comme appoint à ces vertus de sa nièce, le cardinal donna au prince, devenu son neveu, le gouvernement de Guienne et le commandement de l'armée de Catalogne. Il y obtint des succès, il y fit d'heureuses campagnes ; plus tard, il fut envoyé en Italie, où il échoua. Le cardinal, en veine de générosité pour les Conti, leur fit bâtir, à Paris, un bel hôtel à ses frais [1].

Cependant il semblerait que la dévotion et le mariage ne triomphèrent pas d'emblée des habitudes galantes du prince ; ce que donnerait à croire cette lettre de Bussy-Rabutin à madame de Sévigné : elle est datée du 16 juin 1654. « J'ai appris de vos nouvelles, Madame. Ne vous souvenez-vous point de la conversation que vous eûtes chez madame de Montausier avec le prince de Conti, l'hiver dernier? Il m'a conté qu'il vous avoit dit quelques douceurs, qu'il vous avoit trouvée fort aimable, et qu'il vous en diroit deux mots cet hiver. Tenez-vous bien, ma belle cousine! Telle dame qui n'est pas intéressée est quelquefois ambitieuse ; et qui peut résister aux finances du roi ne résiste pas toujours aux cousins de Sa Majesté. De la manière dont le prince m'a parlé de son dessein, je vois bien que je suis désigné confident... J'en suis ravi, dans l'espérance de la succession. Vous m'entendez

---

[1] Cet hôtel était situé sur le quai Malaquais; il a été démoli en 1845. Voir à l'appendice (G) quelques détails sur ce monument.

bien, ma belle cousine [1]... » Cela pouvait bien n'être,
de la part du prince de Conti, qu'un reste d'habitudes
frivoles, un badinage que l'esprit corrompu de Bussy
interpréta d'après ses désirs.

M. de Conti était fort enclin à la jalousie : on en
avait vu de bien étranges éclats à l'égard de madame
de Longueville, sa sœur. La candeur de sa compagne
ne la mit point à couvert des algarades de son mari.
C'est son aumônier, de Cosnac, qui nous les raconte.
Le prince, un jour, rencontra sur son chemin ce beau
marquis de Vardes, qui possédait, autant que Candale,
le don de plaire, avec un génie de séduction bien plus
profond. M. de Conti le pressa de monter dans son carrosse et de l'accompagner dans sa promenade. De
Vardes s'en excusa en prétextant qu'il revenait de la
chasse, était en négligé, et qu'il se sentait si las qu'il
allait se mettre au lit. Le prince, rentrant chez lui
quelques instants après, y trouve auprès de sa femme,
qui était couchée, son ami de Vardes dans sa plus brillante toilette : c'était le loup à côté du petit Chaperon
rouge. Malgré les airs souriants de de Vardes et son
aplomb imperturbable, le mari s'en alla furieux. Mais
voici une autre histoire : tandis que M. de Conti était
en Catalogne, le roi, qui avait à peine dix-sept ans,
dansant un jour avec la princesse, s'avisa de lui adres-

---

[1] *Lettres de madame de Sévigné*, 16 juin 1654, t. i, p. 12 et 13,
édit. Dilot, in-18.

ser on ne sait trop quelle galanterie, car ce passage
du manuscrit de Cosnac se trouve perdu. Tant il y a
que la jeune femme, offensée, fit un tel éclat que le
cardinal força sa nièce à faire, le lendemain, des excuses au roi. Mais le bruit s'en répandit bientôt jusqu'en Catalogne, et l'abbé de Cosnac reçut le billet
suivant de Son Altesse : « On dit ici publiquement que
le roi est amoureux ; mandez-moi bien précisément
ce qui en est, car de telle ce seroit que je pourrois y
avoir intérêt. Déchiffrez ceci vous seul ; *vous savez ce*
que vous m'avez promis. » L'aumônier eut beau lui
expliquer l'affaire, le prince n'entendit à rien ; il écrivit ce second billet : « Je veux absolument que ma
femme revienne : c'est là ma dernière résolution ; ainsi
elle n'a qu'à partir, celle-ci reçue, sans qu'il soit besoin de conseil de famille pour cela. Que ma femme
vienne donc au plus tôt [1]. » La princesse allait obéir
et se mettre en route lorsqu'un accident l'arrêta : son
cheval, lancé au galop dans une chasse, fit un faux
pas, et madame de Conti tomba sur la tête. Au bout
de quelques jours cependant elle partit ; mais le mari
impatient arrivait de son côté, et ils se rencontrèrent à
mi-chemin.

Cosnac nous fait connaître, par quelques autres
traits encore, cette candide princesse, dont la courte
vie reste un peu voilée. Il avait combattu résolûment

---

[1] *Mém. de Daniel de Cosnac,* t. I, p. 86.

son mariage, et elle en avait eu quelque dépit; aussi,
lorsqu'il la complimenta, le reçut-elle « avec une froideur incroyable : à peine lui fit-elle l'honneur de le
regarder. » Mais la noble femme ne lui garda pas
rigueur pour avoir pris loyalement les intérêts de son
maître, et elle conçut pour lui de l'affection. Cet abbé
de vingt-quatre ans demandait, comme un autre, un
évêché, et il était à l'affût des vacances : le siége de
Valence se présenta, et Cosnac courut, à six heures
du matin, réveiller la princesse de Conti. Il entra résolûment dans sa chambre, et la supplia de se lever en
toute hâte et d'aller trouver le cardinal; elle s'habilla
précipitamment et courut pour parler à son oncle.
Elle fit plus : le prince, en partant pour la Catalogne,
lui avait, dans sa confiance, remis plusieurs blancs
seings; elle en fit usage pour appuyer ses démarches
de l'autorité de son mari. Aussi l'heureux Cosnac devint évêque d'emblée, et Mazarin, en l'embrassant,
lui dit : « Le roi vous a fait maréchal de France sur la
brèche [1]. »

Rappelons encore une curieuse petite scène, rapportée par l'abbé de Choisy : c'est un dialogue entre le
prince de Conti et notre jeune évêque, sur un sujet
fort délicat. « Je connois l'innocence et la vertu de ma
femme, dit le prince; mais elle a, comme toutes les
autres, la vanité de plaire; et que sais-je, ajouta-t-il,

---

[1] *Mém. de Daniel de Cosnac*, t. 1, p. 182.

si elle éviteroit celle d'être aimée ? — Monseigneur, répliqua l'évêque de Valence, chercher une femme qui ne souffre pas d'être aimée, c'est désirer un cygne noir. » Sur cela le prince de Conti lui parla de de Vardes, et pour lors, après lui avoir laissé mitonner le poison dont il voyoit que ce prince étoit attaqué : « Je n'ai rien vu, reprit l'évêque de Valence, qui me puisse faire croire que M. de Vardes se fût oublié au point d'élever ses regards jusqu'à madame la princesse de Conti ; mais Votre Altesse me fait souvenir d'un rien que je remarquai, il y a quelques jours. Elle jouoit à la prime, et filoit, sur un flux qu'elle désiroit, un as qui ne pouvoit être, par la disposition du jeu, qu'un as de cœur ou un as de carreau. C'étoit celui de cœur qui étoit nécessaire. Vardes, qui voyoit son jeu, lui dit assez haut : « J'espère que ce sera un cœur. » Et puis, en s'approchant plus près de son oreille, comme pour mieux voir la carte, il continua, d'un ton plus que demi-bas : *J'en connois un, Madame, qui ne vous manquera jamais*[1] ! »

Le prince, les yeux bien ouverts, grâce à la bonne garde que faisait son aumônier, prit ses mesures contre ce dangereux de Vardes, qui se faisait écouter mieux que le roi. Les pieuses dispositions de la princesse lui vinrent en aide assurément.

Retirés dans leur gouvernement de Guienne, le

---

[1] *Mém. de l'abbé de Choisy*, collect. Petitot, t. LXIII, p. 380.

prince de Conti et sa femme se jetèrent de concert
dans le jansénisme et la haute dévotion, entretenant
avec leur sœur, la duchesse de Longuéville, une correspondance mystique. Dans cette ville de Bordeaux
qui avait été témoin de sa chute et de ses désordres,
le prince en fit des réparations publiques, et on trouva
que « la beauté de sa pénitence surpassoit de beaucoup la laideur de ses fautes. » Poussé par cette ardeur du repentir, il fit un livre contre la comédie et
les spectacles, qu'il avait beaucoup aimés. « Il eût
bien mieux fait, dit Voltaire, d'en faire un contre la
guerre civile. » Le prince de Conti mourut jeune,
en 1666; sa veuve, toujours étroitement unie à sa
belle-sœur, continua sa vie de dévotion et d'ardente
charité : madame de Sévigné les appelait *les Mères de
l'Église*. Voici comme elle nous retrace, de sa plume
émue et rapide, les derniers moments d'Anne Martinozzi :

« Cette nuit, madame la princesse de Conti est
tombée en apoplexie; elle n'est pas encore morte,
mais elle n'a aucune connoissance; elle est sans pouls
et sans parole; on la martyrise pour la faire revenir.
Il y a cent personnes dans sa chambre, trois cents
dans sa maison; on pleure, on crie : voilà tout ce que
j'en sais jusqu'à présent..... Madame la princesse de
Conti mourut à quatre heures du matin, sans aucune
connoissance. Elle appeloit quelquefois Cécile, une
femme de chambre, et disoit : « Mon Dieu! » On

croyoit que son esprit alloit revenir, mais elle n'en disoit pas davantage. Elle expira en faisant un grand cri, et au milieu d'une convulsion qui lui fit imprimer ses doigts dans le bras d'une femme qui la tenoit. La désolation de sa chambre ne se peut représenter. M. le duc, MM. les princes de Conti, madame de Longueville pleuroient de tout leur cœur. Madame de Gesvres avoit pris le parti des évanouissements ; madame de Brissac, de crier les hauts cris et de se jeter sur la place : il fallut les chasser. Ces deux personnes n'ont pas réussi : qui prouve trop ne prouve rien. Enfin la douleur est universelle. Le roi a paru touché, et a fait son panégyrique en disant qu'elle étoit plus considérable par sa vertu que par la grandeur de sa fortune. Elle laisse, par son testament, l'éducation de ses enfants à madame de Longueville... Il y a vingt mille écus aux pauvres, autant à ses domestiques. Elle veut être enterrée à sa paroisse, tout simplement comme la moindre femme [1]... Je vis hier sur son lit cette sainte princesse ; elle étoit défigurée par le martyre qu'on lui avoit fait à la bouche ; on lui avoit rompu deux dents et brûlé la tête, c'est-à-dire que, si les pauvres patients ne mouroient point de l'apoplexie, ils seroient à plaindre de l'état où on les met. Il y a de belles réflexions à faire sur cette mort, cruelle pour

---

[1] *Lettres de madame de Sévigné*, 5 février 1672, t. I, p. 445.

tout autre, mais heureuse pour elle, qui ne l'a point sentie et qui étoit toujours préparée[1]. »

Cette princesse, morte à la fleur de l'âge, laissait deux fils : l'un d'eux fut ce brillant prince de Conti, si spirituel et si brave, qui fut élu roi de Pologne, et qui était, dit Saint-Simon, « les constantes délices du monde, de la cour et des armées, la divinité du peuple, l'idole des soldats. »

---

[1] Le tombeau d'Anne Martinozzi, à Saint-André des Arcs, portait cette inscription : « Elle vendit toutes ses pierreries pour nourrir, durant la famine de 1662, les pauvres de Berry, de Champagne et de Picardie. »

LAURE MARTINOZZI,

DUCHESSE RÉGENTE DE MODÈNE.

———

Le cardinal, en faisant venir de Rome le ban et l'arrière-ban de ses nièces, n'avait pas reculé devant la perspective de tant de mariages ; il avait, du reste, débuté dans ses alliances avec un succès fait pour l'encourager de plus en plus. Le désir de s'attacher à lui devait aller de pair avec l'accroissement de sa puissance et de ses richesses.

On vit les poëtes de la Fronde, qui avaient chansonné grossièrement la famille du Mazarin, célébrer à l'envi ces hyménées, chanter :

> Les Mancini, les Martinosses,
> Illustres matières de noces !

Bientôt ce fut à Laure Martinozzi que leur encens s'adressa : elle était sœur cadette de la princesse de

Conti, et il était question pour elle d'un mariage égal à celui de sa sœur : le prince héritier de Modène avait demandé sa main. Elle avait alors seize ans, et se trouvait un peu plus jeune que sa cousine Olympe. Ce fut un nouveau crève-cœur pour celle-ci, dont le dépit déjà avait éclaté au mariage du prince de Conti avec l'aînée. Pourquoi cette cadette lui fut-elle encore préférée ? Nous n'avons point le secret du prince de Modène. Est-ce la piété de Laure, est-ce sa beauté qui décidèrent du choix ? Les Mémoires du temps n'ont pas pris le soin de nous dire si elle était belle et blonde comme sa sœur. Un récit officiel parle de sa bonne grâce ; un poëte la qualifie :

> Martinozzi, beauté romaine !

Cela veut-il dire simplement qu'elle était de Rome ? ou bien ces mots, *beauté romaine,* exprimeraient-ils le caractère imposant de sa personne ? Nous voilà livrés aux conjectures ; mais il est présumable que la beauté fut pour peu de chose dans ce mariage : Alphonse de Modène l'épousa sans l'avoir vue ; il lui fallait l'appui de la France contre l'Espagne, qui pesait alors de tout son poids sur les petits souverains de l'Italie. Ce fut le prince Eugène de Savoie, le père du grand Eugène, qui épousa par procuration Laure Martinozzi. Le mariage se fit à Compiègne, avec autant d'éclat que si l'on eût marié une sœur du roi. La relation de ces fêtes, insérée dans la *Gazette officielle*, présente, au moment dont nous parlons, un certain aspect de la cour qui n'est pas sans intérêt [1].

[1] « Sur les sept heures du soir se firent les fiançailles entre le prince Alphonse d'Este, fils aîné du duc de Modène, représenté par le prince Eugène-Maurice de Savoie, son procureur, et la demoiselle Laure Martinozzi; la cérémonie ayant été faite dans la chambre du Roi, en présence de Leurs Majestés, de Monsieur et des principaux de la cour, que Son Emminence traita magnifiquement à souper sur deux tables, à l'une desquelles étoient le Roi et Monsieur, le prince Eugène, et à la seconde étoit la Reine, la fiancée à sa gauche, puis la duchesse de Mercœur et d'autres dames, qui dansèrent ensuite au bal, où le Roi mena la fiancée. Le 28, Leurs Majestés allèrent en la forest, où le Roi, estant monté à cheval avec sa noblesse, courut le sanglier, tandis que la Reine, Monsieur et les dames firent la promenade vers le puits. Leurs Majestés y firent la collation, et Monsieur, le prince Eugène, les demoiselles Martinozzi, de Mancini, montèrent à cheval et eurent le plaisir de la chasse. Le 30, sur les onze heures du matin, l'évêque de Soissons et son coadjuteur s'étant rendus, en leurs habits épiscopaux, dans la grande chapelle du chasteau, pour la solennité du mariage du prince de Modène et de la damoiselle Martinozzi, Leurs Majestés s'y vinrent placer sur deux prie-Dieu, à la droite desquelles estoient Monsieur et Son Emminence; à la gauche, sur deux carreaux, au-dessous du marche-pied du Roi, la duchesse de Mercœur, la dame Martinozzi et autres dames de qualité. Le prince Eugène y arriva aussitôt avec la fiancée, qu'il tenoit par la main... Leurs Majestés s'en retournèrent en l'appartement de la Reyne, où l'espousée fut conduite par Monsieur, et de là allèrent dîner chez la princesse de Carignan. Sur les neuf à dix heures du soir, Leurs Majestés, suivies de Son Emminence, se rendirent dans la grande salle où se devoit danser le ballet appelé des *Bien-Venus*; la duchesse de Mercœur et la dame Martinozzi prirent leurs places près de la Reyne, et, sur le théâtre, à la droite, la princesse de Modène, qui ne se faisoit pas moins considérer par sa bonne grâce que par les richesses de ses habits tout couverts de perles. Monsieur estoit placé

La jeune mariée prit avec sa mère le chemin de l'Italie ; elle arriva à Modène, et y trouva un époux de vingt et un ans, à qui cette union valut bientôt d'assez brillants avantages. Quelques mois après, le duc de Modène, son père, était généralissime des troupes françaises en Italie. C'est ainsi que le cardinal en usait pour ses neveux et leurs proches ; toutes les armées leur revenaient de droit, et le bâton du commandement figurait parmi les apports du mariage. Avec les quatre nièces qui restaient à établir, ce népotisme militaire devait beaucoup inquiéter les vieux généraux. On vit donc en Italie, dans la campagne de 1656, deux neveux de Son Éminence commander les armées, tandis que le troisième dirigeait les opérations en Catalogne. Il faut convenir qu'après tout ces généraux de par l'hymen ne s'en tirèrent pas plus mal que beaucoup d'autres, et c'est déjà quelque chose. Les deux premiers furent heureux dans cette campagne, que le duc de Modène sut mener à bonne fin. Ayant repoussé au delà du Pô les troupes espagnoles, ils se donnèrent la main et firent de concert le siége de Valence, l'une des grandes places de l'ennemi ; après un siége qui dura plus de trois mois, ils la firent capituler. Le prince de Conti obtenait également d'assez bons résultats en Catalogne.

auprès d'elle, et de l'autre côté du théâtre estoient les demoiselles de Mancini et les filles de la Reyne qui devoient danser. L'ouverture du ballet fut faite par le Roy, qui représentoit la Renommée. »

Ainsi, le cardinal avait à s'applaudir de tous les côtés : il devait d'autant mieux jouir des palmes conquises par ses neveux qu'il avait ses raisons pour s'en attribuer une partie ; car, toujours amoureux de son premier métier, il les faisait profiter volontiers de toutes les ressources de sa vieille expérience militaire.

La princesse de Modène n'avait guère eu le temps de s'acclimater en France, où elle avait à peine passé deux ans ; elle dut revoir avec joie l'Italie, qui était encore toute présente à son souvenir. Elle retrouva à Modène son beau ciel, sa langue natale ; sa mère d'ailleurs était près d'elle ; rien ne lui manquait enfin pour se faire aisément à ce nouveau séjour. Madame Martinozzi demeura quelque temps auprès de sa fille ; puis elle reprit le chemin de Rome, où elle avait passé sa vie, et où étaient ses habitudes et ses relations.

Dans l'année qui suivit le mariage, le duc François de Modène fit un voyage en France, pour visiter Louis XIV et surtout Mazarin. Tous deux lui firent force caresses (*incredibili carezze*)[1]. Le prince rele-

---

[1] Muratori, *Annali d'Italia*, t. XIX.
On lit dans la *Muse historique*, liv. VII :

> Monseigneur le duc de Modène
> A visité cette semaine,
> Avec sa suite et bel arroi,
> Outre Monsieur, frère du Roi,
> A qui l'on doit la préséance,

vait à peine d'une terrible blessure entre les épaules qu'il avait reçue au siége de Pavie, et qui l'avait mis en danger de mort. Il passait pour l'un des meilleurs généraux de l'Italie, et avait étudié la guerre sans doute sous le Modénais Montécuculli. C'était, de plus, un administrateur et un adroit politique ; mais ses talents brillèrent sur un trop petit théâtre pour que l'histoire lui ait donné l'attention qu'il méritait Comme les princes de Savoie et la plupart de ceux qui se trouvent bloqués entre les grands États, il cherchait ses sûretés aujourd'hui d'un côté, demain d'un autre. On avait vu François de Modène s'allier d'abord aux Espagnols, et, de concert avec eux, attaquer son beau-frère Édouard Farnèse, duc de Parme : cela lui valut la principauté de Corregio. Il jugea plus tard le moment opportun pour se tourner vers la France, espérant y faire encore quelque profit. Afin qu'on lui fît la part plus belle, il demanda pour son fils une nièce de Mazarin ; mais, à son retour de France, il mourut, à quarante ans, d'une fièvre qu'il prit au siége de Mortara. Il eut pour successeur son fils aîné.

Voyant approcher le moment de faire la paix, Ma-

> La plupart des seigneurs de France.....
> Par mainte comédie expresse
> On a diverti cette Altesse ;
> Ces jours passés, on lui donna
> La *Rodogune* et le *Cinna*,
> Pièces certes les plus parfaites
> Que monsieur de Corneille ait faites.

zarin conseilla en secret au nouveau duc de prêter
l'oreille aux propositions que l'Espagne avait déjà
faites à son père, lui donnant à entendre qu'il avait
chance d'obtenir, par ce moyen, de meilleures conditions que s'il attendait la paix générale : les grandes
puissances, disait-il, préoccupées de leurs intérêts, ne
peuvent guère songer alors à leurs petits alliés.
Alphonse suivit ce conseil, et signa son traité avec
l'Espagne, en s'engageant à rester neutre à l'avenir.
L'époux de Laure Martinozzi n'eut pas longtemps à
jouir des agréments de la souveraineté : bien jeune
encore, il était déjà tourmenté par la goutte, et il en
mourut à vingt-huit ans, en 1662. Laure se trouva
régente pour son fils au berceau. Mazarin était mort
l'année d'avant ; il n'eut pas le plaisir de voir sa nièce
régner et gouverner, et surtout celui de diriger ses
affaires ; mais, à son défaut, Louis XIV s'en chargea :
la duchesse Laure resta Française ; peut-être demeu-
ra-t-elle en cela fidèle aux conseils de son oncle, et la
France lui prêta constamment appui. C'était d'ailleurs
une âme ferme, une femme virile, *virile donna*, comme
l'historien l'appelle, gouvernant son petit État avec
douceur, renommée pour sa justice et sa piété. Sa
régence fut paisible, et les événements y sont rares.

Cependant il lui arriva de tirer l'épée : ce ne fut
pas, il est vrai, contre un puissant voisin, mais contre
une femme, régente, comme elle, pendant la minorité
de son fils. C'était l'ardeur du sentiment maternel qui

les enflammait l'une et l'autre. Il s'agissait de quelques petites îles du Pô, auxquelles Mantoue et Modène prétendaient également; les deux duchesses assemblèrent leurs gens de guerre et leurs canons sur les deux rives du fleuve, prêtes à fondre l'une sur l'autre. Le bon Muratori, qui plaisante peu, dit que l'on était curieux de voir quel grand exploit feraient ces nouvelles amazones [1]. Mais le gouvernement espagnol prit l'alarme de ce duel féminin : il craignit que la duchesse Laure n'eût recours à la France sa protectrice (*ricorrendo alla Francia sua protettrice*), et que Louis XIV ne profitât de l'occasion pour s'immiscer dans la querelle. Le vice-roi de Milan fut chargé d'arranger l'affaire au plus tôt.

[1] Muratori, à qui nous devons nos informations, raconte ainsi l'épisode :

« L'universal pace, che si gode nel presente anno (1666) in Italia, avea sparsa la quiete e l'allegria d'apertutto, quando parve che fossero per turbarla alcun controversie insorte fra i duchi di Modena e di Mantova per possesso di varie isole nel Pô, verso Brescello e Rosetto, in faccia di Viadana, dove il corrente d'esso fiume sirve di divisione e confine de vicendevoli Stati. Sostenendo le due duchesse vedove reggenti le pretensioni e reggioni de piccioli duchi lor figli, misero mano all' armi, e si fece gran preparamento di genti e di artigliere all' una e all' altra riva del' fiume. Stevano in espettazione in curiosi di veder qualche gran fatto di queste novelle amazoni, quando don Luigi Ponze di Leon, governator di Milano, a cui non piaceva si fatta tresca, per sospetto che la duchessa di Modena, ricorrendo all' Francia sua protettrice, svegliasse nuove guerre in Lombardia, spedì a Modena il conte Borromeo, a Mantova il marchese Lonati, che intavolarono un armistizio... » (Muratori, *Annali d' Italia*, t. xvi, p. 74.)

Cette nièce de Mazarin, qui gouverna pendant douze ans l'État de Modène, protégée et dirigée par la France, n'a obtenu l'attention d'aucun de nos historiens. En toute occasion elle se montra fidèle à la même politique. Quand Louis XIV entreprit l'expédition contre Candie, Laure lui envoya son contingent militaire, qui fut de mille hommes, et elle y ajouta un subside en argent. Mais l'un des épisodes les plus importants de son règne, et où la main de la France se retrouve encore, fut le mariage de sa fille Marie-Béatrice. Louis XIV se chargea de lui choisir un époux. Il jeta les yeux sur elle pour le duc d'York, qui fut le roi Jacques II. Mais le projet rencontra de grands obstacles; la jeune princesse elle-même y opposa un refus. La perspective d'un grand trône ne l'éblouit pas, car elle voulait se faire religieuse, et l'idée d'aller régner sur un peuple protestant ne souriait pas à son ardente piété. Il fallut l'inflexible désir du roi de France, l'intervention même du Saint-Père, pour vaincre sa résistance; on dut lui faire entrevoir ce que l'Église attendait d'elle. Le mariage enfin fut résolu, et le comte de Péterborough se rendit à Modène, où il épousa Béatrice d'Este au nom du duc d'York. La jeune princesse se mit en route; sa mère voulut l'accompagner jusqu'à Paris, où l'attiraient bien des souvenirs, et surtout le désir de voir les enfants de sa sœur Conti, dont la mort récente l'avait fort affectée. La souveraine de Modène et la future reine d'Angleterre trouvèrent à Versailles une réception digne de leur hôte et de la considération dont elles y jouissaient. « Le Roi, dit le journal de la cour, promena dans ses jardins ces deux princesses ; qui montèrent seules dans le carrosse de Sa Majesté. Elle leur fit voir une grande partie des jets d'eau et le canal, où l'artillerie du vaisseau qui est dessus fit grand bruit à leur passage. Monseigneur le Dauphin, retournant de la chasse, les salua dans la salle des festins ; et après une si agréable promenade le Roi les conduisit en un appartement où Sa Majesté avait fait préparer une superbe collation, à laquelle la Reine se trouva avec toutes les dames. Elles furent reconduites à Paris dans les mêmes carrosses, à la clarté de quantité de flambeaux de cire blanche, portés par les pages du Roi [1]. »

La grande Mademoiselle, qui n'avait pas toujours le regard bienveillant pour la jeunesse et la beauté, fut médiocrement charmée de la duchesse d'York. « Elle me parut, dit-elle, une grande créature mélancolique, ni belle, ni laide, fort maigre, assez jaune. J'ai ouï dire qu'elle est à présent fort enjouée et engraissée, et qu'elle est devenue belle [2]. »

De retour à Modène, la régente se disposa à remettre à son fils le pouvoir dont elle était dépositaire (1674). Il n'avait que quatorze ans, et la valeur en lui

---

[1] *Gazette*, 10 novembre 1673.

[2] *Mém. de Mademoiselle*, collect. Petitot, t. LXII, p. 369.

n'avait pas devancé les années. La *virile dame*, malgré
ses soins, n'avait pu se donner un digne rejeton : une
santé débile, des infirmités précoces et une âme tout
aussi faible que le corps, tel était son fils, le duc François II. A peine Laure se fut-elle mise à l'écart qu'il
se laissa asservir entièrement par un frère bâtard,
nommé don César.

Mécontente de la tournure que prenaient les affaires,
et peut-être de l'abandon de sa politique, blessée aussi
dans ses affections et sa légitime ambition, elle prit le
parti de se retirer à Rome, auprès de sa mère : les
prières de son fils, l'amour de ses anciens sujets n'é-
branlèrent pas sa résolution ; elle s'éloigna de Modène,
où elle laissa une mémoire aimée. Elle vécut à Rome
dans la piété et les bonnes œuvres, occupée de sa fille,
qu'elle ne devait plus revoir. Béatrice devint reine
d'Angleterre, et, dans le commerce de lettres qui s'é-
tablit entre elles, la mère fut sans doute la confidente
de bien des ennuis. Au seul bruit du mariage de Béatrice avec l'héritier de la couronne, toute l'Angleterre
avait jeté les hauts cris. La chambre des Communes
vota une adresse au roi pour le supplier de fixer un
jour de jeûne et d'ordonner des prières publiques,
afin de conjurer les dangers qui menaçaient l'État. On
voulut empêcher que la princesse quittât Paris ; on demanda qu'au moins le duc d'York fût tenu de se retirer
à la campagne et d'y vivre en simple gentilhomme.

Nonobstant ces résistances, le prince alla recevoir sa
femme à Douvres et la ramena au palais de Saint-
James. Tel était cependant le charme attaché à la per:
sonne de Béatrice, à sa jeunesse, à sa candide beauté,
qu'elle finit par triompher des fureurs de l'esprit de
parti, et qu'elle « se fit aimer de toute la cour, » nous
dit Lingard. Mais ce ne fut pas la politique seule qui
lui apporta des amertumes; sa vie intérieure paraît
aussi avoir été troublée : Jacques, tout dévot qu'il
était, n'avait pas vécu impunément à la cour de
Charles II. Moins corrompu certainement que son
frère, il avait aussi ses faiblesses, et la sœur de Marl-
borough, Anne Churchill, occupa une certaine place
dans sa vie.

Laure ne vit pas la catastrophe qui précipita du
trône son gendre et sa fille : la mort lui épargna cette
suprême douleur. Détachée, pour son compte, des
grandeurs et des illusions de ce monde, elle eût été
accablée par la ruine de cette maison des Stuarts, à
qui sa fille venait de donner un rejeton. Elle avait
assez à souffrir de ce qui se passait à Modène : son
fils achevait sa vie, toujours incapable et infirme,
ayant, dit Muratori, la goutte aux pieds et aux mains
(*la podagra e la chiragra, sue famigliari compagne*).
Il lui prit fantaisie de se marier en cet état, et il
mourut deux ans après. Bien qu'il eût conservé pour
sa mère de grands respects, et qu'il lui fît à Rome

de solennelles visites, emmenant sa cour avec lui, elle ne voulut point retourner à Modène et resta étrangère à toute ambition.

C'est là ce que nous avons recueilli sur cette nièce de Mazarin, si peu connue, qui ne fit que paraître en France, mais qui demeura Française dans ses sentiments et dans la conduite de son petit État.

PHILIPPE MANCINI,

DUC DE NEVERS.

Le cardinal avait vu mourir deux Mancini, ses neveux, et les avait fort regrettés. Il lui en restait un qui
lui survécut : nous le glisserons parmi les nièces ; il
servira d'appoint à ses sœurs.

Philippe Mancini, né à Rome en l'an 1639, fut
amené en France, avec ses sœurs cadettes, à l'époque
où le cardinal y rentrait après son second exil. Il fut
placé au collége de Clermont. Il paraît que ses maîtres n'eurent que médiocrement à se louer de lui, et
qu'il n'étudia pas avec autant de fruit que ses deux
frères. Avec d'heureuses facultés, comme tous les
Mancini, il était inappliqué, fantasque, sujet à de singuliers coups de tête. Il lui arriva de faire plus d'une
escapade, qui indisposèrent son oncle contre lui. Le
cardinal le crut plus propre à faire un militaire qu'un
politique, et lui fit donner un brevet d'officier. Il servit

sous Turenne, fut blessé au siége de Condé (1655),
et montra de la bravoure, à défaut d'une grande vocation pour le métier. La muse officielle ne manqua pas
de chanter ses hauts faits [1].

Mancini fut fait colonel après le combat du faubourg Saint-Antoine, où son frère fut tué. Le roi,
comme dit le poëte,

> Récompensa, par conscience,
> Le neveu de son Éminence
> Des services de son aîné [2].

Mais Philippe ne sut point gagner le cœur de son
oncle. Une affaire assez fâcheuse acheva de les brouiller. Quelques jeunes seigneurs allèrent un jour au
château de Roissi pour s'y divertir; Mancini se trouva
de la partie; cela se passait pendant la semaine sainte,
et la chose fit scandale. « On les accusa d'avoir choisi
ce temps-là, par dérèglement d'esprit, dit madame de
Motteville, pour faire des débauches, dont les moindres étaient d'avoir mangé de la viande le vendredi
saint. On leur imputa d'avoir commis des impiétés
indignes, non-seulement de chrétiens, mais d'hommes

---

[1]
Le neveu de Son Éminence,
Mancini, dont l'adolescence,
Digne certes de prospérer,
Fait de lui beaucoup espérer,
Ayant, au printemps de son âge,
Vigueur, ardeur, zèle et courage,
Par l'ordre du grand Ludovic
S'est allé jeter dans Mardick,
Pour commander les mousquetaires.
(*Muse histor.*, 15 décembre 1657.)

[2] *Muse hist.*, liv. v, p. 138.

raisonnables. Le cardinal voulut punir tous les coupables en la personne de son neveu, qu'il chassa de la cour ; et, après avoir châtié celui-là, il pardonna à tous les autres [1]. »

Cette sévérité lui coûta peu à l'égard d'un neveu dont il n'était point content, qui était sans ambition, insouciant à la politique, au service militaire, et qui ne convenait ni aux affaires ni à la cour. Mancini était distrait, indépendant, original ; il était beaucoup trop poëte pour un tel oncle. Le cardinal, qui goûtait tant les lettres en vers de sa nièce Marie-Anne, ne s'accommodait pas de ce neveu bel esprit. Aussi ne fut-ce point à lui qu'il transmit son nom et le grand fardeau de son héritage : cela tomba malheureusement sur un homme bien moins propre encore à les porter, Armand de la Meilleraie. Mazarin fit son neveu duc de Nevers, comte de Donzi, avec de grands biens en France et en Italie. On voit que la part était assez belle pour un homme déshérité. Incapable de se contraindre, M. de Nevers ne se gêna pas, à la nouvelle de la mort de son oncle, pour laisser voir qu'il en était peu touché. L'exclamation qu'on lui prête, en cette circonstance, n'est pas un trait qui l'honore ; mais il

---

[1] *Mém. de madame de Motteville*, collect. Petitot, t. xl, p. 7. On peut lire, dans les *Amours des Gaules*, des détails plus ou moins vrais sur ce sujet scabreux. D'après le récit de Bussy-Rabutin, Philippe Mancini aurait pris peu de part à ces orgies, et serait retourné à Paris le premier jour.

faut mettre cela sur le compte de ses bizarreries, car il était bon et généreux.

Saint-Simon, qui ne connut que beaucoup plus tard le duc de Nevers, nous fait de lui ce portrait : « C'étoit un Italien, très-Italien, de beaucoup d'esprit, facile, extrêmement orné, qui faisoit les plus jolis vers du monde, et sur-le-champ... un homme de la meilleure compagnie, mais qui ne se soucioit de quoi que ce fût, paresseux, voluptueux....... C'étoit un grand homme sec, mais bien fait, et dont la physionomie disoit tout ce qu'il étoit....

« Il n'avoit tenu qu'à lui d'arriver à tout par ses relations d'enfance avec Louis XIV, par celles qu'il conservoit journellement avec le Roi ; car il commandoit son régiment d'infanterie, auquel ce prince s'affectionna toute sa vie, et dont il faisoit le détail lui-même comme un simple colonel[1]. » Mais il paraît que cela importuna Mancini, qui se démit de tous ses emplois.

Le cardinal avait fait deux parts de son vaste palais : la principale, il l'avait assignée à sa nièce Hortense, duchesse de Mazarin ; l'autre partie, contiguë à celle-là, devint l'hôtel de Nevers (H). Le duc eut sa part également des tableaux, des statues, de tous les objets de grand prix dont cette demeure était remplie ; et il était fait pour comprendre de telles richesses beaucoup mieux que son étrange voisin.

---

[1] *Mém. du duc de Saint-Simon*, t. x, p. 58, in-18.

Colbert, que le cardinal avait chargé de veiller sur
sa famille, ne put rien sur cet esprit indépendant; il
fit tout pour le maintenir à la cour, mais cette espèce
d'oiseau sauvage lui échappa. Mancini aimait l'Italie,
où il vivait plus libre qu'ailleurs; quoi qu'il fît pourtant, il ne pouvait se dérober tout à fait à la vigilance
de son mentor, dont les lettres grondeuses nous font
deviner en partie les incartades de Mancini.

Après dix ans de cette vie errante et à peu près in-
saisissable, il lui passa par la tête un jour de se marier : ce fut un événement à la cour. Il épousa mademoiselle de Thianges, nièce de madame de Montespan, comme un homme qui aurait beaucoup tenu à la
faveur. Mais il n'avait rien calculé probablement; il
fut ébloui, comme un autre, un certain jour, par l'é-
clat de cette belle Diane, qui passait pour une beauté si
accomplie [1]. Écoutons madame de Sévigné. « Ce M. de
Nevers, si difficile à ferrer, ce M. de Nevers, si extraordinaire, qui glisse des mains alors qu'on y pense le
moins, il épouse enfin, devinez qui? Ce n'est point
mademoiselle d'Houdancourt, ni mademoiselle de
Grancey; c'est mademoiselle de Thianges, jeune, jolie,
modeste, élevée à l'Abbaye-aux-Bois. Madame de

---

[1] Nous n'oserions pas garantir pourtant que M. de Nevers fût atteint d'un bien violent amour; car il partit de Rome pour aller se
marier à Paris, et Hortense, qui l'accompagna, nous apprend, dans ses
Mémoires, qu'ils restèrent six mois en route, s'arrêtant partout à se
divertir. Il était homme à oublier plus d'une fois le but de son voyage.

Montespan en fait la noce dimanche[1]. » « Madame de
Nevers, dit-elle plus tard, est belle comme le jour, et
brille fort sans qu'on en soit en peine[2]. »

Les habitudes de Mancini ne changèrent pas beaucoup avec le mariage : il resta poëte, paresseux, et
surtout grand voyageur. Il passait une partie de sa vie
à Rome, et s'en revenait à l'improviste comme il y
était allé. « Il lui arrivoit, dit Saint-Simon, d'entrer le
matin dans la chambre de sa femme, de la faire lever
tout de suite, de la faire monter en carrosse, sans
qu'elle ni pas un de ses gens se fussent doutés de rien,
et de partir de là pour Rome sans le moindre prépa-
ratif, sans que lui-même y eût songé quatre jours auparavant. » Mademoiselle de Montpensier et madame
de Caylus nous racontent fort plaisamment les mêmes
choses. « M. de Nevers, dit celle-ci, avoit accoutumé
de partir pour Rome de la même manière dont on va
souper à ce qu'on appelle aujourd'hui une guinguette
et on avoit vu madame de Nevers monter en carrosse,
persuadée qu'elle alloit seulement se promener, entendre dire à son cocher : *A Rome!* »

Comment la belle Diane s'arrangeait-elle de cette
vie nomade, et d'une manière si commode de voyager?
Il ne manquait pas de gens fort touchés de ses tribulations, et qui devaient bien pester contre les goûts va-
gabonds de M. de Nevers. On a dit que le roi lui-même

---

[1] *Lettres de madame de Sévigné*, 10 décembre 1670.
[2] *Ibidem*, 22 juillet 1676.

en fut un moment contrarié. Madame de Sévigné n'oublie pas de tenir son monde au courant de cette grosse affaire. « On disait, écrit-elle, que madame de Nevers faisait une trace dans la première tête du monde, et qu'une autre tête plus petite en est renversée; mais je ne vois pas que cela ait eu de suite. » Madame de Caylus en savait plus long. « Madame de Montespan, dit-elle, fit ce qu'elle pouvoit pour inspirer au roi du goût pour sa nièce; mais il ne donna pas dans le piége, soit qu'on s'y prît d'une manière trop grossière, ou que sa beauté n'eût pas fait sur lui l'effet qu'elle produisoit sur tous ceux qui la regardoient [1]. »

Ainsi madame de Montespan, dont l'étoile commençait à pâlir, aurait spéculé sur l'éclat de ce nouvel astre. Elle aurait préparé, comme un adoucissement à sa chute, ce brevet de survivance au profit de la maison de Mortemart. Malgré ces arrangements de famille, ce fut la belle Fontanges qui triompha. Maintenant, que fût-il advenu si Diane l'eût emporté? Eût-elle fait plus sévère figure que sa tante? Eût-elle réservé au grand roi un de ces refus qu'il ne connut guère? Et M. de Nevers, comment eût-il pris la chose? Il était homme à jeter sa femme en carrosse, et à gagner Rome au grand galop.

Mais, à défaut du roi, on dit qu'un autre prince, cette *tête plus petite,* selon madame de Sévigné, voulut

[1] *Mém. de madame de Caylus,* collect. Petitot, t. LXVI, p. 53.

s'attaquer au cœur de Diane. Celui-là, par sa tournure, semblait devoir être bien moins dangereux ; c'é-
tait un gnome plutôt qu'un homme ; mais il se nommait M. le Prince ; il était fils du grand Condé, et il
avait infiniment d'esprit et d'adresse, à côté des plus
inqualifiables travers. Ayant appris que M. de Nevers
méditait quelque projet de voyage, il imagina de donner à Chantilly une fête magnifique ; puis il s'en vint
le trouver un jour, et lui confia qu'il était dans un extrême embarras, vu que le poëte chargé de composer
les paroles des divertissements venait de lui faire faux
bond. Il pria le duc, qu'il savait expert en ces sortes
d'affaires, de lui trouver quelqu'un qui pût expédier
cette besogne en quelques jours. C'était prendre son
homme par le côté faible : M. de Nevers, enchanté,
prit la chose à son compte. Mais qui des deux fut le
mystifié ? Si l'on en croit madame de Caylus, ce fut le
mari, qui ne vit rien dans tout cela que le seul plaisir
d'exercer sa muse, et se prêta admirablement à tout ce
qu'on voulut de lui. Mais, d'après Saint-Simon, ce
fut au contraire le mari qui se moqua de l'amant.
« M. de Nevers, dit-il, tout jaloux, tout Italien, tout
plein d'esprit qu'il fût, n'avoit pas conçu d'abord le
plus léger soupçon, quoiqu'il n'ignorât pas l'amour de
M. le Prince. Mais, peu de jours avant la fête, il découvrit de quoi il s'agissoit ; il n'en dit mot, et partit
le lendemain pour Rome avec sa femme, où il demeura
longtemps, et se moqua bien de M. le Prince à son

tour. » Est-ce bien là le véritable dénoûment? Saint-
Simon tient pour le mari, et tout naturellement madame de Caylus pour l'amant.

La duchesse de Nevers était encore belle à soixante
ans, et son esprit ne charmait pas moins que sa figure;
« car on ne pouvoit se lasser, dit Saint-Simon, de lui entendre raconter les aventures de ses voyages d'Italie. »

Le duc de Nevers, nous venons de le dire, était poëte,
poëte à ses heures, et comme un grand seigneur de son
caractère; c'est par là cependant que son nom lui a un
peu survécu. Étranger aux affaires de son temps, à
l'histoire politique, le neveu de Mazarin a trouvé son
petit refuge dans l'histoire littéraire. Voltaire l'a en-
régimenté sans difficulté dans la troupe des auteurs de
son siècle, et, mieux encore, lui a fait sa place dans *le
Temple du Goût.* Cependant M. de Nevers n'avait
point brigué, de son vivant, ces honneurs posthumes.
Sa muse était, comme lui, du grand monde, et n'en
était pas sortie. La Rochefoucauld, lui, s'était fait auteur; il avait imprimé bravement son livre des *Maximes,* et, soucieux de sa renommée, il en avait retou-
ché toutes les éditions. Le duc de Nevers, en réalité,
n'avait pas plus de morgue que l'autre; mais il n'était
pas homme à s'imposer de si grands labeurs. Ses vers,
que l'on trouvait d'un goût si singulier et si relevé, n'é-
taient connus que d'un petit nombre. Ses œuvres étaient,
comme lui, difficiles à saisir au vol. « Apportez-moi,
si vous pouvez, écrit madame de Sévigné à son cousin

de Coulanges, les poésies de M. le duc de Nevers ; elles sont d'un goût si singulier et si relevé qu'on ne peut s'empêcher de blâmer le soin qu'il prend de les cacher si cruellement. Quoi ! vous êtes admis dans les sacrés mystères de ce solitaire ménage ! Je vous admire d'avoir osé attaquer le caprice du mari et la délicatesse de la femme. Je savois bien qu'elle étoit adorable, mais je vous avoue que je ne savois pas que ce fût pour vous [1]... » «Vos lettres, écrit-elle encore, ont toujours été accompagnées des ouvrages de M. de Nevers, dont j'ai fait un petit recueil que je ne donnerois pas pour bien de l'argent. »

Ce petit recueil fût devenu très-gros s'il eût réuni tous les vers que cet intrépide voyageur sema de Paris à Rome. Il n'était guère moins Italien que Français, et composait volontiers dans les deux langues. Coulanges envoyait aussi de Rome à sa cousine des *canzoni* de M. de Nevers dont elle était ravie. Son palais de Monte-Cavallo, à Rome, et ses somptueuses villas, n'étaient pas moins vantés que son hôtel de Nevers à Paris ou son beau château de Fresnes; mais il ne lui fallait ni plaisirs ni succès bruyants, et il n'y avait que les initiés d'admis dans son sanctuaire. Coulanges, dans le voyage qu'il fit à Rome, se trouva donc parmi ces élus, au grand étonnement de sa cousine; il ne manqua pas de le célébrer dans ses chansons :

---

[1] *Lettres de madame de Sévigné*, 17 décembre 1690.

Rome était aimable,
Plaisante, agréable, ·
Pendant le règne de Nevers :
Toujours de jolis vers,
Toujours une table
De peu de couverts [1].

Cet épicurien sobre et délicat pratiquait en France les mêmes principes. Chaulieu mandait à La Fare : « Nous avons fait les meilleurs et les plus délicieux soupers qu'on puisse faire chez M. le duc de Nevers : la compagnie exquise et peu nombreuse, qui joignoit seulement les grâces de Mortemart à l'imagination de Mancini... »

Nevers, quand il posait le pied en France, se partageait entre plusieurs sociétés qui n'étaient pas au même diapason : c'était d'abord le salon de la marquise de Lambert, sa voisine, qui habitait une portion de l'hôtel de Nevers ; ses réunions étaient célèbres, et marquées d'un cachet de savoir et de morale quintessenciée qui les fit appeler, par un des habitués du lieu, *les galères de l'esprit.* C'était un peu l'hôtel Rambouillet, mais présidé par Fontenelle, et où les précieuses corrigées se souvenaient de Molière.

Le duc, attiré là par ses goûts d'esprit délicat et ses relations de voisinage, était trop l'homme de sa fantaisie, et trop indépendant d'humeur, pour se condamner à ces sublimes galères. Son génie répugnait à

[1]. Collect. Maurepas, t. xxvi, p. 247.

de si grands efforts. Il ne faisait que de rares appari-
tions dans le cénacle de la marquise ; puis il courait
souper au Temple, où sa muse se mettait à l'aise au
milieu des Vendôme, des La Fare et des Chaulieu : c'é-
tait un épicurien de bon goût, un rêveur, un mélancolique aimable dans une troupe de francs épicuriens ;
mais il avait avec eux ses coudées franches ; il aimait
la verve et les saillies de ces poëtes viveurs ; il était au
moins de leurs débauches d'esprit. Il faisait assaut de
petits vers avec Chaulieu :

> Par saint Cyr,
> De plaisir
> J'eusse été
> Transporté,
> Si Chaulieu
> Dans ce lieu
> Fût venu, etc.

Chaulieu lui répond :

> Grand Nevers,
> Si mes vers
> Découloient,
> Jaillissoient
> De mon front,
> Comme ils font
> De ton chef, etc.

« Ce goût relevé et singulier, » que madame de Sévigné nous vante dans les poésies du duc de Nevers,
s'est un peu affadi par nous. Cette *imagination de
Mancini*, qui charmait l'abbé de Chaulieu, ne con-

siste guère que dans une improvisation alerte, une
riposte légère, d'un tour libre et abondant, sur des
thèmes un peu rebattus, que les circonstances du jour
se chargeaient de lui offrir. Ces incidents, répétés
dans un cercle de conventions, ne prêtent guère à
l'originalité. Ces petites pièces sont cependant semées
de vers heureusement éclos et de traits de style parfois assez hardis :

> Pour orner le français de nouvelles parures,
> Je hasarde en mes vers d'*insolentes* figures,

dit-il; et l'épithète peut bien s'appliquer aux vers suivants, où cet indolent convive du Temple se peint lui-
même dans ses amis :

> Mais quand le verrons-nous de retour en ce lieu,
> Ce bon Chaulieu-Vendôme et Vendôme-Chaulieu ?
> Paris sera charmé, la cour sera ravie;
> Moi, je verrai combler mes plus ardents désirs.
> C'est un autre moi-même! Il sait goûter la vie
> En paresseux sensé qui *pond sur ses plaisirs* [1].

Parmi ses meilleurs, nous pouvons citer les vers
suivants, qui ne dépareraient pas une satire de Boileau. Il y est question de Rancé, abbé de la Trappe,
qui, dans l'affaire du quiétisme, avait pris parti pour
Bossuet contre Fénelon :

> Cet abbé, qu'on croyoit pétri de sainteté,
> Vieilli dans la retraite et dans l'humilité,

---

[1] *Recueil manuscrit de diverses poésies, et principalement du duc de Nevers.* (BIBLIOTH. IMP., *Mss.* S. F. 254.)

> Orgueilleux de ses croix et bouffi d'abstinence,
> Rompt ses sacrés statuts en rompant le silence ;
> Et, contre un saint prélat s'animant aujourd'hui,
> Du fond de ses déserts déclame contre lui.
> Bien moins humble de cœur que fier de sa doctrine,
> Il ose décider ce que Rome examine.

Nevers n'était sans doute pas théologien, mais il avait obéi, en poëte, à une heureuse sympathie pour Fénelon, que l'abbé de la Trappe avait durement condamné dans une lettre à Bossuet.

Ce libre penseur, indifférent à tant de choses, se mêla avec passion, du moins dans ses vers, de cette grande querelle du quiétisme. Qui l'eût cru ? Ses épîtres, adressées à Bossuet, à du Cormel, à Fénelon, aux Jésuites, roulent sur ces matières, qu'il effleure sans toutefois les éclaircir. Il est décidément du parti des mystiques ; son imagination le portait du côté de ces voluptueux de la foi, lui qui ne la connaissait guère. Il aimait l'amour divin, mais après boire. L'âme, dit-il,

> L'âme goûte à longs traits ce lait pur, embaumé :
> Les Malbranche du temps ne l'ont point écrémé.

Nevers passe en revue, dans ses épîtres, toutes les questions religieuses du temps : la bulle *Unigenitus*, qu'il admire, le jansénisme, qu'il rudoie ; la révocation de l'édit de Nantes, dont il remercie le roi, en sa qualité sans doute de grand seigneur romain. Mais c'est surtout Bossuet qu'il prend à partie, et avec une vigueur souvent heureuse. Voici de quel ton il parle à l'adversaire de Fénelon :

Qui que tu sois, enfin, sophiste évangélique,
Qui, ne séparant point le faux d'avec le vrai,
Mets au même niveau Molinos et Cambrai,
De l'air dont je te vois manier l'Évangile,
Tu crois que ton avis prévaut sur un concile.
. . . .
De ton amour pour Dieu la flamme intéressée
Cherche la récompense, et ton unique but
Est moins l'amour de Dieu que l'amour du salut.

Ces vers-là sont excellents, il faut en convenir. Ce vengeur de Fénelon, qui pourtant ne faisait point partie de son petit troupeau, puisqu'il était de celui du Temple, s'est permis, outre la satire, des épigrammes et des chansons contre Bossuet. En voici quelques couplets :

Meaux est un très-grand esprit,
Tout plein de littérature;
Mais, quand on le contredit,
l a l'âme un peu bien dure !

Aimer Dieu sans intérêt,
C'est pécher contre nature !
La charité lui déplaît,
Quand sa flamme est toute pure.

Il fait vêtir Montespan
D'étamine et puis de bure.
Que nous vend ce charlatan?
De l'onguent pour la brûlure.

Il traite ainsi Bossuet de Turc à More ; dans une épigramme, il lui fait dire, à propos de sa nomination d'aumônier de la duchesse de Bourgogne :

Ma colère n'est point si grande
Contre monseigneur de Cambrai :
Qu'il dise faux, qu'il dise vrai,
J'ai ce que je demande [1].

Nevers, qui ne savait trop que croire au milieu de ses velléités mystiques, mesurait le grand évêque à son compas.

Le duc de Mazarin, mari de sa sœur Hortense, qui avait eu la part du lion dans l'héritage du cardinal, prêtait fort à la satire, et M. de Nevers se vengeait de lui en poëte :

Un ministre fameux, pour soutenir son nom,
Va, pour neveu postiche, adopter un Orgon
Qui, de ses grands trésors, pieuse frénésie,
Des Tartufes du temps nourrit l'hypocrisie,
Et, craignant plus l'enfer qu'il n'a le ciel pour but,
Va, l'argent à la main, trafiquer son salut [2].

Les procès, les déboires de la famille, les aventures scabreuses de ses sœurs, fournissent à sa muse une assez riche matière ; il traite ces sujets délicats en philosophe qui en prend un peu son parti. Voici comment il en parle à madame de Bouillon, sa plus jeune sœur :

[1] *Recueil manuscrit*, etc.
[2] *Ibid.*

Si notre conduite est connue
Aux mortels qui sont dans les cieux,
Et si l'on a là-haut, dans le séjour des dieux,
Des lunettes de longue vue,
Que doit dire Jule en voyant
Dans sa race un remue-ménage?

. . . .

Sa famille, errante en tous lieux,
A d'autres intérêts et se voue et se lie.
Sans vanité, nous deux nous valons mieux,
Et nous sommes, quoi qu'on en die,
Moi le plus sage, et vous la plus jolie [1].

Quand le duc de Nevers et la belle Diane attendaient en Provence un vent propice pour se rendre à Rome, le poëte se désennuyait par des chansons; il en faisait aussi dans la traversée.

Quel plaisir, sur l'onde amère,
D'être dans une galère,
Quand on voit d'un vent prospère
Le maraboutin bouffi !
Mais voir, du fond d'un repaire,
Un vent à l'autre contraire,
Lorsqu'un Levant réfractaire
Au Ponant fait un défi,
Fi, fi, fi !
Nargue des flots,
Quand ils sont gros !
A terre vidons en repos
Les pots, les pots [2].

[1] *Recueil manuscrit*, etc.
[2] *Ibid.*

Parlons, puisqu'il le faut, d'un accident que l'on voudrait pouvoir oublier dans la vie du duc de Nevers : malheureusement, c'est à peu près le seul endroit connu de son histoire. Il s'est rangé, comme on l'a vu, du parti de Fénelon contre Bossuet ; mais cela valait mieux, la satire à part, que de prendre en main, comme il fit, la cause de Pradon contre Racine ; il lui est resté de ce patronage un certain ridicule et comme une fâcheuse solidarité. Nevers, nous le pensons, n'était pas sans faire la différence des deux auteurs. Il avait fait représenter, dans les fêtes de son mariage, la *Bérénice* de Racine ; mais plus tard il se laissa abuser par une intrigue. L'auteur d'*Andromaque* et d'*Iphigénie* n'avait connu jusque-là que les succès ; il avait tout éclipsé ; depuis Corneille, il régnait sur la scène sans partage ; il avait la faveur du public, celle de la cour. Bien des auteurs mécontents et humiliés se coalisèrent, et formèrent une Fronde, eux aussi, contre ce roi du théâtre. Madame Deshoulières, amie de Pradon, qui ne lui portait point ombrage, l'avait introduit dans les hôtels de Nevers et de Bouillon. Ce fut de là que partit la cabale contre Racine. Madame de Bouillon, vive, entreprenante, prit en main la direction de l'affaire ; il s'agissait de faire tomber la *Phèdre* de Racine au profit de celle de Pradon, Elle loua la salle tout entière pour six représentations, et la pièce de Racine fut outrageusement sifflée. Bizarre chose qu'une cabale, formée par des femmes, se soit attaquée à l'œuvre où la passion pouvait le mieux parler à leurs cœurs! Le tendre poëte, le beau Racine, n'avait pas su mettre toutes les belles dames dans ses intérêts. On connaît le sonnet que la cabale fit circuler :

> Dans un fauteuil doré, Phèdre, tremblante et blême,
> Dit des vers où d'abord personne n'entend rien;
> Sa nourrice lui fait un sermon fort chrétien, etc.

Quel était l'auteur de ces vers? Ils sont à peu près restés pour le compte de madame Deshoulières; mais Racine les attribua au duc de Nevers, et peut-être n'eut-il point tort; il y a en effet certain passage du sonnet, qui paraît un peu cru pour un auteur féminin, et qui revient de plein droit à M. de Nevers :

> Une grosse Aricie, au teint rouge, aux crins blonds,
> N'est là que pour montrer deux énormes.....

Racine et Boileau étaient gens trop bien appris pour s'en prendre de ces vers-là à une belle dame, et ils ripostèrent, en parodiant le sonnet à l'adresse du duc de Nevers :

> Dans un palais doré, Damon, jaloux et blême,
> Fait des vers où jamais personne n'entend rien;
> Il n'est ni courtisan, ni guerrier, ni chrétien,
> Et souvent pour rimer se dérobe à lui-même.

> La Muse par malheur le hait plus qu'il ne l'aime;
> Il a d'un franc poëte et l'air et le maintien;
> Il veut juger de tout, et n'en juge pas bien;
> Il a pour le Phœbus une tendresse extrême...

Convenons que la personnalité est déjà forte, et qu'un grand seigneur, traité de poëte à poëte, et de cette façon, avait là de quoi échauffer sa bile ; mais la suite était d'une portée plus injurieuse encore :

> Une sœur vagabonde, aux crins plus noirs que blonds,
>   Va par tout l'univers étaler deux......

Cette sœur vagabonde, c'était la duchesse de Mazarin ; et ce qui rendait le trait plus sanglant, c'est qu'en effet il avait couru sur le duc de Nevers et sa sœur les mêmes bruits que sur le prince de Conti et madame de Longueville. Le duc de Mazarin s'était posé publiquement en jaloux vis-à-vis de son beau-frère. Dans un procès des plus scabreux contre sa femme, il avait produit des lettres en vers et en prose, où Nevers célébrait le mérite et les charmes de sa sœur. Ce dernier se vit bel et bien cité en justice, et ses épîtres lui furent représentées l'une après l'autre ; il eut donc à articuler, sur faits et articles, de graves explications quant à l'intention de ses petits vers galants. Tout cela n'était que burlesque, car Nevers ne mettait que sa muse dans ce commerce d'esprit ; il célébrait sa sœur Hortense,

> Plus belle que Vénus, plus chaste que Lucrèce,

disait-il ; et là il se montrait peut-être plus exact dans la première que dans la seconde de ses comparaisons ; mais Nevers en usait avec elle comme avec ses autres sœurs, la connétable Colonna et madame de Bouillon, en l'honneur de qui il brûlait, sans songer à mal, le même encens : c'était donc affaire de poëte, et voilà tout.

Mais l'allusion contenue dans le sonnet était un sanglant outrage à la sœur et au frère. Celui-ci s'en irrita, comme on pense ; il demanda des explications, et les deux poëtes assurèrent que le sonnet parodié n'était point d'eux. Il fut attribué à de jeunes seigneurs de la cour, partisans de Racine. Nonobstant cela, le duc de Nevers maintint son opinion, et renvoya le sonnet retourné comme il suit :

> Racine et Despréaux, l'air triste et le teint blême,
> Viennent demander grâce, et ne confessent rien ;
> Il faut leur pardonner, parce qu'on est chrétien.....

Mais, tout en déclarant qu'il leur pardonne, le duc déclare aussi qu'il leur fera appliquer des coups de bâton en plein théâtre. Ainsi M. de Nevers jouait ici un double personnage : il commençait par se venger en poëte, quitte à se souvenir après qu'il était homme de qualité. C'est ce qui fait que M. Léon de Laborde s'écrie dans son livre, à propos de ces coups de bâton : « Que ne les donnait-il sans sonnet ! » La plaisanterie nous paraît forte : pour Racine et son ami, mieux valait encore le sonnet. Il fut même heureux que la vengeance du poëte devançât celle du grand seigneur. Voici, en effet, ce qui arriva. Le grand Condé, qui goûtait Racine et Boileau plus que Pradon, et qui

n'était pas fâché peut-être de faire sentir sa hauteur
au neveu de Mazarin, fit connaître qu'il prendrait pour
lui toute injure qui serait faite aux deux poëtes. Cela
donna sans doute à réfléchir au duc de Nevers; mais
il ne renonça pas à rimer encore cette nouvelle édition de son sonnet :

> Dans un coin de Paris, Boileau, piteux et blême,
> Fut hier bien frotté, quoiqu'il n'en dise rien,
> Voilà ce qu'a produit son style peu chrétien;....

Le grand seigneur s'était avancé, et ne voulait pas
en avoir le démenti, du moins dans ses vers.

Racine, qui était fort épigrammatique, comme on
sait, lança plus d'un trait au duc de Nevers. On lit,
parmi ses petites poésies, un sonnet sur la tragédie
de *Genséric,* qui était de madame Deshoulières. Racine se passa la fantaisie d'attribuer au duc de Nevers
cette pièce malheureuse, car c'est à lui certainement
que s'appliquent les vers que voici :

> Auteur de qualité,
> Vous vous cachez en donnant cet ouvrage.
> C'est fort bien fait de se cacher ainsi;
> Mais, pour agir vraiment en homme sage,
> Vous eussiez dû cacher la pièce aussi.

Ici du moins le trait satirique ne tombait que sur
l'ouvrage, et n'allait pas jusqu'à l'auteur. Cette petite
guerre continua encore : Boileau donna, dans ses
épîtres, plus d'un coup de patte au duc de Nevers, et

finit par les effacer. Dans une des pièces de celui-ci,
on trouve encore à l'adresse de ses adversaires cette
allusion à leurs pensions et traitements :

> Ces illustres du temps, Racine et Despréaux,
> Sont du mont Hélicon les fermiers généraux ;
> Pour mettre des impôts sur l'onde d'Hypocrène,
> Phœbus leur donne à bail son liquide domaine [1].

On a prétendu quelque part que l'homme au sonnet, dans *le Misanthrope,* représentait le duc de Nevers.
Mais comment admettre que Molière ait songé à lui ?
N'était-il pas plutôt le contre-pied d'Oronte ? Bien loin
d'assassiner les gens de ses sonnets, d'envoyer des
cartels à ses critiques, il ne faisait de vers qu'à la
dérobée et n'y tenait pas. On pouvait prendre à la
lettre ce qu'il en dit :

> Pour moi, qui ris du sort que mes vers trouveront,
> Je baiserois les mains qui les déchireront.

Le duc de Nevers, en vieillissant, s'éloigna quelque
peu du Temple, se sentant moins enclin à cette vie
joyeuse ; il devint décidément l'un des habitués de
Sceaux, l'un des poëtes en pied de la duchesse du
Maine, faisant assaut avec l'aimable Malezieux, et toujours prêt à fournir sa part des ingrédients poétiques

---

[1] On trouve encore, parmi les écrits du duc de Nevers, la *Défense
du poëme héroïque, avec quelques remarques sur les œuvres satiriques* du sieur D..... (Despréaux).

que les fêtes et divertissements réclamaient [1]. La belle
Diane prêtait quelquefois main-forte à son mari, quand
on demandait trop à sa muse ; c'est ce qu'il nous dit
avec grâce :

> Ma muse, sèche, usée, aride,
> Ne produira rien, je le voi ;
> Mais Diane écrira pour moi.

A côté de Diane s'épanouissait sa fille, fraîche et
charmante, que les hôtes de Sceaux avaient surnom-
mée Api. Son père, idolâtre d'elle, lui adressait les
vers les plus tendres :

> Toi qui bornes tous mes souhaits,
> Cher objet en qui je me plais,
> Aimable Api, charmante fille,
> Astre naissant dans ma famille...

Cette heureuse vie, dépensée en plaisir sous les bosquets d'Anet et de Sceaux, dans les palais, dans les
villas romaines, s'assombrissait un peu sur son déclin :
une légère teinte de tristesse donne du charme aux
derniers écrits du duc de Nevers. Les La Fare et les
Chaulieu, cette menue monnaie d'Horace, ont comme
lui, quand le dernier jour approche, leur quart d'heure
de mélancolie ; ils finissent par murmurer, comme le
maître :

> Linquenda tellus, et domus, et placens
> Uxor.

---

[1] Voyez *les Divertissements de Sceaux*, imprimés à Trévoux,
2 vol. in-12.

L'épicurien Chaulieu salue de son dernier regard ses chers ombrages de Fontenay, ces beaux arbres qui l'ont vu naître et qui le verront mourir. Bien plus homme de rêverie, naturellement mélancolique, Nevers exhale aussi la même plainte dans ses derniers vers :

> Grand Dangeau,
> Qui bois l'eau
> D'Hypocrène,
> . . . .
> A mes sens
> Vieillissans
> Tout s'efface !
> Refouillons
> Les sillons
> Et la trace
> Du printemps
> De mes ans.
> Quoi qu'on fasse,
> Le temps passe !
> Ces beaux ans
> Florissans,
> Pleins de joie,
> D'or, de soie
> Tous filés,
> Sont par l'âge
> Écoulés !

Le duc de Nevers maria sa chère Api au duc d'Estrées, et mourut doucement après la fête.

S'il eût pris l'art plus au sérieux, si, comme Boileau, il eût buriné ses vers à loisir, le neveu de Mazarin eût laissé d'excellentes satires, et peut-être eût-il égalé le maître avec un tour d'imagination plus hardi. Mais il ne voulut rien être qu'un improvisateur agréable ; il ne songea point à l'avenir, il ne s'inquiéta de plaire qu'à ses amis. Qu'on se le représente en effet parmi eux, dans leurs soupers, ce Mancini, ce doux Italien, avec sa grâce indolente et un peu sauvage, cet homme de si bonne compagnie, qui avait toujours de l'esprit et de jolis vers argent comptant.

Nevers négligea, par distraction de poëte, de faire enregistrer son brevet de duc ; faute de quoi son fils n'hérita pas du titre de duc de Nevers. Ce fils était un digne élève du Temple, et particulièrement de Son Altesse chansonnière le Grand Prieur ; aussi fit-il force chansons joyeuses. Il portait le titre de prince de Vergagne. Ses cousins de Vendôme l'avaient si bien formé, et il mena, sous la Régence, une telle vie, que l'on craignait toujours, dit Saint-Simon, de se méprendre en le nommant, et de l'appeler le prince de Vergogne. La famille se releva heureusement dans son fils, le duc de Nivernais, l'un des hommes charmants du xviiie siècle, grand seigneur accompli, habile diplomate, poëte comme ses pères, et qui fut le dernier des Mancini.

OLYMPE MANCINI,

COMTESSE DE SOISSONS.

———◦———

Olympe Mancini fut amenée de Rome en France
avec Laure, son aînée; elle avait dix ans; madame de
Motteville nous a dit l'impression que cette enfant
produisit sur elle : « Elle étoit brune; elle avoit le visage long et le menton pointu. Ses yeux étoient petits,
mais vifs, et on pouvoit espérer que l'âge de quinze
ans leur donneroit quelque agrément. » Son éducation,
qui avait été commencée dans un couvent de Rome,
fut continuée à Paris, sous la surveillance de la reine.
Olympe avait quatorze ans quand le cardinal fut contraint de se réfugier à Brulh. Elle avait peu de ressemblance avec sa sœur Laure et sa cousine Martinozzi,
et il est à présumer que son éducation fut une tâche
moins aisée que celle de ses pieuses compagnes. Élevée, pour ainsi dire, avec le roi, qui était de son âge,

souple et avisée déjà, elle prit plus de part que les autres à ses jeux, et l'habitua à une sorte de préférence
·pour elle qui grandit avec l'âge. Cette favorite d'un
enfant-roi n'avait pas de beauté qui flattât son amour-
propre ; c'était donc par son esprit vif, insinuant,
adroit, par son tact à entrer dans les goûts, à deviner
les instincts de son jeune compagnon, qu'elle réussi$_t$
à lui plaire. L'attachement du roi pour mademoiselle
Mancini devint bientôt une grosse affaire, qui préoc-
cupa la ville et la cour. On se demanda si le cardinal,
qui ne trouvait pas les princes du sang de trop haut
lieu pour ses nièces, qui venait d'en marier une à un
petit souverain, s'arrêterait en si beau chemin. Mais
eut-il le projet de faire de sa nièce une reine ? La pensée d'un tel homme n'est pas facile à deviner ; peut-
être que lui-même ne savait pas au juste quel parti il
pourrait tirer des penchants du roi pour sa nièce. Il
s'y prêta toutefois, et de fort bonne grâce, on le conçoit ; par là il tenait son jeune maître sous sa garde et
l'avait comme prisonnier dans sa maison. Mais son
étoile, à ce moment, brillait d'un tel éclat que l'on
crut généralement qu'il pousserait jusqu'au bout sa
fortune. Olympe fut donc, pour quelque temps, la divinité de la cour : l'encens brûlait à ses pieds ; c'était
à qui laisserait échapper à son oreille le mot que son
ambition murmurait tout bas. La reine Christine, tra-
versant la France après son abdication, et voulant faire
sa cour au cardinal, en dit son avis sans façon. Elle

vanta fort, en s'adressant au roi, les agréments d'O-
lympe, et n'hésita point à dire « que ce seroit fort mal
de ne point marier au plus vite deux jeunes gens qui
se convenoient si bien. » Ces paroles plurent à la favorite, qui fut charmée à son tour de la reine de Suède,
et se mit à endosser comme elle la casaque et le justaucorps :

> ... La nymphe Mancine,
> Fort bien vêtue à la Christine,
> D'une Amazone avoit les traits ;
> Parmi ces célestes attraits
> Qui font que sous son bel empire
> Maint cœur d'importance soupire [1].

Si la nymphe Mancine s'essayait à jouer le personnage de la reine de Suède, elle s'exerçait aussi à
d'autres rôles ; elle s'associait au goût du roi pour
les représentations théâtrales, et tous deux passaient
leur temps à monter des ballets. Richelieu dépensait
cent mille écus pour la représentation d'une de ses
tragédies ; Mazarin prodigua de pareilles sommes pour
ses ballets et ses opéras, dont il avait apporté le goût
de l'Italie. Il fit venir des sujets de Milan et de Mantoue ; il en tira jusqu'aux machinistes, aux décors,
et tout ce qu'exigeaient ces grandes nouveautés du
théâtre.

Les ballets, comme les carrousels, les mascarades,

----

[1] Loret, *Muse historique*, 16 avril 1657.

les jeux de bague et autres, firent fureur après la Fronde, et furent une diversion aux passions politiques. Olympe s'entendit à merveille à seconder son oncle dans cet agréable moyen de gouvernement. Le roi aussi prit tellement la chose à cœur qu'il joua cinq rôles dans une seule pièce : dans le ballet des *Noces de Thétis et de Pélée,* le plus magnifique que l'on eût vu, Sà Majesté représenta tour à tour Apollon, Mars, une Dryade, une Furie et un courtisan : tous les rôles lui étaient bons. Pendant l'hiver de 1656, cet infatigable acteur donna trois représentations de ce ballet par semaine. Olympe faisait de son mieux, se bornant toutefois à remplir un seul rôle : elle représentait la déesse de la musique; c'est qu'elle avait en tête d'autres idées que celles du théâtre : sa grande affaire était ailleurs. Les préférences que Louis XIV avait pour elle ne répondaient pas vite à son espoir secret; elle commençait à entrevoir qu'il pourrait bien n'en rien résulter de sérieux. Le roi semblait n'être plus, pour elle, qu'un amoureux de comédie, plus occupé de ses rôles que de sa maîtresse. Quant à la reine, dit madame de Motteville, « elle ne se fâchoit point de cet attachement; mais elle ne pouvoit souffrir, pas même en riant, qu'on parlât de cette amitié comme d'une chose qui pouvoit tourner au légitime ; la grandeur de son âme avoit de l'horreur pour un tel abaissement[1]. »

[1] *Mémoires de madame de Motteville,* collect. Petitot, t. xxxix, p. 367.

Le roi n'avait, de son côté, qu'à jeter les yeux autour de lui pour apercevoir des beautés plus séduisantes que sa favorite. Ses ardeurs d'adolescent se promenèrent beaucoup dès cette époque. La *Gazette* rimée célébrait encore

> Cette Olympe au divin esprit,
> Et dont, sur le cœur des monarques,
> Le pouvoir peut graver ses marques [1].

Les marques de ce pouvoir s'effaçaient : la jalousie d'Olympe éclata en mainte occasion, les compluisances cessèrent de sa part, ses bouderies devinrent fréquentes, et, comme la passion n'aveuglait point son cœur, elle comprit qu'il était temps de sortir des illusions et d'aller au sérieux. Elle n'avait pas vu sans dépit le grand établissement de sa cousine. Dès cette époque elle se fût accommodée du prince de Conti, et eût sacrifié ses chances douteuses de mariage avec le roi à un résultat plus sûr et plus prompt. Mais Sarrazin, le mandataire du prince, dit-on, fit, dans ses lettres, un portrait peu séduisant d'Olympe, et il obtint pour son maître mademoiselle Martinozzi. Notre héroïne ne réussit pas mieux avec le prince de Modène; plus tard, Armand de La Meilleraie, que Mazarin désirait avoir pour neveu, refusa la main d'Olympe et se prit de passion pour sa jeune sœur Hortense. Tout sem-

[1] Loret, *Muse histor.*, 6 février 1657.

blait donc lui échapper, lorsque le prince Eugène de
Carignan, de la maison de Savoie, se présenta : c'était
le cardinal sans doute qu'il voulait, comme bien d'autres, épouser. Sa mère, la princesse de Carignan, pres-
sait le ministre de conclure ce mariage; mais il paraît
qu'il ne se hâtait guère. Qu'attendait-il donc? N'était-ce
pas une assez belle alliance? Il trouvait dans Eugène
de Carignan un prince étranger et un prince du sang
de France. Que voulait-il de mieux? Il aimait fort sa
nièce Olympe, et, si l'on en croit madame de La Fayette,
« il n'auroit pas été éloigné du dessein de la faire monter sur le trône; mais tous les faiseurs d'horoscopes
l'avoient tellement assuré qu'elle ne pourroit y parvenir qu'il finit par en perdre la pensée [1]. » Comme
Eugène de Carignan tenait, par sa mère, aux Bourbons
de la branche de Soissons, Mazarin le baptisa tout à
fait prince du sang en lui faisant porter le titre de
comte de Soissons; Olympe devint donc la comtesse
de Soissons [2].

[1] *Hist. de madame Henriette*, collect. Petitot, t. LXIV, p. 384.
[2] Remarquons qu'à propos de son mariage même les gazetiers
ne se gênaient pas pour rappeler l'amour que le roi avait eu pour
elle, ce qui caractérise bien cette époque de galanterie.

Le matin de ce même jour,
Le dieu d'hymen, le dieu d'amour,
Rayonnant d'agréables flammes,
Unirent deux illustres âmes,
Savoir, Soissons et Mancini,
Dignes d'un bonheur infini.
L'amant, comblé d'extrême joie,
Descendu du sang de Savoie;

Le roi prit son parti de ce mariage, et de si bonne
grâce que sa mère, en l'observant, dit à madame de
Motteville : « Je vous disois bien qu'il n'y avoit rien à
craindre de cette liaison. » Le mariage, en effet, loin
de les brouiller, les réconcilia plutôt. Il ne se passa
guère de jour sans que le roi n'allât faire un tour à
l'hôtel de Soissons. La bonne humeur d'Olympe revint
apparemment : tranquille et satisfaite, on peut le croire,
du grand état où elle était parvenue, elle ne visa plus
qu'à retenir le prince à ses côtés. On se demandera peut-
être de quelle nature étaient leurs rapports. Louis XIV
avait passé dix-huit ans au moment où Olympe se maria ; d'après les confidences que les contemporains ha-
sardent, l'âge de l'innocence alors pouvait bien être
passé pour lui. A seize ans on lui en eût donné vingt,

> Eugène est un prince accompli,
> Dont l'entendement n'est rempli
> Que de glorieuses maximes,
> Que de sentiments magnanimes,
> Et de tous les instincts d'honneur
> Que doit avoir un grand seigneur ;
> Et pour son adorable amante,
> Elle est et paroit si charmante
> Qu'Amour des traits de ses beaux yeux
> *A blessé jusques à nos dieux !...*
>
> (LORET, *Muse histor.*, liv. VIII, 24 févr. 1657.)

> Cette illustre et brune déesse,
> Qui n'a pas plus de dix-sept ans,
> Mais a des appas éclatants
> Qui font dire, de par le monde,
> Qu'Olympe n'a point de seconde,
> Et que l'Amour a réuni
> Dedans l'infante Mancini,
> Par un avantage suprême,
> Tout ce qui force à dire : *J'aime!*
> *Et qui l'a fait dire à nos dieux...*
>
> (*Muse royale*, 19 févr. 1657.)

et son valet de chambre La Porte veut bien nous initier, à ce sujet, à des particularités on ne peut plus intimes. Anne d'Autriche avait une première femme de chambre qui était plus avant que toute autre dans les secrets de sa maîtresse ; elle se nommait madame de Beauvais, et la reine l'appelait très-familièrement *Cateau la Borgnesse*. Elle était borgne en effet, et n'était, en outre, ni jeune, ni belle ; mais elle était d'humeur galante au dernier point. Saint-Simon nous rapporte, comme chose avérée, et dans des termes qui ne seraient guère de mise ici, comment le royal adolescent subit le charme de Cateau la Borgnesse [1]. Ce roi de seize ans, qui n'aimait pas les petites filles, comme il l'avouait ingénument, s'arrangea, à ce qu'il paraît, des enchantements de cette vieille Circé. Le jeune Louis XIV s'étant endormi, une nuit, en veillant auprès du lit de sa mère malade, madame de Motteville, qui veillait aussi près de sa maîtresse, se prit (la pieuse femme) à le contempler, et le trouva si beau dans son sommeil que sa tête un peu romanesque en fut troublée, au point que la pauvre dame se mit prudemment en prières [2]. En pareille rencontre, il paraît que ce n'était point à la prière que la Beauvais avait recours. Ce fut elle qui ouvrit, avec peu de splendeur, cette liste fameuse que décorent les noms de La Vallière et

---

[1] Saint-Simon, *Mém.*, t. I, p. 158, in-18.

[2] *Mém. de madame de Motteville*, collect. Petitot, t. XL, p. 185 et 186.

de Montespan [1]. Grâce à cet honneur sans doute, Cateau la Borgnesse eut un superbe hôtel, y fit très-grande figure, et le baron de Beauvais, son fils, devint tout à fait un personnage. Après ce singulier début, le monarque adressa les mêmes hommages à une petite jardinière ; il eut d'elle une fille qui fut élevée sans éclat, et mariée en secret à un modeste gentilhomme. Quoiqu'elle ressemblât au Dauphin, le souvenir de la mère ne permit pas qu'elle brillât davantage sur la scène du monde.

Dans une sphère différente, la duchesse de Châtillon fut encore de celles que le roi honora de ses regards. Elle n'était pas beaucoup plus farouche que la baronne de Beauvais, mais elle était fort belle, à la différence de l'autre. Condé l'avait aimée et entraînée dans son parti, où elle s'efforçait de lui rendre de grands services à sa manière. En effet, elle poussa l'amour et le dévouement pour M. le Prince jusqu'à prendre autant d'amants qu'elle en trouva, afin de faire d'eux, disait-elle, des partisans à son héros ; c'est ainsi qu'elle recrutait pour la Fronde et pour Condé. C'eût été un coup de maître à la belle Châtillon que de faire passer, de cette agréable façon, le roi dans son parti, et de l'enlever au Mazarin : cette conquête en eût bien valu d'autres, et elle était femme à l'entreprendre ;

---

[1] La Palatine en parle également comme d'une histoire bien connue. « J'ai encore vu, dit-elle, la première femme de chambre, la Beauvais, cette créature borgne qui..... »

mais le roi était bien jeune alors. Quelques années
plus tard, il regarda avec intérêt la galante duchesse.
Qu'en advint-il? Aimait-elle toujours Condé, et lui fai-
sait-elle encore des partisans? C'est un point sur lequel
nous ne sommes point fixé. Bien des caprices du
même genre passèrent par la tête du prince adolescent.
N'avons-nous pas vu qu'un jour il s'émancipa jusqu'à
effaroucher la vertu de la belle Conti? Sa cousine
Olympe avait-elle aussi de ces vertueuses colères?
Peut-être les jeux du roi avec elle étaient-ils plus innocents. Tous deux étaient de même âge, et, dans l'intimité de leurs amusements et de leurs études, ils
avaient dû jouir d'une assez grande liberté. Avec des
dispositions aussi précoces que celles du roi, avec l'esprit d'intrigue de sa compagne et sa vivacité italienne,
on peut bien se demander quel put être le caractère de
leurs relations. En admettant comme chose probable
que madame de Venelle ait exercé une surveillance
active sur son élève jusqu'au jour du mariage, le roi,
dans ses visites quotidiennes à l'hôtel de Soissons, n'y
trouva plus les mêmes entraves. La comtesse n'épargna rien vraisemblablement pour retenir dans ses chaînes cet illustre captif. Il est vrai que d'autres chaînes
l'attiraient souvent ailleurs; mais Olympe savait faire
la part des circonstances. C'était beaucoup que le roi
demeurât constant au moins dans ses visites et lui lais-
sât tout le prestige de la faveur. « Son âge de dix-huit
ans, dit madame de Motteville, son embonpoint, ses

beaux bras, ses belles mains, la faveur et le grand ajustement, donnèrent du brillant à sa médiocre beauté. »

Une lettre peu connue sans doute, qui nous paraît être de la comtesse de Soissons, semble appartenir
à cette époque. Le fond en est curieux pour notre
sujet, et nous donnons cette épître dans tout le négligé de son orthographe et de son français [1]. En exa-

---

[1] Cette lettre, découverte il y a peu d'années, a été publiée sous le
titre : *Lettre d'une des demoiselles Mancini à son oncle le cardinal Mazarin.* (Bulletin de la Société de l'Histoire de France, t. I,
IIe partie, p. 163.)

« Ce 29 aoust.

« Je viens encore de recevoir une letre de Votre Eminence, qui est
desia la troisiesme que je ay eu l'honneur de recevoir. Il faudroit que
je fusse bien ingratte si je ne reconoises (reconnaissais) les bontés que
V. E. a pour moy, et si je ne luy escrivé pas aussy souvent qu'il mest
possible, sachant quelle le souhette. Pour comencer à luy donner des
nouvelles, je luy diré que jay esté ases malheureuse pour perdre la
bonne grace du frere de celuy à qui vous uoules (voulez) que je fasse
un compliment de vostre part; i ne me parle plus du tout depuis un
iour que je demeure à dancer le soir. Je ne sçay se quil auoit, si ce
nest quil boudoit ma sœur et luy ensemble, et je uoulu prendre la liberté de luy en dire quelque chose; je commencé par luy demander
si ma sœur ne boude pas; i me dit que ouy, mais que sestoit son hor-
dinaire; ie luy dist que pour elle i n'importe pas, mais que pour luy,
comme il estoit de la plus meschante humeur du monde, que cela
n'estoit pas bien, et que mesme le monde en faisoit cent conte, disant quil sembloit deux petits enfants qui boudasent à tout moment,
et comme de faist le monde dict desia quil en ait amoureux, et comme
se ne peut pas estre par la grande beauté quelle aye ni par le grand
esprit, i dise quil faust que ce soit parce que il la croit de meilleur
naturel que les autres. Vous sçavez que le monde est meschant,
mais, en vérité, cela est tousiours facheus. Tout le soir après que ie
luy eu dist cela i ne me parla plus et ma traitée depuis comme une per-

minant de près l'âge et la position des nièces du cardinal, nous ne voyons qu'Olympe à qui l'on puisse attribuer cette lettre ; et, ce point admis, l'explication
en ressort naturellement. Les deux personnes dont
elle parle, et qu'elle compare à deux enfants qui bou-
dent, sont sans doute sa sœur Marie et le roi. Le
dépit qu'Olympe ressentit de leur passion, qui comme..... à naître, perce dans la manière très-peu flat-
.... elle parle de sa sœur. On reconnaîtra aussi
son sentiment jaloux à l'endroit de la duchesse de
Châtillon, dont le roi avait été amoureux. L'aventure
de cette duchesse avec l'abbé Fouquet, qui l'avait tenue enfermée chez lui, venait de faire un grand es-

sonne quil nauroit iamais ni veue ni conue ; je uous avoue la vérité
que cela ma esté fort sensible ; jaimeré mieus quil ne meust iamais
parlé que dagir de la maniere quil fait à cest heure.

« I li eust comédie hier au Louvre, ou Mademoiselle estoit et Madame de Chastillon, labé Fouquet aussy, lequel dis tousiours quil ne
se soucie point de la belle et mesme i sen moqua tout hier soir ;
mais ie croy que tout ce quil en fait ce nest que par colèr, et je iu-
rere (jurerais) quil se racomoderont... On ma faist un conte dune
de ses quattre personne que vous sçaves, celle qui est la plus grande
dame, qui est que, quand on lui vint dire que le Roy estoit fort malade et quil ni avoit plus d'espérence de vie, elle dict : Ellas ! pauure
Roy, en quelles mains estiez-vous ; on vous a bien mainé (mené) à la
boucherie ! ellas ! i sens (ils s'en) repentiront bien à cest heure. Je
men vay finir parce que il est trois heures et la Reine doit partir à
quatre, et jauré (j'aurais) peur de la faire atendre. On va en un jour,
on souppe à Essone et marchera toutte la nuict. Je vous prie de
maimer tousiours un peu et de croire que personne au monde ne le
mérite mieus que moy, par le respect et la tendres (tendresse) que jay
pour V. E. »

clandre, et il était plus permis à madame de Soissons qu'à ses jeunes sœurs de se permettre des allusions à cette étrange aventure.

On voit, à ce caquetage qui sent encore la petite fille, que madame la comtesse n'était point une Sévigné. A cette aurore du grand règne, les Sévignés étaient rares, et les lettres des belles dames ne valaient pas sans doute leurs conversations. Il faut s'attendre à des désappointements fréquents en lisant ce qui nous reste de ce monde si enivrant. Ces femmes, qui éblouissaient par le rang, la faveur, la grâce, « le grand ajustement, » ne jetaient dans leurs lettres, sauf un petit nombre, qu'un très-médiocre éclat. Dans cette société, qui conversait plus encore qu'elle n'écrivait, la langue parlée devait surpasser la langue écrite. L'inexpérience de celle-ci se trahit sans cesse, et plus tard, même quand l'usage d'écrire devint plus général, l'esprit des Mortemart n'étincelait pas sur le papier comme aux lèvres des Thianges et des Montespan. Quant à la question d'orthographe et de grammaire, Olympe va de pair, sous ce rapport, avec toutes les belles de son temps, et il n'est pas besoin de lui chercher une excuse dans son origine italienne.

Marie Mancini avait obtenu du roi qu'il cesserait d'aller voir sa sœur Olympe et même de lui parler. C'est le commencement de cette rupture dont il est question dans l'épître citée plus haut. Il y est parlé également de la maladie récente du roi, ce qui nous

met à même de fixer la date de ce curieux écrit.
Louis XIV, en effet, tomba malade à Calais à la fin
de juin 1658 ; sa vie fut en danger, mais sa convales-
cence fut prompte. La lettre d'Olympe, postérieure à
cet événement qu'elle rappelle, peut donc se rapporter
au 29 août 1658. C'est l'époque où l'attachement du
roi pour Marie commença à devenir sérieux ; la douleur qu'elle fit éclater pendant la maladie de son amant
la lui rendit plus chère, et, sûre dès lors de son empire, elle exigea qu'il cessât de voir sa sœur.

Le roi demeura en froid avec la comtesse tant que
dura sa passion pour la jalouse Marie, à qui les visites
du prince à l'hôtel de Soissons portaient ombrage. Quant
au comte, il parut mortifié que le roi cessât d'aller voir
sa femme. « C'étoit, dit madame de Motteville, un assez honnête homme, et surtout un bon mari. »

Après son mariage, Louis XIV, détaché de Marie,
se réconcilia avec sa sœur. La main du cardinal renoua
les fils de cette liaison après avoir brisé avec éclat les
liens du prince avec Marie. Mazarin se retrouve ici ;
il employa l'adresse d'un de ses affidés les plus sûrs
pour ménager ce raccommodement ; il se faisait écrire
chaque jour aux Pyrénées les plus petits détails de cette
affaire.

« Le roi, lui mandait-on, a trouvé le moyen de
venir de Bordeaux ici en jouant ; il a quitté le carrosse de la reine dès la seconde journée, et est entré
dans le sien avec madame la comtesse de Soissons seule.

et madame d'Uzès; ils ont fait dans le carrosse une
machine d'une table où ils jouent tête-à-tête un jeu à
perdre trois ou quatre cents pistoles. La perte n'est pas
de cela jusqu'à cette heure, et c'est le roi qui perd. Il
a repris avec madame la comtesse le commerce de lui
parler, de rire avec elle, et particulièrement d'y jouer
plus qu'avec qui que ce soit; de sorte que cela va aussi
bien qu'on le peut souhaiter, et dure comme cela depuis six jours; ils ont dîné tous les jours tête-à-tête dans
le carrosse, sans en sortir [1].

[1] 3 octobre 1659. — « Il y a quatre ou cinq jours que le roi envoya
à mademoiselle Mancini un des deux petits chiens de *Fripone*; il
aime fort la mère et les petits. Il va présentement à toutes les comédies et au théâtre de la ville et chez Monsieur. Tant qu'il a fait froid
à madame la comtesse de Soissons, Monsieur se mettoit toujours à la
comédie entre le roi et elle; hier au soir, il ne s'y mit point, et le roi
lui parla assez agréablement jusqu'à trois fois. A ce soir, comme il
est vendredi, il n'y a point de comédie; Monsieur vit fort bien avec
elle, et d'autant mieux que le roi y vivoit assez mal. »

21 octobre 1659 (la nuit). — « Le roi vit si bien avec Monsieur et
madame la comtesse de Soissons qu'il ne se peut rien de mieux.
S. M. donna à celle-ci, il y a trois jours, le bal et la comédie à l'archevêché, et puis ils firent ensemble *media noche*, ayant été plus de
trois heures à s'entretenir peut-être des choses passées plus que de
celles de l'avenir.

« Hier au soir, il fut jouer chez elle où il avait déjà passé une
soirée; il y a passé la nuit jusqu'à trois heures du matin à jouer
au hoc; ils ont joué un jeu à perdre deux mille pistoles avec un
médiocre malheur : le roi, madame la comtesse, M. de Villequier,
M. de Richelieu et M. de Varangeville. Tous avoient des croupiers,
hors le roi, qui n'a perdu que cent pistoles. J'en étois d'un vingtième
avec madame la comtesse, qui a gagné cinq cents pistoles que M. de
Richelieu et M. de Quitry, son croupier, ont perdues. A l'heure que

« Le roi, dit La Fare, eut un grand commerce avec la comtesse de Soissons, qu'il alloit voir tous les jours, même depuis qu'il fut amoureux de mademoiselle de La Vallière. » Olympe devint surintendante de la maison de la reine, et fut ainsi la plus grande dame de la cour ; par sa charge, par son crédit, par son mariage, elle vivait dans une splendeur sans égale. Elle était appelée *Madame la Comtesse,* et traitée en princesse du sang.

Il y avait auprès de la reine Marie-Thérèse une dame d'honneur d'une grande piété, la duchesse de Navailles,

j'écris à V. Em., le roi est chez madame la comtesse de Soissons, qui est logée, par la faute de ses gens, à un quart de lieue de l'archevêché. Je ne sais comment le roi fera jusqu'à ce que V. Em. soit ici, car je lui puis assurer que les pistoles qu'il avoit gagnées à Bordeaux au billard, aux officiers des gardes, qu'il a ruinés, s'en sont allées au brelan. J'ai exhorté madame la comtesse à vivre avec le roi avec plus d'application et de soin même, s'il faut ainsi dire, qu'elle n'en a eu devant l'orage de mademoiselle sa sœur. Je lui ai vu là dessus des sentiments tout à fait raisonables ; mais, dans l'exécution, je lui reprochai encore hier qu'en mille endroits du commerce qu'elle a avec le roi elle a l'esprit si froid, et souvent l'humeur si froide aussi, que cela me faisoit toutes les peines du monde ; je m'en rapporterois pourtant bien à elle (car elle a de l'entendement), si elle avoit toujours bien connu le roi ; mais, après le lui avoir vu échapper et tomber dans des mains peu humaines pour elle, il ne faut s'assurer de rien. »

21 octobre 1659. — « V. E. seroit merveilleusement édifiée si elle voyoit avec combien de reconnoissance et de modestie madame la comtesse a reçu et senti les bons offices que vous lui avez rendus auprès du roi. Je vous assure qu'elle sait bien que le bien présent de l'amitié du roi vers elle lui vient uniquement du choix de la bonté de V. Em. qui a agi auprès du roi. »

(*Lettres inédites de Bartet au cardinal Mazarin ;* Archives des affaires étrangères.)

qui s'avisa de faire murer certaines fenêtres dont le roi profitait, disait-on, pour des visites nocturnes dans l'appartement des filles d'honneur. « Elle dit au roi en face, nous assure madame de Caylus, qu'elle feroit sa charge, et ne souffriroit pas que la chambre des filles fût déshonorée [1]. » C'était comme un déclaration de guerre à Sa Majesté, qui y répondit en décidant que la dame d'honneur serait soumise à la surintendante : celle-ci remplissait sans doute sa charge d'une manière moins farouche ; mais la duchesse tint bon, et le différend de ces dames occupa beaucoup la cour ; leurs maris s'en mêlèrent, et le comte de Soissons appela même en duel le duc de Navailles, pour vider la querelle en champ clos.

La comtesse pourtant ne prit pas de très-bonne grâce l'attachement du roi pour La Vallière. Louis XIV avait à cette époque, pour confident de sa passion, ce marquis de Vardes, dont il est parlé plus haut. Celui-ci, vers ce temps, s'attaqua au cœur d'Olympe, et La Fare assure que ce fut par ordre du roi. Il faut parler un peu de ce personnage, qui jouait alors un rôle si brillant et qui tint une grande place dans la vie de la comtesse. Vardes était fils de l'une des maîtresses de Henri IV, la comtesse de Moret ; il n'était plus, par conséquent, de la première jeunesse quand il fit sa cour à madame de Soissons. Nous le trouvons, en effet, mestre de camp

[1] *Mém. de madame de Caylus,* collect. Petitot, t. LXVI, p. 422.

dès 1646; il servit avec distinction. Il était en grand renom de beauté, de bravoure, et surtout de galanterie. Une anecdote que Saint-Simon raconte de son père et du marquis de Vardes caractérise en même temps l'époque et les personnages. Ils se prirent de querelle, et « convinrent de se battre, dit-il, sur le midi, à la porte Saint-Honoré, lieu alors fort désert; et, pour que ce combat parût une rencontre, que le carrosse de M. de Vardes couperoit celui de mon père, et que les maîtres, prenant la querelle des cochers, mettroient pied à terre avec chacun un second, et se battroient là... Vardes, qui attendoit au coin d'une rue, joint le carrosse de mon père, le frôle, le coupe. Coups de fouet de son cocher, et riposte de celui de mon père; têtes aux portières, et pied à terre. Ils mettent l'épée à la main. Le bonheur en voulut à mon père : Vardes tomba et fut désarmé. Mon père lui voulut faire demander la vie; il ne le voulut pas. Mon père lui dit qu'au moins il le balafreroit. Vardes l'assura qu'il étoit trop généreux pour le faire, mais qu'il se confessoit vaincu. Alors mon père le releva, et alla séparer les seconds [1].

Les duels de Vardes, comme ses amours, seraient longs à raconter; nous nous en tiendrons à la plus brillante de ses conquêtes et aussi la plus touchante de ses victimes, la duchesse de Roquelaure : elle était parfaitement belle et sage. « Nous avons ici le marquis de

---

[1] Mém. de Saint-Simon, t. I, p. 120, éd. in-18.

Vardes, écrivait Bussy-Rabutin à madame de Sévigné, et je sais, par M. le prince de Conti, qu'il a *dessein* d'être amoureux de madame de Roquelaure cet hiver. Et sur cela, Madame, ne plaignez-vous pas les pauvres femmes qui bien souvent récompensent par une véritable passion un amour de dessein, c'est-à-dire donnent du bon argent pour de la fausse monnoie [1] ? »

Ainsi parlait Bussy, lui dont le métal n'était pas de meilleur aloi. L'hiver venu, de Vardes aima donc la belle Roquelaure, qui se crut bien riche de la fausse monnaie de ce trompeur. « Elle lui accorda tout, mais seulement pour lui plaire, » nous assure le grave Conrart, du même sérieux dont il parlerait d'une affaire d'État [2]. Mais Vardes se lassa bientôt d'un amour qui voulait des soins, des précautions, du mystère : c'était exiger trop du personnage. Comme il avait affaire à un mari jaloux, il lui arriva, une certaine fois, de passer quarante-huit heures caché dans un caveau de l'hôtel. Sa flamme n'était pas pour tenir à de pareilles épreuves : sa belle toilette avait eu trop à en souffrir. Il délaissa donc cette adorable femme, qui l'aimait d'un profond amour. Elle était cependant d'une beauté qui faisait tourner les têtes. « Madame de Roquelaure est revenue hier tellement belle, écrit madame de Sévigné, qu'elle défit le Louvre à plate couture [3]. »

---

[1] *Lettres de madame de Sévigné,* 17 août 1654.
[2] *Mém. de Conrart,* collect. Petitot, t. XLVIII, p. 252.
[3] *Lettres de madame de Sévigné,* 29 novembre 1681.

Par une autre fatalité de sa destinée, cette noble créature était la femme de ce duc de Roquelaure, si connu par ses vilains bons mots. Malheureuse en amant comme en mari, elle s'abandonna à d'amères tristesses; elle fit cependant ce qu'elle put pour se guérir : elle tâcha de remédier à sa passion par une autre; elle s'efforça de prêter l'oreille aux doux propos du frère de Louis XIV, qui était épris d'elle; mais ce jeune galant, qui avait seize ans à peine, ne put faire d'impression sur son âme. Conrart apprit, d'une personne à qui elle le confia, qu'une passion ardente et cachée la tuait. Elle ne survécut guère, en effet, à son malheur, et mourut à vingt-trois ans.

Ne suivons pas de Vardes dans tous ses hauts faits de ce genre. Nous avons vu qu'à peine mademoiselle Martinozzi, « la merveille aux cheveux blonds, » eut épousé le prince de Conti, l'audacieux de Vardes osa jeter les yeux sur elle. Son Altesse le trouva un jour auprès du lit de sa femme, et la visite lui parut suspecte. Cette belle blonde assurément était la candeur même; mais la duchesse de Roquelaure n'était-elle pas vertueuse aussi? Ce terrible de Vardes, « l'homme de France le mieux fait et le plus aimable, » dit l'abbé de Cosnac, possédait un don de larmes si attendrissantes, des airs si nobles et tant d'esprit, que la pieuse Conti se fût peut-être bien laissée ensorceler comme tant d'autres. Elle qui s'était effarouchée de quelques empressements du roi, et qui l'avait malmené en public, ne se fâ-

chait pas cependant des propos d'amour que Vardes
lui disait à l'oreille [1].

Enfin vint le tour de la comtesse de Soissons. Que
Vardes l'ait courtisée pour obéir au maître, qu'il ait
jeté son dévolu sur elle par intérêt ou par goût, tant
est-il qu'elle l'aima comme l'avaient aimé toutes les
femmes. Sa passion pour Vardes devint extrême et ne
put rester un mystère; son esprit vif était tourné à
l'ambition et à l'intrigue; mais elle était Italienne et
d'un naturel ardent. « C'était une personne, nous dit
madame de La Fayette, qu'on ne pouvoit appeler belle,
et qui néanmoins étoit capable de plaire; son esprit
n'avoit rien d'extraordinaire ni de *fort poli*, mais il étoit
naturel et agréable [2]. »

C'était, après tout, pour un homme tel que de Var-

---

[1] *Mém. de l'abbé de Choisy*, collect. Petitot, t. LXIII, p. 380.

[2] Cela revient à dire probablement qu'Olympe n'était point une
précieuse. A ce propos nous lisons ce qui suit dans les notes du *Palais Mazarin*, par M. Léon de Laborde : « *On l'appelle trop souvent la bécasse de Soissons pour qu'au contraire de ses sœurs elle
ne se soit pas fait une réputation d'esprit borné.* » Cette prétendue
réputation ne nous paraît pas cependant un fait bien établi, car nous
ne connaissons qu'un seul couplet, dans le recueil de Maurepas, où
Olympe se trouve qualifiée *bécasse* :

> Si la bécasse de Soissons
> En avoit valu la peine....

Ce mot n'avait peut-être pas là le sens que M. de Laborde lui suppose; le chansonnier n'y regardait pas de près, et se servait sans
doute de ce mot de bécasse comme de toute autre injure. Du reste,
contentons-nous de l'autorité de madame de La Fayette en matière
d'esprit.

des, la liaison qu'il lui fallait; Olympe était bien mieux son fait que les difficiles conquêtes auxquelles aspirait sa vanité. Il n'avait point à redouter, à l'hôtel de Soissons, de se voir enterrer deux jours durant dans un caveau. Le mari était le moins soupçonneux des hommes; si bien que, lorsqu'il y avait brouille entre la dame et son amant, c'était le brave comte de Soissons qui s'en allait trouver de Vardes et le ramenait à sa femme. Il faut dire qu'il était persuadé qu'il n'y avait rien entre eux qu'une franche amitié.

La comtesse était une maîtresse de maison entendue et magnifique, chez qui se tenait en quelque sorte la cour. Le roi avait repris l'habitude d'aller chercher chez elle ses délassements et ses plaisirs. Il y passait ses soirées, et le jeu, la conversation l'y retenaient souvent fort tard. « Rien n'était pareil, dit Saint-Simon, à la splendeur de la comtesse de Soissons, de chez qui le roi ne bougeait, avant et après son mariage, et qui était la maîtresse de la cour, des fêtes et des grâces [1]. »

Cependant, quand le roi se fut attaché sérieusement à La Vallière, il alla moins fréquemment chez la comtesse, soit qu'il fût retenu près de sa maîtresse, ou que celle-ci l'éloignât d'une société qu'elle ne goûtait pas. La Vallière trouva donc l'hôtel de Soissons fort mal

---

[1] *Mém. de Saint-Simon*, t. XII, p. 112 et 113, éd. in-18.

disposé pour elle. On y devait voir de mauvais œil une
favorite qui n'était d'aucun parti, qui devait tout à
son amour, et ne demandait rien au roi que d'être
aimée. De Vardes et la comtesse entendaient les choses autrement, et ils montèrent une cabale contre La
Vallière. Ils n'étaient pas les seuls à qui cette tendre
femme faisait ombrage. La belle-sœur de Louis XIV,
Madame, qui avait reçu de lui quelques soins fort galants, ne voyait pas sans dépit cette passion véritable.
Elle accueillit cependant les hommages du beau comte
de Guiche, à défaut d'autres. Ce comte, fils unique du
maréchal de Grammont et neveu de ce chevalier célèbre dont on connaît les Mémoires, était l'un des
héros du jour. Il revenait de pays lointains, où il était
allé combattre comme un paladin du moyen âge; on
ne parlait que de ses hauts faits, de ses aventures. Ce
personnage, qui visait à l'extraordinaire, avait d'ailleurs un mérite assez rare : il parlait toutes sortes de
langues, brillait fort dans tous les exercices, et charmait surtout les femmes par le tour romanesque de
son esprit. « Le comte de Guiche, écrit madame de
Sévigné, est à la cour tout seul de son air, un héros
de roman, qui ne ressemble point au reste des
hommes. »

Le temps était encore favorable à ces brillantes singularités, et le comte de Guiche partageait avec de
Vardes la faveur et les succès. Ils étaient loin de se
ressembler, il est vrai; ce dernier, bien moins che-

valeresque, possédait un charme plus profond et un
art plus réfléchi et plus consommé que l'autre. Lauzun, dont le nom est resté bien plus fameux, n'était
qu'un petit-maître hautain, très-médiocre de sa personne, et qui n'avait pour lui que l'audace et le mor-
dant de son esprit : il ne pouvait être comparé aux
deux autres.

Comme il fallait naturellement à ce comte de Guiche
des amours hors du commun, il osa élever ses vœux
jusqu'à Madame. Cette belle et spirituelle Henriette
avait, comme M. de Guiche, un grand penchant au
romanesque ; elle aimait la nouveauté, l'aventure et
le péril. Elle reçut ses lettres, en lut des volumes,
et finit par le recevoir lui-même. L'indulgent historien de Henriette, madame de La Fayette, nous avoue
ces entrevues, en les montrant toutefois sous leur
jour le plus favorable.

« Le comte de Guiche, dit-elle, ne trouvoit rien de
plus beau que de tout hasarder; et Madame et lui,
sans avoir de véritable passion l'un pour l'autre, s'ex-
posèrent au plus grand danger où l'on se soit jamais
exposé. Madame étoit malade et environnée de toutes
ses femmes... Elle faisoit entrer le comte de Guiche,
quelquefois en plein jour, déguisé en femme qui dit
la bonne aventure, et il la disoit même aux femmes
de Madame, qui le voyoient tous les jours et qui ne
le reconnoissoient pas ; d'autres fois, par d'autres inventions, mais toujours avec beaucoup de hasard; et

ces entrevues si périlleuses se passoient à se moquer
de Monsieur [1]. »

Acceptons donc la caution de madame de La Fayette
quant à cette manière étrange de dépenser de si
précieux moments. De Vardes, ami du comte, était
le confident de ses entrevues avec Madame ; et voici
ce qui fut concerté entre eux tous pour faire congé-
dier La Vallière et la remplacer par une favorite de
leur choix. La comtesse de Soissons ramassa, dans la
chambre de la reine, l'enveloppe d'une lettre qu'elle
avait reçue d'Espagne ; ils placèrent dans cette enveloppe une autre lettre où ils informaient la reine des
amours du roi et de La Vallière. Cette épître, composée par de Vardes, avait été traduite en espagnol par
le comte de Guiche, qui se piquait de bien savoir
cette langue. La missive fut remise à la señora Molina, femme de chambre de Marie-Thérèse ; mais,
sur quelques soupçons qui lui vinrent à l'esprit, cette
femme s'en alla porter la missive, non à la reine, mais
au roi.

« La Molina, dit madame de Motteville, m'a conté
presque dans le même moment qu'après que le roi
eut lu la lettre il devint rouge et parut surpris de
cette aventure... Dans le trouble où il fut, il demanda
brusquement à la Molina si la reine avait vu cette
lettre [2]. »

---

[1] *Hist. de madame Henriette*, collect. Petitot, t. LXIV, p. 410.
[2] *Mém. de mad. de Motteville*, collect. Petitot, t. XLI, p. 180, 228.

Le roi ne suspecta pas les vrais coupables; au contraire, il avait toute confiance en de Vardes, et ce fut lui qu'il consulta sur cette délicate affaire. De Vardes n'eut pas grand'peine à persuader au roi que ce mauvais tour lui avait été joué par cette duchesse de Navailles que Sa Majesté avait qualifiée « d'extravagante réformatrice du genre humain, » et qui exerçait sa charge d'une façon si gênante : ce fut elle que l'on renvoya.

Bien que le coup n'eût point réussi, Vardes et la comtesse ne se découragèrent pas, et travaillèrent de leur mieux à remplacer La Vallière par une fille d'honneur de la reine, mademoiselle de La Motte-Houdancourt. La comtesse de Soissons parvint à persuader au roi que cette belle avait réellement une passion pour lui, et il finit par nouer une intrigue avec elle, sans toutefois renoncer à La Vallière. Il était ravi des billets qu'elle lui écrivait, et pourtant elle ne brillait guère par l'esprit; mais Vardes et la comtesse se chargèrent de lui en fournir : c'étaient eux qui écrivaient ses lettres.

Vardes, mis en contact avec Madame, eut la pensée de supplanter le comte de Guiche. Il réussit, en effet, par des manéges diaboliques, à faire envoyer en Lorraine le pauvre comte, qui s'en alla malade et désespéré, hasardant jusqu'à sa vie pour voir Madame une dernière fois, sous le plus étrange déguisement. Il partit en confiant à son ami Vardes ses plus chers intérêts. Avec les secrets dont il était le maître, celui-ci s'impatronisa tout à fait auprès d'Henriette ; il gagna sa confiance d'abord, puis réussit à plaire, et trouva pour voir Son Altesse des moyens moins scabreux sans doute que son prédécesseur. Passa-t-il comme celui-ci le temps de leurs entrevues à dire la bonne aventure aux soubrettes ou à se moquer du mari ? Madame de La Fayette nous dit que « Vardes eût un grand commerce avec Madame, et que celui qu'il avoit avec la comtesse de Soissons, qui n'avoit point de beauté, ne pouvoit le détacher des charmes de Madame. » La pauvre Olympe finit par en concevoir une horrible jalousie ; nous n'avons qu'à laisser parler encore, sur ce chapitre, madame de La Fayette :

« La comtesse de Soissons, dit-elle, qui depuis long-temps avoit été jalouse de Madame jusqu'à la folie, ne laissoit pas de bien vivre avec elle. Un jour qu'elle étoit malade, elle pria Madame de l'aller voir ; et, voulant être éclaircie de ses sentiments pour Vardes, elle reprocha à Madame le commerce que, depuis trois ans, elle avoit avec Vardes, à son insu..... Un autre fois elle envoya prier encore Madame de l'aller voir : la princesse la trouva dans une douleur inconcevable des trahisons de son amant..... Sur cela elle conta à Madame tout ce qu'elle savoit, et, dans cette confrontation qu'elles firent entre elles, elles découvrirent des tromperies qui passent l'imagination. La comtesse jura qu'elle ne verroit Vardes de sa vie ; mais que ne peut

une violente inclination? Vardes joua si bien la comédie qu'il l'apaisa [1]. »

Olympe, en effet, ne demandait qu'à s'aveugler elle-
même sur le compte de ce perfide, dont on ne pouvait
se détacher. Cet homme charmant avait trahi à la fois
son ami, sa maîtresse, abusé son maître, et il ne tint
pas à la tentation de tromper Madame aussi : c'était
comme un goût d'artiste auquel il s'abandonnait. Madame Henriette lui avait livré, dans sa confiance, des
lettres d'État de son frère Charles II, et Vardes en
donna connaissance au roi. Il s'était fait remettre la
correspondance du comte de Guiche et de Madame, et
il refusa de s'en dessaisir. Enfin il fut rapporté à la
princesse que Vardes parlait d'elle d'une façon plus que
légère. Il avait dit au chevalier de Lorraine qu'il ne devait pas s'amuser aux soubrettes, et qu'il aurait meilleur marché de Madame que de ses suivantes. La princesse, outrée, alla porter plainte au roi, et Vardes fut
mis à la Bastille. Mais Olympe fut au désespoir qu'on
la privât d'un amant dont elle avait tant à se louer :
elle aimait à en perdre la raison ; elle s'écria qu'il était
affreux que Madame lui enlevât également Vardes par
son amour et par sa haine. Hors de sens, et ne son-
geant qu'à se venger, en vraie Italienne, elle courut
vers le roi, et, pour faire partager ses tourments à sa
rivale, elle voulut perdre le comte de Guiche : elle

---

[1] *Hist. de madame Henriette,* collect. Petitot, t. LXIV, p. 437.

l'accusa de je ne sais quel crime d'État, d'avoir tenté de livrer Dunkerque aux Anglais, et, ce qui était moins chimérique, elle révéla que c'était lui qui avait écrit la lettre espagnole à la reine. Madame, de son côté, fit des aveux. « Ces deux dames, dit un contemporain, sembloient tirer au bâton pour se perdre l'une l'autre. » Le roi, en confrontant leurs révélations, finit par tout apprendre. Ce ne fut pas sans efforts, assurément, que Sa Majesté put saisir les fils de cette intrigue ; car ce maudit de Vardes les avait si bien embrouillés que madame de La Fayette, en racontant cette histoire, a toutes les peines du monde à en sortir.

Vardes, en punition de tant de méfaits, fut renfermé dans la citadelle de Montpellier ; mais, plus heureux que Lauzun, qui était moins coupable, il sortit de prison au bout de deux ans, et fut simplement exilé dans son gouvernement d'Aigues-Mortes. Il est probable que le roi, s'il l'eût revu alors, aurait pardonné tout à fait à son cher de Vardes : on ne pouvait tenir longtemps rigueur à ce traître adorable. Louis XIV, en effet, se laissa attendrir et désarmer dès qu'il le revit, tandis que Lauzun, qui n'était pas assez charmant pour faire oublier ses perfidies, ne put jamais rentrer en grâce. La comtesse de Soissons et le pauvre comte, lui qui n'avait trempé en rien dans cette affaire, furent également relégués dans leur gouvernement de Champagne. Leur exil fut de courte durée ; la comtesse revint à Versailles et y reprit sa grande existence ; elle était restée surintendante, malgré sa disgrâce[1] ; mais le roi, tout à ses maîtresses, cessa de la voir sur le pied de l'intimité[2]. Ses fréquentes grossesses, sans peut-être l'éloigner de la cour, durent l'obliger souvent à une demi-retraite, ou tempérer un peu son ardeur à se mêler des plaisirs du roi. Elle s'était liguée contre La Vallière, de qui son crédit n'obtenait rien ; mais, quand madame de Montespan la remplaça, Olympe ne gagna point au change. Elle eut maille à partir avec cette favorite hautaine, qui, n'étant que dame d'honneur de la reine, voulait être surintendante[3].

Un ordre du maître, un coup de foudre, avaient en-

---

[1] Le duc de Saint-Simon, qui est fort sujet à caution dans tout ce qui n'est point de son temps, commet ici une méprise à propos du retour de la comtesse. « Elle fit sa paix, dit-il, et obtint son rappel par la démission de sa charge, qui fut donnée à madame de Montespan... La comtesse de Soissons, de retour, se trouva dans un état différent de celui d'où elle était tombée. » Cela n'est point exact : ce ne fut que beaucoup plus tard, en 1680, à l'époque où Olympe s'enfuit hors de France, qu'elle se démit de sa charge, qui fut, non point *donnée*, mais vendue par elle, moyennant deux cent mille écus, à madame de Montespan ; celle-ci l'avait convoitée pendant tout son règne de favorite, et elle ne l'obtint qu'aux approches de sa disgrâce.

[2] Voy. *Mém. de Saint-Simon*, t. XII, p. 114, éd. in-18.

[3] Le nom de la comtesse se retrouve çà et là dans les *Mémoires*, à propos de quelques petits faits, tels que le suivant :

« J'ai fait rire une fois de bon cœur madame la comtesse de Soissons, dit la Palatine. Elle me demanda : D'où vient, Madame, que vous ne vous regardez jamais en passant devant un miroir, comme tout le monde fait ici? Je lui répondis : C'est que j'ai trop d'amour-propre pour me voir laide comme je suis. »

levé à madame de Soissons son cher de Vardes : ce Titan
de l'intrigue et de la galanterie était désormais enseveli
dans une petite ville de Provence. Une telle perte fut
amère à la comtesse, mais son cœur ne se consuma
pas en d'éternels regrets. De Vardes avait formé plus
d'un disciple. Le plus brillant de tous fut ce marquis
de Villeroy, que les femmes surnommèrent *le Charmant*. En fait d'esprit, il était loin d'égaler son maître ;
mais il avait du feu, l'éclat de la jeunesse et d'une
luxuriante beauté. Il fut admis à l'hôtel de Soissons
sur le pied où jadis on y avait vu de Vardes. Si l'on en
croyait les chansons et la chronique secrète, *le Char
mant* aurait eu des successeurs à son tour ; mais nul
écrit sérieux ne l'atteste, et, quoi qu'on ait pu prétendre,
l'histoire, fût-ce même l'histoire des femmes, ne s'é-
crit point seulement avec des chansons.

Olympe, si maltraitée de son vivant par de puissants
ennemis, a rencontré jusqu'à ce jour, parmi les historiens, des juges plus pressés de la condamner que d'é-
tudier à fond sa cause. M. Walckenaer, entre autres,
n'a-t-il pas dépassé envers elle les bornes d'une juste
sévérité quand il nous représente la mère du prince
Eugène comme ces magiciennes de la Fable, insatia-
bles de voluptés[1] ? Il la traite « de femme sans pudeur ; » il est impitoyable pour elle ; il parle de *ses
appas surannés* à l'époque de son retour, après son

---

[1] *Mém. sur madame de Sévigné*, t. IV, p. 219.

premier exil, c'est-à-dire en 1665, quand Olympe avait vingt-sept ans : l'injure est donc prématurée. M. Walckenaer, d'ordinaire si riche de citations, ne s'est pas donné la peine de nous dire où il a pris ses autorités ; nous n'en savons guère d'autres que les cyniques chansons de la collection de Maurepas [1]. L'historien de madame de Sévigné ne paraît pas l'avoir beaucoup consultée sur ce chapitre : ce n'est point elle qui lui a suggéré ces cruelles choses ; ni Choisy ni La Fare ne traitent non plus la comtesse de Soissons avec ce mépris. Sa véritable magie fut sans doute sa grâce piquante, l'éclat de sa vie, et *cet esprit agréable et naturel* que madame de La Fayette lui reconnaît.

Olympe devint veuve à trente-trois ans de ce comte de Soissons, qui avait été un mari si facile pour elle ; sa femme le dominait tout à fait, et il l'aimait jusqu'à l'aveuglement. On avait rendu ce bon prince quelque peu ridicule ; on prétendait qu'il s'était fort émerveillé un jour de faire de la prose, et que c'était bien à lui que Molière avait emprunté le mot plaisant de M. Jourdain ; peut-être l'avait-on déjà attribué à bien d'autres. C'était d'ailleurs un brave militaire, et qui avait fort bien servi : entré au service de France, il se signala fort à la bataille des Dunes, sous Turenne, et y culbuta l'infanterie espagnole, à la tête des Suisses qu'il com-

---

[1] Voyez ce recueil, t. ii, p. 524 ; t. iii, p. 329, 496, etc.

« La Soissons passe bien son temps, » etc.

.mandait. Il fut envoyé comme ambassadeur extraordinaire au couronnement de Charles II, et il se battit en
duel avec un lord qui avait mal parlé du roi de France.
Nous avons vu qu'il voulut mettre l'épée à la main avec
le duc de Navailles pendant la grande querelle de leurs
femmes. Il fit les campagnes de Flandre, de Hollande,
et se montra parmi les braves au passage du Rhin.
Il allait rejoindre l'armée de Turenne quand il mourut
assez subitement. Des rumeurs sinistres circulèrent à
l'occasion de sa mort. Les ennemis d'Olympe (et elle en
avait de puissants) parlèrent d'empoisonnement, sans
démontrer l'intérêt qui l'aurait portée à ce crime. Elle
ne se remaria point; elle avait huit enfants, et elle
perdait, avec le comte de Soissons, un mari paisible,
honoré, considérable, et qui était pour elle un brave
et dévoué champion.

Il se passait, à vrai dire, à l'hôtel Soissons (1) d'é-
tranges choses, qui avaient pu fournir prétexte à ces
mauvais bruits. On y cultivait l'astrologie, la magie;
on y tirait force horoscopes, on y évoquait même les
esprits. Une scène de ce genre, que l'abbé de Choisy
raconte, a trait justement à la mort du comte.

« Voici ce qui arriva, dit-il, chez la comtesse de
Soissons. Son mari étoit malade en Champagne. Elle
étoit un soir incertaine si elle partiroit ou non pour
l'aller trouver, lorsqu'un vieux gentilhomme de sa maison lui offrit tout bas de lui faire dire par un esprit si
M. le comte mourroit ou non de cette maladie. Ma-

dame de Bouillon étoit présente avec M. de Vendôme
et le duc, à présent maréchal de Villeroy. Le gentilhomme fit entrer dans le cabinet une petite fille de cinq
ans, et lui mit à la main un verre plein d'une eau fort
claire ; il fit ensuite ses conjurations. La petite fille dit
que l'eau devenoit trouble ; le gentilhomme dit tout bas à
la compagnie qu'il alloit commander à l'esprit de faire
paroître dans le verre un cheval blanc en cas que
M. le comte dût mourir, et un tigre en cas qu'il dût
en échapper. Il demanda aussitôt à la petite fille si elle
ne voyoit rien dans le verre. « Ah ! s'écria-t-elle, le
beau petit cheval blanc ! » Il fit cinq fois de suite la
même épreuve, et toujours la petite fille annonça la mort
par des marques toutes différentes, que M. de Vendôme
ou madame de Bouillon avoient nommées tout bas au
gentilhomme sans que la petite fille pût les entendre [1]. »

Ces scènes-là se passaient bien ailleurs qu'à l'hôtel
de Soissons : puis Olympe Mancini n'était-elle pas fille
d'un homme adonné à l'astrologie ? Sa mère l'avait bercée dans la croyance aux prédictions de son mari. Le
cardinal Mazarin, lui aussi, consultait les horoscopes
quand il mariait ses nièces. Il n'y a donc rien d'étonnant que cette Italienne, qui avait aspiré au trône de
France, cette âme ambitieuse et passionnée, troublée
dans ses ambitions et ses amours, se soit livrée, comme
d'autres, à ces étranges curiosités.

[1] *Mém. de l'abbé de Choisy*, coll. Petitot, t. LXIII, p. 224 et suiv.

Il existait naturellement entre les tireurs d'horoscopes une sorte de franc-maçonnerie qui mit la comtesse en contact avec une dangereuse espèce de sorciers. C'est ainsi qu'elle et sa sœur de Bouillon se trouvèrent compromises dans le procès de la Voisin. Tout ne se bornait pas aux scènes de la nécromancie dans le sinistre domicile de cette dernière. L'archevêque de Paris avait prévenu l'autorité que les prêtres de ses paroisses entendaient à confesse beaucoup de gens qui s'accusaient du crime d'empoisonnement. Il y avait quatre ans que le procès de la marquise de Brinvilliers avait semé l'épouvante, et son supplice n'avait pas arrêté cette horrible contagion. La Voisin, dans ses interrogatoires, nomma le maréchal de Luxembourg, la comtesse de Soissons, et sa sœur la duchesse de Bouillon, parmi les gens de marque qui fréquentaient sa maison. Le maréchal fut arrêté et conduit à la Bastille, où il passa près de deux ans. Madame de Bouillon subit un interrogatoire, mais ne fut point arrêtée; elle s'en tira fièrement, convint qu'elle était allée chez la Voisin pour se faire dire la bonne aventure; puis elle osa mystifier ses juges en face, et mit non-seulement les rieurs, mais le public de son côté. Quant à la comtesse de Soissons, elle n'attendit pas ainsi ses juges de pied ferme; l'ordre était signé de la conduire à la Bastille, et elle s'enfuit. Était-elle coupable? Sa fuite a imprimé sur elle une ombre qui ne s'est point dissipée. Elle donna pour raison, en partant, que ses ennemis étaient assez puissants pour la perdre. « M. de Louvois, dit-elle, est mon ennemi mortel, parce que je lui ai refusé ma fille pour son fils. Il a eu le crédit de me faire accuser ; il a de faux témoins. Puisqu'on a donné un décret contre une personne comme moi, il achèvera le crime et me fera mourir sur un échafaud, ou du moins me retiendra toujours en prison. J'aime mieux la clef des champs. Je me justifierai dans la suite [1]. »

Elle n'avait pas que Louvois à redouter ; madame de Montespan, qui la haïssait, avait fait cause commune avec ses ennemis, et croyait avoir tout intérêt à la perdre : unie à Louvois, jusqu'où n'allait pas son pouvoir ! Voilà ce qu'on peut dire pour justifier la frayeur d'Olympe et son départ. Les charges restèrent d'ailleurs fort vagues, et ne consistèrent que dans les dépositions de ces malheureuses pendant la torture. Sauf son mari (et cela n'était guère vraisemblable), on ne cita personne qu'elle eût empoisonné. La Brinvilliers, dans son vertige, avait tué jusqu'à ses enfants ; Olympe en avait huit, et on n'en vit périr aucun. La Voisin et ses complices appelaient leurs poisons des « poudres de succession. » La comtesse de Soissons n'avait, autant qu'il nous semble, de succession à recueillir que celle de sa belle-mère, la princesse de Carignan, avec qui elle vivait bien.

Ce n'était point là, apparemment, qu'étaient ses

---

[1] *Mém. de l'abbé de Choisy,* coll. Petitot, t. LXIII, p. 224 et suiv.

crimes; mais elle avait questionné l'affreuse sibylle sur
le roi et sur ses maîtresses. Puis, avec des passions
qui survivaient à sa jeunesse, elle était bien femme à
chercher des recettes magiques pour se faire aimer.
Voilà ce dont on peut la soupçonner avec vraisemblance. C'est à peu près ainsi que madame de Sévigné
envisage cette affaire; voyons ce qu'en écrit sa plume
charmante.

« Il ne paroît pas, dit-elle à sa fille, que jusqu'ici
il y ait rien de noir aux sottises qu'on leur impute;
il n'y a pas même du gris brun. Si on ne trouve rien
de plus, voilà de grands scandales qu'on auroit pu
épargner à des personnes de cette qualité. Le maréchal de Villeroy dit que ces messieurs et ces dames ne
croient pas en Dieu, et qu'ils croient au diable. Vraiment on compte des choses ridicules de ce qui se passoit chez ces abominables femmes. La maréchale de
La Ferté y alla par complaisance avec madame la comtesse et ne monta point. Cette affaire lui donna un
plaisir qu'elle n'a pas ordinairement : c'est d'entendre
dire qu'elle est innocente... Madame de Soissons demanda si elle ne pourroit point faire revenir un amant
qui l'avoit quittée. Cet amant étoit un grand prince,
et on assure qu'elle dit que, s'il ne revenoit pas, il s'en
repentiroit : cela s'entend du roi, et tout est considérable sur un tel sujet [1]. »

[1] *Lettres de madame de Sévigné*, 31 janvier 1680.

On prétend que le roi dit à la princesse de Carignan : « Madame, j'ai bien voulu que madame la comtesse se sauvât. Peut-être en rendrai-je compte un jour à Dieu et à mon peuple. » De telles paroles, articulées par le roi, auraient une signification sinistre; mais Louis XIV, prévenu, comme il dut l'être, par son entourage, vit la chose, en effet, non en *gris brun*, mais en noir : il consentit donc à la ruine d'une femme, sa compagne d'enfance, et avec qui il avait de tout temps si étroitement vécu. La plupart des contemporains, La Fare, l'abbé de Choisy, soupçonnent que Louvois et la favorite conduisirent cette affaire. « La comtesse de Soissons, ennemie de madame de Montespan, dit La Fare, fut assez légèrement, je crois, décrétée de prise de corps [1]. » Quant à Mademoiselle, si peu portée à l'indulgence, ses réticences ne sont point d'une couleur favorable. « Elle ne veut pas s'expliquer, dit-elle, sur un sujet si délicat. » Madame de Sévigné tient sa fille au courant de tous les bruits, surtout en ce qui touche à la comtesse, et de tous les revirements de l'opinion à son égard. « Voyons la suite, dit-elle; si elle a fait de plus grands crimes, elle n'en a pas parlé à ces gueuses-là. Un de nos amis dit qu'il y a une branche aînée au poison, où l'on ne remonte point, parce qu'elle n'est pas originaire de France ; ce sont ici des petites branches de cadets qui n'ont pas de

---

[1] *Mém. de La Fare*, p. 249, collect. Petitot.

souliers... Enfin, le ton d'aujourd'hui, c'est l'innocence des nommées et l'horreur de la diffamation ;
peut-être que demain ce sera tout le contraire [1]. »

Laissons encore cette diseuse incomparable nous
conter la dernière soirée d'Olympe à l'hôtel de Soissons : « Elle jouoit à la bassette mercredi ; M. de
Bouillon entra ; il la pria de passer dans son cabinet,
et lui dit qu'il falloit sortir de France ou aller à la Bastille. Elle ne balança point : elle fit sortir du jeu la
marquise d'Alluye ; elles ne reparurent plus. L'heure
du souper vint ; on dit que madame la comtesse soupoit en ville ; tout le monde s'en alla, persuadé de
quelque chose d'extraordinaire. Cependant on fit beaucoup de paquets ; on prit de l'argent, des pierreries ; on
fit prendre des justaucorps gris aux laquais et aux cochers ; on fit mettre huit chevaux au carrosse. Elle fi
placer auprès d'elle la marquise d'Alluye, qui ne vou
loit pas partir, dit-on, et deux femmes de chambre sur
le devant. Elle dit à ses gens qu'ils ne se missent point
en peine d'elle, qu'elle étoit innocente, mais que ces
coquines de femmes avoient pris plaisir à la nommer.
Elle pleura ; elle passa chez madame de Carignan, et
sortit de Paris à trois heures du matin [2]... »

A peine la fugitive eut-elle passé la frontière et gagné la Flandre que « l'on *trompetta madame la com-*

---

[1] *Lettres de madame de Sévigné*, 30 janvier 1680.
[2] *Ibidem*, janvier 1680.

tesse à trois briefs jours, » et qu'on lui fit son procès
par contumace. Elle offrit de revenir, pourvu qu'on
ne la mît ni à la Bastille ni à Vincennes avant jugement. La condition fut rejetée; son exil était ce qui
convenait le mieux.

Mais tandis que les esprits en France, un peu remis
de cette rude secousse, commençaient à réfléchir, la
comtesse trouvait à l'étranger les dispositions populaires les plus fâcheuses pour elle. Il paraît que c'était
Louvois qui avait monté ce coup pour achever de la
déshonorer et de la perdre, afin de lui fermer toute
espèce de retour.

« M. de Louvois, dit l'abbé de Choisy, la poursuivit
jusque dans les enfers. Dans toutes les villes et dans
les villages où elle passa, on refusa de la recevoir dans
les grandes hôtelleries; il fallut coucher souvent sur
la paille, et souffrir les insultes d'un peuple insolent,
qui l'appeloit sorcière et empoisonneuse. » « M. de
Louvois envoya jusqu'à Bruxelles un capitaine réformé
qui, en donnant de l'argent à des gueux, lui faisoit
chanter des injures. Elle fut un jour obligée de coucher dans le béguinage, où elle étoit allée acheter des
dentelles, parce qu'il s'étoit assemblé devant la porte
plus de trois mille personnes qui la vouloient déchirer.
Il fallut que le comte de Monterey, gouverneur des Pays-
Bas, la prît sous sa protection et désabusât le peuple [1]. »

---

[1] *Mém. de l'abbé de Choisy,* coll. Petitot, t. LXIII, p. 224 et suiv.

Les détails sur cette triste odyssée fourmillent sous les doigts de madame de Sévigné. « M. de La Roche-foucauld, écrit-elle, nous conta hier qu'à Bruxelles la comtesse de Soissons avoit été contrainte de sortir doucement de l'église, et que l'on avoit fait une danse de chats liés ensemble, ou pour mieux dire un sabbat si épouvantable qu'ayant crié en même temps que c'étoient des diables et des sorciers qui la suivoient, elle avoit été obligée de quitter la place pour laisser passer cette folie [1]. » Elle fut traitée partout de la même façon :

« On assure qu'on a fermé les portes de Namur et d'Anvers, et de plusieurs villes de Flandre, à la comtesse, disant : Nous ne voulons point de ces *empoisonneuses*. C'est ainsi que cela tourne, et désormais un Français, dans les pays étrangers, et un empoisonneur, ce sera la même chose [2]. »

Olympe resta pourtant dans les Pays-Bas ; l'orage soulevé contre elle s'apaisa, et il lui vint plus d'un chevalier prêt à rompre une lance pour elle. L'exilée de Versailles retrouva à Bruxelles une petite cour, lorsqu'on vit à ses pieds le prince de Parme, gouverneur des Pays-Bas ; elle avait cependant quarante-trois ans et n'offrait plus d'amorce à l'ambition ; il faut donc croire que son commerce n'était pas sans quelques charmes.

[1] *Lettres de madame de Sévigné*, 28 février 1680.
[2] *Ibidem*, 21 février 1680.

« M. le prince de Parme, écrivait la mère du maréchal de Villars, est donc amoureux de la comtesse de
Soissons? Ce n'est pas un joli galant. Ce n'est pas aussi
que, s'il avoit cent mille écus dans son coffre, il ne les
dépensât en un jour mieux qu'aucun homme du monde
pour plaire à sa dame. Le roi notre maître ne pourroit pas souhaiter un autre gouverneur en Flandre pour
Sa Majesté Catholique [1]. »

La comtesse de Soissons, qui devait passer trente
ans à l'étranger et y mourir, laissait en France une
nombreuse famille et de grands biens. Elle avait cinq
fils et trois filles qui se trouvèrent confiés à la princesse
de Carignan, leur grand'mère. Le comte de Soissons,
l'aîné, avait vingt ans; il se maria deux ans après le
départ de sa mère, et ce fut pour elle un nouveau
crève-cœur, car ce mariage n'était pas fait pour rendre
à leur nom le prestige qu'il venait de perdre. Ce prince
de Savoie épousa la fille d'un écuyer de Condé, qui
s'appelait la Cropte-Beauvais. Le grand éplucheur de
généalogies, Saint-Simon, affirme de plus qu'elle était
bâtarde. « Elle étoit si bien bâtarde, dit-il, que M. le
Prince, sachant son père à l'extrémité, à qui on alloit
porter les sacrements, monta à sa chambre, dans
l'hôtel de Condé, pour le presser d'épouser la mère.
Il eut beau dire, et avec autorité et avec prière, et lui
représenter l'état où, faute de ce mariage, il laissoit

---

[1] *Lettres de la marquise de Villars.* Madrid, 16 décembre 1680.

une aussi belle créature que la fille qu'il en avoit eue ,
Beauvais fut inexorable , maintint qu'il n'avoit jamais
promis mariage à cette créature et qu'il ne l'épouse-
roit point. Il mourut ainsi [1]. »

Saint-Simon , s'il médit de sa naissance , parle avec
transport de sa beauté : « Elle étoit belle, dit-il, comme
le plus beau jour, brune, avec ces grands traits qu'on
peint aux sultanes et à ces beautés romaines, grande,
l'air noble et doux. Elle surprit à la cour par l'éclat de
ses charmes, qui firent pardonner presque au comte
de Soissons [2]. »

Il paraît, toutefois, que la princesse de Carignan ne
pardonna pas : elle déshérita son petit-fils ; sa mère
lança sur lui, de loin, le même anathème. Grande aussi
fut la colère dans toute la parenté de Savoie ; mais le
pauvre prince était amoureux fou, et rien ne l'arrêta.
Le roi aussi avait été frappé de la beauté de cette fille,
plus belle que n'était la Fontanges. « Il s'étoit amou-
raché d'elle , dit la Palatine ; mais elle tint ferme, et
alors il se retourna vers la Fontanges, sa compagne. »
Ce fut peut-être en considération de ce souvenir que
Louis XIV se montra indulgent pour ce mariage. Il est
vrai que le jeune comte avait été, pour ainsi dire,
élevé sur ses genoux, au temps où le monarque allait
tous les jours chez sa mère. Aussi, ne voulant pas lais-

---

[1] *Mém. de Saint-Simon,* t. vi, p. 197 et suiv., édit. in-18.
[2] *Ibidem,* p. 177 et suiv.

ser mourir de faim ce couple amoureux, il fit au comte
de Soissons une pension de vingt mille livres. C'était
bien modeste pour tenir à la cour le rang d'un prince
étranger. « Sa naissance le mettait en bonne compagnie, et son goût en mauvaise, » dit impitoyablement
Saint-Simon. Peut-être y était-il conduit par les mêmes
motifs que cet homme de la cour qui allait dîner chez
M. Jourdain. Saint-Simon le traite de « panier percé,
qui empruntoit volontiers et ne rendoit guère ; » autre
trait de ressemblance avec l'homme de qualité de Molière. Madame de Sévigné parle un peu mieux du
comte de Soissons ; elle le peint même comme ayant
le cœur bien placé [1]. En annonçant ce mariage à sa fille,
elle ne manque pas d'y glisser quelques particularités
intimes [2] ; elle raille un peu la nouvelle mariée :

« Mademoiselle de Beauvais a eu une très-bonne conduite, et ce qui me le fait dire affirmativement, c'est
qu'elle a réussi. Nous devons des louanges au bon succès ; c'est la moindre chose que puisse faire la fortune

---

[1] « Monsieur a prié la Beauvais de sortir du Palais-Royal ; il la
trouva dans la chambre de Madame, qui parloit au comte de Soissons. Voilà le vrai moyen de faire que Beauvais épouse ce prince,
qui voudra se faire un honneur de ne la pas abandonner, voyant
qu'elle souffre pour lui. »
        (*Lettres de madame de Sévigné*, 5 janvier 1680.)

[2] « Je vous dirai que l'amour fait ici des siennes. Le comte de
Soissons a déclaré son mariage avec mademoiselle de Beauvais. Le
roi a fort bien reçu cette nouvelle princesse. Elle parut belle et modeste... »
        (*Ibidem*, 23 décembre 1682.)

que d'attirer l'approbation aux folies qu'elle rectifie...
Ce n'est pas que je ne sois du sentiment de l'Arioste
sur sa résistance aux empressements de son amant pendant deux ans et demi durant....

Forse era ver, ma pero non credibile. »

La fatalité s'attacha aussi à ce pauvre comte : abandonné des siens, victime de la réprobation qui était
tombée sur sa mère, il végéta au milieu de beaucoup
d'embarras. La haine de Louvois pour Olympe fit obstacle à la carrière militaire de son fils. Il était brave
cependant, et bon soldat comme son père; mais il se
vit rebuté de telle sorte qu'il sortit de France; il alla
offrir son épée de divers côtés, et finit par entrer au
service de l'Empereur, où il fut tué presque aussitôt.

Son frère puîné, le prince Philippe, n'eut pas une
meilleure fortune. La Palatine, qui tournait tout d'ailleurs en caricature, nous fait de lui un maussade portrait. « C'étoit, dit-elle, un grand fou qui est mort de
la petite vérole à Paris; il étoit tout blond, laid de visage; il avoit mauvaise grâce, et toujours un air égaré;
avec un nez d'épervier, il avoit une grande bouche,
des joues creuses; je le trouvois presque en tout point
semblable à son frère aîné [1]. » Le troisième frère, qu'on
appelait le chevalier de Savoie, mourut jeune, d'une
chute de cheval.

[1] *Mém. de la Palatine, duchesse d'Orléans,* collect. Petitot,
p. 312 et 813.

Le dernier de tous, le chevalier de Soissons, eut par le monde une étrange aventure, résultant d'une passion pour sa tante, la duchesse de Mazarin : nous en verrons les détails.

Eugène-Maurice, abbé de Savoie, le quatrième fils d'Olympe, qui devait faire une autre figure que ses frères, eut des débuts aussi épineux. Ainsi qu'eux il perdit beaucoup à la mort de son père. Comme il fallait que, sur les cinq fils, il y en eût un pour l'Église, ce fut Eugène que l'on choisit ; on lui fit prendre le petit collet, et il eut trois abbayes, une en France et deux en Piémont. Son physique semblait justifier assez bien la pacifique destination qui lui était donnée ; il était non-seulement fort petit, mais chétif, de pauvre mine, et même un peu contrefait. Les uns assurent que sa mère l'avait élevé avec soin ; la Palatine nous dit tout au contraire qu'elle le négligea, et le laissait courir *comme un galopin* [1]. L'abbé de Savoie, quoiqu'il eût étudié avec intelligence et application, n'annonçait pas les goûts d'un docteur en Sorbonne ; il aimait mieux voir défiler un régiment qu'une procession. Il demanda donc à servir ; mais l'implacable Louvois, qui poursuivait encore la mère dans les enfants, le repoussa avec sa rudesse ordinaire. Le roi lui-même l'avait éconduit, augurant mal sans doute d'un guerrier de si chétive encolure. Il affectait d'appeler dédaigneusement *le petit*

---

[1] *Mém. de la Palatine, duchesse d'Orléans*, coll. Petitot, p. 415.

abbé celui qu'un jour les États-Généraux décoreraient du titre de *Grand Abbé de Hollande.*

Quelques princes, les Conti entre autres, s'en allèrent, après la paix de Nimègue, faire une campagne sur le Danube contre les Turcs ; Eugène de Savoie se joignit à eux. Mais le roi ne goûta pas longtemps leur absence ; certaines lettres compromettantes qu'ils écrivirent furent saisies, et on leur commanda de revenir. Eugène lui seul n'obéit pas : il répondit qu'il renonçait à la France. C'était sans doute le prince Louis de Bade, son cousin, général en renom au service de l'Empereur, qui l'avait entraîné à ce parti. Louis XIV, en apprenant cela, dit en riant : « Ne trouvez-vous pas que j'ai fait là une grande perte ? » C'était une grande perte en effet, dont il ne se doutait guère : il envoyait gaiement à ses ennemis un homme dont l'épée devait mettre à mal sa monarchie ; il leur fournissait un général égal en génie à Turenne, et il confiait ses armées aux La Feuillade et aux Villeroy. Avec un homme de plus, Louis XIV fût mort l'arbitre de l'Europe : il eût été le Grand Roi jusqu'à la fin ; avec Eugène de moins, la coalition dont il fut le bras et la tête n'aurait pas survécu sans doute à Guillaume III. La France a perdu plus d'une province en perdant le petit abbé.

Les pas d'Eugène sont plus faciles à suivre que ceux de sa mère. Après quelque temps passé dans les Pays-Bas, elle gagna Hambourg et séjourna dans quelques

villes d'Allemagne. Fit-elle de grands efforts pour rentrer en France, quand elle vit sa sœur de Bouillon se
tirer d'affaire si hardiment; quand le maréchal de
Luxembourg sortit sans jugement de la Bastille, moins
triomphant, il est vrai, mais pour reparaître à Versailles comme devant (J)? Louvois était encore là, et
il avait trop maltraité la comtesse de Soissons pour se
prêter à son retour. Quant à madame de Montespan,
son règne finissait; mais la prudente Esther qui renversa cette *altière Vasti* pouvait-elle laisser revenir une
femme qui avait exercé sur le roi un long empire, et
qui rêvait de le reprendre, jusqu'à recourir aux sorciers? D'un autre côté, le prince Eugène avait embrassé
un parti qui n'était pas fait pour rouvrir la France à
sa mère. Son mari seul, s'il eût vécu, était assez considérable pour la servir; mais le reste de la famille bais-
sait partout en considération ou en crédit : les deux
princes de Conti, ses parents, étaient en disgrâce; les
Vendôme, ses neveux, ne marquaient encore que par
leurs désordres de jeunesse, dont ils ne guérirent jamais. La connétable Colonna, la duchesse de Mazarin,
ses sœurs, étaient reléguées, comme elle, à l'étranger,
après de bruyantes aventures. Son frère, le duc de
Nevers, était sans influence, et, de plus, c'était un
homme à ne se mêler de rien. Il se consolait, au milieu de ses voyages, en faisant des vers sur sa *famille
errante,* et en se flattant (ce n'était pas beaucoup dire)
d'être plus sage que ses sœurs. Quant à ses fils, un seul

devait lui faire honneur ; mais ce fut aux dépens du roi de France, et sa gloire s'éleva encore contre sa mère.

Voilà ce qui explique comment la mère d'Eugène de Savoie resta ensevelie sous une vague accusation et ne put jamais rentrer en grâce. Elle était la seule des nièces de Mazarin qui se ressentît un peu de son génie ; le cardinal l'avait formée ; il aimait à retrouver dans cette élève son intrigue et son ambition ; mais sa chère Olympe n'hérita pas de toute son habileté. Ce fut sans doute la faute des astres qu'il avait tant consultés pour elle.

Une autre aventure devait encore imprimer une ombre sur son nom. Après un séjour de six années dans les Pays-Bas, la comtesse de Soissons s'embarqua pour l'Espagne, où sa sœur Marie s'était réfugiée dix ans auparavant. Quels motifs y conduisirent Olympe ? Elle avait, durant son séjour en Flandre, noué de nombreuses relations avec des familles espagnoles, et il paraît que le but de son voyage était d'établir en Espagne un de ses fils [1]. La reine d'ailleurs était Française ; la com-

---

[1] Il nous a été permis de consulter, depuis la publication de ce livre, une correspondance politique qui fixe la date et les motifs de ce voyage.

« Bruxelles, 10 mars 1686.

« M. Daourto paroît fort intrigué du voyage de madame la comtesse de Soissons à Madrid, à cause du secret qu'elle en a fait et de la lettre qu'elle lui a escrite depuis qu'elle s'est embarquée ; il s'est plaint qu'elle estoit bien fière. Cependant ce n'est pas ce qu'ils en ju-

tesse de Soissons l'avait vue naître et grandir. A défaut
de Versailles, d'où elle était bannie, on conçoit donc
qu'elle allât de ce côté tenter la fortune. Réussit-elle
dans ses desseins? trouva-t-elle à Madrid de quoi lui
faire oublier ses disgrâces et les amertumes de l'exil?
Si l'on consulte à son sujet les dépêches de l'ambassadeur de France, la maison de la comtesse à Madrid
ne rappelait guère les splendeurs de l'hôtel de Soissons.

gent qui oblige cette princesse à faire ce trajet, mais seulement la
veue de quelque mariage pour M. son fils, qui y est allé avec elle; car
elle avoit déjà eu ce dessein pour l'aisné, et même cela lui fit une
affaire auprès du roy. » (*Lettre du S. Blanquet au ministre.* ARCHIVES
DES AFFAIRES ÉTRANGÈRES.)

« Bruxelles, 31 mars 1686.

« A l'égard du voyage de madame la comtesse de Soissons, il n'a
pour principal motif que le peu de respect et de civilité que les Espagnols lui rendoient, et de ce qu'ils en ont manqué en tout à M. le
prince de Savoie, son fils, aucun ne l'ayant visité que M. Daourto,
encore qu'ils le trouvassent tous les soirs dans la chambre de madame
sa mère; c'est pourquoy elle va s'en plaindre et pour obtenir des ordres afin qu'ils lui donnent de l'altesse; et c'est ce qui les alarme.
Peut-être a-t-elle encore d'autres vues pour l'établissement de M. son
fils; car elle a de grandes relations avec la Reine d'Espagne, dont je
luy ai vu recevoir plusieurs lettres... »

« 14 août.

« L'on a eu des nouvelles par le dernier ordinaire qui asseure que
la comtesse de Soissons estoit arrivée à Bilbao le 16 du passé et
qu'elle en estoit partie le 29 par Madford, satisfaite jusque-là de son
voyage... »

« 29 avril.

« Notre entretien roula après sur la comtesse de Soissons, qui
parle de son retour en cette ville, à ce que marque une lettre de la
Reine qu'il me montra. » (ARCHIVES DES AFFAIRES ÉTRANGÉRES)

L'envoyé de Louis XIV, il est vrai, eût mal fait sa cour
au maître en montrant l'exilée au comble de la fortune et du crédit ; il était chargé de l'observer de près,
de déjouer au besoin ses intrigues [1], et voici l'idée qu'il
donne de son existence à Madrid. « La vie de la comtesse de Soissons, écrit-il au roi, consiste à recevoir
chez elle tous les gens qui veulent y venir depuis les
cinq heures du soir jusques à deux ou trois heures après
minuit. Elle sert une table de dix ou douze couverts,
dont cinq ou six sont remplis par autant de *goinfres* de
profession qui y viennent tous les soirs sans y manquer, ne jouent ni ne parlent, et ne font que se remplir
de viandes, n'y ayant de nation au monde si sobre
que l'espagnole chez elle, ni si gourmande ailleurs :
c'est une expérience qu'on fait tous les jours en ce
pays-ci. Le reste de la compagnie est formé d'une
vingtaine de petites gens qui y vivent avec si peu de
respect qu'ils y entrent leurs cheveux attachés derrière,
sans gonille, leurs boucliers au bras, leurs grandes
épées et leurs poignards. C'est, Sire, tout ce qui se
peut apporter de familiarité et d'air de mépris pour la

---

[1] « J'approuve le parti que vous avez pris de n'avoir aucune intelligence avec la comtesse de Soissons ; il y a bien de l'apparence que
la conduite qu'elle tient ne luy donnera pas un grand crédit au lieu
où vous estes, et qu'elle l'obligera plutôt à s'en retirer que tout ce
que vous pourriez faire pour l'en éloigner. Taschez néanmoins d'être
toujours bien informé de ses intrigues, pour faire donner sur ce sujet
à la Reyne les avis qui conviendront le plus à ses intérêts. » (Fontainebleau, 23 octobre 1688. *Lettre du roi au comte de Rebenac, ambassadeur extraordinaire à Madrid*. ARCHIVES DES AFFAIRES ÉTANGÈRES.)

maison d'une femme de qualité ; aussy n'y paroît-il aucun grand seigneur, ou du moins fort rarement.

« Votre Majesté aura la bonté de me-pardonner ce détail ; je ne le fais que parce que j'ay cru luy devoir une citation exacte de la manière dont vivoit ici madame la comtesse de Soissons..... Il est certain, d'ailleurs, qu'avec l'esprit qu'a madame la comtesse de Soissons, si elle vouloit s'appliquer, elle pourroit pénétrer dans beaucoup de choses qu'on ne découvriroit pas de soi-même... Je l'observeray de plus près, et feray mon possible pour m'opposer à la confiance que la Reyne d'Espagne pourroit peut-être un jour reprendre avec elle [1]. »

Les dépêches que nous consultons ne disent pas si la comtesse pratiquait encore la science des horos-copes et des évocations, et si les esprits familiers de l'hôtel de Soissons l'avaient suivie jusqu'à Madrid. L'ambassadeur relate à son maître toutefois cette sin-gulière aventure. Le roi d'Espagne, le pauvre Char-les II, s'était mis en tête que la comtesse de Soissons lui avait jeté un sort, et que c'était à cause de cela qu'il n'avait point d'enfants. Fort troublé par cette pensée, il fit donner sous main à la redoutable sibylle le conseil de quitter l'Espagne ; mais elle n'en fit rien, et la peur empêcha le roi d'insister davantage. « A quelque temps de là, écrit l'ambassadeur, qu'il faut laisser par-

---

[1] *Lettres du comte de Rebenac au roi*, 7 octobre 1688. (ARCHIVES DES AFFAIRES ÉTRANGÈRES.)

ler, un certain moine dominicain, amy du confesseur
du roy, eut une révélation que le roy et la reyne estoient
charmés. Je marque en passant, Sire, que depuis
longtemps le roy d'Espagne a dans l'esprit qu'il l'est,
et mesme par madame la comtesse de Soissons. Il estoit question de lever le charme, pourvu qu'il eust été
jeté depuis le mariage; s'il l'avoit été avant, il n'y avoit
point de remède. La cérémonie estoit horrible; car,
Sire, le roy et la reyne devoient être déshabillés tout
nuds. Le moyne, revêtu d'habits d'église, devoit faire
des exorcismes, mais d'une manière infâme. Ensuite
de quoy, en la presence mesme du moyne, on devoit
voir si le charme estoit levé. La reyne a esté violemment
persécutée par le roy pour y consentir, et elle ne pouvoit en aucune façon s'y résoudre. Tout cela s'estoit
passé fort secrètement, et je n'en avois aucune connoissance, lorsque je reçus un billet non signé par lequel
on m'avertissoit que, si la reyne avoit la complaisance
de consentir à ce que le moyne proposoit, elle seroit
perdue, et que c'estoit un piége que le comte d'Oropesa
lui tendoit. Le dessein estoit d'en conclure que la reyne
estoit charmée avant son mariage, et que par conséquent il devenoit nul [1]. »

L'ambassadeur sut déjouer cette ténébreuse intrigue, en se concertant avec la reine et son confes-

[1] Voyez à l'*Appendice* (K) le texte complet de cette correspondance, qui était adressée à Louis XIV dans un chiffre particulier
dont il avait seul la clef.

seur. Ses lettres renferment les délicates confidences
que la princesse se hasardait à lui faire sur les particularités les plus secrètes de son mariage ; mais s'ils
réussirent à parer ce coup en faisant passer au roi
l'envie de cet étrange exorcisme, il en coûta bientôt la
vie à la pauvre reine. Rappelons son histoire en quelques mots. Marie-Louise d'Orléans, fille unique de
Monsieur, frère de Louis XIV, et d'Henriette d'Angleterre, dut épouser, aux termes d'un article du traité
de Nimègue, le roi d'Espagne Charles II. Elle avait
neuf ans lorsqu'elle perdit sa mère. On trouve dans
les Mémoires de l'abbé de Cosnac quelques mots
d'Henriette assez durs pour cette enfant, que l'entourage de Monsieur avait, il semble, indisposée contre
sa mère. En grandissant elle conçut de l'inclination
pour le Dauphin ; mademoiselle de Montpensier raconte qu'elle en donnait prudemment avis au père. « Je
disois à Monsieur : Ne menez pas votre fille si souvent ici : cela lui donnera des dégoûts pour tous les
autres partis, et, si elle n'épouse pas M. le Dauphin,
vous lui empoisonnez le reste de sa vie par l'espérance
qu'elle en aura eue [1]. »

Elle avait nourri, en effet, cette espérance ; et,
quand il fut question du mariage d'Espagne, elle s'a-
bandonna à un désespoir que madame de Sévigné nous
peint ainsi :

---

[1] *Mém. de mademoiselle de Montpensier,* collect. Petitot, t. XLIII,
p. 390.

« La reine d'Espagne crie toujours miséricorde, et se jette aux pieds de tout le monde. Je ne sais comment l'orgueil d'Espagne s'accommode de ses désespoirs. Elle arrêta l'autre jour le roi par delà l'heure de la messe; le roi lui dit : « Madame, ce serait une « belle chose que la reine Catholique empêchât le roi « Très-Chrétien d'aller à la messe ! » On dit qu'ils seront fort aises d'être défaits de cette catholique [1]. »

« La reine d'Espagne devient fontaine... La reine d'Espagne va toujours criant et pleurant. Le peuple disait, en la voyant dans la rue Saint-Honoré : Ah ! Monsieur est trop bon : il ne la laissera point aller ; elle est trop affligée. Le roi lui dit : Madame, je souhaite de vous dire adieu pour jamais; ce serait le plus grand malheur qui vous pût arriver que de revoir la France [2]. »

On sait que Louis XIV dit à sa nièce, en lui annonçant son mariage : « Je vous fais reine d'Espagne; je n'aurais pu faire mieux pour ma fille. — Oui, répondit-elle en pleurant; mais vous auriez pu faire plus pour votre nièce. » Quant à ce Dauphin qui lui coûtait tant de larmes, voici comment il prenait part à sa douleur. « Ma cousine, lui dit-il, je me réjouis de votre mariage; quand vous serez en Espagne, vous m'enverrez du *tourou;* je l'aime fort. » « Cela la mit au

[1] *Lettres de madame de Sévigné,* 18 septembre 1679.
[2] *Ibidem,* 27 septembre 1679.

désespoir, dit Mademoiselle; elle monta en carrosse sans lui dire adieu... La princesse d'Harcourt l'accompagna; c'était une femme fort sotte, et qui en usa bien ridiculement avec cette pauvre princesse, qui était fort enfant [1]. » Madame de Sévigné ne tarit pas sur ce chapitre, car elle était aux sources des nouvelles [2].

Le mariage se fit, et la nouvelle reine se consola; le roi d'Espagne, fort amoureux d'elle, lui fit sans doute oublier ce Dauphin qui ne demandait que du *tourou*. Puisse-t-elle au moins s'en être souvenue !

Vive et spirituelle comme sa mère, Louise d'Orléans prit beaucoup d'ascendant sur son mari; mais elle resta Française, et sa correspondance informait souvent Versailles de ce qui se passait à Madrid [3]. Elle faisait de son mieux naturellement pour maintenir la paix entre les deux couronnes, et pour détacher Charles II de la coalisation qui se formait contre Louis XIV. Elle avait à tenir tête à la reine-mère et au conseil d'Espagne, où dominait l'esprit autrichien.. Telle était sa

---

[1] *Mém. de mademoiselle de Montpensier*, collect. Petitot, t. XLIII, p. 389.

[2] Madame de Villars, qui était près de la jeune reine à Madrid, écrivait régulièrement à madame de Coulanges; il existe encore trente-sept lettres d'elle, du 2 novembre 1679 au 15 mai 1681; on y trouve beaucoup de détails d'intérieur et d'anecdotes sur le mariage et les relations de Charles II et de Louise d'Orléans.

[3] « Le conseil d'Espagne, écrit madame de Sévigne, a résolu de nous déclarer la guerre, à ce que la reine d'Espagne a mandé à Monsieur. »

situation, lorsqu'elle mourut assez subitement. Le parti que sa mort fit triompher fut soupçonné de l'avoir fait empoisonner ; mais quant aux détails et aux agents de ce prétendu crime, tous les récits diffèrent étrangement.

Le duc de Saint-Simon, qui visita l'Espagne, comme ambassadeur, plus de trente ans après, semble avoir pris ses renseignements sur les lieux mêmes, et c'est la comtesse de Soissons qu'il accuse d'avoir donné le poison ; voyons son récit, en l'abrégeant : « Le comte de Mansfeld étoit ambassadeur de l'Empereur à Madrid, et la comtesse de Soissons lia un commerce intime avec lui dès en arrivant. La reine, qui ne respiroit que France, eut une grande passion de voir la comtesse de Soissons. Le roi d'Espagne, qui avoit fort ouï parler d'elle, et à qui les avis pleuvoient, depuis quelque temps, qu'on vouloit empoisonner la reine, eut toutes les peine du monde à y consentir. Il paroît à la fin que la comtesse de Soissons vint quelquefois les après-dîners chez la reine par un escalier dérobé, et elle la voyoit seule avec le roi. Ces visites redoublèrent, et toujours avec répugnance de la part du roi. Il avoit demandé en grâce à la reine de ne jamais goûter de rien qu'il n'en eût bu ou mangé le premier, parce qu'il savoit bien qu'on ne le vouloit pas empoisonner. Il faisoit chaud ; le lait est rare à Madrid. La reine en désira, et la comtesse, qui avoit peu à peu usurpé des moments de tête à tête avec elle,

lui en vanta d'excellent, qu'elle promit de lui apporter
à la glace. On prétend qu'il fut préparé chez le comte
de Mansfeld. La comtesse de Soissons l'apporta à la
reine, qui l'avala, et mourut peu de temps après [1]. »
Saint-Simon ajoute que la comtesse, dont la fuite était
préparée, quitta le palais dès que la reine eut bu ce
lait et réussit à sortir d'Espagne.

L'accusation, comme on le voit, est formelle ; cela
du moins est plus positif que les aveux de la Voisin ;
mais il faut dire aussi que Saint-Simon n'avait pas
besoin d'être mis à la torture pour prêter des crimes
à ceux qu'il n'aimait pas. Ce *frondeur* attardé traite la
nièce de Mazarin comme les ducs de Vendôme et du
Maine, madame de Maintenon et tant d'autres.

Saint-Simon avait rapporté de son voyage d'Espagne cette anecdote de lait empoisonné. Il y ajouta
foi, sans nul doute, sans regarder de près à l'invraisemblance de l'histoire. Cette reine, à qui l'on procure
du lait en cachette, comme la chose la plus introuva-
ble, et qui s'en fait apporter par une princesse étrangère, au lieu de s'adresser à son maître d'hôtel, cela
ne ressemble-t-il pas à un conte arabe ? Il n'est guère
étonnant d'ailleurs que les bruits d'empoisonnement,
qui avaient déjà couru sur la comtesse de Soissons,
aient donné lieu en Espagne à de nouveaux soupçons
et à une sorte de légende populaire. Mais, dans une

---

[1] *Mém. de Saint-Simon*, t. XII, p. 114, édit. in-18.

sphère plus élevée, on ne trouve que Saint-Simon qui
attribue ce crime à Olympe. Examinons les témoignages contemporains. La Palatine, duchesse d'Orléans,
qui était la belle-mère de la reine d'Espagne, croit à
l'empoisonnement comme Saint-Simon ; mais il n'est
point question de lait à la glace avec elle ; elle assure
que la jeune reine fut empoisonnée dans des huîtres,
ce qui pourrait bien réduire la chose à un simple
accident. Elle dit encore, et avec peu de vraisemblance, que ce fut le comte de Mansfeld qui procura
le poison à deux femmes de chambre françaises.
Quant à la comtesse de Soissons, il n'est pas question
d'elle ici.

Voici maintenant ce qu'on lit dans le *Journal de
Dangeau* : « Le roi a dit en soupant : La reine d'Espagne est morte empoisonnée dans une tourte d'an-
guilles ; la comtesse de Pernitz, les cameristes Zapata
et Nina, qui en ont mangé après elle, sont mortes du
même poison. »

Cela ne se ressent guère de la réserve habituelle à
Louis XIV ; Dangeau pourtant, toujours présent, était
aux écoutes, et il a le mérite, à défaut d'autres, d'être
en général un rapporteur fidèle. On s'explique d'ailleurs que, surpris dans sa politique par la mort de la
reine Louise, le roi ait laissé brusquement échapper,
dans son mécontentement, ce qu'il eût caché en toute
autre circonstance. Cependant le récit de Dangeau paraît invraisemblable à Voltaire, qui ne peut admettre que

lé roi se fût oublié à ce point[1]. Il ajoute que plusieurs
domestiques de Louis XIV lui ont assuré que rien n'é-
tait plus faux que ce récit. Comme Voltaire écrivait
cinquante ans et plus après l'événement, les domestiques à qui il s'adressa devaient être bien vieux. Il
s'enquit en outre, nous assure-t-il, « auprès de la duchesse de Saint-Pierre, qui arrivait d'Espagne, s'il était
vrai que les trois personnes citées plus haut fussent
mortes avec la reine ; elle lui attesta, au contraire,
que toutes trois avaient survécu à leur maîtresse[2]. »

---

[1] On pourrait citer plus d'un de ces cas dans lesquels Louis XIV
s'oublia d'une manière bien plus extraordinaire. Voici, par exemple, l'étrange anecdote rapportée par madame de Sévigné, et qui est
relative précisément à la future reine d'Espagne, Louise d'Orléans :

« La jeune Mademoiselle a la fièvre quarte ; elle en est très-fâchée ;
cela trouble les plaisirs de cet hiver. Elle fut l'autre jour aux Carmélites de la rue du Bouloy ; elle leur demanda un remède pour la
fièvre quarte ; on lui donna un breuvage qui la fit beaucoup vomir :
cela fit grand bruit. La princesse ne voulut point dire qui lui avait
donné ce breuvage ; enfin on le sut. Le roi se tourna gravement
vers Monsieur : « Ah ! ce sont les Carmélites ! Je savais bien qu'elles
« étaient des friponnes, des intrigantes, des ravaudeuses, des bro-
« deuses, des bouquetières ; mais je ne croyais pas qu'elles fussent des
« empoisonneuses. » La terre trembla à ce discours ; tous les dévots
furent en campagne. Enfin, on a tout *rapsodé* ; mais ce qui est dit
est dit, ce qui est pensé est pensé, ce qui est cru est cru. Ceci est
d'original. » (*Lettres de madame de Sévigné*, 15 octobre 1677.)

On lit aussi dans Saint-Simon que le roi, ayant reçu des nouvelles peu flatteuses de la conduite de son fils du Maine à l'armée,
déchargea sa colère sur un valet qui prenait un biscuit, et le roua
de coups de canne devant toute la cour. Saint-Simon en fut témoin,
et il mérite créance pour tout ce qu'il a vu de ses yeux.

[2] *OEuvres de Voltaire*, t. xviii, p. 131, édit. Beuchot.

Voltaire, au reste, repousse généralement, et comme de parti pris, toutes ces accusations d'empoisonnement qui reparaissent si souvent durant le règne de Louis XIV. Saint-Simon et d'autres voient le poison partout; Voltaire, lui, n'en veut jamais entendre parler, ni pour Madame (Henriette d'Angleterre), ni pour sa fille la reine d'Espagne, ni pour Louvois, ni pour les petits-enfants de Louis XIV. Il avait raison de ne point subir facilement ces sinistres impressions; mais, d'un autre côté, il connaissait beaucoup de gens considérables, et il avait pour eux ou leurs ancêtres de grands ménagements.

Nous n'en avons point fini encore avec toutes les variantes, quant à la mort de cette pauvre reine d'Espagne. Madame de La Fayette, qui avait été liée avec sa mère, nous affirme maintenant que ce fut dans une tasse de chocolat qu'on lui donna le poison. « Elle soupçonnait qu'elle serait empoisonnée, et le mandait, dit madame de La Fayette, presque tous les ordinaires à Monsieur. Il lui envoya du contre-poison, qui arriva le lendemain de sa mort[1]. » Il n'est point question, dans ce récit, de la comtesse de Soissons; la cour de France, d'ailleurs, n'eût pas manqué de bien mettre la reine en garde, en la prévenant de ne faire acheter par la comtesse ni son lait ni son chocolat. Madame de La Fayette nous fournit aussi des particularités curieuses sur la mort de cette pauvre reine :

---

[1] *Madame de La Fayette*, collect. Petitot, t. LXIV, p. 75 et suiv.

« Quand on vint dire à l'ambassadeur qu'elle étoit
malade, il se transporta au palais ; mais on lui dit
que ce n'étoit pas la coutume que les ambassadeurs
vissent les reines au lit. Il fallut qu'il se retirât ; et,
le lendemain, on l'envoya quérir dans le temps où elle
commençoit à n'en pouvoir plus. La reine lui redit
une infinité de fois qu'elle mouroit de sa mort naturelle. Cette précaution qu'elle prenoit augmenta beaucoup les soupçons, au lieu de les diminuer [1]. »

Si nous voulons une nouvelle version, nous n'avons
qu'à consulter encore Mademoiselle. Elle accuse un
certain grand d'Espagne, « le duc de Pastronne, d'a-
voir parlé de la reine bien mal à propos, et ses discours, dit-elle, ont bien contribué à son malheur et à
sa fin tragique. » Elle ajoute encore : « Le comte de
Mauselle est celui qui fut cause de sa mort, à ce qu'on
m'a dit [2]. » Il est dommage que l'on n'en ait pas ra-
conté plus long à Mademoiselle ou qu'elle ne croie
pas devoir nous en révéler davantage. Elle ne dit rien,
du reste, de la comtesse de Soissons, et ce qu'elle
fait entrevoir ne paraît pas se rapporter à une affaire
d'empoisonnement.

Venons maintenant aux dépêches de M. de Rebenac,
l'ambassadeur de France ; il pouvait être mieux informé que d'autres. Il quitta l'Espagne deux mois

---

[1] *Madame de La Fayette*, collect. Petitot, t. LXIV, p. 75 et suiv.

[2] Ne serait-ce point Mansfeld ? *Mém. de madem. de Montpensier*,
collect. Petitot, t. XLIII, p. 389 et suiv.

après, et Dangeau nous apprend qu'en arrivant à Versailles il fut introduit chez le roi, qui l'entretint longtemps.

Cet ambassadeur avait joué à la cour d'Espagne un étrange personnage ; il s'était posé assez publiquement en amoureux de la reine. Était-ce passion réelle ou comédie ? Si ce fut un rôle commandé par la cour de France dans un but d'influence et de domination cachée, l'expédient put être fatal à la pauvre princesse ; cette circonstance bizarre semble encore compliquer le mystère de sa mort.

Voici en quels termes l'envoyé de Louis XIV lui rend compte de la catastrophe [1] :

« Madrid , 12 février 1689.

« Le courrier porte à Votre Majesté la plus triste et
« la plus déplorable de toutes les nouvelles. La Reyne
« d'Espagne vient d'expirer après trois jours de coliques
« et de vomissements continuels. Dieu seul, Sire, con-
« noist la cause d'un événement si tragique ! Votre
« Majesté aura connu par plusieurs de mes lettres les
« tristes présages que j'en avois !

« J'ay veu la Reyne quelques heures avant sa mort.

[1] Il annonçait ainsi deux jours auparavant les premiers symptômes du mal :

P. S. « La Reyne est fort tourmentée d'une grosse colique depuis hier. Les médecins cependant n'en ont aucune mauvaise opinion, quoique ses vomissemens soient fréquens et ses tranchées fort violentes. » (ARCHIVES DES AFFAIRES ÉTRANGÈRES.)

« Le roy son mari m'a refusé deux fois cette grâce.
« Elle m'a demandé elle-même avec tant d'instance
« qu'on m'a fait entrer. J'ai trouvé, Sire, qu'elle avoit
« toutes les marques de la mort ; elle les cognoissoit
« et n'en estoit point effrayée. Elle estoit comme une
« sainte à l'égard de Dieu, et comme un héros à l'é-
« gard du monde. Elle m'a commandé d'assurer Votre
« Majesté qu'elle estoit en mourant, comme elle estoit
« pendant sa vie, la plus fidèle amie et servante que
« Votre Majesté pût avoir. »

L'ambassadeur, convaincu de l'existence d'un crime,
ne recula point devant un éclat ; il voulut assister à
l'ouverture du corps ; il demanda d'y envoyer des médecins, et on lui refusa tout ; il aposta des chirurgiens à la porte de l'appartement, dans l'espoir qu'ils
pourraient s'y introduire ; mais les précautions étaient
prises ; lui-même fit tous ses efforts pour y pénétrer,
et on lui barra le passage [1]. Il dénonce au roi dans
ses dépêches ceux qu'il soupçonne pour les auteurs du
crime. « Ce sont, Sire, dit-il, le comte d'Oropesa et
« don Emmanuel de Lira. Nous n'y mettons point la
« reyne-mère ; mais la duchesse d'Albuquerque, dame
« d'honneur de la reyne, a eu une conduite si suspecte
« et a marqué une joye si grande, dans le moment
« mesme que la reyne se mouroit, que je ne puis
« la regarder qu'avec horreur, et elle est créature dé-
« vouée à la reyne-mère. »

[1] Voyez ces pièces à l'*Appendice* (L).

Le médecin de la reine, Franchini, est également en butte aux soupçons ; mais il n'est point question de la comtesse de Soissons dans ces dernières dépêches de l'ambassadeur, qui veillait de si près sur ses démarches ; son silence même ferait supposer qu'elle avait quitté Madrid à cette époque. Il dit même que l'on mit de l'affectation à répandre, dès le début de la maladie, que la reine avait mangé une quantité prodigieuse d'huîtres, de citron et de lait glacé ; il dément formellement ces bruits. « Je les ai, dit-il, tous vérifiés faux. »

Au moment où la reine mourut, le conseil délibérait encore sur la question de guerre et d'alliances ; les avis étaient partagés, et les amis de l'Autriche travaillaient fort à perdre cette reine, qui avait, disait-on, « conservé pour la France un amour trop violent. » Sa mort assura leur triomphe aussitôt. « Cela sent bien le fagot, » écrit madame de Sévigné. » Cette opinion rencontra peu de contradicteurs. « Il n'est pas douteux, dit encore un envoyé de France en Espagne, que cette intéressante princesse, morte empoisonnée en 1689, n'ait payé de sa vie l'inutile empire qu'elle avait su prendre sur son époux[1]. » Quant à la comtesse de Soissons, nous ne voyons donc que Saint-Simon qui l'accuse. Il est le seul qui parle de sa présence à Madrid. Mais, en supposant qu'elle s'y trouvât encore, est-il présumable qu'elle eût prêté les mains au crime ? Que penser de tous ces

[1] *Mém. de M. de Louville, ambassadeur à Madrid*, t. ii, p. 22.

tête-à-tête avec la reine d'Espagne, dont parle Saint-Simon? La cour de France, instruite par son ambassadeur, n'y aurait-elle pas mis bon ordre? Maintenant, un pareil crime eût-il beaucoup servi l'exilée? Sans doute c'eût été un moyen de nuire à la France et de se venger de sa disgrâce ; mais avait-elle perdu tout espoir de retour? Dira-t-on que ce bon office rendu à l'Autriche pouvait aider à la fortune de son fils? Nous répondrons qu'Eugène avait assez de son épée.

Après sa sortie d'Espagne, l'exilée reprit le chemin de l'Allemagne, « où elle vécut obscurément, dit Saint-Simon, tantôt dans un lieu, tantôt dans un autre. » Il prétend qu'elle n'osa retourner dans les Pays-Bas, et n'y reparut que beaucoup plus tard.

Son ami, son cher de Vardes, qui ne la revit plus, acheva sa vie plus heureusement qu'elle. Il était resté dix-neuf ans exilé dans son petit gouvernement d'Aigues-Mortes, où il faisait les délices de la noblesse de Provence. Il n'était point homme à faire longue pénitence, et il vécut dans son exil, à peu de chose près, comme à la cour. Les années ne lui ôtèrent rien de ses dangereuses séductions : il se fit aimer avec passion de la fille du marquis de Toiras, gouverneur de Montpellier. Mademoiselle de Toiras avait vingt ans ; de Vardes en avait cinquante. Mais la nature, qui lui avait prodigué ses dons, n'y avait pas joint la constance : il abandonna la belle Toiras, et la laissa en proie au plus tragique désespoir. L'aventure fit grand bruit ; madame de Sévigné s'en émut, et elle écrivit en Provence à madame de Grignan : « J'ai horreur de l'inconstance de M. de Vardes ; il a trouvé cette conduite dans la fin de sa passion, sans aucun sujet que de n'avoir plus d'amour. Cela désespère, mais j'aimerais encore mieux cette douleur que d'être quittée pour une autre. Voilà notre vieille querelle. Il y a bien d'autres sujets sur quoi je n'approuve pas M. de Vardes [1]. » Une sévérité si grande était faite pour étonner peut-être bien des gens.

Chose vraiment étrange ! cette histoire toute récente de la pauvre Toiras fournit un amusement à cette belle société oisive, si indulgente pour les intrigues d'amour. On en fit une sorte de drame, que l'on représenta dans les cercles intimes : madame de Sévigné goûta fort cette manière de passer une heure ou deux. «Madame de Coulanges, écrit-elle, et M. de Barillon jouèrent hier la scène de de Vardes et de mademoiselle de Toiras. Nous avions envie de pleurer ; ils se surpassèrent eux-mêmes [2]. »

Comment garder rigueur à un homme à qui la bonne société devait de pareils délassements? Madame de Grignan, dans ses lettres, abondait en nouvelles sur cet exilé si aimable, et à qui les belles dames finissaient par tout pardonner. Madame de Sévigné, elle aussi,

[1] *Lettres de madame de Sévigné,* 30 mars 1672.
[2] *Ibidem,* 1er avril 1672.

lui envoyait ses baise-mains par sa fille. « Vous aurez M. de Vardes, écrit-elle, quand vous recevrez cette lettre ; faites-lui bien mes baise-mains, s'il m'aime autant qu'à Aix ; mandez-moi si sa patience n'est point usée, s'il doit sa constance à la philosophie ou à l'habitude ; enfin, parlez-moi de lui [1]. » Ce fut une bonne fortune pour elle que de passer une saison à Vichy avec de Vardes, qui avait obtenu de s'y rendre ; il y ensorcela son monde, comme toujours. « Vardes, écrit-elle, a extrêmement plu à Termes, et Termes à Vardes. Leurs esprits se sont frappés d'un agrément égal : ç'a été un coup double. Cette connaissance qu'ils avaient de se plaire les rendait plus aimables encore [2]. »

Enfin Louvois fit un voyage en Provence, et ce farouche Louvois s'y laissa prendre comme un autre : les entretiens de Vardes le charmèrent à ce point qu'il donna au roi l'envie de le rappeler. Grande fut la nouvelle quand le maître déclara, à son lever, que Vardes serait à la cour dans trois jours. Il arriva à Versailles, et mit un genou en terre dans la chambre du roi ; il pleura ses plus belles larmes. Mais un fou rire éclata à son aspect : cet arbitre des anciennes élégances avait conservé tout le costume de son temps. C'était le roi de la mode ; mais, frappé de la baguette des fées, il avait dormi vingt ans. Cet homme admirable fit donc

---

[1] *Lettres de madame de Sévigné*, 29 juillet 1671.
[2] *Ibidem*, 13 septembre 1677.

tout d'abord l'effet d'un revenant. « Il arriva, comme
le dit si bien son amie, avec une tête unique en son
espèce, et un vieux justaucorps à brevet [1], comme on
en portait en l'an 1663. Oui, il y avait de cela vingt
ans ; cette mode ne se voyait plus que dans les portraits de famille. Le roi lui-même ne put garder son
sérieux, et se prit à rire en le voyant. « Ah ! Sire, s'é-
cria de Vardes, dont l'esprit était toujours de mode,
quand on est assez misérable pour être éloigné de
vous, on n'est pas seulement malheureux, on est ridicule. » Le roi fit appeler le Dauphin, et le présenta
à Vardes comme un jeune courtisan ; Vardes le reconnut et le salua. Le roi lui dit en riant : « Vardes,
voilà une sottise : vous savez bien qu'on ne salue personne devant moi. » M. de Vardes, du même ton :
« Sire, je ne sais plus rien, j'ai tout oublié ; il faut que
Votre Majesté me pardonne jusqu'à trente sottises. —
Eh bien ! je le veux, dit le roi ; reste à vingt-neuf... » De
Vardes, toujours de Vardes, c'est l'évangile du jour [2]. »

Un soupçon nous vient à l'esprit en lisant cette aventure : c'est que Vardes avait monté cette comédie ; ga-
geons qu'il s'était habillé pour la circonstance. Comment, en effet, un homme qui donnait le ton à la
Provence, qui avait les yeux tournés vers la cour, eût-

---

[1] C'était une casaque bleue, brodée d'or et d'argent, qui distin-
guait les principaux courtisans, et qui était semblable à celle du roi.
Il fallut un brevet pour avoir droit de la porter.

[2] *Lettres de madame de Sévigné*, 26 mai 1683.

il été en retard de vingt ans dans sa toilette? C'est là
ce qu'on ne peut accepter. Il voulait plaire à son maître en lui rappelant le temps de leur jeunesse, en
l'égayant même à ses dépens; et pour cela il endossa
ses vieux habits. Comment la pénétrante Sévigné s'y
est-elle trompée?

Vardes, rentré en grâce auprès du maître, redevint,
à soixante ans, le favori du monde : c'était Ninon en juste-
au-corps. Il vécut cinq ans encore de cette agréable vie,
« déployant jusqu'à la fin toutes les perfections humaines
(nous répétons le mot). Il est plus délicieux que jamais ;
il est toujours le bon parti de la conversation [1]. »

Et pourtant cet homme, qui avait tant su plaire, ne
laissa pas de bien profonds regrets. Il sauta dans l'é-
ternité, séduisant, septuagénaire ; et celle qui avait
tant joui de son esprit nous fait (cette ingrate) l'oraison funèbre de son ami un peu lestement. « Je vous
mandais, écrit-elle, l'arrivée de M. de Vardes à la cour;
je puis vous mander aujourd'hui son arrivée dans le
ciel; car tout chrétien doit présumer le salut de son
prochain, quand il est mort avec tous ses sacrements...
Enfin, dit-elle en finissant, je le regrette, parce qu'il
n'y a plus d'homme à la cour bâti sur ce modèle-là [2]. »

La comtesse de Soissons, que Vardes avait sans
doute bien oubliée, lui survécut pendant vingt-cinq

Lettres de madame de Sévigné, 1er juin 1684.
Ibidem, 3 septembre 1688.

ans.. On aurait peine à suivre son étoile errante; ce fut
surtout en Allemagne et dans les Pays-Bas qu'elle séjourna, mêlée aux intrigues, aux événements de cette
époque; elle mit son activité au service des intérêts de
son fils [1]. Comme la duchesse de Bouillon, elle alla
visiter sa sœur Hortense en Angleterre. La similitude
de leurs destinées, leur chute commune devaient les
rapprocher, et on se plaît à croire qu'elles se tendirent
la main dans leur malheur. Nous n'avons guère que
Saint-Simon pour nous parler des dernières années de
la comtesse de Soissons, et de ce côté il faut être en
garde. Il nous dit qu'elle se fixa à Bruxelles, et y mourut
dans une sorte d'opprobre. Il assure que les maréchaux
de Villeroy, de Boufflers et tous les Français de marque avaient défense de la voir. Cela peut être vraisemblable, puisqu'elle était en disgrâce. Est-ce qu'ils

---

[1] Il est souvent parlé, dans les correspondances des agents politiques, de la comtesse de Soissons.

« Bruxelles, 7 janvier 1694.

« Madame la comtesse de Soissons, que je fus voir hier soir, m'a
confirmé que le prince de Bade, son neveu, va demander en Hollande
et en Angleterre des troupes ou un subside pour l'armée qu'il doit
commander sur le Rhin.....

« Madame la comtesse de Soissons, qui a beaucoup d'aversion
pour M. Dickfeld, ne perd pas occasion pour lui rendre tous les
mauvais offices qu'elle peut. Le prince de Bade a été fort assidu à la
voir; elle l'a exhorté à se donner du repos, à quoy elle m'a dit
qu'il paroissoit porté, et que, sy le prince d'Orange ne faisoit pas les
choses comme il falloit, l'Empereur pourroit faire la paix. » (ARCH. DES
AFF. ÉTRANG.)

n'avaient pas aussi défense de voir, en passant, l'archevêque de Cambrai ?

On peut cependant opposer à Saint-Simon quelques faits qui sembleraient bien démentir tout ce qu'il avance. « Ne savez-vous pas, écrivait madame de Coulanges, que M. le maréchal de Villeroy a été voir madame la comtesse de Soissons à Bruxelles ? Il lui a mené son fils ; et madame la comtesse de Soissons avoue qu'il y a longtemps qu'elle n'a eu une si grande joie [1]. »

La piquante amie de madame de Sévigné dit encore dans une autre lettre : « Ma sœur brille à Bruxelles ; elle a tous les soirs madame la comtesse de Soissons à souper chez elle [2]. »

Est-ce donc ainsi qu'elle était abandonnée ? Et n'est-ce pas jouer de malheur que de nous montrer dans l'opprobre une femme si grandement posée, et dont le commerce était envié comme le sien [3] ?

Bien des écrivains ont répété Saint-Simon et se

[1] *Lettre* XLIV *de madame de Coulanges* ; Paris, 10 mai 1703.

[2] *Lettre* XLI *de madame de Coulanges à madame de Grignan* ; Paris, 17 juin 1701.

[3] On pourrait encore opposer à Saint-Simon le témoignage plus sûr de Saint-Évremond, qui dit à la duchesse de Mazarin, dans une épître datée de cette époque :

> « Les cieux pour les Bouillon se sont enfin ouverts ;
> « Le connétable est mort, *la comtesse prospère*..... »
>> (*OEuvr. de Saint-Évremond*, t. VI, p. 10.)

Il dit ailleurs, dans une lettre à madame de Mazarin :

« Je vous ai ouï dire que madame la comtesse ne se laissoit jamais entamer. » (*OEuvr*, t. VI, p. 20.)

sont fiés à sa probité haineuse ; mais il faut y regarder de près avec ce vautour des réputations. L'orgueilleux praticien a, comme le Dante, ses réprouvés, et il se venge, lui, par la damnation historique.

Quand la comtesse de Soissons mourut, ni le roi ni la cour ne prirent le deuil, quoiqu'elle fût alliée à la maison de Savoie ; il n'y eut que la duchesse de Bourgogne qui porta ce deuil six jours. On a dit quelque part que le prince Eugène n'alla voir l'exilée qu'une seule fois ; mais qui pourrait le garantir ? Ses opérations l'appelaient fréquemment dans les Pays-Bas, et il était à portée d'y voir sa mère sans que cela fît le moindre bruit. Nous venons de voir que le prince de Bade, son frère d'armes et son parent, était fort assidu près d'elle.

Le prince Eugène, en 1710, se rendit en Angleterre, et le parti de la paix le fit insulter dans les gazettes, en diffamant la mémoire de la comtesse de Soissons. Elle était morte en 1708, dans tout l'éclat des victoires de son fils et à quelques pas de ses champs de bataille. Courtisans, généraux, négociateurs de la grande alliance, pouvaient-ils manquer de faire leur cour à la mère d'un généralissime victorieux ? Elle fut bien vengée des dédains de ceux qui défendaint de lui rendre visite. Que de gens de Versailles, que de vieilles connaissances ne retrouva-t-elle pas (Villeroy entre autres) parmi ces prisonniers dont le vainqueur d'Oudenarde et de Malplaquet remplissait les forteresses de l'Allemagne et des Flandres ! Elle vit chanceler le trône de Louis XIV sous les coups redoublés de son fils ; elle fut témoin des défaites et de l'humiliation de cette cour qui l'avait bannie ; et la mère d'Eugène expira en goûtant ce dernier plaisir de l'orgueil et de la vengeance.

MARIE MANCINI,

CONNÉTABLE COLONNA.

———◦———

Madame Mancini déclarait, avant de mourir, au cardinal Mazarin, que son mari, savant astrologue dont les prédictions n'avaient jamais failli, disait-elle, lui avait souvent répété que Marie, leur troisième fille, occasionnerait un jour de grandes catastrophes. La pauvre dame, tourmentée des prophéties de son époux, cherchait pourtant à conjurer des maux si bien écrits dans les astres. Elle n'y vit point de meilleur remède que de supplier son frère de laisser sa fille au couvent et de la consacrer tout à fait à Dieu. Mais il n'eut point égard au vœu de la mourante, soit qu'il eût moins foi que sa sœur aux talents divinatoires de son beau-frère, ou qu'il eût ses raisons pour passer outre.

Madame Mancini, cédant aux désirs du cardinal, lui avait amené de Rome, après la Fronde, ses deux filles

Marie et Hortense. Les prétendus Mémoires de Marie [1] nous disent que sa mère, ne la trouvant point belle, se souciait peu de la produire à la cour, et qu'elle lui proposa d'entrer en religion dans le monastère de Campo Marzo, où une sœur du cardinal avait pris le voile. Marie, à qui ce parti souriait fort peu, répondit à sa mère « qu'il y avoit des couvents partout, et que, lorsqu'elle seroit poussée par quelques-uns de ces mouvements célestes, il lui seroit aussi facile de les suivre à Paris qu'à Rome [2]. » Madame Mancini, sa sœur Martinozzi et leurs enfants s'embarquèrent sur une magnifique galère couverte de banderoles, que la république de Gênes leur envoya comme à des reines. La duchesse de Mercœur se rendit en Provence au-devant de sa mère et de ses sœurs, et elles séjournèrent huit mois à Aix dans le palais du gouverneur. Le cardinal leur laissa le temps de se façonner à la langue et aux usages du pays. Une fois à Paris, Marie et Hortense furent mises au couvent des Filles de Sainte-Marie, à Chaillot, et y restèrent deux ans [3].

Le cardinal les fit passer de ce séjour de paix à la vie étourdissante du Louvre : Marie allait atteindre dix-huit ans ; Hortense en avait treize. Mazarin leur donna

[1] Voir la note relative aux *Mémoires de Marie Mancini*, p. 275.
[2] *Apologie, ou les Véritables Mémoires*, p. 6. Leyde, 1678.
[3] *Mém. de madame de Motteville.* Cependant les *Mémoires de Marie*, p. 11, disent qu'elle fut placée au couvent de la Visitation du faubourg Saint-Jacques.

pour gouvernante madame de Venelle, qui apporta un grand zèle à sa tâche. Tantôt il avait ses nièces auprès de lui dans son logement du Louvre, à proximité du roi et de sa mère, ou bien il les emmenait à son palais Mazarin, ainsi que dans les fréquents voyages que faisait la cour à Saint-Germain et à Fontainebleau. Les contemporains disent généralement que le cardinal avait tiré ses nièces de leur couvent pour donner au roi des compagnes prêtes à remplacer Olympe, avec l'espoir qu'il en naîtrait quelque attachement plus sérieux que le premier. C'est là une interprétation qui ne choque en rien les vraisemblances ; ajoutons cependant que la mort et les mariages avaient fait un grand vide autour de Mazarin. Il venait de perdre coup sur coup sa sœur et sa nièce Laure ; il avait vu périr le plus aimé de ses neveux. Ses nièces Martinozzi, en se mariant, s'étaient éloignées de lui ; leur mère avait regagné l'Italie. Le mariage d'Olympe enfin acheva de rompre cette habitude qu'il s'était faite d'avoir une famille autour de lui. A part ses arrière-pensées, il pouvait bien ressentir comme un autre ces besoins de la vie intérieure ; mais il était homme à en tirer un double parti : le cœur du roi, très-inflammable, pouvait tomber en mauvaises mains, et il était de la prudence de faire qu'il restât comme un gage dans la famille. Il y avait là, il est vrai, quelque difficulté : Hortense était parfaitement belle, mais elle était encore dans cet âge que Louis XIV n'aimait pas. Quant à Marie, qui se rapprochait de

goïsme et de l'ambition, une personne donna au mourant des marques d'un profond regret : ce fut Marie
Mancini. Quand elle vit le roi condamné par ses médecins, elle ne put contenir sa douleur et s'abandonna
au plus violent désespoir : elle ne s'inquiétait guère
du lendemain. Peut-être son oncle trouva-t-il qu'elle le
compromettait. Il devint donc manifeste que Marie
Mancini aimait le roi. Elle avait déjà passé plus d'une
année auprès de lui ; elle avait vu de près ses inclinations
pour mademoiselle d'Argencourt et d'autres ; son cœur
passionné en avait eu sans doute fort à souffrir. N'a-
vait-elle pas eu, au fond de son couvent même, mainte
occasion d'entendre vanter la beauté de Louis XIV, au
temps où il courtisait sa sœur Olympe ? A qui rêvait
alors cette pauvre recluse, réputée laide, dont on voulait faire une religieuse ? Était-ce à Dieu ? était-ce au
roi ? Son paradis n'était-il point cette cour où brillaient
ses sœurs, et dont on lui contait tant de merveilles ?
Son âme brûlante était capable d'exaltation religieuse ;
mais elle passa, le même jour, de son cloître dans ce
monde enivrant, où tout se transforma en elle. Le
roi, quand il fut rétabli, entendit parler des sentiments
que Marie Mancini avait fait éclater pendant sa maladie. En fait de larmes et de regrets, bien des gens ne
l'avaient point gâté ; il se trouvait fort désenchanté de
ceux qu'il appelait ses *infidèles*. L'amoureux désespoir
de Marie lui plut, et de ce moment il s'attacha plus
sérieusement à elle. Cette grande fille jaune et maigre,

dépourvue d'élégance et d'expression au sortir de son couvent, avait beaucoup changé d'aspect. L'air de la cour, l'ajustement, le désir de plaire, la flamme qui brûlait dans son cœur, l'avaient transfigurée. Sa personne avait pris de l'ampleur et de la grâce ; son regard, à la fois énergique et doux, peignait admirablement son âme ; ses traits n'étaient point beaux, et avaient plus d'expression que de noblesse ; mais, dans son ensemble, c'était une belle femme. La maussade peinture que madame de Motteville nous fait d'elle, à son entrée dans le monde, est d'ailleurs bien peu d'accord avec ses portraits ; au lieu « d'une grande bouche plate, » ces portraits nous en offrent une remarquablement petite, avec de fraîches et fortes lèvres. La métamorphose alla-t-elle jusque-là ?

Mais son esprit s'était développé comme sa taille ; elle avait moins subi que sa sœur Olympe et ses cousines les distractions du monde. Elle était venue de Rome à quinze ans, et son éducation était heureusement commencée quand elle fut confiée aux Sœurs de Sainte-Marie. Cette Italienne savait par cœur les poëtes de son pays. Plus tard, les romans français de cette époque, pleins de passion et d'attrayantes délicatesses, répondirent à ses sentiments exaltés ; elle dévora toute cette littérature amoureuse. Son esprit, en toutes choses, était avide d'instruction ; son âme ardente éprouvait toutes les curiosités. Elle avait vu son père adonné à ses contemplations astrologiques, et ses regards aussi s'égaraient souvent dans les astres. D'un autre côté, nièce d'un puissant ministre, elle prit goût à la politique, aimant fort Corneille et ses maximes d'État.

Il existait, sur tous ces points, un grand contraste entre Marie et son royal ami. Celui-ci dansait et s'habillait à merveille, brillait dans les carrousels et les ballets, mais il n'avait pas l'idée d'autre chose : son esprit était resté inculte, et les bévues qui lui échappaient firent rougir souvent l'orgueilleuse Marie. Mais bientôt elle s'empara de cette âme tout entière ; ce que ses maîtres n'avaient pas su faire, elle l'entreprit. Elle lui mit dans les mains quelques livres ; elle lui apprit d'abord l'italien, lui fit lire et aimer ses poëtes favoris. Elle était, en sa qualité de Romaine, enthousiaste des arts ; elle en fit naître les premières impressions chez son amant. La conversation de Marie Mancini était brillante et hardie ; au jugement de madame de La Fayette, « elle avoit infiniment d'esprit. » Les hommes les plus sérieux de la cour s'arrêtaient à converser avec cette fille, qui les abordait vaillamment, qui n'avait pas peur de parler politique avec de Lyonne ou Servien, de morale avec La Rochefoucauld, d'histoire avec Saint-Évremond, de guerre peut-être avec Turenne. Elle interrogeait du moins, et prêtait l'oreille avec sa naïve et ardente curiosité. Souvent aussi elle faisait des lectures tout haut, dans le cercle intime de la reine ; et sa voix passionnée, amoureuse,

quand elle lisait les romans et les tragédies, allait porter la flamme dans le cœur de son amant. Son goût
décidé pour la poésie, le savoir et les délicatesses de
l'esprit, lui valurent une place parmi les précieuses[1].
Mais c'était une précieuse qui ne côtoyait pas le fleuve
de Tendre ; elle s'y jetait intrépidement.

Ainsi aiguillonné par l'amour, le roi répara le temps
qu'il avait perdu[2]. « Il étoit, dit mademoiselle de
Montpensier, de bien meilleure humeur, depuis qu'il
étoit amoureux de mademoiselle de Mancini. Elle lui
avoit fort conseillé de lire des romans et des vers. Il
en avoit une quantité, avec des recueils de poésies et
de comédies[3]. » Mais Marie fit mieux encore que de
fournir à l'esprit du roi ces légers ornements ; elle
s'attacha à donner au caractère une trempe plus mâle.
Louis XIV avait vingt ans, et on lui voyait encore une

---

[1]
    Le roi, notre monarque illustre,
    Menoit l'infante Mancini,
    Des plus sages et gracieuses,
    Et la perle des précieuses.

Somaire donne une place à Marie Mancini dans son grand *Dictionnaire des Précieuses* (K).

[2] On lit ce passage assez singulier dans une lettre adressée de
Rome, par un religieux, à Mazarin : « Le pape me demanda, parlant
du Roy, s'il estoit chaste, et pourquoy il portoit tant d'affection à
une nièce de Vostre Éminence. J'asseuray que le Roy estoit aussy
chaste que lorsqu'il sortit du batesme, et que cette affection prove-
noit d'une sympathie d'humeurs, et de ce que cette fille avoit beaucoup d'esprit revenant au sien, qui est ce que nous appelons *amor
socialis.* » (*Lettre du Père Duneau*, Rome, 17 novembre 1659. Ar-
CHIVES DES AFFAIRES ÉTRANGÈRES.)

[3] *Mém. de Mademoiselle*, collect. Petitot, t. XLII, p. 44

l'âge du roi, il paraît que le couvent n'avait pas beaucoup développé ses charmes, si le portrait que l'on
nous en donne est fidèle. Elle était grande, mais si
maigre que son col et ses bras semblaient décharnés ;
puis elle était brune et jaune. « Ses yeux grands et
noirs, nous dit-on, n'ayant point encore de feu, parois-
soient rudes ; sa bouche étoit grande et plate, et hormis les dents, qu'elle avoit belles, on la pouvoit dire
toute laide alors [1]. » Tel est le portrait de cette nouvelle Hélène, dont la destinée rayonnait dans les astres. Le roi fit d'elle une camarade, et rien de plus, pré-
férant encore ce pis-aller à la petite Hortense, mais si
peu épris d'elle qu'il devint presque aussitôt amoureux
d'une fille d'honneur de sa mère, mademoiselle de la
Mothe d'Argencourt [2]. Celle-ci était faite pour plaire,
avec ses yeux bleus, ses cheveux blonds, sa belle taille,
et mieux encore la grâce et le bon air de toute sa personne. Elle se vit bientôt admise à de petits jeux, et
le roi, qui la voyait ainsi chaque soir, devint éperdument amoureux d'elle. Le cardinal en prit l'alarme, et,
tout en faisant mine d'encourager le goût du roi, il
donna l'éveil à la reine [3]. La mère prit son fils à part
dans son oratoire et eut avec lui un grand entretien.
Elle lui fit peur de sa passion, lui montra les dangers
qu'il courait d'offenser Dieu. Il avoua qu'il se sentait,

---

[1] *Mém. de mad. de Motteville*, collect. Petitot, t. xxxix, p. 400.
[2] *Ibidem*, p. 401.
[3] *Ibidem*, p. 402.

en effet, fort près de pécher. Il était bien temps d'aviser au péril, mais le sacrifice lui semblait douloureux. Il soupira, il gémit, puis il se confessa et communia ; après quoi il s'en alla à Vincennes, chez le cardinal, achever cette victoire sur son propre cœur. Il revint à la cour, bien prémuni contre de pareils dangers. Mais, dès le premier bal, la belle d'Argencourt s'approcha de lui et le pressa de danser avec elle. Il n'était point préparé à ce brusque assaut, et il en fut ébranlé. Il dansa donc, et l'on remarqua qu'il devint « pâle tout d'abord, et fort rouge ensuite [1]. » On prétend même que la jeune beauté conta le lendemain, à ses amies, que la main du roi avait tremblé tout le temps qu'il avait tenu la sienne. Elle confia également à sa mère ce que le jeune prince lui avait dit, les promesses qu'il lui avait faites de s'attacher à elle, sans que rien pût cette fois le faire manquer à ses engagements. La bonne mère, au comble de la joie, voyant déjà les cieux s'ouvrir et toutes les prospérités pleuvoir sur sa maison, se mit en tête pourtant que le cardinal pourrait bien faire tout manquer encore ; elle eut l'idée d'aller le trouver, de se confier à lui, et de le mettre ainsi dans ses intérêts. Le roi, violemment épris, ne cachait plus son amour, et c'était à qui se hâterait de se mettre en règle auprès de la favorite. Mazarin toutefois ne se tint pas pour battu. Mademoiselle d'Argencourt avait eu des fai-

---

[1] *Mém. de madame de Motteville,* coll. Petitot, t. xxxix, p. 400 et suiv.

turne de son frère Louis XIII; elle était chaleureuse et
démonstrative, à ce point, nous dit-on, que « la bouche
ne lui fermoit point [1]. » Elle avait de l'esprit pourtant, elle parlait bien; mais elle parla tant, la pauvre
dame, qu'Anne d'Autriche finit par l'appeler « la plus
grande comédienne du monde [2]. » Sa fille, la princesse
Marguerite, à qui le roi avait, à première vue, trouvé
l'air agréable, heureuse de ses succès sans doute, se
mit à causer avec son prétendu le plus familièrement
du monde. Louis goûta son esprit et l'entretint longtemps, lui donnant un aperçu des plaisirs qui l'attendaient en France.

Mais il paraît qu'il restait encore certaines inquiétudes au roi quant au mérite corporel de la princesse.
Pour se tirer de peine, il eut recours à un moyen hardi :
il entra subitement dans sa chambre le lendemain matin, pour la surprendre en déshabillé : on lui avait dit
qu'elle était bossue. Que vit-il dans cette indiscrète
entrevue? L'histoire n'en parle pas; mais le roi chan-

---

son oratoire... J'étois seule avec la reine, et je dis à l'ambassadrice que
la reine avoit de belles mains, qu'elle seroit sans doute plus aise de
voir que tout ce qu'elle lui montroit. Elle prit la main de la reine,
puis l'ayant dégantée, elle la baisa et la loua de bonne grâce. Elle
lui leva son mouchoir pour voir sa gorge..... Ces choses plurent à
la reine, et toute la journée on ne parla que de la Danoise... et des
marques qu'elle avoit données d'avoir beaucoup d'esprit et de raison... » (*Mém. de madame de Motteville*, collect. Petitot, t. xxxvii,
p. 247.)

[1] *Mém. de Mademoiselle*, collect. Petitot, t. xlii, p. 362.
[2] *Ibidem*, p. 382.

blesses de cœur avant que Sa Majesté s'occupât d'elle:
Son Éminence, à qui tous moyens étaient bons, se fit
livrer les lettres d'amour qu'elle avait écrites et s'en
alla trouver le roi. Grande fut la surprise du prince
quand il s'entendit répéter tout au long ses entretiens
secrets avec sa belle. Mazarin lui laissa croire qu'elle
avait tout redit à son amant, et qu'il était le jouet de
cette infidèle; il n'eut point de peine à convaincre le
roi, en exhibant les lettres mêmes qu'il s'était procu-
rées. Louis, en effet, se crut trahi; et quand la belle
d'Argencourt s'avança vers lui, au milieu du bal, souriante, épanouie, il détourna la tête et ne la regarda
plus. L'amour-propre offensé résista, chez lui, mieux
que la dévotion. Quant à cette idole éphémère qui, le
même soir, arriva *triomphante, adorée,* et qui s'en alla,
comme la reine d'Argos, *seule et désespérée,* elle se
consola des mécomptes de l'ambition avec son amant,
le marquis de Richelieu. Mais ses consolations ne restèrent point secrètes, et la marquise outragée porta
plainte; si bien que la pauvre d'Argencourt fut conduite
à Chaillot, dans le couvent des Filles de Sainte-Marie.
La Vallière malgré elle, elle y expia ses péchés, si elle
ne les pleura pas. Telle était pourtant la force du sentiment religieux à cette époque qu'elle prit goût à la
pénitence, et que, sans prononcer de vœux, elle se plut
à rester toute sa vie dans cette maison [1].

[1] *Mém. de madame de Motteville,* coll. Petitot, t. xxxix, p. 404,
435.

Cette courte et sérieuse passion avait-elle été précédée ou fut-elle suivie des relations dérobées du roi avec madame de Beauvais? C'est ce qu'on ne peut déterminer, car cet accident mystérieux n'a point de date dans l'histoire.

Louis XIV, quelques mois après sa rupture avec mademoiselle d'Argencourt, trouva des émotions qui firent diversion à ses souvenirs. La campagne de 1658 s'ouvrit, et il partit pour l'armée de Flandre, que Turenne commandait. Après la bataille des Dunes, on fit divers siéges où le roi se montra. Mais ces pays marécageux et couverts de morts lui occasionnèrent une maladie qui faillit l'emporter en quelques jours. Ses médecins, à bout de ressources, n'ayant plus d'espoir, on recourut à un empirique qui le sauva. Déjà son entourage s'était précipité vers son frère ; ce fut à qui se mettrait en mesure avec les favoris de Monsieur, qui se vit, par anticipation, traité en roi. Mazarin, fort inquiet du sort que lui ferait cette nouvelle cour, avait donné l'ordre d'enlever de son palais les meubles les plus précieux, et de les cacher dans les souterrains de Vincennes : voulait-il donc y soutenir un siége? On dit encore qu'il fit parler secrètement aux puissances du nouveau règne. Il n'ignorait pas sans doute qu'il était question de le faire arrêter après la mort du roi. Déjà les impatients venaient écouter devant la porte du malade, cherchant à s'assurer s'il respirait encore.

Cependant, au milieu de ces étranges scènes de l'é-

soumission d'enfant pour sa mère et pour Mazarin.
Rien en lui ne faisait pressentir un maître : il assis-
tait au conseil avec ennui ; moins solitaire que son père
dans ses amusements, il semblait disposé, comme lui,
à laisser à d'autres tout le fardeau des affaires. Marie
éveilla dans Louis XIV l'orgueil qui sommeillait encore ; elle fit souvent retentir à ses oreilles le mot de
gloire ; elle lui vanta le bonheur de commander. Soit
fierté d'amante, soit calcul, elle voulait que son héros
sût porter dignement sa couronne. En cela la nièce
de Mazarin s'inquiétait peu des intérêts de son oncle ;
on dit même qu'elle lui rendit de mauvais services,
et qu'elle alla jusqu'à rapporter au roi tout ce qu'on
disait de la reine et du cardinal[1]. Il est probable que
celui-ci, qui avait partout des oreilles ouvertes, n'i-
gnora pas de quelle façon sa nièce formait, à ses dépens, l'esprit de Sa Majesté. Passe encore d'inspirer à
son illustre élève l'amour des romans et des tragédies ;
mais lui suggérer l'envie de gouverner l'État, cela ne
pouvait faire le compte de Mazarin.

Que dut-il penser alors des procédés de sa nièce
Marie ? Quels projets avait-il sur elle à ce moment ?
Le plus probable, c'est qu'il n'y avait rien d'arrêté
dans sa tête, et qu'en plaçant, après le mariage d'O-
lympe, ses sœurs cadettes auprès du roi, c'était comme
un appât qu'il offrait à la fortune : il voulait simple-

---

[1] *Mém. de madame de La Fayette,* collect. Petitot, t. XLII.

ment voir venir. Cet avisé personnage ne s'enchaînait guère à un programme tout arrêté : c'était l'homme le plus disposé à faire en tout la part des circonstances et à ne point s'obstiner à marcher contre le vent. Mais l'amour du roi pour Marie avait pris un tel caractère que l'on commençait à croire généralement que le mariage s'ensuivrait. Ce fut donc une grande surprise lorsque l'on apprit que la cour allait se mettre en route pour une entrevue matrimoniale : il s'agissait, pour le jeune roi, d'un mariage avec la princesse Marguerite de Savoie. Les deux cours partirent le même jour pour se rencontrer à Lyon. La saison était peu propice à cette galante expédition : c'était à la fin de novembre. Louis, cependant, fit cette longue route presque toujours à cheval, et sa hardie compagne chevauchait à ses côtés. On s'étonnera un peu de trouver Marie de ce voyage, et l'on va se demander quelle figure elle y pouvait faire. Le roi redoublait d'empressement avec elle ; leur conversation ne tarissait pas, tandis qu'il n'adressait pas un mot à la comtesse de Soissons. « Sa sœur ne lui parloit quasi point, et ne perdoit aucune occasion de la picoter, » dit Mademoiselle ; il y avait guerre ouverte entre les deux sœurs, et ce long trajet ne fut rien moins qu'une partie de plaisir pour Olympe ; elle se trouva mal avant d'être à Lyon, et fut contrainte de s'arrêter.

Quant au roi, il prenait gaiement [1] le voyage ; il par-

---

[1] *Mém. de madem. de Montpensier*, coll. Petitot, t. XLII, p. 556.

lait de l'événement en homme fort aise de ce qu'il
allait faire. Il faut noter quelques incidents du chemin.
A Dijon, où la cour passa quelque temps, on put voir
que le jeune prince prenait des airs d'indépendance
assez nouveaux; il donna des fêtes, se fit servir à part.
On rapporte « qu'il ne soupoit point avec la reine, et
pouvoit, de cette façon, demeurer quatre ou cinq heures
à causer avec mademoiselle de Mancini. La belle Hortense et Marianne tenoient le jeu de Sa Majesté, tout
le temps que duroient ces entretiens [1]. » La cour fit
son entrée dans Lyon le 28 novembre; les princesses
de Savoie y arrivèrent quelques jours après. Si captivé
qu'il fût des entretiens de sa compagne de route, le
roi était impatient de voir celle que la politique lui
destinait. Il alla à cheval au-devant d'elle, tandis que la
reine sa mère s'inquiétait de l'effet que cette première
entrevue produirait sur son fils. Il revint au galop,
l'air radieux, et s'approcha du carrosse de la reine, qui
aussitôt lui dit : « Eh bien ! mon fils ? » Le roi répondit : « Elle est plus petite encore que madame la maréchale de Villeroy, mais elle a la taille la plus aisée
du monde; elle a le teint olivâtre, ajouta-t-il en hési-
tant, mais cela lui sied bien; elle a de beaux yeux,
elle me plaît [2]. »

Cette princesse, qui avait si bien réussi dès la pre-

---

[1] *Mém. de madem. de Montpensier*, coll. Petitot, t. XLII, p. 348.
[2] *Mém. de Mademoiselle*, collect. Petitot, t. XLII, p. 359.

mière vue, était la fille de Christine de France, duchesse régente de Savoie. Madame Royale (c'est ainsi
qu'on appelait la mère) était fille de Henri IV, et l'ardent désir qu'elle avait de voir sa fille Marguerite reine
de France lui avait fait braver tous les hasards fâcheux
d'une telle démarche ; car il n'y avait encore ni enga-
gement ni promesse : tout devait dépendre des impressions du roi ; disons mieux, le cardinal avait ses raisons
pour ne pas s'engager tout à fait. Christine était donc
partie sur cette chance un peu douteuse, et c'était exposer beaucoup la dignité de la maison de Savoie.
Aussi le jeune duc, son fils, le comprit-il ainsi, et se
réserva-t-il de venir plus tard, si l'événement tournait
à bien. Madame Royale fit, en attendant, une superbe
entrée ; sa litière était précédée de douze pages vêtus
de noir ; tous ses gardes aussi, portant des casaques
noires brodées d'or ou d'argent, avec force mules richement caparaçonnées, et de nombreux carrosses à
six chevaux. Madame de Savoie, qui souhaitait fort
d'arriver à ses fins, ne s'épargna pas pour réussir.
Elle commença par de grandes caresses à la reine, lui
baisa les mains avec des transports d'admiration : c'é-
tait prendre par sa dernière vanité une coquette de
soixante ans [1]. Christine n'avait pas l'humeur taci-

---

[1] Voici, sur l'amour que cette reine dévote avait de sa personne,
un trait fort curieux rapporté par sa discrète femme de chambre.
« L'ambassadrice de Danemark, nous dit-elle, vint un jour saluer la
reine, qui la mena voir son petit appartement, sa chambre, ses bains,

gea de ton avec la pauvre Marguerite : « il devint aussi
froid pour elle qu'il avoit paru empressé à son arrivée,
ce qui étourdit fort madame de Savoie [1]. »

Qui donc s'était avisé de donner cet avis charitable
sur la personne de Marguerite? N'était-ce point Marie
Mancini? On ne s'explique guère sa présence à Lyon
dans de pareilles circonstances. Ce mariage du roi
pouvait-il être de son goût? Sa rivale ne put que lui
paraître fort laide. « N'êtes-vous pas honteux, dit-elle
à son auguste ami, que l'on veuille vous donner une
pareille femme [2]? » Pour réhabiliter un peu cette princesse, que nous ne sommes pas forcés de voir par les
yeux de Marie Mancini, il faut consulter le portrait que
Mademoiselle a tracé d'elle : l'indulgence n'est pas son
défaut à l'endroit des femmes. Elle lui trouva la taille
assez jolie, les yeux grands et agréables, le nez gros,
la bouche point belle, et le teint fort olivâtre ; « et
avec tout cela, ajoute-t-elle, elle ne déplaît pas. Elle a
beaucoup de douceur, quoiqu'elle ait l'air fier ; et elle
a infiniment d'esprit [3]. »

Le roi reprit ses habitudes et ses longs aparté avec
Marie. Il logeait dans l'hôtel du trésorier de France,
sur la place Bellecour ; le cardinal et ses nièces de-
meuraient vis-à-vis, à l'autre extrémité de la place.
Sa Majesté, en sortant le soir de chez la reine, recon-

---

[1] *Mém. de Mademoiselle,* collect. Petitot, t. XLII, p. 367.
[2] *Ibidem,* p. 363.
[3] *Ibidem,* p. 364.

duisait mademoiselle Mancini. « Au commencement, il suivoit le carrosse, puis servoit de cocher ; à la fin, il se mettoit dedans [1]. » D'autres fois il faisait quelques tours avec elle dans Bellecour, au clair de lune. Aux revues, aux promenades, au spectacle, Marie se trouvait à ses côtés. Quant à la pauvre Olympe, elle fut presque toujours malade et se vit fort délaissée pendant ce voyage.

Cependant, sur l'avis qu'il avait reçu des premières impressions du roi, le duc de Savoie s'était décidé à se rendre aussi à Lyon. Il y arriva, persuadé qu'il y trouverait les choses fort avancées ; mais au même moment entrait aussi dans la ville un personnage mystérieux envoyé de l'Espagne, don Antonio Pimentel : il venait offrir la main de l'infante. C'était le rêve d'Anne d'Autriche, de mettre fin à la guerre par le mariage de son fils avec sa nièce Marie-Thérèse. Sa joie fut si grande à cette nouvelle qu'elle eut peu de souci de l'affront que la maison de Savoie allait essuyer. Quand la chose vint à transpirer, le duc monta à cheval de grand matin, et reprit au galop la route de ses États, pour sauver, autant que possible, sa dignité. Mademoiselle assure qu'on l'entendit prononcer ces paroles en caracolant sur la place Bellecour : « Adieu, France ! Je te quitte sans regret, et pour toujours [2]. »

---

[1] *Mém. de Mademoiselle*, collect. Petitot, t. XLII, p. 384.
[2] *Mém. de Mademoiselle*, collect. Petitot, t. XLII, p. 380.

Quant à madame Royale, sa mère, elle ne lâcha point prise si promptement : elle avait fait ce hasardeux voyage malgré son fils, malgré l'avis de son conseil ; elle voulut avoir une explication avec Mazarin. Celui-ci ne nia point les pourparlers qu'il avait eus avec l'envoyé d'Espagne, et la pauvre dame se fâcha si fort qu'elle se frappa la tête contre le mur. Le ministre pourtant l'apaisa en lui donnant par écrit la promesse de renouer le projet de mariage avec sa fille, dans le cas où l'infante n'épouserait point le roi. La douleur de la duchesse, nous assure-t-on, ne tint pas à une galanterie que lui fit le cardinal fort à propos : il lui offrit des pendants d'oreilles dont elle se hâta, dès le soir, de se parer, et elle retrouva sa bonne humeur habituelle. Un malheur si dignement supporté ne parut pourtant pas toucher beaucoup la reine, qui se moqua de madame de Savoie, la traita de comédienne, de folle, et dit, en la voyant partir, « qu'elle étoit fort aise d'être défaite de ce monde-là [1]. » C'était en user avec bien du sans-façon entre belles-sœurs et entre têtes couronnées. La princesse Marguerite, à la différence de sa mère, garda une réserve et une tranquillité admirables dans ces difficiles moments ; son âme douce et fière sut contenir les émotions qu'elle ressentit.

Tandis que le cardinal poursuivait les négociations,

[1] *Mém. de Mademoiselle*, collect. Petitot, t. XLII, p. 381.

le roi amusait mademoiselle Mancini par des fêtes, des mascarades ; leur séjour à Lyon se prolongea jusqu'au milieu de janvier. La cour enfin reprit la route de Paris, et, malgré la rigueur de l'hiver, Louis et son intrépide compagne voyagèrent à cheval, sans doute pour converser plus librement.

Le prince sembla redoubler d'amour et d'empressement pour elle ; c'était chaque jour quelque nouvelle fête à son intention. On trouve dans les Mémoires de Marie plus d'un trait des procédés galants de son royal ami. « Un jour, dit-elle (c'étoit, si je m'en souviens bien, au Bois-le-Vicomte, dans une allée d'arbres où, comme je marchois avec assez de vitesse, Sa Majesté me voulut donner la main), il m'arriva de heurter de la mienne, assez légèrement, contre le pommeau de son épée ; et lui, avec une colère toute charmante, la tira du fourreau et la jeta [1]. »

Marie respirait depuis la rupture du mariage de Savoie ; mais l'arrivée de don Antonio Pimentel à Paris lui donna bientôt de nouvelles alarmes. Une autre visite, et qui surprit fort, vint encore les augmenter : ce fut celle de don Juan d'Autriche, qui parut tout à coup comme un messager de paix et d'hymen. C'était un personnage original et hautain, dont les allures choquèrent beaucoup Marie ; aussi n'épargna-t-elle rien pour indisposer le roi contre cet Espagnol. Il avait

---

[1] *Apologie, ou les véritables Mémoires,* p. 24. Leyde, 1678.

eu l'effronterie d'amener avec lui et de présenter à la cour une certaine femme que l'on appelait sa *Folle*. Cette folle avait de l'esprit, et le roi s'en était d'abord amusé. « C'étoit, dit Mademoiselle, à qui l'auroit. » Mais Capiton (tel était le nom de cette femme) parlait toujours de l'infante, et ce n'était pas le moyen de plaire à mademoiselle Mancini ; aussi se vengea-t-elle sur Capiton, par ses sarcasmes, des ennuis que lui apporta cette singulière ambassade.

Cependant la grande affaire de la paix et du mariage se négociait activement. Il était question du départ de Mazarin pour la frontière, où il devait rencontrer le ministre espagnol et travailler à ce fameux traité. Ce fut alors que le roi s'expliqua ouvertement avec le cardinal, et lui fit part du projet qu'il avait d'épouser sa nièce. Mazarin refusa d'y consentir. Voyons, s'il est possible, le fond de sa pensée dans cette circonstance ; les contemporains l'ont diversement interprétée. Mazarin songea-t-il réellement à ce mariage ? Il nous paraît probable qu'il avait rêvé de faire épouser Olympe au roi, et peut-être essaya-t-il de Marie dans un pareil dessein ; mais il est à croire aussi qu'il ne s'y arrêta pas longtemps. Olympe était à lui et ne semblait pas devoir lui échapper ; elle connaissait le faible de Son Éminence, et elle était toujours aux écoutes ; elle avait d'ailleurs plus de vanité que d'ambition véritable. Il en fut tout autrement de Marie : cette fille ardente et fière, dont le caractère ne transi-

geait pas, méprisait son oncle ; elle le voyait souvent
courber la tête et caresser ceux qui l'avaient outragé.
L'influence qu'elle avait sur le roi était d'ailleurs bien
grande pour qu'un homme tel que Mazarin s'en accom-
modât. Elle le poussait à s'affranchir, à prendre en
main les affaires ; et Mazarin dut se demander ce qu'il
gagnerait à faire d'une telle nièce la reine de France.
« Elle étoit assez folle, dit l'abbé de Choisy, pour se
moquer de son oncle depuis le matin jusqu'au soir. »
Elle se croyait assez forte, assez sûre de son amant
pour l'emporter de haute lutte ; mais elle se trompa.
Si elle eût pris la peine de se concilier le ministre, si
elle eût compté avec lui davantage, tout nous persuade
qu'il eût réussi à faire pour Marie ce qu'il avait ambi-
tionné pour Olympe. Sa maison était-elle donc si éloi-
gnée du trône ? Il ne s'était allié qu'à des princes du
sang et à des souverains. Anne d'Autriche, il est vrai,
n'eût pas consenti sans peine à une pareille alliance ;
mais son habitude était de céder en tout au cardinal
et d'entrer aveuglément dans les intérêts d'un homme
pour qui elle avait tout risqué. Madame de Motteville,
que la plupart des historiens ont copiée, assez portée
à mal juger de Mazarin, dit qu'il couvait l'idée de ce
mariage, mais qu'il s'arrêta devant la fière résistance
d'Anne d'Autriche. « Je ne crois pas, monsieur le cardinal, auroit-elle répondu, que le roi soit capable de
cette lâcheté ; mais s'il étoit possible qu'il en eût la
pensée, je vous avertis que toute la France se révolte-

roit contre vous et contre lui que moi-même je me
mettrois à la tête des révoltés, et que j'y engagerois
mon second fils [1]. »

Madame de Motteville avait-elle entendu les paroles
superbes qu'elle prête à la reine? Cela nous semble
peu probable; peut-être n'est-ce là qu'une légende de
cour, accréditée par les envieux de Mazarin, et que la
camériste dut croire pour la plus grande gloire de sa
maîtresse. Mais ce n'était pas le ton habituel de la
reine en parlant au cardinal. Il se peut, après tout,
que, dans un moment d'humeur, Sa Majesté se fût
vantée d'avoir proféré ces magnifiques paroles. Mazarin, du reste, ne s'en serait guère ému, car il savait
le moyen de faire tomber ces accès de fierté espagnole [2].

Grâce au revirement qui s'était fait dans ses projets
à l'endroit de sa nièce, le cardinal certainement prit à
cœur la négociation du mariage et de la paix avec l'Espagne. Prêt à partir pour les conférences des Pyrénées,
il voulut mettre bon ordre aux affaires de sa famille.
Il ne pensa pas pouvoir laisser derrière lui sa nièce
Marie, qui travaillait dans un but si différent du sien.
Il résolut donc de la faire partir, elle et ses deux
jeunes sœurs, pour la citadelle de Brouage, et de rompre ainsi d'autorité son commerce avec le roi. Rien

---

[1] *Mém. de madame de Motteville,* collect. Petitot, t. XL, p. 3.

[2] D'après l'abbé de Choisy, Anne aurait eu le soin de faire rédiger
d'avance sa protestation contre le mariage de son fils et de Marie
Mancini.

ne put faire fléchir sa résolution ; il parla en maître
cette fois : les supplications ne l'ébranlèrent pas. « On
disoit, nous rapporte Mademoiselle, que le roi s'étoit
mis à genoux devant la reine et devant le cardinal,
pour lui demander d'épouser mademoiselle de Mancini [1]. » Devant cette passion désespérée la reine s'é-
mut et sembla reculer au moment de la séparation ;
Mazarin, lui, fut inflexible. Si le roi promit à sa maîtresse qu'il l'épouserait malgré tous les obstacles, il
présuma trop de sa fermeté. Marie, en partant, lui
adressa, avec un dernier regard, ces paroles fières et
charmantes : « Vous m'aimez, vous êtes roi, et je
pars ! » Ce fut en vain ; Louis XIV ne répondit que
par des pleurs. Mais ce n'était point assez pour cette
fougueuse amante, qui s'écria, dans la violence de
son désespoir : « Ah ! je suis abandonnée ! »

Mazarin, après le départ de ses nièces, se dirigea
vers la frontière, où les conférences allaient s'ouvrir ;
là, si absorbé qu'il fût par ses grandes affaires, il ne
laissait pas que de jeter un regard derrière lui. Il ne
tarda pas à apprendre que les deux amants avaient
renoué leurs rapports par une correspondance active.
Il devait s'y attendre. Sa colère fut véritable, car c'é-
tait pour lui un surcroît d'embarras. Il fit face à toutes
ces difficultés : il écrivit lettres sur lettres au roi, à

---

[1] *Mém. de mademoiselle de Montpensier*, collect. Petitot, t. XLII,
p. 425.

la reine, à sa nièce, à la gouvernante, sur un ton qui témoigne de sa sincérité. Quelques fragments de cette correspondance valent la peine d'être mis en lumière. Mazarin avait quitté Paris à la fin de juin ; quinze jours après, voici ce qu'il écrivait au roi :

« .... On dit, et cela est confirmé par des lettres de la cour..., que vous êtes toujours enfermé à écrire à la personne que vous aimez, et que vous y perdez plus de temps que vous ne faisiez à lui parler pendant qu'elle étoit à la cour. On y ajoute que j'en suis d'accord, et que je m'entends avec vous pour satisfaire mon ambition et pour empêcher la paix... Dieu a établi les rois pour veiller au bien, au repos et à la sûreté de leurs sujets, et non pas pour sacrifier ce bien-là à leurs passions particulières ; et quand il s'en est trouvé d'assez malheureux pour mériter, par leur conduite, que la Providence divine les abandonnât, les histoires sont pleines des révolutions et des misères qu'ils ont attirées sur leurs personnes et sur leurs États [1]. »

Cette fermeté et cette hauteur, vis-à-vis du roi, pourront étonner de la part de Mazarin. Richelieu lui-même n'eût pas fait la leçon de plus haut à un élève récalcitrant. Toutes les lettres qui se succèdent se maintiennent au même diapason. A la fin de juillet, un mois après le départ du cardinal et de ses nièces, le roi

---

[1] 16 juillet 1659.

et la cour partirent pour se rendre à Bordeaux, afin d'être aussi plus à portée du lieu des conférences. Le prince, toujours épris, supplia sa mère de consentir à ce qu'il vît, en passant, l'exilée qui languissait à Brouage. Elle céda aux prières de son fils; le cardinal, lui, n'y consentit qu'à contre-cœur.

« Je vois, mandait-il à la reine, par vos lettres et par celles du Roy, que la tendresse que vous avez pour lui ne vous a pas permis de tenir bon, et que vous vous êtes laissée gagner... Pour moy, je ne change pas d'avis... Je me plains au Roy de ce qu'il a mandé à ma nièce tout ce que je lui écris... »

Ce fut à Saint-Jean-d'Angély, où se rendirent Marie et ses sœurs, que les deux amants se revirent. Le roi y renouvela les serments de rester fidèle au moins à son amour. Cette entrevue ne fit que les enflammer davantage, et quand la cour fut à Bordeaux, ils s'écrivirent plus que jamais. Il fallut que Mazarin continuât, au milieu de ses grands soucis d'affaires, son rôle de surveillant et de grondeur. Citons quelques fragments d'une lettre, de plus de dix pages, où le ministre essaye d'ouvrir les yeux au roi sur sa passion. Après avoir fait de Marie le plus sévère portrait, il continue ainsi :

« ... Vous tesmoisgnés de croire que l'oppinion que j'ay d'elle procède des mauvais offices qu'on luy rend. Est-il possible que vous soyez persuadé que je soye si pénétrant et si habile dans les grandes affaires, et que je ne voye goutte dans celles de ma famille, et que je puisse douter des intentions de ceste personne à mon esgard, voyant qu'elle n'oblie rien pour faire le contraire de ce que je veux, qu'elle met en ridicule les conseils que je luy donne... qu'elle veut faire la mestresse et changer tous les ordres que je donne?... Elle se tient plus asseurée qu'elle ne l'a jamais esté de pouvoir disposer entièrement de vostre affection, apprès les novelles promesses que vous luy en avez faites à Saint-Jean-d'Angély; et je sçais que, si vous estes obligé à vous marier, elle prétend rendre, pour toute sa vie, malheureuse la princesse qui vous espousera......

« Vous avez recommencé, depuis la dernière visite (que j'avois toujours creu qui seroit fatale, et, par ceste raison, j'avois tâché de l'empêcher), à luy escrire tous les jours non pas des lettres, *mais des volumes entiers*, luy donnant part des moindres choses qui se passent... Insy, tout vostre temps est employé à lire ses lettres et à faire les vostres. Et ce qui est incompréhensible, vous en usez de la sorte et vous pratiqués tous les expédients immaginables pour eschauffer votre passion, lorsque vous estes à la veille de vous marier. Insy, vous travaillés vous-mesme pour vous rendre le plus malheureux de tous les hommes; car il n'y a rien d'esgalle pour cela que de se marier à contre-cœur. Je vous demande... quel personnage prétend-elle faire, après que vous serez marié? A-t-elle oblié son devoir

à ce point de croire que, quand je serois assez malho-
neste homme, ou, pour mieux 'dire, infâme, pour le
trouver bon, elle pourra faire un métier qui la dés-
honore ?...

« Je ne doute pas qu'elle ne sache tout ce que je
me donne l'honneur de vous mander ; mais tant (s'en)
faut que je l'apréhende ; je le souhète avec passion.
Et plust à Dieu que je la crusse capable de vous res-
pondre pertinemment sur les affaires dont vous prenez
le soin de luy donner part, car volontiers je la prie-
rois de me deslibrer (délivrer) de cette peine ; mais à
l'agge où je suis, accablé de tant et si importantes occupations que j'ay pour vostre service, et dans lesquelles il me semble d'estre assez heureuz pour vous
bien servir, et avec réputation et advantagge pour
vostre Estat, il est insupportable de me voir inquiété
par une personne que, par toute sorte de raison, je
devrois mettre en pièces pour me soulager... Et il ne
faut pas alléguer, comme vous avez eu la bonté de
faire plusieurs fois sur ceste matière, *en présence de la
Reyne,* que la pensée d'espouser la dicte personne avoit
pour principal motif de faire une action, à la vue de
tout le monde, qui tesmoignât que, ne pouvant ré-
compenser assez mes services, vous l'aviez voulu faire
par ce moyen...; car il n'y eust eu qui que ce soit
qui n'eust attribué une semblable résolution à un excès d'amour, et non pas à mes services. Mais quand
il seroit vray que ce seul motif vous y eust plus porté

que la passion, estoit-il juste que je m'obliasse au point d'y consentir, et que, charmé d'une proposition si ec= clatante et si advantaggeuse pour moy, je pusse, pour mon intérest particulier, et pour relever ma réputa- tion, y donner les mains aux despens de la vostre?... Au surplus, je vous proteste que rien n'est capable de m'empêcher de mourir de desplaisir si je vois que une personne qui m'appartient de si près vous cause plus de malheurs et de préjudices en un moment que je ne vous ay rendu de services [1]... »

Cette lettre véhémente, énergique, où le fond de la pensée se fait jour, éclaire la situation : l'inquiétude s'y montre ; la colère, poussée à bout, y éclate : « il mettrait sa nièce en pièces pour se soulager. » Mazarin craint, à n'en pouvoir douter, le triomphe de cette nièce autant pour lui-même que pour l'État. Il se tour- mente des confidences que le roi fait à sa maîtresse, comme si son pouvoir s'en trouvait menacé.

Louis XIV lui a parlé, et devant la reine, d'épouser Marie ; mais il n'ajoute pas que la mère s'en soit émue ni indignée. Il n'est question, dans les lettres de Mazarin, que de la faiblesse d'Anne et de sa complaisance pour les deux amants. Le rôle superbe qu'on lui fait jouer se trouve donc démenti par des documents incontestables.

Quant au cardinal, les contemporains furent aux

---

[1] *Bull. de la Société de l'Histoire de France*, t. 1er, 1834, 2e par- tie, p. 176.

abois pour s'expliquer au vrai sa conduite; on n'était pas habitué à lui voir déployer des sentiments si fiers; on ne pouvait se faire à l'idée d'un désintéressement si magnanime.

De nos jours, où il est devenu de mode de canoniser Mazarin, on n'a pas manqué de présenter comme un acte du plus pur désintéressement son opposition au mariage du roi et de sa nièce. Il eût suffi d'étudier un peu le caractère et la conduite de celle-ci pour démêler la vérité.

« Ç'a été, dit l'abbé de Choisy, un grand problème entre les politiques, de sçavoir si le cardinal agissoit de bonne foi, et s'il ne s'opposoit pas au torrent pour en augmenter la violence. J'ai vu le vieux maréchal de Villeroy et feu M. le Premier agiter fortement la question. Ils apportoient une infinité de raisons pour et contre, et d'ordinaire ils concluoient en faveur de la sincérité du cardinal [1]. »

Cette sincérité, nous croyons l'avoir bien interprétée : Mazarin eût de grand cœur fait monter jusqu'au trône sa nièce Olympe, ou la belle Hortense, si le goût du roi se fût porté sur elle, et nous ne pouvons douter qu'il n'y fût parvenu. Quant à Marie, du caractère dont il la peint dans ses lettres, on comprend que c'est, en quelque sorte, une rivale qu'il combat [2]. C'est son

---

[1] *Mém. de l'abbé de Choisy*, collect. Petitot, t. LXIII, p. 196.

[2] Olympe et les autres nièces, qui ne jugeaient que d'après leur

intérêt mis en jeu qui le rend si pressant, si absolu, si éloquent. Après tout, il voulait le succès de sa politique ; sa gloire était engagée à donner la paix à l'État, et Mazarin aimait l'État, en le confondant peut-être avec sa personne ; car il était si complétement maître qu'il pouvait bien lui arriver de dire, au moins tout bas : « L'État, c'est moi. »

Dans cette affaire, « qui étoit, disait-il à Colbert, la plus délicate qu'il eût eue dans toute sa vie [1], et celle qui lui avoit donné le plus d'inquiétude, » Ma-

---

oncle, redoutèrent fort les suites de ce mariage pour les intérêts de leur maison. Voici, à ce propos, un passage des *Mémoires de Choisy :* « J'ai ouï conter à la comtesse de Soissons que l'alarme fut grande parmi les nièces du cardinal. Elles voyoient sa chute prochaine, et se défioient de l'amour du roi, qui, venant à leur manquer tout à coup, les feroit retomber dans la misère. Il leur paroissoit fort amoureux, mais cela ne les mettoit pas en repos... »

Le cardinal croyait sa nièce Marie disposée à lui jouer de mauvais tours en toute occasion : nous lisons dans une de ses lettres :

« Je n'ai pas voulu mander au roi que mon neveu s'est voulu sauver de Brissac ; et, bien qu'il ait dit, lorsqu'on l'a retrouvé, que c'étoit pour se rendre auprès de moy, la vérité est que ce n'étoit pas son intention, et l'on m'a assuré (et je le crois) que ma nièce a conduit tout cela, et vous pouvez juger ce que cela m'oblige de soupçonner. » (*Lettre à la reine;* Saint-Jean-de-Luz, 1ᵉʳ septembre.)

[1] On lit à ce sujet, dans une lettre du cardinal à Colbert (Saint-Jean-de-Luz, 22 octobre) :

« ..... Je ne vous saurois assez dire tout ce que du Terron a mis dans l'esprit de ma nièce, la flattant au dernier point, et la considérant comme le principal instrument pour son élévation auprès de l'autre personne... Cette affaire est peut-être la plus délicate que j'aie eue de ma vye, et qui m'a donné le plus d'inquiétude. »

Ce du Terron était Colbert du Terron, qui devint intendant, et qui

zarin joua si admirablement son rôle qu'il mit les belles apparences de son côté, et qu'il s'est fait également honneur devant ses contemporains et devant l'histoire. Il sut venir à bout de tant de difficultés ; il fit cesser le commerce épistolaire de sa nièce avec le roi, et il amena à une quasi-soumission l'impérieuse fille, dont il finit par être assez satisfait, comme on le voit par cette lettre à madame de Venelle :

« Saint-Jean-de-Luz, 8 septembre 1659.

« Je vous advoue que ie n'ay pas eu depuis long-temps un si grand plaisir comme celui que jay receu en voyant la lettre que ma nièce ma escrite, et la nouvele que vous me donnez de l'assiette où est presentement son esprit, après quelle a sceu que le mariage du Roy estoit tout a fait arresté. Je n'avois jamais douté de son esprit, mais je mestois mesfié de son jugement, et particulièrement alors qu'une forte passion, accompagnée de tant de circonstances qui la rendoit furieuse, ne donnoit pas lieu à la raison d'agir.

« Je vous replique de nouveau que jay la plus grande joye du monde d'avoir une telle nièce, voyant que d'elle mesme elle a pris une si généreuse résolution, et

---

était cousin du ministre. C'était lui qui remettait à Marie les lettres du roi, en trompant la surveillance de madame de Venelle, qui était toute au cardinal.

si conforme à son honneur et à ma satisfaction, de mander au Roy ce quelle et vous m'escrivez qu'elle a fait ; je m'asseure que Sa Majesté l'en estimera davantage, et que, si la France sçavoit la conduite quelle a tenue en ce rencontre, elle lui souhaiteroit toute sorte de bonheur et lui donneroit mille bénédictions. Mais je suis assez en estat de luy faire sentir les effets de mon amitié et de l'inclination que jay toujours eue pour elle.

« Je vous prie de luy tesmoigner de ma part que je l'ayme de tout mon cœur, que je m'en vais songer sérieusement à la marier et à la rendre heureuse.... Puisqu'elle se plaist à la morale, il faut que vous luy disiez de ma part qu'elle doit lire les livres qui en ont bien parlé, particulièrement Seneque, dans lequel elle trouvera de quoy se consoler et se confirmer avec joie dans la résolution qu'elle a prise [1]... »

Fénelon eût conseillé, en pareil cas, l'*Imitation* ou les Pères de l'Église, mais ces livres-là n'étaient guère familiers au cardinal Mazarin ; il prêchait plus volontiers sur des textes profanes ; il était homme à recommander jusqu'au chapitre de Sénèque : *du Mépris des Richesses !*

Ce ne fut qu'après le mariage du roi que Marie et ses sœurs revinrent à la cour. Leur séjour à Brouage

---

[1] *Huit lettres inédites du cardinal Mazarin à madame de Venelle.* (BIBLIOTHÈQUE DU LOUVRE, Manuscrits.)

avait été de plus d'un an ; Marie avait donc eu le temps
de s'y fortifier dans le commerce de Sénèque et des
philosophes que son oncle lui recommandait. Dans
quels sentiments revit-elle le roi? Les informations
positives nous manquent à cet égard. Songea-t-elle à
régner dans son cœur à un autre titre que celui de
reine? Cela reste fort douteux; car, si elle l'eût souhaité, elle y eût réussi probablement. Mais elle était
profondément blessée, et cette âme fière se détourna
d'un homme qui avait manqué à ses serments. On disait d'ailleurs Louis XIV très-épris de la jeune reine,
et Marie mit son orgueil à dédaigner un cœur qui se
montrait si oublieux.

Mais la vue continuelle du roi rouvrait à toute heure
sa blessure; elle était livrée à de violents combats.
Elle priait sa sœur Hortense de lui dire du mal de son
infidèle, de lui montrer tous ses défauts [1]. Elle appelait
de ses vœux, comme un remède héroïque, un mariage,
un amour nouveau.

Son aventure avec le roi, loin d'éloigner les prétendants, était devenue comme une amorce de plus pour
ses charmes. Parmi ceux qui briguèrent sa main se
trouvait le prince Charles de Lorraine : c'était l'héritier
d'une couronne ducale qui avait perdu ses plus beaux
fleurons ; mais, à tout prendre, c'était encore un parti
sortable pour une nièce de Mazarin. Charles de Lor-

---

[1] *Mém. de la duchesse de Mazarin.* Saint-Réal, t. III, p. 510.

raine était un des plus beaux hommes de la cour. Mademoiselle de Montpensier, tout en convenant de ses avantages, nous le peint toutefois sous ce jour peu séduisant. « Il étoit souvent si mal vêtu, dit-elle, que la plupart des gens se moquoient de lui. Il étoit bien fait et beau de visage ; c'étoit de ces beautés inanimées. Il avoit toujours un air gauche, et peu d'élévation à tout ce qu'il faisoit [1]. » Faut-il croire à la ressemblance de ce portrait ? Capricieuse et vaine comme était Mademoiselle, elle put prendre pour de la gaucherie les froideurs du prince lorrain à son égard. Elle s'était évertuée à lui donner des fêtes, et souhaita sans succès de l'épouser. Marie Mancini vit Charles de Lorraine, et, elle aussi, accueillit favorablement ses soins, soit que ce prompt amour vînt de dépit, soit entraînement d'un cœur encore tout brûlant d'une autre flamme.

Charles IV, ce bizarre aventurier qui campait dans Paris comme sous la tente, fit une cour assidue au cardinal, et demanda la main de Marie pour son neveu. Il paraît qu'il finit par tenter l'entreprise pour son propre compte [2] : c'était travailler doublement au profit de la maison de Lorraine, et laisser le choix libre au cardinal entre le duc et son héritier. Les deux rivaux s'évertuèrent donc en galanteries auprès de la nièce de Son Éminence : au Louvre, à la comédie, aux prome-

---

[1] *Mém. de mademoiselle de Montpensier,* collect. Petitot, t. XLII, p. 531.

[2] *Apologie, ou les Véritables Mémoires de Marie Mancini,* p. 32.

nades, on voyait partout à ses côtés l'oncle et le neveu.
Mazarin d'abord accueillit bien leurs avances; puis,
un beau jour, il leur ferma sa porte : « Quant aux assiduités que M. de Lorraine et le prince Charles, son
neveu, avoient pour mademoiselle de Mancini, M. le
cardinal les désapprouva, et leur fit dire qu'il les re-
mercioit, qu'il avoit pris d'autres mesures ; de sorte
que le prince Charles n'eut plus d'entrées chez mademoiselle de Mancini [1]. » Ces mesures de Mazarin con-
sistaient à éloigner sa nièce de France, et il venait de
conclure cette affaire lorsqu'il mourut. Cette nièce,
dont il avait tant contrarié tous les désirs, ne lui donna
pas beaucoup de larmes; elle quitta le Louvre et se
retira près de sa sœur Hortense, au palais Mazarin.
Les visites du roi y redevinrent fréquentes, et l'on se
demanda si la passion pour Marie se rallumait, ou si la
belle Hortense n'allait pas avoir son tour. Olympe, si
délaissée, voyait, de son côté, la faveur lui revenir;
Marie, réconciliée avec sa sœur, retrouvait tous les
soirs la cour réunie à l'hôtel de Soissons, où la présence du roi ne manquait pas d'attirer ce qu'il y avait
de plus considérable. Les deux reines ne s'y montraient
que dans de rares occasions ; mais on y trouvait l'aimable et spirituelle Henriette, qui avait été élevée en
France, et avait eu pour amies d'enfance Olympe et

---

[1] *Mém. de mademoiselle de Montpensier*, collect. Petitot, t. XLII,
p. 533.

Marie Mancini. Ce grand hôtel était le rendez-vous des favoris, des favorites, de tout ce qui voulait conserver ou conquérir la faveur. Là ne manquait pas de se montrer le brillant de Vardes, l'ami de la maison ; il y était l'âme de toutes les intrigues, de tous les plaisirs. Un autre favori, ou qui devait l'être à son heure, était le prince de Marsillac, fils de ce duc de La Rochefoucauld, ce pécheur contrit de la Fronde, que le roi devait absoudre dans la personne de son fils. Celui-ci n'était point taillé sur le modèle de l'incomparable Vardes. Son père avait mis tout son esprit dans son livre des *Maximes* et n'en avait guère réservé pour son fils ; mais des complaisances sans bornes lui tinrent lieu de tout. « C'était un homme entre deux tailles, dit Saint-Simon, maigre avec de gros os, un air niais quoique rude, des manières embarrassées, une chevelure de filasse, et rien qui sortît de là [1]. » S'il n'était pas le plus bel ornement de cette société brillante, c'était un homme très-important : confident silencieux, qui emboîtait le pas derrière le roi lorsqu'il allait, le nez dans son manteau, à quelque rendez-vous d'amour.

Personne n'était plus assidu à l'hôtel de Soissons que le duc et la duchesse de Montausier : c'était un couple qui posait fastueusement pour la vertu. Mais cette austérité, dont les Montausier faisaient profession pour le monde, n'empêchait pas qu'on ne les vît parmi les

---

[1] *Mém. de Saint-Simon*, t. xx, p. 135, édit. in-18.

plus ambitieux de plaire et de parvenir. La duchesse
était cette célèbre Julie que les poëtes de l'hôtel de
Rambouillet avaient tant chantée, et qui tenait école
de beaux sentiments. Satisfaite d'être sage elle-même,
elle ne poussa pas la vertu jusqu'à se brouiller avec
la fortune. Julie (l'eût-on prévu?) devait se montrer
l'émule de Marsillac dans l'art discret des complaisances. Mais cette précieuse, restée délicate du moins
dans les formes, courait risque de rencontrer à l'hôtel
de Soissons un visiteur comme on n'en voyait guère
chez sa mère, la marquise de Rambouillet. C'était
ce duc de Lorraine, dont le neveu avait demandé la
main de Marie, et qui s'était lui-même mis sur les
rangs et pour elle et pour sa sœur Olympe. Il en usait
singulièrement avec ses femmes : il avait un jour déclaré nul son mariage, de sa propre autorité; et, nar-
guant les foudres du pape, il avait contracté un second
hymen avec une virago qui allait chevauchant partout
avec lui, et que l'on appelait militairement sa *femme de
campagne*. Cet excommunié était, en effet, toujours à
cheval, et avait mené la vie d'un condottiere. Serré de
près par la politique de Richelieu et les armées françaises, il avait fini par décamper de la Lorraine, après
l'avoir perdue et reprise plusieurs fois. A la tête de
quelques mille hommes, il alla guerroyant, tantôt pour
un parti, tantôt pour un autre, se vendant à la France,
à l'Espagne, selon l'occasion, et manquant rarement
de trahir ses alliés. Il avait, observe Segrais, les yeux

du chat; il en avait toutes les ruses. Les bandes qu'il commandait vivaient de pillage; il leur laissait commettre les dernières atrocités, et il se plaisait à en faire aux dames de la cour des contes épouvantables. On ne saurait se faire une idée du cynisme de sa conversation : il tenait des propos à mettre en fuite toutes les compagnies; et cependant cette espèce de diable était fêté : c'était à qui se passerait la fantaisie de l'entendre. On se répétait tout bas ses incroyables bons mots. Toutes ces convenances du beau langage, que les précieuses avaient exagérées, firent donc place tout à coup aux plus bouffonnes grossièretés. Mais ce monde charmant, et blasé sur ses délicatesses, acceptait tout à titre de nouveauté. Par le plus inattendu des contrastes, ce mécréant s'éprit, à soixante ans, d'une belle passion pour une jeune ingénue, qui était fille d'un apothicaire de Paris; il voulut l'épouser, et fut prêt à signer pour cela un traité par lequel il abandonnait ses États au roi de France. Ce ne fut pas la moindre de ses singularités. « Il vivoit à Paris sans équipage, dit Mademoiselle; il alloit, à son ordinaire, un jour coucher d'un côté et le lendemain d'un autre. C'étoit chez les carmes d'auprès du Luxembourg qu'il couchoit le plus souvent. Il prenoit ses repas chez l'apothicaire de ma belle-mère, où il mangeoit dans des plats d'étain et de faïence [1]. »

[1] *Mém. de mademoiselle de Montpensier,* collect. Petitot, t. XLII, p. 530.

Le neveu de cet étrange souverain, le beau Charles de Lorraine, n'était point élevé à son école, et Marie Mancini caressait encore l'espérance de l'épouser. Il paraîtrait, s'il faut en croire les contemporains, que ce fut là ce qui détourna Louis XIV de revenir à elle ; il ne supporta pas qu'elle eût donné son cœur à un autre [1].

Le cardinal, peu de temps avant de mourir, avait arrêté le mariage de Marie avec un prince romain, le connétable Colonna. Était-ce par un scrupule d'honneur, et pour empêcher que sa nièce devînt la maîtresse du roi, qu'il prit le parti de l'expatrier ? L'idée de ce mariage et de ce départ la jeta dans le désespoir. Elle conjura le roi de lui permettre de vivre en France ; mais il ne se laissa point fléchir, et voulut que les volontés du cardinal fussent respectées. Il fallut donc se résoudre à partir. Cette âme ardente et fière enferma d'abord sa douleur ; mais, quand elle eut fait ses adieux et se fut mise en route, ses larmes ne tarirent plus pendant le voyage : on eût dit une condamnée que l'on conduisait à la mort.

Elle arriva à Milan, où l'attendaient le connétable et ses parents, et où le mariage se célébra à grands renforts de fêtes ; puis ils allèrent habiter Rome. Là,

---

[1] « Le roi seroit peut-être revenu à mademoiselle de Mancini s'il n'avoit été persuadé que le duc Charles avoit su toucher son cœur. » (Madame de La Fayette, *Histoire de madame Henriette*, collect. Petitot, t. XLIV, p. 385.)

une sorte de nuage va nous dérober en partie l'existence de Marie Mancini. Nous n'avons pour nous guider que quelques lettres et des *Mémoires* réputés apocryphes, qui offrent des faits assez vraisemblables, mais que rien pourtant ne garantit [1].

[1] Il a été publié, sous le nom de Marie Mancini, des *Mémoires* regardés comme apocryphes. Les premiers qui parurent portent ce titre : *Mémoires de M. L. Colonne, grand connétable du royaume de Naples.* Cologne, 1676. La préface, peu d'accord avec le titre, commence ainsi : « Voycy, cher lecteur, les Mémoires de madame la princesse Marie Mancini Colonne, que je donne à ta curiosité pour marque de l'obligation que je t'ay d'avoir eu la bonté d'agréer *celles* de la duchesse Mazarin, sa sœur. » C'est ce qui fit attribuer à tort cet ouvrage à Saint-Réal, qui avait publié les Mémoires de la duchesse de Mazarin; le style en est farci de fautes grossières, et indigne de cet écrivain; ce fut plutôt l'œuvre d'un Italien qui était au fait des anecdotes de la société romaine, mais fort ignorant de tout le reste, y compris le français.

Deux ans plus tard parut un livre sous ce titre : *Apologie, ou les Véritables Mémoires de madame Marie de Mancini, connétable de Colonne,* écrits par elle-même. A Leyde, 1678, in-18. Une édition du même ouvrage, avec de légères modifications, est datée de Madrid, 1678. Ces Mémoires apologétiques sont-ils apocryphes comme les premiers? C'est l'avis des bibliographes. Cependant la marquise de Villars, ambassadrice de France à Madrid à l'époque où la connétable Colonna s'y trouvait, nous dit, dans une de ses lettres : « Elle a fait un livre de sa vie qui est déjà traduit en trois langues, afin que personne n'ignore ses aventures : il est fort divertissant [*]. » Madame de Villars, qui connaissait l'héroïne et la voyait souvent à Madrid, devait être bien informée. D'un autre côté, on trouve dans ces *Mémoires* de singulières lacunes : la maladie du roi, par exemple, dans laquelle Marie Mancini joua un rôle si décisif pour son amour, n'y est pas même rappelée. On conçoit, d'un autre côté, que

[*] Lettre 1re. Paris, 1805, in-12.

La connétable passa d'abord quelques années paisibles; elle revit à Rome sa tante Martinozzi et le cardinal Mancini, son oncle. Le prince Colonna était pour
elle un mari facile, indulgent, fort épris, d'ailleurs,
des mérites de madame la connétable. Les Mémoires
de la duchesse de Mazarin nous initient à un détail des
plus intimes à ce sujet. « Le connétable, nous dit-elle,
qui ne croyoit pas qu'il pût y avoir de l'innocence dans
les amours des roys, fut si ravy de trouver le contraire
dans la personne de ma sœur qu'il compta pour rien
de n'avoir pas été le premier maître de son cœur. Il
en perdit la mauvaise opinion qu'il avoit, comme tous
les Italiens, de la liberté que les femmes ont en France,
et il voulut qu'elle jouît de cette même liberté à Rome,
puisqu'elle en savoit si bien user [1]. »

La vie que menaient les princes Colonna devait
plaire à une imagination romanesque et hardie. Ils
possédaient de grands biens dans l'État romain, pro

celte *Apologie* ait intérêt à taire ou à atténuer certaines choses, et
ne soit pas toujours d'accord avec les autres écrits contemporains.
Les premiers Mémoires, plus désintéressés, sont, sur certains points,
plus près de la vérité; ils confirment, par exemple, ce que disent mesdames de La Fayette et de Motteville, du désespoir qu'éprouva Marie
de quitter la France pour aller épouser Colonna. Au contraire, dans
l'*Apologie, ou les Mémoires véritables,* Marie déclare, par ménagement sans doute pour son mari, qu'elle partit avec plaisir et se sentit
heureuse de son mariage; ce qui tendrait à nous prouver que ces
Mémoires sont d'elle réellement.

[1] *Mém. de madame la duchesse de Mazarin.* Œuvres de Saint-
‹al, t. III, p. 565.

menaient leurs loisirs de villa en villa ; ils s'en allaient de Frascati à Marine, ou faisaient dans la Sa-
bine et l'Abruzze des chasses dignes des temps fabu-
leux. Ils chassaient quinze jours durant sans sortir
des bois, et, s'il en faut croire les Mémoires de Marie, ils couchaient par terre jusqu'à soixante sangliers [1].
Ces luttes grandioses, dans les poétiques forêts du
Latium, charmaient cette intrépide Romaine, dont le
courage avait déjà brillé dans les chasses de Versailles
et de Fontainebleau. Ils allaient passer le carnaval à
Venise avec le duc de Nevers. A Rome, Marie s'a-
donnait aux beaux-arts, à toutes sortes d'études, sans
oublier l'astrologie, voire même la chiromancie, où
elle était portée par un goût héréditaire. Elle donna,
en peu d'années, plusieurs fils au connétable, et rien
ne semblait manquer à leur bonheur [2]. Mais sa dernière couche l'avait si cruellement éprouvée qu'elle
eut recours au remède le plus héroïque pour éviter de
nouveaux périls : elle introduisit une réforme des plus
sévères dans son existence conjugale. Force fut au
connétable de s'y soumettre, mais ce fut aux dépens

---

[1] *Mém. de la connétable de Colonne*, p. 62.

[2] Marie eut trois fils : l'aîné épousa une fille du duc de Médina-
Celi, qui fut premier ministre en Espagne. Les Colonna avaient de
grands établissements à Rome et à Naples. Le prince Lorenzo, l'é-
poux de Marie Mancini, était le huitième connétable de son nom.
Cette charge est encore aujourd'hui dans la famille des Colonna, en
la personne du prince Aspreno, petit-neveu au quatrième degré de
Marie Mancini.

de leur tranquillité [1]. Colonna, en effet, s'habitua mal à
ce nouveau régime : sous l'empire de cette inflexible loi,
il finit par devenir de moins en moins aimable; il fut
tout à la fois infidèle et jaloux. Il y avait auprès de sa
femme de jeunes pages qui lui portèrent ombrage. La
médisance même s'attaqua aux relations de vive amitié
que le duc de Nevers, quand il vivait à Rome, entretenait avec sa sœur. C'était sa destinée d'être en butte
à la jalousie de ses beaux-frères.

Un jour de carnaval, que le connétable et sa femme
se promenaient au Corso, un masque, s'élançant sur
le marchepied du carrosse, vint embrasser la connétable. Le prince porta la main à son poignard et se
pencha pour frapper, quand le masque se découvrit :
c'était le duc de Nevers. Il arrivait de Paris, et venait
ainsi surprendre sa sœur et son beau-frère au débotté.

Le duc de Nevers, à cette époque, appelait sa sœur
la sage Marie, dans une de ses épîtres :

Entre la belle Hortense et la sage Marie.....

La connétable, en effet, plus âgée que son frère de
quelques années, veillait un peu sur sa conduite; mais
son autorité n'était pas très-efficace, comme on peut
le voir par une lettre d'elle, d'un ton tout à fait grave.
Une épître d'amour de Marie à Louis XIV remplirait
mieux notre but : nous voudrions montrer l'esprit et

---

[1] *Apologie, ou les Véritables Mémoires,* etc., p. 61.

la passion qui la caractérisent ; à défaut de cela, contentons-nous d'une preuve de sa sagesse. La lettre que nous citons est adressée à Colbert, qui avait conservé une sorte de tutelle sur la famille de son ancien maître [1].

Il paraît que le connétable donnait aussi à sa femme de grands motifs de jalousie. « Il y avoit à Venise, nous dit Marie, une marquise qui vint loger chez nous, et dont la beauté attiroit les yeux de tout le monde... J'étois continuellement troublée de mes jalousies que les contes que l'on me faisoit tous les jours des amours du connétable ne rendoient que trop justes [2]. » Il est également question d'une princesse Ghigi qu'il courtisait, mais

---

[1] « De Rome, le 28 novembre 1662.

« L'estime, Monsieur, que j'ai pour vous fait que j'en ai infiniment pour toutes les choses qui me viennent de votre part, et je vous assur que j'ay receu celle que vous m'avez écrit avec d'autant plus de joye qu'elle me fait voir que vous conservez toujours bien de la bonté pour toute notre maison ; et à l'égard de mon frère, qui arriva hier icy pour me voir et s'en retourner à Venise dans peu de jours, je vous prie d'être persuadé, Monsieur, que je n'ay pas assez de pouvoir sur son esprit pour le détourner d'un dessein dont vous savez bien que tant de gens se sont employés vainement ; de plus, y ne m'a parlé de rien touchant ce qu'il a envie de faire. Je ne doute pas quy n'ouvre les yeux, et que à la fin ne connoisse les choses qui seront à son avantage. Vous ne devez pas douter que je ne fasse mon possible pour y contribuer. Monsieur du Mas m'a montré dans une lettre que vous lui avez écrite les sentiments que vous conservez pour moy, qui souhaiterai de trouver occasion où en vous servant vous puissiez conoistre la reconnoissance que en a la connetable Colonna. » *Collect. de lettres autogr. de l'auteur.*

[2] *Apologie, ou les Véritables Mémoires, etc.,* p. 64.

pour un louable motif, prétendait-il : cette dame, poussée par la haine, décriait outrageusement notre héroïne, et c'était dans l'intérêt de sa femme que le connétable lui rendait des soins. Il n'était sorte de mauvais tours que cette rivale ne jouât à la pauvre Marie : elle faisait, par exemple, attacher la nuit des échelles de corde à son balcon, pour faire suspecter sa conduite. Ces manéges diaboliques achevèrent de mettre la discorde dans le palais Colonna. Les choses étaient déjà bien avancées : le connétable n'ouvrait la bouche que pour adresser à sa femme des paroles froides et indifférentes. Un jour qu'elle souffrait, dit-elle, cruellement, il l'exaspéra par sa prodigieuse tranquillité. Leur intérieur était donc déjà troublé quand un personnage exilé de la cour de France arriva à Rome : c'était le chevalier de Lorraine. Cet Adonis était, comme on le sait du reste, le favori de Monsieur, dont il gouvernait la maison à sa guise. Une sorte de rivalité de femmes existait entre Madame et lui : supplantée dans son intérieur par ce chevalier de Lorraine, madame Henriette éclata en plaintes, et, malgré les pleurs et le désespoir de Monsieur, elle obtint du roi l'éloignement de ce personnage. L'exilé se rendit à Rome et visita la connétable, qu'il avait connue jadis. Un homme qui venait de France, qui pouvait lui parler de la cour, la mettre au fait de tant de choses qui s'y étaient passées, devait être pour Marie une agréable rencontre. Elle goûta donc extrêmement la société du chevalier de Lorraine, en se figurant peut-être que son commerce ne compromettait point les femmes.

Dans cette excusable sécurité, elle mena avec lui une joyeuse vie que partageaient le duc de Nevers et sa sœur Hortense ; ce furent chaque jour des promenades, des cavalcades, des collations, des parties de chasse. Ils aimaient fort aussi à se baigner dans le Tibre ; c'est ce que la connétable nous raconte : « Nous voulûmes joindre les bains à nos divertissements, et ce fut pour cela que nous allâmes, mon frère, ma sœur et moy, au Tiberon, passage dangereux à cause de la rapidité de l'eau. Ayant voulu, comme eux, sauter une corde qui estoit attachée à quelques pontons que nous avions faits pour nous asseoir, la violence de l'eau m'enleva avec tant d'impétuosité que je m'allois noyer infailliblement, sans le secours d'une servante turque qui estoit plus robuste que grande, et qui, assistée de mon frère, me tira de danger. Nous cherchâmes un lieu plus assuré dans le Tibre, proche duquel nous fîmes élever une cabane pour nous deshabiller, et où il y avoit une galerie qui régnoit jusques sur le bain, le tout formé de cannes, de feuilles, de roseaux, mais avec tant d'art que tout le monde la regardoit avec admiration [1]. »

Le connétable probablement faisait exception ; car vainement sa femme déclarait-elle que ses amusements avec le chevalier étaient aussi innocents que ceux du jeune âge ; il paraissait n'en rien croire du tout.

[1] *Apologie, ou les Véritables Mémoires,* etc., p. 89 et 90.

S'il fallait ajouter foi aux Mémoires apocryphes de
Marie, le connétable lui aurait reproché de s'être montrée nue au chevalier; mais elle prit ses femmes à témoin qu'elle n'était jamais sortie de sa cabane pour se
plonger dans le Tibre sans être vêtue d'une *robe de
gaze* qui allait jusqu'aux talons [1]. Que pouvait-on exiger de mieux? On disait encore que le chevalier, voyant
la connétable dans l'eau sous ce costume diaphane, la
supplia de permettre qu'il fît faire son portrait. Mais
nous ne sommes pas forcés de croire tout ce que les
médisants de Rome débitaient sur ce chapitre. Pasquin
en fit de grossières facéties, qui indisposèrent le connétable de plus en plus. Son humeur s'était assombrie
au point que le duc de Nevers répétait souvent à sa
sœur qu'un beau jour, quand elle y penserait le moins,
elle se trouverait enfermée dans le Palliano, château
fort du connétable, situé sur les confins de l'État romain. Cette perspective acheva de la dégoûter du séjour
de Rome. La duchesse de Mazarin, dont le ménage ressemblait à celui des Colonna, était venue de France
chercher un refuge auprès de sa sœur. L'exemple décida Marie à s'enfuir aussi, et elle profita d'une absence
de son mari pour gagner, avec Hortense, Civita-Vecchia. Elles y arrivèrent, malgré des accidents et des
mésaventures bizarres; puis les fugitives se jetèrent
dans une felouque, se confiant hardiment à quelques

---

[1] *Mémoires de L. M. M. Colonne;* 1676, p. 93.

matelots, et abordèrent en Provence. Les galères du connétable, envoyées à leur poursuite, ne les atteignirent pas, et les corsaires turcs manquèrent cette précieuse capture. Ce dernier péril les effrayait peut-être moins que l'autre ; car c'eût été pour elles une nouvelle série d'aventures.

L'arrivée en Provence de la connétable et de sa sœur fit un grand scandale : on en peut juger par ce qu'en écrit madame de Sévigné. Madame de Grignan, sa fille, qui était sur les lieux, avait mandé l'aventure à sa mère, qui lui répond ainsi :

« Au milieu de nos chagrins, la description que vous me faites de madame de Colonne et de sa sœur est une chose divine ; elle réveille, malgré qu'on en ait : c'est une peinture admirable. La comtesse de Soissons et madame de Bouillon sont en furie contre ces folles, et disent qu'il les faut enfermer ; elles se déclarent fort contre cette étrange folie. On ne croit pas que le roi veuille fâcher M. le connétable, qui est assurément le plus grand seigneur de Rome. En attendant, nous les verrons arriver comme mademoiselle de l'Étoile [1] : la comparaison est admirable [2]. »

Les deux sœurs furent arrêtées à Aix, habillées en hommes. On interpréta leur fuite de mille façons : on prétendit qu'elles couraient, l'une après le chevalier

[1] Voyez le *Roman comique* de Scarron.
[2] *Lettres de madame de Sévigné*, 29 juin 1672.

de Lorraine, l'autre après son frère le comte de Marsan. Relâchées bientôt par l'ordre du roi, elles se séparèrent : Hortense, ne se souciant pas de rentrer sous le joug *du* Mazarin, repassa la frontière, et la connétable s'en vint à Paris. Elle avait peu de chances de s'y voir bien accueillie. « Le roi, qui aimoit madame Colonne, » dit, dans une lettre, madame de Scudéry, fut fâché de l'aventure. » Mais un tel esclandre ne lui permettait pas de la voir. Elle se retira dans l'abbaye du Lys ; elle y passa quelques mois, écrivant au roi et à Colbert des lettres suppliantes, pour obtenir de rester en France [1]. Le connétable, de son côté, demandait instamment qu'on lui renvoyât sa femme. Était-ce amour, indulgence ou autre chose ? Il paraît qu'elle redoutait de son mari quelque vengeance à l'italienne.

La connétable reçut, dans sa retraite, la visite de sa sœur Olympe, qui, naturellement généreuse, dit-elle, lui envoya un lit superbe avec de riches tapisseries. Ses beaux-frères, le comte de Soissons et le duc de Bouillon, allèrent aussi la visiter [2]. Mais c'était le roi qu'elle demandait à voir ; elle écrivit à Colbert des lettres si pressantes à ce sujet que Sa Majesté, craignant qu'elle ne fît un beau jour irruption à Versailles, ordonna qu'elle fût consignée à cinquante lieues

---

[1] Voir dans l'*Appendice* (L) ces lettres de Marie, ainsi que les réponses du roi et de Colbert, tirées des ARCHIV. IMPÉR.

[2] *Apologie, ou les Véritables Mémoires*, etc., p. 127.

de Paris. Elle se rendit à Lyon, et prit le parti de s'é-
loigner tout à fait, pour aller rejoindre sa sœur Hortense en Savoie. Là elle se fâcha contre le duc, qui lui
conseillait de retourner à Rome ; elle franchit le Saint-
Bernard, traversa la Suisse, et, trompée par les conseils
d'un certain marquis que le connétable avait attaché à
ses pas, elle gagna les Pays-Bas espagnols. La pauvre
femme y fut arrêtée, et conduite dans la citadelle d'Anvers. S'ennuyant fort dans sa prison, elle eut l'idée de
se rendre en Espagne, pour intéresser la reine en sa
faveur. Elle fut transportée d'Ostende à Saint-Sébas-
tien ; mais le connétable et sa famille étaient trop bien
en cour à Madrid pour qu'elle y reçût l'accueil qu'elle
espérait. Elle n'eut là encore d'autre perspective que
la vie de couvent ; malheureusement elle ne sut pas s'y
ensevelir. Elle n'avait point, comme Charles-Quint,
abdiqué un empire pour le cloître ; mais sa vocation
était bien chancelante, et elle voulut revoir ce monde
dans lequel elle ne comptait plus.

Madame de Villars, dans ses lettres de Madrid à
madame de Coulanges, parle çà et là de Marie Mancini :
« Elle est toujours dans son couvent, dit-elle, dont elle
s'ennuie fort. » Il paraît que ceux qui la revirent à
Madrid la trouvèrent plus belle à quarante ans qu'elle
n'était à vingt, à l'époque de ses amours avec Louis XIV.
L'abbé de Villars fut émerveillé d'elle. « Elle n'est pas
reconnoissable, disait-il, de ce qu'elle étoit en France :
c'est une taille charmante, un teint clair et net, de

beaux yeux, des dents blanches, de beaux cheveux...
Elle est habillée à l'espagnole, d'un fort bon air. »

Monsieur et madame de Villars, un matin, virent
entrer dans leur chambre une femme voilée, une *tapada*,
avec sa suivante : c'était la connétable, qui s'était en-
fuie de son couvent. « Elle demanda en pleurant qu'on
eût pitié d'elle [1]. »

« Sa taille, dit la marquise, est des plus belles ; un
corps à l'espagnole, qui ne lui couvre ni trop, ni trop
peu les épaules : ce qu'elle en montre est très-bien fait.
Deux grosses tresses de cheveux noirs, renoués par le
haut d'un beau ruban couleur de feu ; le reste de ses
cheveux en désordre ; de très-belles perles à son cou ;
un air agité qui ne siéroit pas à une autre, et qui pour
lui être naturel ne gâte rien ; de belles dents.... Elle
s'habille à l'espagnole, d'un air beaucoup plus agréable
que ne font toutes les femmes de cette cour [2]. »

Quelques mois plus tard, nous trouvons le connétable
à Madrid, et sa femme rentrée dans sa maison. Mais
ce nouvel essai ne réussit guère : Marie décidément
avait en aversion ce Colonna, qui pourtant « étoit fait
à peindre, » dit madame de Villars. Il est vrai qu'il
était devenu fort avare, et qu'il lésinait étrangement
sur l'entretien de sa femme, et marchandait sans honte
le prix de sa pension dans les couvents [3]. Ce n'était plus

[1] *Lettres de la marquise de Villars,* etc., p. 9, 19.
[2] *Ibidem,* p. 45.
[3] *Ibidem,* p. 94.

ce mari d'autrefois, magnifique et d'humeur si commode. Quant à la connétable, écoutons encore madame de Villars : « C'est vraiment un caractère original, qu'on ne peut assez admirer, à le voir de près comme je le vois. Elle a ici un amant : elle me veut faire avouer qu'il est agréable, qu'il a quelque chose de fin et de fripon dans les yeux. Il est horrible..... Sans citer une autre petite chose qui ne vaut pas la peine d'en parler, c'est que cet amant ne l'aime point du tout, à ce qu'elle m'a dit. Elle se trouve heureuse cependant qu'il soit comme cela [1]. » Elle aimait donc pour aimer simplement : elle avait autant de désintéressement qu'elle avait d'imagination, la pauvre femme !

Le connétable devint décidément intraitable ; il la fit enfermer dans l'alcaçal de Ségovie, « où elle fut traitée misérablement. » Madame de Villars, pleine de pitié et d'intérêt pour elle, nous dit « qu'elle n'avait pas tort de ne pas se fier à ce mari italien. » Une partie des couvents d'Espagne lui servirent tour à tour de prison, et la marquise prétend « qu'il n'y avoit pas une moindre vocation que la sienne [2]. C'est, nous dit-elle, la meilleure femme du monde, à cela près qu'il n'est pas au pouvoir humain de lui faire prendre les meilleurs partis, ni de résister à tout ce qui lui passe dans la fantaisie... Si je n'avois pas autant compati à

---

[1] *Lettres de la marquise de Villars,* p. 94.
[2] *Ibidem,* p. 125.

son malheur, je n'aurois pu assez me divertir à l'entendre parler comme elle fait. Elle a de l'esprit [1]. »
Madame de Villars assure qu'on délibéra un moment d'envoyer cette pauvre recluse à sa cousine la duchesse de Modène, qui offroit généreusement de la prendre avec elle; mais la pieuse et noble femme eût-elle réussi à la fixer à ses côtés? Ce qu'il fallait à Marie, à cette tête ardente et mobile, c'était plutôt la société d'Hortense. Que ne réussit-elle à gagner l'Angleterre! Après la mort du connétable, en 1689, on s'étonne de ne pas retrouver sa veuve consolée dans ce cercle élégant et joyeux, parmi ces spirituels causeurs qui composaient la cour d'Hortense. Son arrivée au pavillon de Saint-James eût fait événement, les lettres et les vers de Saint-Évremond nous en parleraient; mais sa vie s'enfonça de plus en plus dans l'oubli [2]. Elle revint en France, assure-t-on; et cette femme, qui avait vécu dans les grandeurs et qui s'était vue si près d'un trône, ne laissa point de trace de ses derniers pas.

---

[1] *Lettres de la marquise de Villars*, p. 144.

[2] Marie Mancini se trouvait encore à Madrid sept ans après, en 1688. L'ambassadeur de Louis XIV, le comte de Rebenac, parle d'elle dans ses dépêches en termes assez favorables, comme on le voit par ce qui suit : « Madame la connétable est ici dans un petit couvent, dont elle sort quand elle le veut; elle ne se mesle d'aucune intrigue. Sa conduite ne déplaît point à la cour. Elle a beaucoup d'amis considérables, et quoy qu'elle ne soit pas brouillée avec sa sœur, personne ne s'estoit tant réjouie qu'elle de l'ordre qu'on luy avoit donné de se retirer. » (ARCHIVES DES AFFAIRES ÉTRANGÈRES.)

Marie Mancini avait d'heureuses facultés : elle était courageuse, spirituelle et fière. Elle ressemblait un peu à cette reine Christine, avec qui elle vivait inti· mement à Rome : elle aussi subordonna tout à ses désirs et à ses passions ; elle franchit la dernière barrière qu'une société facile lui opposait encore. Elle fit mentir toutes les prédictions de l'astrologie, car elle ne troubla point le monde ; la pauvre femme, hélas ! ne dévasta que sa propre vie. Mais son influence fut salutaire ; et sait-on bien tout ce qu'on lui doit ? Il se peut qu'elle ait sauvé Louis XIV d'une vie pareille à celle de Louis XV. Chez cet homme si sensuel, en qui la chair pouvait tout engloutir, ce fut elle qui, la première, éveilla le sentiment et la pensée. Elle lui fit comprendre, par l'attrait de l'amour, les œuvres de l'esprit, les beaux-arts, la politique. Elle tourna son orgueil aux grandes choses ; elle vint à temps, et son action fut décisive. Dans sa chute profonde, elle contemplait peut-être avec orgueil le règne de Louis XIV. Elle n'a eu qu'une page, il est vrai, mais cette page couvre sa vie, et l'histoire n'oubliera pas ces mots charmants :

« Vous m'aimez, vous êtes roi, et je pars ! »

———

HORTENSE MANCINI,

DUCHESSE DE MAZARIN.

———•———

Armand de La Porte, fils unique du maréchal de La Meilleraye, était un de ceux que le cardinal désirait pour ses nièces ; mais celui-là ne voulait pas simplement épouser Son Éminence. On lui offrit Olympe, qu'il refusa ; il préférait une des cadettes. Armand, qui ne partageait pas l'aversion du roi pour les petites filles, s'était épris de la jeune Hortense, qui avait au plus douze ou treize ans. Elle était déjà belle à cet âge où les grâces de l'enfant sont évanouies, et où la femme n'apparaît pas encore. Venue de Rome à dix ans avec Marie, elle avait passé deux ans au couvent, comme sa sœur ; elle en sortit après le mariage d'Olympe. Armand de La Porte, dont le père était l'ami de Mazarin et qui avait entrée dans sa maison, s'enflamma pour Hortense au point de dire à tout venant qu'il lui importait peu, pourvu qu'il l'épousât, de mourir trois

mois après. Mais on avait peine à croire que le cardinal destinât la plus belle de ses nièces à un homme
dont la naissance ne devait pas flatter le goût qu'il
avait pour les alliances princières. Le père, en effet,
quoique parent de Richelieu, était petit-fils d'un avocat ; Saint-Simon le fait descendre d'un apothicaire,
en ajoutant que l'on prétendait qu'un de leurs ancêtres
était portier, d'où leur était venu le nom de *La Porte*.
Le maréchal de La Meilleraye avait été, comme Fabert,
l'un des rares exemples d'une fortune militaire fondée
sur le mérite personnel et sur les services ; mais La
Meilleraye, à la différence de Fabert, n'y joignait pas
le désintéressement ; il avait amassé une énorme fortune, et avait obtenu de transmettre à son fils sa charge
de grand maître de l'artillerie, de même que ses gouvernements.

Les prétendants de Pénélope ne furent pas plus
nombreux que ceux qui se disputèrent la belle Hortense. Arrêtons-nous aux plus marquants, et voyons
d'abord les têtes couronnées. Charles II d'Angleterre
(celui-là était encore, à la vérité, sans couronne), fit demander à Mazarin la main de sa nièce ; la question
religieuse le préoccupait bien peu, et il ne se faisait
guère scrupule, lui protestant, d'épouser la nièce d'un
cardinal. Ce cardinal, d'ailleurs, était l'allié du puri-
tain Cromwell, et lui aussi n'eût pas demandé mieux
que de répondre aux avances de Charles II, s'il n'y
avait eu là qu'une affaire de conscience ; mais c'eût été

prendre à sa charge un prince dépossédé, embarras-
sant, petit-fils de Henri IV, il est vrai, mais sans argent, sans asile, criblé de dettes. Cette alliance eût
dérangé d'ailleurs celle qu'il avait contractée. Cependant la santé du Protecteur commençait à décliner, et
de grands événements allaient bientôt s'accomplir; ici la
prescience de Mazarin fut en défaut. Avait-il donc négligé de consulter ses horoscopes, ou bien leur science
l'avait-elle trompé? Il refusa deux fois les offres de
Charles II, et l'occasion perdue ne se retrouva pas.

Mademoiselle de Montpensier, à qui toute affaire de
mariage tournait la tête, nous raconte que ce fut par
considération pour elle que Mazarin ne profita pas des
avances de Charles. Voici ses paroles : « Le lendemain
de son arrivée de Saint-Jean-de-Luz, le cardinal me
vint voir; nous entrâmes dans un cabinet. « Il ne me
sera jamais imputé, me dit-il, de préférer mes intérêts
à ceux de mon maître et de tous ceux qui ont l'honneur de lui appartenir. Je sais bien la différence qu'il
y a de ma famille à sa maison. » Après quoi il me
dit : « Le roi d'Angleterre m'a fait proposer de le
marier avec ma nièce Hortense. Je lui répondis qu'il
me faisoit trop d'honneur; que, tant qu'il y auroit des
cousines du roi à marier, il ne falloit pas qu'il songeât
à mes nièces [1]. »

Mazarin ne se moquait-il pas de Mademoiselle, lui

---

[1] *Mémoires de Mademoiselle*, collect. Petitot, t. xlii, p. 435.

qui s'était promis, en représailles du canon de la Bastille, de la laisser jouir des charmes du célibat? Mais
elle ne s'aperçut pas qu'il la mystifiait, et elle le re-
mercia, en lui disant qu'elle serait charmée qu'Hortense devînt sa cousine germaine. Il est question, dans
son récit, d'un personnage qui prit à cœur le succès
de ce projet : ce négociateur de mariages était Turenne. Il s'intéressait fort à Charles II ; mais « comme ce
n'étoit pas, dit Mademoiselle, un homme heureux dans
les affaires dont il se mêloit, celle-là ne réussit pas[1]. »
Turenne fut donc battu dans cette campagne matrimoniale. En fait d'amour, en fait de mariage, il paraît que
ce grand capitaine était, en effet, un pauvre tacticien.

Parmi les prétendants d'Hortense, en voici un autre
qui devait également hériter d'une couronne : c'était
un prince de Portugal, qui fut régent, puis roi sous le
nom de Pierre II. Là encore Mazarin manqua l'occasion. Que ne consultait-il le docteur Guy Patin, de qui
nous tenons ces renseignements? On lit en effet, dans
une lettre du malin docteur, « qu'Hortense fut de-
mandée par le frère du roi de Portugal ; parti avanta-
geux, dit-il, attendu que le roy étoit foible, délicat et
malsain[2]. » Mazarin ne devait-il pas raisonner de
même? Il savait ces choses-là comme le docteur, et
cependant il ne fit point l'affaire.

---

[1] *Mém. de Mademoiselle,* collect. Petitot, t. XLII, p. 435.
[2] *Lettres,* 25 décembre 1660.

Un autre prince dont la destinée n'avait plus rien
de problématique, car il avait porté la couronne dès
le berceau, ne réussit pas mieux que les précédents :
ce fut ce duc de Savoie que nous avons vu figurer
à l'entrevue matrimoniale de Lyon. Peut-être y avait-
il aperçu la belle Hortense, dont les quinze ans brillaient déjà d'un grand éclat ; ou bien il avait en tête
quelque projet qui demandait l'appui de Mazarin.
Outre sa couronne ducale, ce jeune souverain avait encore de quoi plaire : c'était un cavalier brillant et aimable, et il avait fort réussi à Lyon auprès de la cour.
« M. de Savoie, dit Mademoiselle, laissa toute la cour
fort satisfaite de sa personne ; on le trouva fort bien
fait, et qu'il avoit de la civilité envers tout le monde.
Là reine le trouva de fort bonne mine, et qu'il avoit
l'air d'un homme de sa qualité. Quant à son esprit,
il ne parla que fort à propos, et même agréablement[1]. »

On se rappelle avec quel dépit superbe il partit
brusquement de Lyon ; cependant il mit de côté ses
rancunes, il oublia l'affront fait à sa sœur et à sa maison, et il demanda la main d'Hortense. Décidément
Mazarin ne voulait plus entendre parler de couronnes,
ou les motifs de ses refus demeurent un secret pour
nous[2]. Que souhaitait-il donc de mieux que ce duc

---

[1] *Mém. de mademoiselle de Montpensier*, collect. Petitot, t. XLII,
p. 375.

[2] Madame de Motteville assigne à ce refus un motif qui ferait hon-

de Savoie? et quels desseins avait-il sur Hortense?

L'abbé de Choisy raconte qu'il passa par la tête du cardinal de faire épouser à ses nièces quelques-uns de ceux qui avaient suivi, en Flandre, la fortune de Condé. Il jeta ses vues sur Coligny, pour faire de lui son héritier, en le mariant à Hortense. C'était un nom illustre parmi la noblesse que celui de Coligny, mais ce n'était point un parti à aller de pair avec ceux que Mazarin avait déjà trouvés. Ce qui lui souriait le plus sans doute, c'était le plaisir d'une intrigue et l'idée de faire *un bon coup*. Il voulait enlever Coligny à Condé de la même façon qu'il lui avait enlevé son frère Conti. Mais Son Éminence rencontra là un homme d'une autre trempe, qui repoussa ses avances, en disant qu'il n'abandonnerait pas M. le Prince dans son malheur. Plus tard, Coligny, rentré en grâce, répondait à quelqu'un qui lui rappelait ce souvenir : « J'ai fait mon devoir, je ne m'en repens pas [1]. »

neur à Mazarin : Charles-Emmanuel aurait demandé, comme apport de ce mariage, la restitution de la forteresse de Casal.

[1] Voici des détails fort précis que l'abbé de Choisy donne à ce sujet :

« J'ai ouï dire à M. Le Tellier (le chancelier) que le cardinal avoit envie de donner sa nièce et tout son bien au comte de Coligny, après la bataille des Dunes. Coligny, qui avoit été pris prisonnier, ayant été mené à Calais, le cardinal lui envoya M. Le Tellier pour lui proposer de quitter le service de M. le Prince et de s'attacher à lui, avec ordre, s'il acceptoit le parti de bonne grâce, de lui dire tout de suite que Son Éminence lui donnoit sa nièce, et qu'il le déclaroit son héritier. Coligny lui répondit fièrement qu'il n'abandonneroit point M. le

Une autre idée passa encore par la tête de Mazarin :
il songea un moment à donner Hortense au prince de
Courtenay. C'était le dernier rejeton d'une branche de
la maison royale, et l'alliance avait par là de quoi
tenter; mais ce descendant des premiers Capétiens
n'avait littéralement que la cape et l'épée. On connaît
l'origine des Courtenay, issus du dernier fils de Louis le
Gros. Tandis que leurs aînés bataillaient contre leurs
vassaux et se tiraient avec peine des étreintes du
monde féodal, les Courtenay régnaient dans les splendeurs de Byzance. On vit quatre princes de cette famille s'asseoir sur le trône des empereurs d'Orient;
mais ce qui fit leur grandeur devint aussi leur ruine.
Dépossédés de ce superbe héritage, leurs descendants
firent des tentatives vaines pour le ressaisir, et ils y
engloutirent toute leur chevance; c'est ainsi qu'ils là-

Prince dans son malheur, et Le Tellier ne se déclara pas davantage.
Mais, cinq ou six ans après, lorsque le roi nomma Coligny pour commander les six mille hommes qu'il envoyoit en Hongrie, Le Tellier, en
lui donnant ses instructions, lui dit : « Vous souvenez-vous, Monsieur,
« de la visite que je vous fis à Calais? J'avais ordre de M. le cardinal,
« si vous eussiez voulu quitter le parti de M. le Prince, de vous dire
« qu'il vous choisissoit pour épouser sa nièce et pour vous faire son
« héritier. — J'ai fait mon devoir, lui répliqua Coligny; je ne saurois
« m'en repentir. » *Mém. de l'abbé de Choisy*, coll. Petit., t. LXIII, p. 204.
    Le comte de Coligny se brouilla plus tard avec celui qu'il avait servi
si loyalement. Il a laissé des Mémoires qu'il écrivit sur les marges du
missel de sa chapelle, et qui respirent la haine la plus violente contre Condé. Avec un homme qui avait fait ses preuves d'honneur autant que Coligny, il n'est pas permis de dédaigner tout à fait les effroyables accusations qu'il porte contre son ancien ami.

chèrent le corps pour courir après l'ombre. Devenus pauvres, ils descendirent aux plus infimes échelons de la hiérarchie féodale, trouvant à peine à s'allier aux filles de leurs moindres vassaux, et servant comme écuyers sous la bannière de leurs voisins. Ils avaient fait la faute de préférer aux fleurs de lis, dans leur blason, les armes des premiers Courtenay; aussi ces Capétiens démonétisés se virent-ils contester leur origine. Les Bourbons, mieux avisés, avaient gardé leur écusson; et, quand les Courtenay prétendirent se faire reconnaître pour princes du sang, Henri IV, ne voyant que de pauves hères sans bien et sans alliances, ne voulut point se charger de relever cette maison écroulée, et, peu touché des souvenirs byzantins, le Béarnais éconduisit, en vrai Gascon, les Courtenay, qui étaient aussi légitimes que lui.

Mazarin eut donc l'idée un moment de marier Hortense au dernier survivant de cette famille, et de le faire solennellement reconnaître pour prince du sang. Comme il devait faire Hortense son héritière, les Courtenay, pauvres comme Job, seraient devenus tout à coup les plus riches de tous les princes. Mais Mazarin, quelque attiré qu'il fût par l'éclat de la naissance, ne put prendre sur lui d'accepter un homme si complétement à court d'argent; cela fut plus fort que lui, et il laissa tomber le projet.

Cependant le roi Charles II, que l'on avait vu presque aussi bas que les Courtenay, était remonté sur le

trône de ses pères. Que pensa le cardinal de ce revirement de fortune ? Eut-il l'idée de revenir sur son refus
et de renouer la négociation ? Cela paraît vraisemblable ; car la reine Henriette, la mère de Charles II, se
rendit à Londres pour cette affaire, qui lui tenait au
cœur. La fille de Henri IV, cette fière Henriette, ne
reculait pas devant une pareille mésalliance ; elle oublia l'affront fait à son fils : les millions d'Hortense
lui semblaient bons pour consolider le trône des
Stuarts. La pauvre dame en était éblouie ; elle ouvrait
de grands yeux devant ce Pactole en espérance, elle
qui, dans son exil, s'était trouvée si dépourvue qu'elle
manquait d'un fagot l'hiver, et, pour se réchauffer,
parcourait à grands pas la galerie du Louvre. Un peu
revenue des grandeurs qui l'avaient déjà trahie, elle
ne songeait plus qu'au solide apparemment. Son fils,
l'insouciant Charles II, se montra plus fier que sa
mère ; et, soit dépit contre Mazarin, qui n'avait rien
stipulé pour sa cause dans le traité des Pyrénées, soit
qu'il eût les mains pleines alors, il n'accueillit pas ses
avances, et l'affaire n'alla pas plus loin. Ajoutons cependant que Mademoiselle, très au fait de toutes les
menées matrimoniales, paraît croire que Mazarin lui-
même accueillit avec froideur, ou du moins avec réserve, ces nouvelles propositions [1]. Madame de Motte-

---

[1] « J'ai appris, dit-elle, que, du temps de la mort de Cromwell,
la reine d'Angleterre avoit fait faire la même proposition à M. le
cardinal, qui l'avoit refusée... La reine d'Angleterre témoignoit un

ville assure cependant qu'il avait promis cinq millions
à l'heure qu'on les voudrait ; puis elle ajoute : « Le cardinal fut sans doute affligé de ce changement ; mais
on peut dire à sa gloire qu'il avoit en apparence peu
recherché cet honneur, et avoit fait ostentation de
son indifférence sur cet article [1]. »

Hortense avait suivi Marie dans son exil à Brouage
et était la confidente de ses amours. La petite Marie-
Anne se plaignait à son oncle, dans ses lettres, que
ses sœurs la renvoyaient toujours, et se cachaient
d'elle dans leurs interminables tête-à-tête. Le cardinal,
quoique sa correspondance eût trait surtout à Marie,
n'oublie pas pourtant les recommandations à Hortense.
Sa sollicitude apparaît principalement à propos d'une
maladie qu'elle fit à Brouage.

« J'ay receu vos trois lettres, écrit-il à madame de
Venelle. Le mal de Hortense m'avoit mis en peine,
mai jay veu depuis par sa lettre mesme, par la vostre

---

grand empressement pour ce mariage, à ce que me dit M. le cardinal. Il trouvoit qu'il ne lui convenoit pas d'en avoir en pareille occasion. Je le trouvai de bon sens là-dessus. » *Mém. de Mademoiselle*, collect. Petitot, t. XLII, p. 435.

Plus loin, Mademoiselle dit encore : « Madame de Motteville me
vint parler de la part de la reine d'Angleterre, pour me dire que,
depuis le rétablissement de son fils, elle souhaitait plus mon mariage avec lui qu'elle n'avoit jamais fait... Je répondis à madame
de Motteville : Le mariage d'Hortense est donc rompu ? Tant que
la reine d'Angleterre a pu l'espérer, elle n'a pas songé à moi. »
Ibidem, p. 84.

[1] *Mém. de madame de Motteville*, collect. Petitot, t. XLII, p. 84.

et par celle de ma nièce, qu'il n'y avoit rien à craindre ; car, pour ce qui est de sa répugnance à souffrir les remèdes, je ne doute point que la raison et les soins de sa sœur et les vostres ne la surmontent aisément [1]. »

Atteint lui-même, à son retour de Saint-Jean-de-Luz, d'un mal qui fit de rapides progrès, Mazarin se décida, aux approches de la mort, à faire choix d'un mari pour Hortense ; il s'arrêta au duc de La Meilleraye, seul héritier des biens et des grands emplois de son père. Le cardinal, averti de sa fin prochaine, voulut régler de son vivant la grande affaire de sa succession ; il maria donc Hortense à La Meilleraye et lui transmit sa fortune, à la condition qu'il prendrait le nom et les armes de Mazarin. C'était plutôt à l'héritier de son nom qu'à sa propre nièce qu'il léguait sa fortune. Mancini, son neveu, déshérité du nom de Mazarin, qui était celui de sa mère, eut pour dédommagement des duchés et des palais. Chacune des nièces eut environ quatre cent mille écus [2], et, comme appoint, les meilleurs gouvernements et les plus grandes charges pour leurs maris. Le cardinal, en outre, fit des legs assez brillants à ses amis ; puis le reste de sa fortune alla aux héritiers du nom de Mazarin [3]. Il s'agissait de

[1] *Lettres de Mazarin à madame de Venelle*, BIBL. DU LOUVRE, mss.
[2] *Mém. de l'abbé de Choisy*, collect. Petitot, t. LXIII, p. 200.
[3] L'abbé de Choisy donne des détails curieux et précis sur le partage de cette fabuleuse succession.
« Le cardinal, dit-il, défend, dans son testament, qu'on fasse in-

quinze cent mille livres de rente, au dire des uns, de
vingt-huit millions et plus, selon d'autres [1], avec le

ventaire de ses effets, assurément dans la pensée qu'il avoit que le
public n'en fût scandalisé. Il donna au roi deux cabinets de pièces de
rapport qui n'étoient pas encore achevées, quelques diamants à la
reine mère, soixante marcs d'or et une tenture de tapisserie à Monsieur, six cent mille francs pour faire la guerre aux Turcs..., dix-
huit mille francs de rente viagère à madame de Martinozzi, sa sœur...,
cent mille francs au maréchal de Gramont; dix-huit gros diamants
pour être de la couronne, à condition qu'on les appelleroit les Mazarins; *six mille francs* aux pauvres, et tout le reste de ses biens
au duc et à la duchesse Mazarin. »

Choisy ajoute à ces détails les faits suivants, dont nous le laissons
responsable : « Dès que Son Éminence eut rendu les derniers soupirs,
Colbert alla trouver le roi, et lui dit que le cardinal avoit en différents lieux près de quinze millions d'argent comptant, et qu'apparemment son intention n'étoit pas de les laisser au duc de Mazarin;
qu'il falloit prendre là-dessus le mariage de ses nièces, à qui il donnoit à chacune à peu près quatre cent mille écus, et que le surplus
serviroit à remplir les coffres de l'épargne, qui étoient fort vides. Ce
fut le commencement de la fortune de Colbert. La chose demeura secrète entre le roi et lui. » *Mém. de Choisy,* collect. Petitot, t. LXIII,
p. 200.

[1] Saint-Simon dit qu'il fut prouvé en pleine grand'chambre, lors
des procès qui eurent lieu, qu'Hortense avoit apporté à son mari vingt-
huit millions, et les revenus de plusieurs gouvernements en sus.
Mém. de Saint-Simon, t. XIX; p. 103, édit. in-18.

M. Léon de Laborde dit (*Palais Mazarin,* p. 45) que « la fortune
du cardinal, bien légitimement acquise selon les idées du temps, n'a-
voit fait tort ni aux individus, ni au peuple, ni à l'État. » C'est absoudre par trop Mazarin : tant de millions lui étaient-ils donc tombés
du ciel? Les Mémoires du temps nous disent assez ce qu'en pensaient
les contemporains eux-mêmes. L'abbé de Choisy, p. 207, dit que
cette fortune *étoit véritablement le sang du peuple.* Mesdames de
Sévigné, de La Fayette, de Motteville, et bien d'autres, sont aussi
de ce sentiment.

palais Mazarin et toutes ses richesses. Déjà grand
maître de l'artillerie, La Meilleraye obtint les gouvernements d'Alsace, de Bretagne, de Vincennes, et sa fortune particulière devait être prodigieuse. Le roi l'ad-
mit dans tous ses conseils, le distingua, le combla en
toutes manières. Cet heureux homme n'eut que la
peine d'épouser, pour tout cela, la plus belle femme
de France. Quel était le personnage sur qui tant de
biens tombaient à la fois? Le ridicule est venu plus
tard le couvrir; madame de Sévigné écrivait que la
figure de M. Mazarin servait d'excuse à sa femme.
Cependant, à l'époque de ce mariage, on nous montre
La Meilleraye sous un autre jour. « Il étoit alors assez
à la mode [1], » nous dit Choisy. Saint-Simon va beaucoup plus loin, et nous fait de l'époux d'Hortense ce
portrait charmant, et qui n'a que le défaut d'être trop
flatté probablement : « J'ai ouï dire aux contemporains qu'on ne pouvait pas avoir plus d'esprit, ni plus
agréable ; qu'il étoit de la meilleure compagnie et fort
instruit ; magnifique, du goût à tout, de la valeur;
dans l'intime familiarité du roi, qui n'a jamais pu cesser de l'aimer ; gracieux, affable et poli [2]. » Quelle
femme, à ce portrait, n'envierait le sort de l'heureuse
Hortense? Plaçons en regard le doux pastel que madame de La Fayette nous trace de la nouvelle duchesse
de Mazarin.

[1] *Mém. de Choisy*, collect. Petitot, t. LXIII, p. 206.
[2] *Mém. de Saint-Simon*, t. XIX, p. 162, édit in-18.

« C'étoit, dit-elle, non-seulement la plus belle des nièces du cardinal, mais aussi une des plus parfaites beautés de la cour. Il ne lui manquoit que de l'esprit pour être accomplie, et pour lui donner la vivacité qu'elle n'avoit pas. Ce défaut même n'en étoit pas un pour tout le monde, et bien des gens trouvoient son air languissant et sa négligence capables de se faire aimer [1]. »

Quoi de mieux assorti, semble-t-il, que cette belle indolente, cette gracieuse femme, comblée de tant de dons du ciel, et cet homme de si bonne compagnie, spirituel, instruit, aimable, et passionnément amoureux? Leur mariage eut lieu au commencement de 1661, et le cardinal mourut peu de temps après. Ils allèrent résider dans ce palais de Mazarin, rempli des plus précieux tableaux, des marbres les plus rares, et qui surpassait le Louvre en richesses intérieures; leur existence y devait être magnifique.

Cependant le maréchal de La Meilleraye n'avait pas recherché pour son fils cette prodigieuse fortune. Vieil ami de Mazarin, il l'avait supplié, dit-on, de ne point charger son héritier d'un si lourd fardeau, prévoyant qu'il en serait accablé. Le père, en effet, n'avait que trop bien deviné. Cette charge de grand maître de l'artillerie, des gouvernements, la gestion de tant de biens, et pour surcroît la jalousie, qui survint bientôt, affai-

---

[1] *Mém. de madame de La Fayette*, collect. Petitot, t. LXIV, p. 366.

blirent un esprit qui n'était pas de la plus forte trempe.
Les visites fréquentes du roi à sa femme le jetèrent
dans une inquiétude extrême, et il n'imagina pas d'autre moyen d'échapper aux dangers qu'il entrevoyait
que de tenir la belle Hortense dans un état de locomo-
tion perpétuelle. Ils ne posèrent plus nulle part; en dépit de ses grossesses fréquentes, il la traînait de gouvernement en gouvernement, de ville en ville, de Bretagne en Alsace, sans se faire annoncer nulle part,
exposant sa compagne de route à mille fâcheuses aventures, comme d'accoucher en pleine hôtellerie ou dans
quelque incommode manoir. L'image du roi, et peut-
être de beaucoup d'autres, le poursuivait, et ne laissait reposer nulle part ce Juif errant de la jalousie.
D'autres préoccupations vinrent encore s'emparer de
lui : il se jeta dans la dévotion la plus outrée; il se fit
des scrupules inouïs. Nous avons vu que les jansénistes de la Fronde s'étaient scandalisés qu'un cardinal eût dans sa maison des statues et des portraits légèrement vêtus; le duc de Mazarin s'en fit aussi un
cas de conscience; toutes ces nudités le révoltèrent :
et que fit-il? Il ne se borna pas, comme Tartufe, à y
jeter son mouchoir; un marteau à la main, il parcou-
rut, un beau jour, sa galerie, en brisant de ces beaux
marbres ce qui choquait le plus ses regards. Les peintures des Titien et des Corrége, quand elles s'écartaient
des règles expresses de la décence, subirent des réformes tout aussi radicales : elles furent religieusement

barbouillées. Sur le bruit de ses faits et gestes, le roi
envoya Colbert, qui trouva M. de Mazarin poursuivant
ses exécutions. L'ancien intendant, qui savait par livres et deniers ce qu'avaient coûté tous ces chefs-
d'œuvre, fit ce qu'il put pour sauver le reste ; mais
le roi, habitué à l'affection et aux égards pour le grand
maître, qui lui avait plus d'une fois prêté de l'argent[1],
se contenta de déplorer ses aberrations[2]. Visitant le
Louvre un jour, il disait à Perrault, en apercevant un

---

[1] Le roi lui écrivait, le 13 septembre 1661 : « Mon cousin, après
avoir fait arrêter le surintendant de mes finances, comme vous avez
su que j'ai fait, il pourroit arriver que j'aurois besoin des deux millions de livres que vous m'avez offert de me prêter ; et comme je ne
doute point que je n'en puisse faire état, je vous dépêche ce courrier
exprès pour vous mander que vous me ferez plaisir de donner ordre
à vos gens d'affaires de fournir cette somme à mesure que je jugerai
à propos de m'en servir, etc. » (*OEuvres de Louis XIV*, t. v, p. 54.)

[2] *Mém. de Choisy,* p. 287. « Le roi, dit-il, le plaignit et le laissa
faire. M. de Mazarin part de Vincennes, à la pointe du jour, pour cette
fameuse expédition ; il fait lever Tourolles, son garde-meubles, lui fait
ouvrir une des galeries, y entre avec un maçon, lui prend de sa main
un pesant marteau, et se jette avec furie sur les statues. Tourolles,
fondant en larmes, lui représente en vain la ruine de tant de chefs-
d'œuvre ; sa lassitude fut la fin de son travail. Sur les sept heures du
soir, M. Colbert arrive ; il voit ce massacre, pour ainsi dire, traite de
fou le meurtrier, et le quitte pressé d'une véritable douleur. M. Mazarin s'en va souper tranquillement, et, sur les neuf heures, accompagné de cinq ou six de ses domestiques, donne un marteau à chacun
d'eux, retourne à la galerie avec son escorte. Il anime les uns par son
exemple, il reproche aux autres leur lâcheté. Il choisit pour partage ce
sexe qu'il fuit et qu'il désire.... C'étoit le samedi ; minuit sonne : ce
signal du repos du dimanche fait cesser la besogne. » *Palais Mazarin,*
p. 93.

marteau : « Voici une arme dont M. de Mazarin se sert fort bien. »

Malheureusement pour sa femme et ses héritiers, ce réformateur de la statuaire ne devint pas positivement fou. Au milieu des singularités que l'on raconte, il conservait de la gravité, les manières d'un grand seigneur, la conversation d'un *honnête* homme. Ses travers avaient leurs partisans. Saint-Simon, qui le vit vingt-cinq ans plus tard, dit que c'était « un grand et gros homme, de bonne mine, qui marquoit de l'esprit [1]. » C'était l'Alceste des bonnes mœurs et de la décence; mais les dévots qui l'entouraient firent de lui un Orgon. Comme les amours du roi le chagrinaient autant que les nudités de ses tableaux, il profita de ses grandes entrées pour lui faire des représentations; il lui déclara un jour que l'ange Gabriel l'avait averti qu'il lui arriverait malheur s'il ne rompait avec mademoiselle de La Vallière [2]. Le roi se moqua de lui. Ses étranges imaginations seraient longues à raconter. Cet homme, qui avait tant de provinces à gouverner, tant de biens à régir, n'avait pas sans doute assez à faire, car il était heureux qu'on lui fît des procès; il en eut jusqu'à trois cents, dit l'abbé de Choisy, et qu'il a presque tous perdus... « Je suis bien aise, disait-il, qu'on me fasse des procès sur tous les

---

[1] *Mém. de Saint-Simon*, t. XIX, p. 164, édit in-18.
[2] *Mém. de l'abbé de Choisy*, collect. Petitot, t. LXIII, p. 207.

biens que j'ai eus de M. le cardinal. Je les crois tous mal acquis, et du moins, quand j'ai un arrêt en ma faveur, c'est un titre, et ma conscisnce est en repos [1]. »

« Il faisait, dit Saint-Simon, des loteries de son domestique, en sorte que le cuisinier devint son intendant et le frotteur son secrétaire. Le sort marquait, selon lui, la volonté de Dieu. Le feu prit au château de Mazarin; chacun accourut pour l'éteindre; lui, à chasser ces coquins qui attentaient au bon plaisir de Dieu [2]. » Grâce à cette manière d'administrer, il se débarrassa de cette immense fortune dont sa conscience était accablée.

On se demandera peut-être comment un pareil homme ne fut pas frappé d'interdiction. Il conserva cependant, outre ses biens, la plupart de ses grandes charges et de ses gouvernements. Il reçut le collier de l'ordre du Saint-Esprit en 1688, après avoir été, pendant plus de vingt ans, la fable de Paris et des provinces. Ce fut à cette époque que Saint-Simon le vit chez son père, et qu'il nous parle de « cette bonne mine qui marquoit de l'esprit. »

Comment la belle Hortense s'arrangea-t-elle de la vie errante que lui faisait M. de Mazarin ? C'est pour nous initier à ses chagrins qu'elle a composé ses *Mé-*

---

[1] *Mém. de l'abbé de Choisy*, collect. Petitot, t. LXIII, p. 207.
[2] *Mém. de Saint-Simon*, t. XIX, p. 163, édit. in-18.

moires[1], et nous ne pouvons lui refuser créance, après ce que nous avons déjà vu. Elle avait pourtant aimé un pareil mari, cette généreuse Hortense : c'est elle-même qui nous l'assure : « elle n'avoit pas de plus sensible joie que celle de le voir, et elle croit qu'elle se fût accommodée de tous ses voyages, sans la tyrannie de ses procédés. « Je ne pouvois, dit-elle, parler à un domestique qu'il ne fût chassé le lendemain. Je ne recevois pas deux visites de suite d'un même homme qu'on ne lui fît défendre la maison. Si je témoignois quelque inclination pour une de mes filles, on me l'ôtoit aussitôt. Si je demandois mon carrosse, il défendoit en riant qu'on y mît les chevaux et plaisantoit avec moi sur cette défense... Il auroit voulu que je n'eusse vu que lui seul au monde[2]. » Cette prétention trop exclusive gâta le bonheur qu'avait d'abord goûté Hortense dans le tête-à-tête conjugal. Mais le duc eut encore bien d'autres travers. « À peine les beaux yeux de sa compagne étoient fermés,

---

[1] *Mém. de la duchesse de Mazarin* (OEuvres de Saint-Réal, t. III, édit. in-4°). On prétend que ces Mémoires furent écrits par l'abbé de Saint-Réal à Chambéry, où il fit la connaissance de madame Mazarin. Il est difficile de déterminer exactement la part qu'elle put avoir à ce travail; ses conversations en fournirent tout au moins les matériaux. Bayle suppose que ce fut elle-même qui les dicta, et nous serions assez de son avis. On y trouve plutôt, en effet, la grâce diffuse et négligée d'une femme du grand monde que le style travaillé de l'abbé de Saint-Réal.

[2] *Mém. de la duchesse de Mazarin* (OEuvres de Saint-Réal, t. III, p. 507).

nous dit Saint-Évremond, que M. de Mazarin, qui
avoit le diable toujours présent à sa noire imagination,
que cet aimable époux éveilloit sa compagne pour lui
faire part (vous ne devineriez jamais, Messieurs),
pour lui faire part de ses visions nocturnes. On al-
lume des flambeaux, on cherche partout ; madame
de Mazarin ne trouve de fantôme que celui qui étoit
près d'elle dans son lit. »

A force de prêter à ce riche, on nous raconte de lui
des choses qui passent l'imagination : il en était venu
jusqu'à défendre aux filles de traire les vaches, dans
l'intérêt de leur chasteté, et aux nourrices de donner à
téter aux enfants le vendredi et le samedi. Il avait la
passion des règlements ; il en fit un entre autres, et
des plus burlesques, pour déterminer les règles de décence à observer, en certains cas, par les garçons apo-
thicaires [1].

Son rigorisme pudibond intervenait d'une manière
fâcheuse dans les toilettes de sa femme ; il y portait
des réformes vraiment barbares : il ne pouvait, par
exemple, supporter qu'elle mît des mouches, ou bien
il faisait, à la dérobée, main basse sur ses diamants.
Ce fut cette dernière affaire qui exaspéra le plus la
pauvre femme, et l'orage éclata tout à fait. Il lui était

---

[1] Saint-Évremond nous donne un aperçu de ces singularités dans
une pièce de vers intitulée : *les Règlements de M. Mazarin* :

Nous , Mazarin le Pieux , etc.

(*OEuvr. de Saint-Évremond*, t. VI, p. 61.)

arrivé plus d'une fois de s'échapper en pleurs de chez
elle, et de se retirer chez son frère, par une porte de
communication qui existait entre leurs palais contigus;
mais M. de Mazarin s'avisa de faire murer cette porte.
Un certain jour cependant qu'il l'avait exaspérée longtemps de ses plaisanteries (car ce despote était go-
guenard), elle prit la résolution désespérée de sortir,
coûte que coûte. « M. de Mazarin, dit-elle, qui avait
pris ses mesures pour me faire une prison de mon palais, se jeta au-devant de moi, et me poussa fort rudement pour me fermer le passage ; mais, la douleur
me donnant des forces extraordinaires, je passai, malgré qu'il en eût; et, quoiqu'il se tuât de crier par la
fenêtre qu'on fermât toutes les portes, et surtout celle
de la cour, personne, me voyant tout en pleurs, n'osa
lui obéir. Je fis le tour de la rue, où il y avait grand
monde, dans ce triste état, seule, à pied, pour me
rendre à mon asile ordinaire [1]. » Tels étaient les spectacles que donnait le palais Mazarin aux gens du quartier : la duchesse en pleurs et tout échevelée, se sau-
vant par les rues en plein midi.

Au bout de quelques jours la famille intervint et
ménagea un raccommodement entre les époux. Des
mois se passèrent encore en scènes conjugales toujours
grotesques. Hortense consentit à se retirer dans l'ab-

[1] *Mém. de la duchesse de Mazarin* (Œuvres de Saint-Réal,
t. III, p. 574).

baye de Chelles. M. de Mazarin se rendit en Alsace
et revint au bout de six mois. Il alla voir sa femme, et
ils se querellèrent en s'abordant. Il prit le parti de la
faire changer de couvent. L'abbesse de Chelles était
pourtant sa propre tante; mais elle avait rendu bon
témoignage de la conduite d'Hortense, et ce fut apparemment ce qui fâcha M. de Mazarin. Il demanda au
roi que la duchesse fût enfermée dans le couvent des
Filles-de-Sainte-Marie de la Bastille, et elle y fut conduite par une escouade de gardes du corps. Ce fut pour
elle un grand changement : au lieu de la bienveillante
abbesse qui l'avait protégée contre son propre neveu,
elle trouva, aux Filles-de-Sainte-Marie, des religieuses
sévères, prévenues contre elle, et à qui l'on avait re-
commandé probablement de la surveiller de près;
mais elle rencontra aussi quelques distractions dans
ce couvent. Une femme dont il était beaucoup parlé à
cette époque, Sidonie de Lenoncourt, marquise de
Courcelles, se trouvait, pour des motifs du même
genre, enfermée sous les mêmes verrous. Il y avait
bien des rapports entre ces deux dames : il n'en existait point de plus belles, de plus riches, ni de plus mal
mariées, et il en résulta les mêmes conséquences pour
toutes deux. Nous ne dirons que peu de mots de cette
marquise de Courcelles, que l'on a spirituellement appelée « la Manon Lescaut du XVIIe siècle : » c'est un
rapprochement juste sur quelques points. Héritière,
dès le berceau, d'une très-riche et très-noble maison,

elle fut élevée auprès d'une tante vénérable qui était abbesse de Saint-Loup, à Orléans. Aussi pieuse que belle, avec les plus heureuses dispositions, l'orpheline vivait dans ce couvent sans penser au monde, quand un ordre du roi vint l'arracher à ce tranquille séjour. La noble héritière avait tenté Colbert, qui, voulant enrichir et anoblir du même coup sa maison, conçut l'idée de la marier à son frère. La belle pensionnaire de l'abbaye de Saint-Loup fut placée à l'hôtel de Soissons pour y commencer une nouvelle éducation ; elle fut confiée aux soins peu maternels de la princesse de Carignan. Bientôt toutes les ambitions spéculèrent sur sa beauté, sur sa naissance, sur sa fortune. Si Colbert convoitait son nom et ses biens, Louvois souhaitait ardemment sa personne. La jeune fille ne voyait autour d'elle que des gens qui servaient les calculs de l'un ou les désirs de l'autre. On parvint à lui faire épouser un homme sans bien et sans honneur, qui se prêta à lui donner un nom, en trempant, lui et toute sa famille, dans le plus honteux des complots. Louvois alors eut ses coudées franches : il mit tout en jeu pour la corrompre, et les Mémoires de la marquise ne laissent pas douter qu'il y réussit [1]. Il l'aimait, du reste, éperdument ; mais la puissance qui mettait à ses pieds les ambitieux ne lui gagnait point le cœur des femmes.

---

[1] *Mém. et Corresp. de la marquise de Courcelles*, in-18. Paris, août 1855.

Sidonie souffrit ses assiduités sans l'aimer, assure-t-elle. Elle ressentait, de son côté, une passion ardente pour ce marquis de Villeroy que les belles avaient surnommé le *Charmant;* puis elle en éprouva d'autres encore, et son digne mari, guettant le moment de saisir ses biens, la fit enfermer dans le couvent des Filles-de-Sainte-Marie et entama contre elle un procès. Hortense et Sidonie avaient donc été conduites aux mêmes résultats par des procédés tout différents : l'une par les tracasseries d'un dévot et d'un jaloux, l'autre par les complaisances infâmes d'un corrupteur.

Ces pauvres femmes, dont on n'avait guère pris à tâche de former la raison, ne pensèrent qu'à se distraire dans leur commune disgrâce et se comportèrent comme deux enfants : on les accusa d'avoir mis le monastère sens dessus dessous, d'avoir joué aux religieuses toutes sortes de niches et jusqu'aux plus mauvais tours. Il faut dire qu'Hortense se défend peu, dans ses Mémoires, d'avoir compromis à ce point la dignité de ses malheurs ; elle cherche simplement à donner à la chose de moindres proportions. « Comme madame de Courcelles étoit fort aimable et fort réjouissante, dit-elle, j'eus la complaisance d'entrer pour elle dans quelques plaisanteries qu'elle fît aux religieuses ; on en fit cent contes ridicules au roi : que nous mettions de l'encre dans le bénitier, pour faire barbouiller ces bonnes dames ; que nous courions dans les dortoirs avec une troupe de petits chiens, en criant : *Tayaut, layaut !* et autres choses semblables, ou absolument inventées ou exagérées avec excès. Par exemple, ayant demandé à nous laver les pieds, les religieuses s'avisèrent de le trouver mauvais et de nous refuser ce qu'il falloit, comme si nous eussions été là pour observer leur règle. Il est vrai que nous remplîmes d'eau deux grands coffres qui étoient sur le dortoir, et les ais du plancher joignant fort mal, ce qui se répandit, perçant ce mauvais plancher, alla mouiller les lits de ces bonnes Sœurs. On conta cet accident comme un franc tour de page. Sous prétexte de nous tenir compagnie, on nous gardoit à vue ; on choisissoit pour cet office les plus âgées des religieuses, comme les plus difficiles à suborner ; mais, ne faisant autre chose que de nous promener tout le jour, nous les eûmes bientôt mises toutes sur les dents, jusque-là que deux ou trois se démirent le pied pour avoir voulu courir après nous [1]. » Telles furent, au demeurant, les équipées de ces dames : elles prirent leur malheur avec philosophie. Faut-il les accuser, ces pauvres victimes, d'avoir conservé, au milieu de leurs chagrins, quelques éclairs de gaieté ? Mais, comme elles semblaient assez disposées à rire elles-mêmes de leurs disgrâces, les chansonniers en firent de même, comme on le voit par ce couplet :

[1] *Mémoires de la duchesse de Mazarin* (Œuvres de Saint-Réal, t. III, p. 578, édit. in-4°, 1745).

Mazarin et Courcelles
Sont dedans un couvent,
Mais elles sont trop belles
Pour y rester longtems.
Si on ne les retire,
On ne verra plus rire
De dame assurément [1].

Ce fut peut-être sur les instances des Sœurs de Sainte-
Marie, n'en pouvant mais, que les deux prisonnières
furent envoyées à l'abbaye de Chelles, où Hortense
avait su mériter les bonnes grâces de l'abbesse. Ce
changement ne fut point du goût de M. de Mazarin;
il s'y rendit peu de jours après avec une escorte de
soixante cavaliers, afin d'enlever sa femme, et muni
d'un permis de l'archevêque pour pénétrer dans le couvent. L'abbesse, offensée du procédé de son neveu,
lui en refusa l'entrée; elle fit mieux : elle remit les
clefs du monastère aux mains de l'épouse menacée,
pour témoigner ouvertement de sa confiance en elle
et de l'appui qu'elle lui donnait. Ce fut Hortense elle-
même qui se présenta pour parler à son ravisseur; il
eut beau lui crier qu'elle n'était point l'abbesse, elle
lui répliqua, en montrant les clefs, qu'elle était abbesse
pour lui ce jour-là. M. de Mazarin, quoiqu'il fût
grand maître de l'artillerie, ne poussa pas plus loin
le siége et s'en retourna l'oreille basse. Le bruit
courut le lendemain qu'il revenait pour renouveler

---

[1] *Collect. de Maurepas*, t. IV, p. 87.

ses tentatives. Hortense, du haut de sa tourelle, vit
accourir, en effet, une troupe de cavaliers soulevant
la poussière : c'étaient ses beaux-frères, le comte de
Soissons, le duc de Bouillon, et aussi la duchesse sa
vaillante sœur, qui, au bruit de l'aventure, accouraient
à son aide, avec une foule de gens de qualité. Hortense ne les reconnut pas; elle crut, au contraire, que
c'était son Barbe-Bleue qui revenait avec son escorte
pour la saisir; elle eut grand'peur, et ne songea qu'à
se cacher. Il y avait à la grille de son parloir un trou
par lequel elle passa, à grand effort, pour gagner quelque cachette. Honteuse de sa frayeur, elle voulut revenir par le même trou, pour ne pas donner l'éveil sur
cette équipée; mais elle eut le sort de dame belette.
Sa compagne de joie et d'infortune, Sidonie, qui avait
la taille plus svelte, repassa aisément; quant à Hortense, elle resta évanouie entre deux barreaux de fer
qui lui serraient les flancs, sans pouvoir avancer ni
reculer. Sidonie, après beaucoup d'efforts, réussit enfin à la tirer de peine.

Sur un premier arrêt du parlement, la prisonnière
obtint sa délivrance; elle devait habiter le palais Mazarin, et son mari demeurer à l'Arsenal. Mais un second arrêt menaça de changer ces dispositions; l'affaire avait été portée à la grand'chambre par le mari,
et la duchesse apprit que cette grand'chambre ne lui
serait pas favorable. Elle nous explique parfaitement
elle-même à quoi tinrent ces variations de la justice.

« Le premier arrêt avait été rendu par une chambre des enquêtes, composée presque exclusivement de jeunes gens *fort raisonnables,* nous dit-elle, et il n'y en eut pas un qui ne se piquât de la servir [1]. » La grand'-chambre, tout au contraire, n'était formée que de vieux conseillers, et M. de Mazarin trouvait auprès des vieux autant de faveur que sa femme en avait obtenu auprès des jeunes. Voyant que ses juges n'entendraient point raison, elle prit la résolution d'aller attendre l'arrêt auprès de sa sœur la connétable, en Italie. Son frère approuva le projet, et le chevalier de Rohan, qui était l'un des partisans déclarés de la duchesse, s'employa pour le seconder. Elle n'avait pas jugé à propos de mettre ses sœurs dans sa confidence ; elle nous dit que la comtesse de Soissons se tuait de lui dire qu'elle négligeait son procès, qu'elle *ne sollicitoit point, et que c'étoit une honte* [2]. Hortense lui répondit sans doute que ses juges étaient trop vieux. Olympe ne concevait rien à son indifférence, lui répétant « que ce n'étoit pas le temps de demeurer tout le jour déshabillée par sa chambre, à jouer de sa guitare, et que cette effroyable négligence lui faisoit quasi croire ce qu'on disoit, qu'elle vouloit s'enfuir en Italie [3]. »

Enfin elle partit un soir, sans être vue, bien qu'elle

---

[1] *Mém. de la duchesse de Mazarin* (Œuvres de Saint-Réal, t. III, p. 580).

[2] *Ibidem*, p. 587.

[3] *Ibidem*, p. 587.

eût un carrosse à six chevaux, escortée par le chevalier de Rohan jusqu'aux portes de la ville; puis elle
monta à cheval, habillée en homme, et gagna la Lorraine à franc étrier. Elle avait galopant à ses côtés
une de ses femmes, de fort petite taille, et qui avait
en homme une tournure si grotesque que sa maîtresse
oubliait ses angoisses et riait de tout son cœur en la
regardant : ainsi voyagea la belle Hortense. Elle nous
assure que ce grand parti lui avait bien coûté à prendre, et que pendant huit jours elle n'avait ni mangé
ni dormi. Son trouble en partant était tel qu'elle oublia son argent et ses pierreries, et revint de la porte
Saint-Antoine pour les chercher.

Dès que M. de Mazarin fut informé de ce départ, il
alla éveiller le roi à trois heures de la nuit, pour lui
demander de faire poursuivre sa femme.

> Ma pauvre femme, hélas! qu'est-elle devenue?
> — La chose, dit le roi, vous est-elle inconnue?
> L'ange qui vous dit tout ne vous l'a-t-il pas dit?

Hortense, arrivée à Nancy, eut fort à se louer de ce
duc de Lorraine qui avait demandé la main de sa sœur
Marie; il était jeune, et sans doute il se piqua aussi
de la servir. Il lui donna une escorte de ses gardes
jusqu'à Genève, d'où elle voulait traverser les Alpes
et gagner Milan. Elle eut à affronter des périls et de
fâcheux accidents; le pire fut une blessure qu'elle se
fit au genou en folâtrant avec sa camériste : la pauvre

fugitive goûtait tant sa liberté, après les lourdes chaînes qu'elle avait portées! Elle en jouissait avec une étourderie d'enfant. Cependant son mal s'aggrava, et il fallut la transporter péniblement à travers les montagnes. Pendant cette douloureuse pérégrination il fut question de lui couper la jambe, ce qui aurait sans doute fixé sa vie errante et beaucoup changé sa destinée ; mais sa personne et ses charmes échappèrent à cette destruction.

Le parlement, pendant ce temps, rendait un arrêt qui autorisait le duc de Mazarin à faire appréhender sa femme, en quelque lieu que ce fût. Eh ! oui, certes, ils étaient *fort raisonnables* ces jeunes gens des enquêtes qui avaient jugé en faveur de la pauvre Hortense. N'avait-elle pas droit d'être délivrée d'une pareille oppression ? Il faut honnir, au contraire, ces vieux et farouches conseillers qui mirent cette belle et trop séduisante femme au pouvoir d'un maniaque qu'il fallait enfermer.

M. de Mazarin, qui jamais n'avait assez de procès selon son gré, intenta une action au duc de Nevers et au chevalier de Rohan, comme complices de l'évasion de sa femme. Une lettre d'Hortense, adressée au chevalier, tomba aux mains du mari, qui alla, triomphant, la montrer au roi, puis la déféra au parlement. Que disait cette lettre ? M. de Mazarin, avec ses visions, était bien homme à y voir plus qu'il n'y avait. « C'était la conduite d'un ami, nous dit Hortense à ce pro-

pos, de me donner les moyens de m'éloigner de lui ;
mais ce n'était pas trop celle d'un amant. » Elle ajoute
que le chevalier, alors, était amoureux ailleurs, à la
vue de toute la cour, et « en un lieu si élevé, dit-elle,
qu'il en fut exilé [1]. »

Quant au duc de Nevers, il eut à répondre encore
sur d'autres chefs d'accusation. Conseillé par sa jalousie, son beau-frère mit dans les mains de la justice
force vers, épîtres et chansons aimables que le duc de
Nevers adressait à sa sœur. « La postérité, dit Hortense, aura peine à croire, si nos affaires vont jusqu'à
elle, qu'un homme de la qualité de mon frère ait été
interrogé en justice sur des bagatelles de cette nature ;
qu'elles lui aient été représentées sérieusement par des
juges ; qu'on ait pu faire un usage si odieux d'un commerce d'esprit et de sentiments entre des personnes si
proches ; qu'enfin l'estime et l'amitié pour un frère
d'un mérite aussi connu que le mien, et qui m'aimoit
plus que sa vie, aient pu servir de prétexte à la plus
injuste et à la plus cruelle de toutes les diffama-
tions [2]. »

Ainsi la muse du duc de Nevers comparut devant
la grand'chambre pour avoir trop chanté les mérites attrayants de sa sœur. Il y avait pourtant,
parmi ses vers, de quoi rassurer beaucoup le duc

[1] *Mém. de la duchesse de Mazarin* (Œuvres de Saint-Réal,
t. III, p. 592).

[2] *Ibidem*, p. 586.

de Mazarin ; témoin ce passage où le poëte déclare Hortense

Plus belle que Vénus, plus chaste que Lucrèce.

Ce certificat de bonne conduite date d'une époque où la discorde avait envahi déjà le palais Mazarin, et Nevers, n'en doutons pas, croyait rendre justice à sa sœur, sous cette forme hyperbolique.

Après d'étranges mésaventures, madame de Mazarin arriva à Milan. Marie et son beau-frère Colonna étaient venus à sa rencontre, bien que la famille eût presque unanimement prié le connétable de ne pas la recevoir. Ce soulèvement quasi général contre elle, après l'esclandre de sa fuite, la jeta, dit-elle, « dans une mélancolie extraordinaire. » Son frère lui-même, qui la rejoignit bientôt, se prit à la persécuter aussi, lui, l'homme indulgent, à propos d'un gentilhomme que le chevalier de Rohan lui avait donné pour l'escorter. Nevers ne goûta pas la société de cet homme pour sa sœur, et il voulut l'obliger à le renvoyer sur-le-champ ; mais ce compagnon de voyage l'avait si utilement servie, dit-elle, qu'elle n'eût pu « l'abandonner sans une extrême ingratitude. » Elle s'opiniâtra à le garder, et cette obstination changea l'esprit de son frère à son égard. Les Colonna ne lui donnèrent pas non plus raison, et ce ne fut bientôt plus, dit-elle, « qu'éclaircissements continuels entre eux quatre, dans lesquels on lui trouvait toujours tort. » Néanmoins ils allèrent se

divertir à Venise, puis à Sienne, et de là se rendirent
à Rome.

Ils passèrent le temps des fortes chaleurs dans une
des belles villas du connétable, à Marines. Mais Nevers
était toujours mécontent de sa sœur : elle n'avait point
renvoyé le gentilhomme en question, malgré les mauvais bruits qu'occasionnait sa présence. Enfin cet
homme se comporta avec si peu de mesure et commit
de si grandes sottises qu'elle se décida à l'éloigner.
Piquée contre les Colonna, Hortense se retira auprès de
sa tante Martinozzi, où elle vécut, dit-elle, comme dans
une prison : l'humeur et les goûts de ces deux dames
ne cadraient point assez pour qu'elles s'accommodas-
sent longtemps l'une de l'autre. Brouillée avec son
frère et avec les Colonna, Hortense se trouva alors si
découragée qu'elle se sentit prête à déposer les armes
et fit des propositions de paix au Mazarin. En attendant, elle entra dans un couvent qui avait pour abbesse une autre de ses tantes, sœur du cardinal. Son
mari lui répondit qu'elle eût à rester d'abord deux ans
dans ce couvent, et qu'il verrait après ce qu'il aurait
à faire; mais elle avait assez du séjour de Rome, et
surtout de sa réclusion monastique. Elle voulut en
sortir, et on l'y retint de force. La connétable, heureusement, vint à son secours; elle fit une visite à la
prisonnière et parvint à la faire esquiver. Il paraît que
la vieille abbesse en eut tant de déplaisir qu'elle en
mourut.

Le duc de Nevers, à cette époque, quitta Rome
pour aller épouser Diane de Thianges, nièce de la
marquise de Montespan. Hortense, réconciliée avec
lui, trouva l'occasion bonne pour tenter un accommodement avec son mari. Elle partit donc avec son frère,
et, voyageant selon leur humeur, ils s'amusèrent si
bien qu'ils restèrent six mois en route. C'est ainsi que
Philippe avait hâte d'épouser la belle Diane, et Hortense de terminer ses procès. Quand elle arriva à Nevers, un commissaire de la grand'chambre se présenta
pour l'arrêter; mais le roi obligea le mari de signer une
sorte d'accommodement : il s'y résigna en pleurant.
Le pauvre homme était navré de ne pouvoir incarcérer
sa femme.

Hortense vit le roi chez madame de Montespan. Il
lui donna de bonnes paroles, et lui proposa une pension de vingt-quatre mille livres, avec la liberté d'aller
vivre à Rome, si elle préférait cet exil au tête-à-tête de
M. de Mazarin. C'était peu que ces vingt-quatre mille
livres pour une héritière de trente millions; aussi
Lauzun s'en moqua-t-il. « Que ferez-vous de cela? lui
dit-il; vous le mangerez au premier cabaret. » Mais
elle protesta de son économie et des goûts modestes
qui lui étaient venus depuis ses malheurs [1]. Elle partit
pour Rome, sans que l'on voie clairement dans ses
Mémoires si ce fut de son plein gré ou autrement. Le

[1] *Mém. de la duchesse de Mazarin* (Œuvres de Saint-Réal,
t. III, p. 604, 605 et 606).

roi la fit escorter par deux gardes du corps et un exempt
jusqu'à la frontière. Elle semble faire entendre toutefois que ce fut comme marque d'honneur.

Il y avait quelques mois qu'Hortense était partie
lorsqu'on apprit à Versailles que la connétable Colonna
et la duchesse de Mazarin s'étaient enfuies de Rome et
venaient de débarquer en Provence. A qui des deux
attribuer l'idée de cette aventure ? Hortense assure que
ce fut Marie qui, lasse aussi de la vie conjugale et des
travers de son mari, lui avait proposé cette expédition
hardie ; elle nous dit qu'elle mit une « éloquence extraordinaire » à en détourner sa sœur, la prévenant qu'elle
serait forcée de se séparer d'elle et de reprendre le
chemin de l'Italie. Ce fut donc pour partager les périls
de la connétable qu'Hortense se serait décidée à courir
l'aventure. Elles profitèrent d'une absence de Colonna,
qui était allé, à douze milles de Rome, visiter un de ses
haras, pour gagner Civita-Vecchia ; elles étaient habillées en homme, avec leurs robes par-dessus. Elles
arrivèrent sur le rivage à deux heures de la nuit, et,
ne trouvant point la barque qui devait les prendre, elles
se virent réduites à passer la nuit au milieu d'un bois.
Elles y restèrent tout le jour cachées, jusqu'à ce qu'il
plût à leurs bateliers de venir. Ces gens, fort ébahis
de leur résolution, leur demandèrent « si elles avoient
tué le pape[1]. » Elles firent, dans une barque de pê-

[1] *Mém. de la duchesse de Mazarin* (Œuvres de Saint-Réal,
t. III, p. 608).

cheurs, et en se livrant à leur merci, une traversée
qui dura huit jours, s'exposant à être jetées à la mer
s'il eût passé par la tête de ces gens-là de les dépouil-
ler. Elles débarquèrent à la Ciotat et se rendirent à
cheval à Marseille. Tel était l'état de leur toilette que
madame de Grignan leur envoya jusqu'à des chemises,
en leur écrivant « qu'elles voyageoient en vraies hé-
roïnes de roman, avec force pierreries, et point de
linge blanc. » Elles voulurent aller voir, à Montpellier,
un homme tombé de haut comme elles, le marquis de
Vardes. Il méritait bien cet honneur, car l'aventure
était digne de lui.

Hortense ne s'exposa pas à suivre sa sœur plus
loin ; elle ne pouvait avoir l'idée de s'en retourner à
Rome ; elle se rendit à Turin. Le duc de Savoie,
Charles-Emmanuel, avait été l'un de ses prétendants.
Elle traversa, dans un triste équipage, l'État dont elle
eût pu être la souveraine ; mais elle reçut à Turin le
plus brillant accueil. Le duc, charmé de la revoir,
pensa à la retenir, et elle y consentit de bonne grâce.
Le séjour d'Hortense en Savoie fut assez long, et ce
n'est point l'époque la mieux éclairée de sa vie ; car
ses mémoires s'arrêtent au moment où elle s'y fixa. Ce
que nous savons de positif, c'est qu'elle donna de grandes jalousies à la duchesse régnante. Elle tint à Chambéry une petite cour, où s'arrêtaient tous ceux qui allaient de France en Italie. Elle allait les hivers à Turin,
où il n'y avait point de fête sans elle, et sa beauté y

faisait merveille. M. de Savoie l'invitait à ses chasses, la recevait magnifiquement dans ses maisons de plaisance, ou lui portait ses hommages à Chambéry.

Au milieu de ces agréables passe-temps, la duchesse profita de sa retraite pour orner son esprit par l'étude, pour cultiver les arts et même la philosophie. C'est là du moins ce que nous dit Saint-Évremond, son vieil ami. « Elle y passa, dit-il, trois ans tranquillement, dans les réflexions et dans l'étude [1]. » Mais un événement survint qui changea encore sa destinée et la rejeta dans les voyages : Charles-Emmanuel mourut [2], et sa veuve devint régente. Hortense, ne se souciant point de vivre sous ce nouveau gouvernement, quitta la Savoie. Le fit-elle de son plein gré, ou s'y vit-elle forcée? « Le feu prince avoit eu pour elle, dit Saint-Évremond, un sentiment commun à tous ceux qui la voyoient. Il l'avoit admirée à Turin, et cette admiration avoit passé, dans l'esprit de madame de Savoie, pour un véritable amour. Une impression jalouse et chagine produisit des procédés peu obligeants. Il n'en fallut pas davantage pour obliger madame de Mazarin à sortir d'un pays où la nouvelle régente étoit absolue... Ses amis n'oublièrent rien pour l'en détourner; on n'a jamais vu tant de larmes [3]. »

[1] Œuvres de Saint-Évremond, t. vi. *Réponse au plaidoyer de M. Érard.*

[2] Il mourut le 12 juin 1675.

[3] Œuvres de Saint-Évremond, *Oraison funèbre de la duchesse de Mazarin,* t. v, p. 47.

Ce fut à l'entrée de l'hiver qu'elle partit de Chambéry et se dirigea vers la Suisse et l'Allemagne pour
gagner la Hollande, puis l'Angleterre, où elle comptait se fixer. C'était au plus fort de la guerre, et il fallut passer au milieu des armées, sous le canon des
forteresses, à travers des pays dont elle ne parlait pas
la langue. « Mais elle savoit se faire entendre, dit
Saint-Évremond, car ses yeux ont un langage universel... Jamais Hélène ne parut si belle qu'étoit Hortense;
mais Hortense, cette belle innocente persécutée, fuyoit
un injuste époux et ne suivoit pas un amant[1]. » Laissons maintenant parler une femme, une ancienne amie
de la duchesse de Mazarin, qui nous donne dans ses
lettres un léger aperçu de ce voyage : cette amie n'est
autre que cette Sidonie qui s'était liée si agréablement avec elle dans le couvent où toutes les deux furent enfermées par leurs maris. Sous leurs verrous,
elles vivaient en paix; quand elles furent libres, un
galant survint, et voilà la guerre allumée. Hortense
nous dit qu'étant allée un jour voir la marquise de
Courcelles elle trouva la porte fermée, tandis que le
carrosse du marquis de Cavoie était devant l'hôtel.
Cette affaire les mit bien mal ensemble, comme on
en peut juger par le ton d'une lettre de Sidonie, à
propos de madame de Mazarin. « J'ai appris, écrit-elle
de Genève, en arrivant ici, que madame de Mazarin

---

[1] OEuvres de Saint-Évremond, *Oraison funèbre de la duchesse
de Mazarin*, t. v, p. 48.

y avoit passé quelques jours auparavant pour se retirer en Allemagne, dans une ville qui s'appelle, je crois,
Augsbourg, et cela parce que madame de Savoie lui
a fait dire, aussitôt après la mort de son mari, de
sortir de ses États... C'est être bien malheureuse de
se voir chassée de tous les lieux du monde; mais ce
qu'il y a de rare, c'est que cette femme triomphe de
toutes ses disgrâces par un excès de folie qui n'eut
jamais d'exemple, et qu'après avoir eu ce dégoût
elle ne pense qu'à se réjouir. En passant ici elle étoit
à cheval, en plumes et en perruque, avec vingt hommes à sa suite, ne parlant que de violons et de parties de chasse, enfin de tout ce qui donne du plaisir [1]. »

Ce gracieux tableau d'Hortense voyageant à cheval
en plumes et en perruque, c'est-à-dire en amazone,
nous est offert également par Saint-Évremond. « Avec
le visage d'Hélène, dit-il, madame de Mazarin avoit
l'air, l'habit, l'équipage d'une reine des Amazones;
elle paroissoit également propre à charmer et à combattre [2]. » Cette course à cheval, en hiver, dans des
pays livrés à la guerre, dut être, avec l'humeur de la
voyageuse, assez riche en aventures; mais elle n'a
pas poussé ses mémoires jusque-là, et Sidonie ne la
suit pas plus loin dans sa sollicitude épistolaire. La
nouvelle courut à Versailles qu'Hortense s'était aven-

---

[1] *Mémoires et Correspondance de la marquise de Courcelles*,
p. 106 et 107, in-18, Jannet, 1855.

[2] Œuvres de Saint Évremond, *Oraison funèbre*, etc., t. v, p. 48.

turée en France, et qu'elle était venue à six lieues de
Paris. Madame de Sévigné, en rapportant cela, s'é-
crie : *Ah! la folle! la folle!* Mais ce n'était là qu'un
bruit.

La duchesse de Mazarin, arrivée à Amsterdam,
s'embarqua pour l'Angleterre : c'était comme un
parti pris chez elle d'aller rendre visite à ses anciens
prétendants. On nous dit [1] qu'elle voulait se rapprocher principalement de la duchesse d'York, qui était
sa cousine germaine; on peut ajouter qu'elle ne
comptait pas négliger davantage le roi Charles II. Il
avait jadis demandé sa main, et il tenait une cour dont
Hortense eût mérité d'être la reine. Elle parut à
White-Hall, et ce fut un événement; les puissances
rivales en prirent l'alarme. Hortense approchait de la
trentaine; mais sa beauté avait gardé un grand éclat.
Il se forma aussitôt un parti pour elle; elle se vit sur le
point de détrôner, non pas la reine, assurément, mais
la favorite du roi, la duchesse de Portsmouth. La politique se mêla de l'affaire. La majorité du parlement
la voyait de très-bon œil; le patriotisme avait fait appel à ses charmes contre sa rivale, qui était pensionnée
par Louis XIV, et qui dirigeait en conséquence la volonté de Charles II : ce devint donc une affaire nationale. Déjà le règne de la belle Quérouailles déclinait;
on annonçait sa chute, quand tout à coup ce beau pro-

---

[1] Œuvres de Saint-Évremond, *Oraison funèbre,* etc., t. v, p. 48.

jet fut compromis par un coup de tête d'Hortense : elle s'amouracha du prince de Monaco ; les avertissements officieux, les conseils de son entourage et de tous ses amis politiques ne tinrent pas contre les entraînements de son cœur. Le vieux Saint-Évremond hasarda, dans un *Discours sur l'Amitié,* quelques conseils qui étaient à l'adresse de madame de Mazarin. « De quoi ne se-roient pas venues à bout, dit-il, madame de Chevreuse, la comtesse de Carlisle, la princesse Palatine, si elles n'avoient pas gâté par leur cœur tout ce qu'elles au-roient pu faire par leur esprit [1] ! » Il en fut de même pour Hortense : sa passion nouvelle fit du bruit ; le roi, comme on le pense, en eut dépit et lui retira la pension de quatre mille livres sterling qu'il lui avait donnée : là finit le rôle politique de la duchesse de Mazarin.

Ses partisans déconcertés cherchèrent quelque ap-pui moins fragile, et ses amis gémirent sur ce coup de fortune qu'elle avait manqué. Saint-Évremond exhala ses plaintes dans les vers que voici :

> Il ne vous restoit plus qu'à régner sur les mers,
> Et de nos îles fortunées
> Vous pourriez des mortels régler les destinées...
> Vous feriez des sujets de tous les souverains,
> Si vous n'apportiez pas plus de soin et d'étude
> Pour votre liberté que pour leur servitude [2].

---

[1] Saint-Évremond, *Discours sur l'Amitié,* t. IV. p. 154.

[2] *OEuvres de Saint-Évremond,* t. V, p. 35.

Hortense, si elle ne retrouva pas les soins galants de Charles II, recouvra du moins sa pension : il la lui rendit en restitution des sommes qu'il avait reçues du cardinal Mazarin; il lui accorda également le pavillon de Saint-James pour sa résidence. Des femmes de haut parage, les hommes les plus spirituels de la cour et du monde, les ministres étrangers, les savants et tous les Français distingués de l'Angleterre composèrent la petite cour de la duchesse de Mazarin.

Les premières années de son séjour à Londres furent extrêmement brillantes; sa beauté, dont l'éclat se soutenait toujours, se trouva relevée encore par d'autres agréments. Elle prit tout à fait goût aux plaisirs de l'esprit, à la lecture, à l'étude; sa conversation, animée, attrayante, acquit aussi de la solidité. On voyait cette belle femme discourir avec le docte Vossius, ce sceptique chanoine de la chapelle de Windsor; avec le théologien Justel, protestant réfugié; avec Saint-Réal, esprit vif, plein de traits, riche d'études; avec le poëte Waller; avec Saint-Évremond enfin, historien profond, philosophe aimable, d'une conversation inépuisable en savoir et en agréments [1].

---

[1] Saint-Évremond, que La Fontaine, Chaulieu, Hamilton citaient comme leur maître, est, par contre, traité à présent avec un trop superbe dédain : c'est peut-être le juger sans l'avoir lu sérieusement. « On ne s'explique pas aujourd'hui, dit M. L. de Laborde (*Palais Mazarin*, p. 99), à la lecture des œuvres de cet écrivain, la célébrité qui l'entourait de son vivant et allait le chercher au fond

Saint-Évremond, banni de la cour de France, était depuis quatorze ans en Angleterre quand madame de Mazarin s'y fixa. Ce fut une grande ressource pour tous les deux que leur rencontre ; il devint son visiteur de tous les jours, son causeur le plus fidèle, et jusqu'à son commensal. C'est dans les divers écrits de Saint-Évremond, lettres, vers ou discours, qu'il faut aller chercher les traces disséminées de la vie de madame de Mazarin à Londres ; car il fut son poëte, son avocat, son secrétaire, et jusqu'à la fin son adorateur sans doute désintéressé.

Voici sous quel agréable jour ce vieil habitué de la maison nous peint l'intérieur de son amie. « Madame Mazarin n'est pas plus tôt arrivée en quelque lieu qu'elle

de son exil; mais madame de Mazarin est excusable de l'avoir accepté pour son poëte favori, etc. »

Elle était en effet très-excusable, attendu que Saint-Évremond avait une conversation réputée charmante ; puis, s'il ne fut dans ses vers qu'un improvisateur agréable, dépourvu d'originalité, il n'en est point de même de ses véritables écrits : ses *Réflexions sur les divers génies du peuple romain*, dont il a été malheureusement perdu plus de la moitié, suffisent pour marquer sa place parmi les critiques profonds et les mâles écrivains. Le chapitre d'Annibal, et de la seconde guerre punique particulièrement, peut soutenir la comparaison avec les pages de Montesquieu sur le même sujet. Il serait permis peut-être de trouver la manière du premier plus large et plus féconde que celle du second ; Saint-Évremond d'ailleurs avait, sur ces matières, précédé Bossuet. On peut mettre au même niveau ses observations sur Salluste et Tacite, son jugement sur César et Alexandre, son discours sur les historiens français, sur Sénèque, Plutarque et Pétrone, etc., autant de morceaux qui valent la peine d'être lus.

y établit une maison qui fait abandonner toutes les autres ; on y trouve la plus grande liberté, on y vit avec
une égale discrétion ; chacun y est plus commodément
que chez soi et plus respectueusement qu'à la cour. Il
est vrai qu'on s'y dispute souvent, mais c'est avec plus
de lumière que de chaleur ; c'est moins pour contre-
dire les personnes que pour éclairer les matières, plus
pour animer les conversations que pour aigrir les esprits. Le jeu qu'on y joue est peu considérable, et le
seul divertissement y fait jouer[1]. »

A ces mots de jeu modéré, on va se récrier sans doute ;
car le pavillon de Saint-James avait acquis un grand
renom auprès des joueurs : on disait communément *la
banque* de madame Mazarin. Saint-Évremond lui-même
se chargera de rétablir ici la vérité historique. Il paraît
en réalité que, dans les premiers temps, l'esprit et la
conversation tenaient plus de place chez la duchesse
que le jeu ; mais les choses ne durèrent point toujours
sur ce pied : un certain croupier du nom de Morin,
qui s'était enfui de Paris, alla s'établir à Londres, et
sut se faufiler à Saint-James, où il mit le jeu de la bassette à la mode. N'ayant plus alors que la bassette en
tête, Hortense négligea fort les choses de l'esprit, et
Saint-Évremond se mit à pester et à versifier contre
cette fureur de jeu qui faisait concurrence à la con-

---

[1] Œuvres de Saint-Evremond, *Oraison funèbre de madame de
Mazarin.*

versation. En effet, au lieu de discourir on *taillait*; Morin avait détrôné Vossius et tout le spirituel aréopage.

> Que sert à ces messieurs leur illustre science?
> A peine leur fait-on la simple révérence,
> Et les pauvres savants, interdits et confus,
> Regardent Mazarin, qui ne les connaît plus.

> Hortense joue à la bassette,
> Aussi longtemps que veut Morin.
> Vous veillez jusqu'au lendemain;
> Plus d'opéra, plus de musique,
> De morale, de politique.....

> Beaux yeux, quel est votre destin!
> Périrez-vous, beaux yeux, à regarder Morin [1]?

Ce fut probablement pendant cette fièvre de jeu que l'aimable Hortense, elle si indulgente pour ses amis, éprouva des caprices d'humeur dont son vieux poëte eut à souffrir, et qu'il retrace si plaisamment dans une de ses lettres. « Je suis trop discret pour vous demander des approbations, et vous êtes trop judicieuse pour m'en donner; mais je vous supplie, Madame, que je ne sois pas censuré généralement sur tout ce que je dis, ni condamné sur tout ce que je fais. Si je parle, je m'explique mal; si je me tais, j'ai une pensée malicieuse; si je refuse de disputer, ignorance; si je dis-

---

[1] OEuvres de Saint-Évremond, *Épitre à madame de Mazarin, sur la bassette*, t. IV, p. 322 et suiv.

pute, opiniâtreté ou méchante foi ; si je conviens de ce qu'on dit, on n'a que faire de ma complaisance ; si je suis d'une opinion, on n'a jamais vu d'homme plus contrariant. Quand j'apporte de bonnes raisons, madame hait les raisonneurs ; quand j'allègue des exemples, c'est son aversion ; sur le passé, je suis un faiseur de vieux contes ; sur le présent, on me met au nombre des radoteurs, et un prophète irlandais serait plutôt cru que moi sur l'avenir.

« Comme toutes choses ont leur temps, la conversation finit et le jeu commence ; si je perds, je suis une dupe ; si je gagne, un trompeur ; si je quitte, un brutal. Veux-je me promener : j'ai l'inquiétude des jeunes gens ; le repos est un assoupissement de ma vieillesse. Que la passion m'anime encore : on me traite de vieux fou ; que la raison règle mes sentiments : on dit que je n'aime rien, et qu'il n'y eut jamais d'indifférence pareille à la mienne [1]. »

C'était sans doute les jours où elle avait perdu au jeu qu'Hortense malmenait de la sorte Saint-Évremond. Mais la bassette, qui bouleversait l'humeur de la dame, ne remplaça pas tout à fait ses autres passions. Cette vie d'émotions violentes et de veilles n'avait nullement altéré sa beauté. Elle approchait de la quarantaine que ses attraits recevaient encore mille hom-

---

[1] Œuvres de Saint-Évremond, *Lettres à madame de Mazarin*, t. v, p. 158.

mages. Il lui en venait de toutes les contrées qui avaient comme leurs ambassadeurs particuliers près d'elle. Un Suédois, le baron de Banier, fils de ce général fameux qui servait sous Gustave-Adolphe, s'éprit, comme bien d'autres, d'Hortense, et sut aussi se faire aimer. Ce fut alors qu'un des jeunes fils d'Olympe, le prince Philippe de Savoie, alla en Angleterre voir madame de Mazarin; il respira l'air contagieux de la maison; il puisa dans les yeux de sa tante des ardeurs peu convenables pour un neveu. Philippe de Savoie, transporté d'amour et de jalousie, proposa un duel au baron de Banier, qui fut grièvement blessé et mourut peu de jours après.

Cela fit un grand esclandre; le prince fut arrêté, et on lui fit son procès. « Je ne croyois pas, écrivait à ce propos madame de Sévigné, que les yeux d'une grand'mère pussent faire encore de tels ravages [1]. »

Ce fut pour Hortense un grand désespoir : elle ferma sa maison, fit tendre son appartement de noir et s'y tint confinée. Elle parla de se retirer tout à fait dans un couvent, et fit le projet d'aller en Espagne auprès de sa sœur la connétable. Nous trouvons, dans les ouvrages de Saint-Évremond, des stances qu'il com-

---

[1] Madame de Mazarin avait eu quatre enfants, trois filles et un fils, qui devint duc de La Meilleraye. Sa fille aînée épousa le marquis de Richelieu, qui l'avait enlevée; la seconde fut abbesse du Lys, où sa tante la connétable avait été enfermée; la troisième épousa le marquis de Bellefond.

Quant à son neveu Philippe de Savoie, il a déjà été question de lui dans la vie de la comtesse de Soissons.

posa pour la circonstance, et où il fait parler ainsi
cette Madeleine d'un moment :

C'est pour Dieu désormais que j'ai dessein de vivre.
Vous m'attirez, Seigneur! Seigneur, il faut vous suivre!
Vous aurez tous mes soins, vous aurez mon amour.
A vos lois seulement je vais être asservie,
Et je veux bien donner le reste de ma vie
Au Dieu dont la bonté m'a su donner le jour.

Ce Dieu, qui me forma si charmante et si belle,
A borné ses faveurs et me laisse mortelle.
Malgré tout le pouvoir qu'il donne à mes appas,
Le temps effacera les traits de mon visage,
Et l'esprit, de ce Dieu la plus vivante image,
Échappera lui seul aux rigueurs du trépas.

J'ai connu tous les biens qu'apporte la fortune;
J'ai connu la grandeur et sa pompe importune;
En amour pour le moins j'ai connu les désirs;
Des fausses vanités j'ai fait l'expérience,
Et je connois enfin qu'une heure d'innocence
Vaut mieux qu'un siècle entier de frivoles plaisirs [1].

C'est ainsi que le vieux sceptique, comme par une
gageure assez heureusement soutenue, faisait parler
l'amoureux repentir de son amie ; mais M. de Mazarin, en voyant poindre la dévotion chez sa femme,
voulut se mêler de l'affaire. Il envoya tout exprès
à Londres une certaine dame pour entretenir Hortense

---

[1] Œuvres de Saint-Évremond, *Stances sur la retraite que méditait madame de Mazarin.*

dans les idées de couvent. Alors Saint-Évremond s'alarma ; il craignit tout de bon qu'elle ne réalisât son projet de retraite, et il lui écrivit plusieurs lettres qui font comme la contre-partie de ses vers.

« .....Quand les laides et les imbéciles, lui dit-il, se jettent dans les couvents, c'est une inspiration divine qui leur fait quitter le monde, où elles ne paroissent que pour faire honte à leur auteur : sur votre sujet, Madame, c'est une vraie tentation du diable..... »

« .....Peut-être espérez-vous, dit-il encore, de la douceur dans l'entretien de madame la connétable ; mais, si je ne me trompe, cette douceur-là finira bientôt. Après avoir parlé trois ou quatre jours de la France et de l'Italie ; après avoir parlé de la passion du roi et de la timidité de monsieur votre oncle, de ce que vous avez pensé être et de ce que vous êtes devenue ; après avoir épuisé le souvenir de la maison de M. le connétable, de votre sortie de Rome et du malheureux succès de vos voyages, vous vous trouverez enfermée dans un couvent..... Vous y éprouverez toutes les peines des religieuses, et ne trouverez point cet Époux qui les console. Tout époux vous est odieux dans le couvent et dans le monde... Mais comment se montrer, dites-vous, après l'étrange malheur qui vient d'arriver ? Mais comment se cacher, vous répondrai-je, à moins que de vouloir faire un crime d'un simple malheur ?..... »

Ainsi parlait Saint-Évremond, redevenu lui-même:

La retraite de madame de Mazarin eût beaucoup dérangé sa vie; heureusement qu'il sut la persuader par de si bonnes raisons, et elle reprit bientôt son train ordinaire.

Sur les ailes du Temps la tristesse s'envole,

disait-elle souvent avec La Fontaine.

Quelques années plus tard, Hortense essuya une catastrophe d'un autre genre : la révolution qui renversa Jacques II fut un événement grave pour elle. Elle se trouvait proche parente de la reine, et la pension qu'elle tenait de Charles II lui avait été continuée à sa mort; mais Guillaume d'Orange, lui, ne pensionnait pas les jolies femmes; ce froid et morose personnage faisait de ses finances un autre emploi. Au moment de la révolution, la duchesse de Bouillon se trouvait auprès de sa sœur; elle éprouva des difficultés à sortir de l'Angleterre. « Madame de Bouillon est arrivée à Rouen, écrit madame de Sévigné; le prince d'Orange lui a donné un yacht pour la conduire. Il ne continue point à madame de Mazarin sa pension; ainsi on croit qu'elle sera contrainte de quitter l'Angleterre [1]. »

Madame de Mazarin songea, en effet, à faire retraite; mais elle était retenue à Londres par bien des chaînes; ses créanciers, entre autres, aussi pressants pour le

[1] *Lettres de madame de Sévigné*, mars 1689.

moins que ses amis, ne voulurent pas la laisser partir
M. de Mazarin dissipait pieusement ses millions et
la laissait au dépourvu. Il voulait qu'elle rentrât dans
ce domicile conjugal où ils avaient passé des jours si
regrettables ; mais la duchesse répondait toujours par
ce mot, en usage au temps de la Fronde : *Point de
Mazarin! point de Mazarin!* Tandis que la pauvre
femme se trouvait retenue en Angleterre par ses
créanciers[1] , il était question, dans le parlement, de
la faire expulser, sans doute comme parente de la
reine ; ses amis heureusement eurent assez de crédit
pour intéresser le nouveau roi en sa faveur, et Guil
laume lui fit une pension de deux mille livres.

Pendant le séjour de madame de Bouillon auprès
de sa sœur, il fut question d'attirer La Fontaine en
Angleterre (1687). Il commençait à se faire vieux, ses
affaires domestiques ne prospéraient pas, et il prêta
l'oreille aux propositions que lui fit cette attrayante société; mais il ne put se décider à partir[2]. Poëte favori

---

[1] Saint-Évremond fait dire, dans une épître au duc de Nevers :

> Le créancier me désespère,
> Sans me donner trève ni paix,
> Et rend mon malheur sédentaire.....
> Le riche et gros marchand tout le jour m'assassine;
> Des menus créanciers la petite vermine
> Me vient éveiller le matin.....

> (*A M. le duc de Nevers pour Mme la duch. de Mazarin*, t. VI, p. 9.)

[2] Ninon de Lenclos écrivait alors à Saint-Évremond :

« J'ai vu que vous souhaitiez La Fontaine en Angleterre; on n'en

de la duchesse de Bouillon, La Fontaine n'oubliait pas
non plus

> Mazarin, des Amours déesse tutélaire.

C'est une obligation de rappeler ici, comme titre
d'honneur, ce portrait d'Hortense par La Fontaine,
qui est la consécration la plus durable de son souvenir.
C'est quelque chose que d'avoir été chantée par le
poëte immortel.

> Hortense eut du ciel en partage
> La grâce, la beauté, l'esprit; ce n'est pas tout :
> Les qualités du cœur; ce n'est pas tout encore :
> Pour mille autres appas le monde entier l'adore
> Depuis l'un jusqu'à l'autre bout.
> L'Angleterre en ce point le dispute à la France;
> Votre héroïne rend nos deux peuples rivaux.
> O vous, le chef de ses dévots,
> De ces dévots à toute outrance,
> Faites-nous l'éloge d'Hortense !
> Je pourrais en charger le dieu du double mont,
> Mais j'aime mieux Saint-Évremond.

L'esprit d'Hortense, en effet, ne fut pas moins en-
censé que sa beauté par sa petite académie. Voici
ce qu'en dit Bayle lui-même, qui n'était point sous le

jouit plus guère à Paris; sa tête est bien affaiblie. C'est le destin des
poëtes : le Tasse et Lucrèce l'ont éprouvé. Je doute qu'il y ait eu du
philtre amoureux pour La Fontaine : il n'a guère aimé de femmes
qui en eussent pu faire la dépense. » (*OEuvres de Saint-Évremond*,
t. vi, p. 73.)

charme, puisqu'il vivait en Hollande, mais qui était en relations avec ses amis.

« Elle avoit, dit-il, des charmes surprenants dans son esprit et ses manières ; elle avoit de l'étude, elle aimoit à lire, elle se plaisoit à la conversation des savants. Le docteur Vossius, chanoine de Windsor, étoit bien venu chez elle, et quelquefois elle lui disoit : « Vous, Monsieur Vossius, qui lisez toutes sortes de « bons livres, hormis la Bible, vous pourriez bien nous « expliquer telle chose [1]. »

Cependant madame de La Fayette, en louant la beauté d'Hortense, ajoute qu'il ne lui manquait que de l'esprit ; mais c'était à l'époque de son mariage ; elle était fort jeune alors, et le tête-à-tête de M. de Mazarin n'était pas fait pour développer beaucoup ses facultés. Plus tard, la société de sa sœur à Rome, celle de Saint-Réal en Savoie, puis enfin cette vie d'intelligence en même temps que de plaisirs qu'elle eut pendant plus de vingt ans en Angleterre, profitèrent beaucoup à son esprit. D'une grâce comme d'une beauté sans égale, elle excella surtout dans la conversation. Nous devons ajouter cependant, pour rester historien fidèle, que plusieurs lettres d'Hortense, que nous avons été à portée de lire [2], ne répondent

---

[1] Bayle, p. 167, édit. in-12. Rotterdam, 1704.
[2] Bibl. imp., Mss. ; Collections d'autographes de MM Feuillet de Conches, Chambry, Boutron, Am. Renée.

pas tout à fait à l'idée qu'on se fait de cette reine
intellectuelle de l'Angleterre. Ce ne sont là, du reste,
que quelques rares débris de correspondance épargnés par le temps, et sur lesquels il ne faut pas la
juger sans appel[1]. Les épîtres en question roulent,
faut-il le dire, sur des textes gastronomiques; ce sont
des vins ou autres objets de consommation qu'elle
demande instamment. Elle avait pour homme d'affaires à Paris un certain petit abbé de Hautefeuille, qui
était bibliothécaire de madame de Bouillon; peut-être
ses livres lui donnaient-ils moins à faire que les pro-
visions de bouche de madame Mazarin, à en juger par
l'activité de leur correspondance. Ce sont là, du reste,
des soins qu'on ne peut blâmer chez une maîtresse de
maison qui donne à dîner à des philosophes.

Saint-Évremond, lui surtout, appréciait fort ces sortes
d'attentions; il ne manquait pas d'assister Hortense
dans ces importants détails. Il écrivait à son ami Gourville, cet amphitryon fameux, pour qu'il leur procu-
rât de bons vins; il écrivait à Ninon, qui ne méprisait

---

[1] On reconnaît la main de Saint-Évremond dans beaucoup de lettres d'Hortense, car elle se reposait volontiers sur lui du soin de sa
correspondance. « J'ai vu un temps, lui dit-il, que la construction
ne vous manquoit pas moins que l'orthographe : vos pensées valoient
toujours mieux que les miennes, mais j'en entendois mieux que
vous la liaison. Présentement il n'y a rien que vous ne sachiez, et
c'est une trop grande nonchalance à vous que de ne vouloir pas écrire
à M. de Miremont et à mylord Essex. Vous voulez des lettres brillantes dans les plus simples compliments... » (*OEuvres de Saint-
Évremond*, t. vi, p. 100.)

point ces préoccupations épicuriennes. Voici comme elle y répondait : «... J'ai reçu votre lettre, qui m'a autant réjouie qu'aucune que j'aie reçue de vous. Quelle envie d'avoir de bon vin ! et que je suis malheureuse de ne pouvoir vous répondre du succès ! M. de l'Hermitage vous diroit, aussi bien que moi, que M. de Gourville ne sort plus de sa chambre... Après cela, si, par quelques insinuations que je ne prévois pas encore, je puis employer mon savoir-faire pour le vin, ne doutez pas que je ne le fasse. » Elle lui écrit une autre fois : « Que j'envie ceux qui passent en Angleterre, et que j'aurois de plaisir à dîner encore une fois avec vous ! N'est-ce point une grossièreté que le souhait d'un dîner ? L'esprit a de grands avantages sur le corps ; cependant ce corps fournit souvent de petits goûts qui se réitèrent, et qui soulagent l'âme de ses tristes réflexions. »

Voici de quelle plume ferme et légère ce viveur presque centenaire répondait encore à Ninon : « A quatre-vingt-huit ans, je mange des huîtres tous les matins ; je dîne bien, je ne soupe pas mal... Étant jeune, je n'admirois que l'esprit, moins attaché aux intérêts du corps que je ne devois l'être ; aujourd'hui je répare autant qu'il m'est possible le tort que j'ai eu. Vous en avez usé autrement : le corps vous a été quelque chose dans votre jeunesse ; présentement, vous n'êtes plus occupée que de ce qui regarde l'esprit [1]. »

---

[1] *OEuvres de Saint-Évremond*, t. VI, p. 232.

Entourée de gens qui prisaient fort les petits goûts du corps, la duchesse de Mazarin se mit à l'unisson ; elle mena tout à fait la vie anglaise, se passionnant pour les courses, les chasses, les paris, les combats de coqs. Elle vécut ainsi jusqu'à la dernière année de ce XVIIe siècle, qui lui convenait moins, il semble, que n'eût fait le siècle suivant. Après une maladie d'un mois, elle mourut, le 2 juillet 1699, à Chelsea, près la Tamise, où elle passait les étés avec sa petite cour.

M. de Mazarin fit venir le corps de sa femme, et, comme s'il eût été jaloux de son dernier repos, il la fit voyager partout avec lui. Ainsi la pauvre Hortense retrouva après sa mort ce qu'elle avait fui durant sa vie : elle retomba aux mains du Mazarin ! Cette persécution posthume, était-ce encore de l'amour ?

Quant au doux vieillard qui avait charmé son exil, cet épicurien sensible ne cessa pas de la pleurer. Ses derniers écrits sont pleins du souvenir partout présent de son amie ; c'est ainsi qu'il répond à mylord Montaigu, qui lui recommandait des truffes : « Je n'ai pu m'empêcher de pleurer, hélas ! en pensant que je mangeois avec madame de Mazarin... Je ne puis continuer ce discours sans douleur [1]. »

Nous trouvons, dans une lettre manuscrite de Saint-Évremond, ce passage caractéristique : « Ç'a été la plus belle femme du monde, mon ami, et sa beauté

[1] *OEuvres de Saint-Évremond,* t. VI, p. 264.

a conservé son éclat jusqu'au dernier moment de sa vie [1]. Ç'a été la plus grande héritière de l'Europe ; sa mauvaise fortune l'a réduite à n'avoir rien, et, magnifique, sans biens, elle a vécu plus honorablement que les plus opulents ne sauroient faire. Elle est morte sérieusement avec une indifférence chrétienne pour la vie [2]... »

Saint-Évremond ailleurs couronne, par le trait superbe que voici, tout ce qu'il avait écrit sur son illustre amie : « Avec une beauté de l'ancienne Grèce, madame de Mazarin eut une vertu de l'ancienne Rome. » C'est à peu de chose près ce qu'il avait dit de Ninon :

> L'indulgente et sage Nature
> A formé l'âme de Ninon
> De la volupté d'Épicure
> Et de la vertu de Caton.

Hélas ! nous ne cherchions point ce rapprochement, et nous ne pousserons pas jusqu'au bout le parallèle. Disons seulement qu'Hortense avait été sage du moins

---

[1] « Tout ce qui revient d'Angleterre, écrivait aussi Ninon, parle de la beauté de madame de Mazarin. » Quelques années auparavant, elle-même, à plus de cinquante ans, mandait valeureusement à un de ses amis : *Je ne me suis jamais mieux portée, et je n'ai jamais été plus belle.* « Je n'ai pu m'empêcher, dit Saint-Évremond, de rapporter cela à mylord Sunderland et à mylord Mulgrave. « Jamais, ont ils dit, confiance n'a été si noble, si juste et si bien fondée. Mylord Sunderland a ajouté que tous les dits des anciens et des modernes ne valoient point cela. » (*OEuvres de Saint-Évremond*, t. VI, p. 165.)

[2] Collect. d'autogr. de M. Rathery.

quelques années, et que cette vie d'aventures qu'elle
mena n'avait pas été absolument de son choix. Mariée
à quelque homme fait pour elle, elle eût ressemblé aux
femmes de son temps, et peut-être l'eût-on comptée
parmi les meilleures, car elle était sincère, généreuse,
fidèle à ses amitiés. « Mais (c'est madame de Sévigné
qui l'a dit) les règles ordinaires n'étoient point faites
pour elle, et sa justification étoit écrite sur la figure de
M. de Mazarin. »

Il y aurait mauvaise grâce à se montrer plus rigou-
reux que ce juge charmant. Hortense fut, en effet, la
victime d'une union détestable. Quels exemples, d'ailleurs, lui avait donnés la cour du grand roi? Mais elle
aussi se racheta par quelque gloire, et ses malheurs
eurent un bon côté. Elle forma autour d'elle, en Angleterre, une petite colonie française; elle y fut l'âme
d'une société spirituelle; elle aima les lettres enfin, et
la reconnaissance des écrivains a laissé autour de sa
tête l'auréole qui s'efface le moins.

MARIE-ANNE MANCINI,

DUCHESSE DE BOUILLON.

———◦———

Pendant la maladie de Mazarin, un personnage se rendit à Vincennes pour lui rendre visite; il se présenta plusieurs fois à la porte de Son Éminence, mais, apercevant quelqu'un assis à son chevet, il se retira. Ce discret visiteur était Turenne. Voyant approcher la fin du cardinal, il cherchait l'occasion de lui parler sans témoin; il voulait profiter du moment pour rappeler au mourant la pensée qu'il avait eue naguère de marier une de ses nièces avec l'héritier de Bouillon.

Le projet datait déjà de fort loin : Mazarin avait eu des pourparlers sur ce mariage avec la duchesse, mais il ne s'était point hâté de conclure. Si fiers que fussent les Bouillon, il leur avait fallu céder le pas à d'autres, et leur tour n'était point arrivé quand le cardinal se prépara à quitter ce monde. Ils s'étaient fort piqués de ces ajournements. Turenne s'était fait longtemps un point d'honneur de ne plus parler de cette affaire. « Voyant le froid de Son Éminence, dit un contemporain, il avoit fait le fier et ne s'étoit donné aucun mouvement; mais, quand il vit que la maladie étoit mortelle, il fit tout ce qu'il put pour se raccommoder avec son ami mourant[1]. » Turenne enfin, introduit dans cette chambre dont un pinceau fidèle nous a retracé les sombres richesses, s'approcha du lit où le cardinal était gisant : c'était l'avant-veille de sa mort. Le guerrier s'émut à l'aspect de ce pâle et maigre visage, si différent de ce qu'il l'avait vu dans ses beaux jours. Le pauvre malade se souleva en gémissant, pour embrasser celui dont l'épée avait relevé sa fortune, en lui disant qu'il voulait mourir son serviteur et son ami. Il tira de son doigt la plus belle de ses bagues, et le pria de la porter en souvenir de lui. C'était le cas de montrer son courage : fier d'avoir un pareil témoin, le mourant se ranima pour réciter ces vers d'Horace :

Si fractus illabatur orbis,
Impavidum ferient ruinæ.

Mais Turenne, penché vers lui, attendit en vain qu'il abordât le chapitre du mariage : il n'en fut pas question dans cette dernière entrevue[2]. Le maréchal

---

[1] *Mém. de l'abbé de Choisy*, collect. Petitot, t. xliii, p. 204 et suiv.

[2] On lit dans les *Fragments historiques* de Racine (t. iv, p. 407,

s'éloignait, la tête basse, quand il lui vint à l'esprit d'essayer d'un autre moyen. Il alla trouver l'un des affidés de Mazarin, le souple et discret Ondedéi : le nom répondait bien au génie de cet insinuant personnage. C'était un abbé italien que le cardinal avait fait évêque de Fréjus, et avec qui il vivait à l'aise et pensait plus haut qu'avec nul autre. Ondedéi était l'homme des missions secrètes, des difficultés de famille : c'était le Père Joseph de cet autre Richelieu. Il avait eu la main dans les mariages des nièces de son maître, et cette main avait reçu, disait-on, des cadeaux de noces assez brillants. Le duc de Mazarin, entre autres, lui avait promis cent cinquante mille livres s'il parvenait à lui obtenir Hortense. L'affaire ne réussit que trop bien ; mais Ondedéi n'avait pas pris ses sûretés, et il se trouva dupé : l'homme aux scrupules ne lui donna rien, ne voulant pas, dit-il, se rendre complice d'un fait de simonie. Ce fut ainsi qu'il mit d'accord son avarice avec sa conscience.

Turenne eut-il recours au puissant moyen de se concilier Ondedéi? Nous ne pouvons l'assurer ; mais l'adroit confident prit à cœur les intérêts de la famille

édit. de Lefèvre) que Mazarin avait offert une de ses nièces en mariage à Turenne lui-même, à la condition qu'il se fît catholique. Ce fait paraît peu vraisemblable, Turenne alors étant marié (il ne devint veuf qu'en 1666). Ce fut Richelieu qui voulut faire épouser à Turenne une de ses nièces, qu'il refusa, sans perdre néanmoins les bonnes grâces du ministre.

de Bouillon, et il profita des derniers instants de son maître pour remettre sur le tapis cette affaire du mariage [1]. Ce fut en vain : le cardinal presque agonisant ne voulut rien écouter : cette alliance ne le tentait point. La maison de Bouillon était-elle trop peu de chose pour l'ambition de ce mourant? La parole lui revint pour répondre que sa nièce, avec ses quatre cent mille écus comptant et le gouvernement d'Auvergne en sus, ne manquerait jamais de mari. Soit qu'il fût piqué contre les Bouillon, ou qu'il regardât comme un pis-aller fâcheux le neveu de Turenne, l'héritier des princes de Sedan, il résista jusqu'à la fin aux instances d'Ondedéi. Chose étrange, aussi, de voir cette fière maison de Bouillon se courber si bas devant cette grandeur expirante! Était-ce le moment de courir après l'alliance des Mancini? Comment le fantôme de Mazarin imposait-il encore à ce point? Rien ne pourrait mieux donner l'idée de sa puissance et du prestige qui l'entourait encore. Lorsqu'il disposait de l'Etat, des gouvernements, des commandements, des grâces, qu'il ait vu les plus superbes chercher son alliance, on le conçoit; mais son règne allait finir, et le charme durait toujours !

Les quatre cent mille écus, joints au gouvernement d'Auvergne, étaient bien quelque chose, sans doute. La maison de Bouillon se trouvait obérée, comme bien

---

[1] *Mém. de l'abbé de Choisy*, collect. Petitot, t. LXIII, p. 204 et 205.

d'autres, après la Fronde; le gouvernement d'Auvergne, d'ailleurs, était fait pour plaire à des princes qui
étaient originaires de ce pays. C'eût été chose encore
assez tentante que de s'allier aux Vendôme, aux Modène, aux Conti; mais le cardinal mourut sans donner
aux Bouillon cette joie, et la plus jeune de ses nièces
resta sans établissement. Il n'y avait, en réalité, point
de temps perdu, car Marianne n'avait encore que treize
ans. Elle avait été amenée de Rome en France après
ses sœurs. Madame Mancini, obsédée de ses pressen-
timents de mort prochaine, voulut revoir cette enfant. Que Marianne ait été placée, comme Marie et
Hortense, au couvent des filles de Chaillot, il n'en est
point question; la mère aima mieux sans doute la garder près d'elle. On la confia, ainsi que ses sœurs, aux
soins de madame de Venelle; son éducation se fit
donc au Louvre et au palais Mazarin, où son esprit
précoce et sa gentillesse furent l'amusement du cardinal et de la cour. Son Éminence, quand elle était en
belle humeur, faisait à Marianne de singulières niches; en voici un trait qui étonnera peut-être; il était
dans le goût du temps.

La cour se trouvait à la Fère; le cardinal, une
après-dînée, se mit à plaisanter sa nièce sur ses galants; il alla jusqu'à lui dire qu'elle était grosse. Marianne se fâcha tout rouge; et l'oncle de s'en amuser,
si bien qu'il continua la plaisanterie. On rétrécit les
robes de l'enfant, pour lui faire croire que sa taille

23

s'arrondissait; ses colères divertissaient toute la cour. Il n'était question que de son prochain accouchement, et Marianne, un beau matin, trouva dans ses draps un enfant qui venait de naître. Il lui fallut bien convenir alors de sa maternité : elle jeta des cris de désespoir, et fit chorus longtemps avec son nouveau-né ; elle assurait fort qu'elle ne s'était aperçue de rien. La reine alla faire sa visite de cérémonie à l'accouchée, et voulut être marraine. Toute la cour, en grande pompe, vint la voir et défiler devant son lit, selon l'étiquette. « Ce fut un divertissement public, dit Hortense dans ses Mémoires. On pressa Marianne de déclarer le père de l'enfant, et elle répondit que ce ne pouvait être que le roi ou le comte de Guiche, car elle ne voyait que ces deux hommes-là qui l'eussent embrassée [1]. » Hortense, un peu plus âgée, était au courant de la chose et en riait de tout son cœur. Telles étaient les plaisanteries du temps, et la manière dont on formait l'esprit des petites filles.

Marianne, du reste, était précoce en bien des choses : à l'âge de six ans elle faisait des vers ; ses chansons et ses bons mots couraient déjà, et elle était, à la cour, un petit personnage. En qualité de muse, elle patronnait les poëtes, ses confrères, qui ne manquaient pas de célébrer

> Marie-Anne de Mancini,
> Fille d'un mérite infini.

---

[1] *Mém. de la duch. de Mazarin* (Œuvr. de Saint-Réal, t. III, p. 558).

Elle savait tout le prix de l'encens qui lui était offert, et y répondait par des marques auxquelles les auteurs étaient fort sensibles. L'un d'eux nous apprend, en effet,

> Que cette naissante beauté,
> Où luit tant de vivacité,
> Et dont si jolie est l'enfance,
> L'oblige à la reconnoissance.

Il ajoute, en insistant sur ce point délicat.

> Je ne l'estime pas en vain !
> Chaque fois que je vais au Louvre,
> Dans son procédé je découvre
> Qu'elle a de la bonté pour moi.
> Dans la cour de notre monarque
> Elle me connaît et remarque;
> J'en ai souvent quelque regard
> Et me dit aussi : Dieu vous gard [1]

Le cardinal, lorsqu'il partit pour la conférence de l'île des Faisans, désirait emmener ses nièces Hortense et Marianne; mais Marie, l'exilée de Brouage, ne voulut pas les laisser partir, et l'oncle se résigna généreusement à ce sacrifice. C'était renoncer pourtant au plaisir de faire encore à Marianne quelque bonne plaisanterie. Cet agréable passe-temps lui manqua au milieu de ses grands soucis d'affaires. Marianne, pour dédommager son oncle, mit en œuvre tous ses talents et lui écrivit des lettres en vers; il y applau-

[1] Loret, *Muse historique*, liv. vii, 29 janvier 1656.

dit fort. Cependant il lui répond, un certain jour,
« qu'à mesure que la raison lui vient elle manque
de rimes [1]. » Mais le politique tirait parti de toutes
choses : Marianne l'informait, dans ses lettres, de tout
ce que faisait sa sœur Marie, dans ce temps où la
passion du roi pour elle donnait à l'oncle de grands
soucis. On a déjà vu Mazarin prêter l'oreille au caquetage de sa nièce Olympe; Marianne, de même, lui
rapportait ce qu'elle entendait à Brouage, et comment
ses sœurs se cachaient d'elle et la renvoyaient toujours. Sans doute elle écoutait aux portes, dans l'intérêt de sa gazette; elle faisait de la police en vers.
Nous n'avons à produire ici aucun échantillon de cette
poésie indiscrète; à défaut de cela, nous citerons
quelques lignes de sa prose, où le caractère commence
à poindre assez bien. Marianne écrit au cardinal :

« ... Pour nouvelles, je vous dirés que je suis bien
fâchée de vostre éloignement, et... de celui du Roy;
et moy plus que les autres, car j'aime fort le Roy. Sy
vous voulés sçavoir encore des nouvelles, ses (c'est) que
madame de Venel et moy avons faict des chansons,
que je vous écrirés au premier jour; que la Reine a
trouvés (la mienne) admirables et celle de madame de
Venel effroyable... Et pour nouvelles vous sçaurez
qu'on sansnuy (s'ennuie) fort... Mes sœurs ne vous

[1] *Lettres mss. de Mazarin à madame de Venelle.* (BIBLIOTH. DU
LOUVRE.)

escrives point par ce qu'il n'ont point l'esprit de vous (faire) une lestre et enrage quand je vous escrit. Vené bientost, bientost... Monseigneur, je vous prie de me pardonnée si je né point my Vostre Éminence, et je vous prie de faire bien mes compliments au Roy, et faict moy réponce à cet bel lestre...

> « Votre très-humble servante,

> « Mademoiselle MARIANNE. »

Cet bel lestre nous montre une précocité, une intrépidité d'amour-propre qui s'expliquent, en ce que Marianne était l'enfant gâté de la reine, de son oncle, et par conséquent de toute la cour. Elle était toujours en scène et toujours applaudie :

> Son Éminence, à ce qu'on dit,
> Fait si grand cas de votre esprit
> Qu'il vous traite de nièce aînée [1].....

Marianne, comme ses sœurs, et avec plus de succès, jouait son rôle dans les ballets du roi.

> Cette nièce jeune et jolie,
> Dont l'origine est d'Italie,
> Fille de singulier renom,
> Dont Marianne est le beau nom,
> Ayant cent agréments en elle,

---

[1] *OEuvres de Bouillon*, p. 90. Paris, 1663.

> Et tellement spirituelle
> Qu'icelle à l'âge de six ans
> Charmoit roi, reine et courtisans [1].

Le piquant de sa physionomie, sa grâce originale, et, de plus, un aplomb à toute épreuve, valurent à Marianne un succès complet dans ces divertissements de cour. Elle brilla fort dans le ballet des *Saisons*, qui fut monté à Fontainebleau, et dansé par le roi, en 1661. C'est d'elle que Benserade fait mention dans ces vers :

> Cette petite muse, en charmes, en attraits,
> N'est à nulle autre inférieure;
> Aussi pas une n'eut jamais
> Et l'esprit et le sein formés de si bonne heure [2].

Elle avait alors de douze à treize ans. Le cardinal était mort sans avoir conclu son mariage; mais la maison de Bouillon ne se rebuta pas, et Turenne profita de la paix et de ses loisirs pour recommencer ses démarches. Ondedéi, homme précieux gagné par les Bouillon, y employa son savoir-faire et son crédit auprès de la reine-mère; il était au fait de bien des secrets, et avait tout ce qu'il faut pour être écouté. Anne d'Autriche prit cette affaire à cœur, et Marianne Mancini fut fiancée à Maurice-Godefroy de La Tour, duc de

---

[1] *Muse historique*, 22 avril 1662.
[2] *OEuvres de Benserade*, t. ii, p. 205, édit. 1698.

Bouillon. Le mariage se fit le 22 avril 1662, à l'hôtel de Soissons, devant le roi et les deux reines, et fut célébré par de brillantes fêtes.

Le neveu de Turenne, jeune militaire fort méritant par sa bravoure, mettait tout son zèle à bien servir; mais il avait peu d'aptitude aux exercices de l'esprit. Il ne fut point entraîné dans le courant, et vécut en dehors de la vie et des plaisirs de sa jeune femme.

Madame de Bouillon, au milieu de ses grandeurs, resta toujours en commerce intime avec les beaux esprits; Segrais, Benserade, madame Deshoulières, Ménage, et d'autres, formaient le fond de sa clientèle. Cette duchesse de quinze ans, qui faisait des vers, présidait, à l'hôtel de Bouillon, sa petite académie [1]. Son esprit curieux s'intéressait à tout; le latin même ne lui fit pas peur.

> Tout vous duit, l'histoire et la Fable,
> Prose et vers, latin et françois,

lui écrivait La Fontaine. Elle continuait de briller aussi dans tous les ballets, où elle déployait sa vivacité et sa grâce. Dans celui de *la Naissance de Vénus*, elle parut en néréide, et y fit admirer, au sortir des ondes, sa

---

[1] L'hôtel de Bouillon était alors situé à peu de distance des hôtels de Soissons et Mazarin, dans la rue Neuve des Petits-Champs; les Bouillon habitèrent plus tard sur le quai Malaquais. Voir l'*Appendice* (M).

magnifique chevelure; aussi Bensorade eut soin de
dire, dans sa prose rimée :

. . . . Qu'elle avoit les cheveux
Les plus longs, les plus fins, les plus épais du monde.

Au mois de janvier 1665, madame de Bouillon eut
un fils ; et son mari, plus embarrassé que sa femme de
ses loisirs, se décida à aller guerroyer en Hongrie contre le Turc, sous Montecuculli. La duchesse, pendant tout ce temps, quitta Paris. Elle dut se rendre à
Château-Thierry, l'une des résidences des Bouillon ;
c'était un duché-pairie qu'ils avaient eu, avec d'autres
domaines, en échange de leur souveraineté de Sedan.
Ainsi confinée dans son antique château, madame de
Bouillon était sans doute en peine de gens d'esprit qui
remplaçassent sa petite cour parisienne, quand une
rencontre lui vint à point : La Fontaine lui fut présenté. Il était revenu dans sa ville natale, désorienté
et malheureux de la catastrophe du surintendant, son
premier Mécène. Bien qu'il eût alors quarante-quatre
ans, sa réputation n'était point faite ; il n'avait publié
qu'un très-petit volume, contenant *Joconde, la Matrone
d'Éphèse* et quelques poésies ; il avait fait imprimer
aussi quelques fables, mais séparément [1]. Ce fut une
heureuse rencontre pour le poëte, et un coup de for-

---

[1] Ce ne fut que trois ans plus tard, en 1665, que parut le premier recueil des fables, contenant les six premiers livres.

tune pour son génie. Il trouva, près de cette grande
dame de seize ans, l'aiguillon qu'il fallait à sa pa-
resse, et un sentiment vif de ses qualités véritables.
Ce fut elle qui lui marqua la route dont il ne devait
pas s'écarter; elle le poussa résolûment à composer
des fables, et sa prompte imagination lui en fournit
plus d'un sujet.

Dans ce palais Mazarin, où le cardinal avait assemblé une véritable ménagerie, Marianne et ses sœurs
vivaient en grande intimité avec ce peuple d'animaux,
et ce fut un goût qu'elles gardèrent. La duchesse pouvait donc offrir chez elle à son poëte un vaste champ
d'observations. Ce fut elle, et non madame de La
Sablière, qui surnomma La Fontaine *le Fablier;* et
c'était caractériser d'un mot sa vocation. La Fontaine,
en effet, stimulé par sa protectrice, travailla si bien
sous ses yeux qu'il publia, deux ans après, les six
premiers livres de ses fables : son tardif génie fructi-
fiait enfin. Mais il faut tout avouer : ce ne sont point
des fables seulement que la duchesse de Bouillon
poussa le poëte à composer. De Retz prétend que
Mazarin avait plu à Richelieu et à ses collègues « par
des contes libertins d'Italie. » Ces contes-là, en effet,
avaient été mis en grand crédit, quel que fût celui
qui leur eût ouvert la porte : les gens de cour appre-
naient l'italien pour lire Boccace et Poggio, comme
on le fait aujourd'hui pour chanter une cavatine. La
duchesse de Bouillon, élevée dans le sans-gêne des

bouffonneries italiennes, prit plaisir aux récits que La
Fontaine avait tirés du *Décaméron;* c'est un goût que
nous n'avons plus, mais son temps l'explique et l'excuse. Des femmes plus sévères que Marianne s'en
amusaient comme elle; madame de Sévigné et sa
sévère fille ne se gênent pas pour en parler dans leurs
lettres. La Fontaine, chargé de désennuyer sa rieuse
châtelaine, grossit donc le recueil de ses contes aussi
bien que celui de ses fables. Ce n'était pas sans
doute à l'époque où elle avait seize ans que madame
de Bouillon montra un goût si prononcé pour cette
littérature légère; elle n'encouragea ce badinage que
plus tard, et ce fut pour faire une diversion aux
fables.

La Fontaine, que Saint-Simon trouvait « si pesant
en conversation » (il n'avait pu le connaître que dans
sa vieillesse), avait été généralement recherché des
femmes. Il aimait de prédilection leur société, et il y
avait passé sa jeunesse, ce qui explique aisément les
grâces, les délicatesses féminines et toutes les flexi-
bilités de son génie. Cet homme, que l'on nous peint
si débonnaire, avait été un galant à bonnes fortunes.
A cinquante ans et plus, il n'avait pu renoncer à ses
faiblesses; c'était à cet âge-là qu'il laissait tomber,
dans ses vers, ce charmant et sincère regret :

> Ah! si mon cœur encore osait se renflammer!
> Ne sentirai-je plus de charme qui m'arrête?
> Ai-je passé le temps d'aimer?

Il paraît que non ; car des autographes indiscrets, que l'on peut se passer la fantaisie de lire [1], témoignent que plus tard encore *le Bonhomme* était épris d'une dame dont il obtint les bonnes grâces : il avait à peu près soixante-sept ans ; le beau Racine avait quitté plus tôt les amours profanes. La Fontaine, comme on voit, sut tirer parti de sa renommée ; il n'avait fait autre chose que d'aimer et de chercher à plaire ; s'il était capable de quelque effort, c'était auprès des femmes, et sa conversation avait sans doute avec elles des agréments [2]. Habitué aux douceurs de ce commerce facile, il n'y portait point l'ennui et la gêne qu'on lui voyait au milieu des hommes du monde et des beaux esprits.

Madame de Bouillon, par mille attentions aimables, charma le poëte sujet à de telles tentations. Cette grande dame si attrayante de vivacité et de jeunesse, cette beauté superbe et piquante, mit toutes ses coquetteries à captiver, à inspirer ce rare et immortel esprit ; elle y réussit peut-être plus encore qu'elle ne le voulait. Dans sa princière demeure, sous les charmilles de son grand parc, on se la repré-

---

[1] Voy. BIBLIOTH. IMP., Mss. — *OEuvres de La Fontaine : Lettres de madame Ulrich*, t. VI, p. 553 et suiv.

[2] « Le commerce de cet aimable homme, dit une femme qui l'avait intimement connu, faisait autant de plaisir que la lecture de ses livres... Il était admis chez tout ce qu'il y a de meilleur en France. Tout le monde le désirait... » (*Portrait de M. de La Fontaine*, par madame Ulrich ; OEuvres posthumes.)

sente assise au milieu de ses dames, écoutant les récits du *Décaméron*. Florence, à coup sûr, n'eût point offert à Boccace, parmi ses femmes groupées de la villa, de plus gracieuse tête et de mieux attentive que celle de Marianne.

Ce n'était point, comme Hortense, une beauté à l'antique : elle était plutôt expressive et jolie; son nez retroussé, ses yeux brillants d'esprit, son fin sourire faisaient le charme de sa physionomie. Il y avait une grâce infinie dans ses mouvements, et parfois dans l'air de sa démarche une fierté souveraine. On vante sa taille, ses petits pieds, qu'elle aimait à laisser voir, ses belles mains, son teint éclatant et sa magnifique chevelure. Qui pourrait, comme La Fontaine, nous peindre ces belles choses ?

> Peut-on s'ennuyer en des lieux
> Honorés par les pas, éclairés par les yeux
> D'une aimable et vive princesse
> A pied blanc et mignon, à brune et longue tresse?
> Nez troussé, c'est un charme encor, selon mon sens;
> C'en est même un des plus puissants.
>
> Pour moi, le temps d'aimer est passé, je l'avoue...
> La mère des Amours et la reine des Grâces,
> C'est Bouillon; et Vénus lui cède ses emplois [1].

Comme on ne pouvait guère se dispenser d'introduire la fiction jusque dans les noms propres, le poëte bap-

---

[1] Œuvres de La Fontaine : *Lettre à madame la duchesse de Bouillon*, t. vi, p. 491, édit. de Walckenaer.

tisa la duchesse du nom d'Olympe, au risque de prêter à la confusion avec la véritable Olympe, sa sœur :

> Qu'Olympe a de beautés, de grâces et de charmes !
> Elle sait enchanter et l'esprit et les yeux.
> Mortels, aimez-la tous ! Mais ce n'est qu'à des dieux
> Qu'est réservé l'honneur de lui rendre les armes [1].

M. de Bouillon, au retour de sa campagne contre les
Turcs, fit comme ces chevaliers qui couraient délivrer
leur belle de la tour où quelque enchanteur la retenait :
il s'en alla tirer sa femme de son castel et la ramena
à Paris. La Fontaine y suivit sa protectrice, qui le fit
connaître à ses sœurs mesdames de Soissons et Mazarin, à son frère le duc de Nevers, qui hantait aussi les
muses, et à son beau-frère le duc d'Albret, spirituel,
érudit, qui fut, à vingt-six ans, le cardinal de Bouillon. Elle fit mieux encore, l'adorable patronne : elle
fit obtenir à son poëte une place de gentilhomme de la
chambre auprès de Madame, l'aimable Henriette.

L'hôtel de Bouillon devint le rendez-vous des poëtes,
des beaux esprits : Molière, La Fontaine, le vieux Corneille quelquefois, s'y rencontraient avec Turenne, les
princes et les plus grands seigneurs. Ce Turenne à l'œil
sévère, qui avait la mine d'être si sage, aimait, lui
aussi, les poëtes égrillards et les lectures de l'hôtel de

---

[1] Œuvres de La Fontaine : *Lettre à madame la duchesse de
Bouillon*, t. vi, p. 490.

Bouillon. On connaît d'ailleurs ses faiblesses, et comment il se laissait, à soixante ans, dérober un secret d'État. Marianne tenait le sceptre de l'esprit plus hardiment peut-être que ne l'avait fait madame de Rambouillet ; car elle n'était pas simplement juge du tournoi, elle se mêlait aux combattants ; elle composait elle-même, elle versifiait ; mais surtout, et mieux que nulle autre, elle disputait. Personne ne se mêla tant de théâtre, de littérature, et ne prit feu plus qu'elle dans tous les démêlés de la république des lettres :

> Les Sophocles du temps et l'illustre Molière
> Vous donnent toujours lieu d'agiter quelque point.
>   Sur quoi ne disputez-vous point [1] ?

Hélas ! il en faut venir, à propos des Sophocles, à cette fâcheuse histoire où Marianne fit preuve de plus de courage que de lumières. Madame Deshoulières présenta à l'hôtel de Bouillon un poëte de ses amis, Pradon. Les ennemis de Racine préparaient sa réputation ; ses pièces d'ailleurs étaient du goût de bien des gens. Il eût partagé avec Cotin les applaudissements de l'hôtel de Rambouillet ; à l'hôtel de Bouillon, il fut fêté comme La Fontaine.

Racine devait donner sa *Phèdre,* sujet que Pradon avait également traité : on prit fait et cause, il va sans

---

    [1] Œuvres de La Fontaine : *Lettre à madame la duchesse de Bouillon,* t. vi, p. 526.

dire, pour l'ami de la maison ; car les coteries n'en ont jamais fait d'autres. Peut-être la duchesse, fidèle comme madame de Sévigné à son vieux Corneille, n'aimait-elle pas dans Racine un rival qui s'élevait près de lui. Nous n'avons pas la preuve bien authentique de ceci ; mais qu'on veuille bien nous le passer, pour l'honneur de notre héroïne. Dans tous les cas, elle était intrépide pour ses amis, et se jetait à corps perdu dans la mêlée. Quand la *Phèdre* de Racine fut représentée, la vaillante Bouillon loua la salle tout entière pour six représentations, et elle fit tomber la pièce. Elle paya des gens pour y siffler, peut-être en paya-t-elle aussi pour y dormir : cela lui coûta plus de quinze mille livres. Elle n'y regardait pas lorsqu'il s'agissait de pareilles affaires. Le coup monté contre Racine ne s'arrêta point là : on chanta sa défaite dans le cénacle de l'hôtel de Bouillon ; on y rima un sonnet, dont madame Deshoulières, ouvertement hostile à Racine, fut présumée l'auteur. Mais cette boutade satirique [1] a bien l'air d'être née au milieu des feux croisés d'une conversation joyeuse, où chacun à l'envi décoche son trait. La militante Marianne ne fut pas sans mettre un peu du sien dans cette production.

L'intrigue ourdie en faveur de Pradon ne lui profita guère. Sa pièce, si fort épaulée, tomba après quinze ou seize représentations, et le bon goût reprit le

---

[1] Voir *Philippe Mancini, duc de Nevers.*

dessus. Le pauvre Pradon fut, au demeurant, la victime de cette affaire malencontreuse, puisque son nom
en est demeuré couvert d'ignominie. Il n'était pourtant pas sans talent, et il prit sa revanche par sa
tragédie de *Régulus,* où Baron eut un grand succès,
et qui demeura plus de trente ans au répertoire. Mais
Pradon n'en est pas moins le plus méprisé des poëtes, pour avoir été le héros d'une coterie qui se servit de lui dans le but de faire outrage à un maître de
l'art.

Ce fut là un jour néfaste dans la brillante vie de madame de Bouillon ; mais elle connut aussi d'autres traverses. Elle n'avait pas que la passion des vers en
tête : cette fille de l'Italie était sujette à de plus péril-
leux entraînements. En fait de mari, elle n'était point
aussi mal tombée que sa sœur Hortense, car le duc
de Bouillon n'avait pas l'humeur incommode ni les
fâcheux travers de M. de Mazarin. C'était, quoiqu'il
fût grand chambellan, un vrai militaire, de l'espèce de
son beau-frère le comte de Soissons, qui n'était point
jaloux et ne traînait point sa femme avec lui quand il
allait en guerre. Mais le brave duc, à part ses proues-
ses, brillait peu parmi les gens d'esprit dont sa maison était le rendez-vous. Tant de conversations pouvaient bien le fatiguer un peu ; et il laissait sa femme
tenir tête à ses illustres hôtes, pour s'en aller à Château-Thierry ou à Navarre, dans ses domaines, courre
le cerf et le loup. Il était infatigable :

Vous saurez que le chambellan
A couru cent cerfs en un an [1].

Ce tueur de cerfs, qui, dès qu'il voyait jour à mieux faire, disparaissait pour aller courir sus aux Turcs ou aux chrétiens, s'embarrassait peu de ce que devenait sa femme en son absence : ils ne vivaient point de la même vie. Le duc de Bouillon avait plusieurs frères ; l'un d'eux, le duc d'Albret, appartenait à l'Église ; ses études avaient eu un grand éclat, et ce neveu de Turenne devint cardinal dès qu'il fut consacré prêtre. Par son esprit, par sa figure, c'était un homme des plus brillants ; il aimait, autant que sa belle-sœur, les livres et les conversations élégantes ; il n'avait pas plus peur qu'elle des contes joyeux du *Décaméron*. Il encourageait et patronnait La Fontaine, qui le porte aux nues. Ce prince de l'Église et du Parnasse, éloquent, instruit, magnifique, faisait les beaux jours de l'hôtel Bouillon pendant que son frère était à poursuivre le cerf dans ses bois. Attirés l'un vers l'autre par les mêmes goûts, recherchant les mêmes plaisirs, le beau cardinal et Marianne vivaient naturellement dans une très-grande intimité. Il en courut des bruits fâcheux ; mais la médisance n'a pas pris soin de nous fournir des preuves qui les justifient.

On n'en peut dire tout à fait autant d'une aventure

---

[1] La Fontaine, Œuvres : *Épître à la princesse de Bavière*, 1669, t. VI, p. 86.

dont les suites furent regrettables pour la renommée
de la trop séduisante Bouillon : la famille de son mari,
dont Turenne se. trouvait le chef par son âge et par
l'ascendant de sa gloire, l'obligea d'aller passer quelque temps dans la retraite. Ainsi, vers la même époque
à peu près, les trois sœurs, Marie, Hortense et Marianne, se trouvaient sous les grilles du couvent pour
quelques motifs semblables. Le comte de Louvigny,
fils cadet du maréchal de Grammont, fréquentait l'hôtel Bouillon, et ce bel étourdi avait compromis la duchesse. Elle se vit donc invitée, à la suite de quelque
fâcheux bruit, à aller faire au couvent de Montreuil
des réflexions salutaires. Elle était bien d'humeur à
prendre la chose comme la joyeuse Hortense, et à
jouer aux religieuses quelques bons tours.

Après un court exil elle reparut à Paris, fière et
charmante, en riant probablement plus que personne
de sa mésaventure. Elle y reprit son rôle brillant de.
protectrice des poëtes, ses belles conversations, et tous
ces plaisirs de l'esprit qui sont encore les moins dangereux. Les fils de sa sœur Laure, les princes de Vendôme, grandissaient et vivaient à l'hôtel de Bouillon ;
ils y contractèrent ce goût des petits vers et des chansons qu'ils firent fleurir dans leur bachique séjour du
Temple. Le duc de Nevers était naturellement aussi
l'un des fidèles de cette maison, quand il lui arrivait
de poser le pied en France. Depuis les traverses et la
dispersion de ses sœurs Marie et Hortense, il se con-

sacra davantage (en qualité de poëte, entendons-nous!)
à sa sœur Marianne. Son beau-frère de Bouillon était
moins ombrageux que M. de Mazarin, et il laissa, sans
le traduire en justice, le bon Nevers chanter à son aise
la beauté piquante et tous les agréments de sa sœur.

De Marseille, où il attendait des vents propices pour
prendre la mer, le poëte adressa à Marianne des chan-
sonnettes et des épîtres :

> Écoutez, nièce de Jules !
> Je vous aime, ma sœur, et j'atteste les dieux,
> Qui percent de mon cœur le plus secret mystère,
> Que vous êtes vraiment (le mien ne le peut taire)
> ..Celle de mes sœurs qui me revient le mieux.

> Oui, nous sommes, quoi qu'on en die,
> Moi le plus sage, et vous la plus jolie.

Voilà l'inconstance du poëte ! Il avait pourtant déclaré Hortense « plus belle que Vénus. » Malgré tout,
ne juge-t-il pas bien Marianne, cette enfant gâtée de sa
muse, lorsqu'il lui dit :

> Mais l'on vous aime trop, et jamais sous les cieux
> On n'en vit une si légère !

> Cette lettre est bien longue; adieu.
> Mes baise-mains, je vous en prie,
> A messieurs de Vendôme, à messieurs de Chaulieu.

Messieurs de Vendôme, et leur intendant de Chaulieu, appliquaient en grand, dans leurs demeures du

Temple et d'Anet, les joyeuses maximes de l'hôtel de
Bouillon. La tante n'avait pas peur de ces soupers où
les neveux, le verre à la main, improvisaient leurs
couplets galants et bachiques, où leurs convives les
traitaient sans façon d'Altesses chansonnières. Nevers,
l'oncle de ces amphitryons, accompagnait sa sœur à
l'hôtel de Vendôme et au Temple, exposée là à en entendre de belles ; mais la déesse Bouillon aimait l'esprit à tout risque. Eh! que n'eût-elle fait pour s'en
donner la joie ? Ces irrespectueux Vendôme, dans leur
verve intempérante, adressaient force propos d'amour
à leur tante, qui en riait de son plus fou rire. Cela, du
moins, ne tourna pas au tragique, comme la passion
de Philippe de Savoie pour sa tante Mazarin. L'Italien
Nevers, quand il était à Rome, loin de cette société
trop française, entretenait sa sœur de tous ces agréables souvenirs :

> Le bel abbé, l'aimable et le prince blondin,
> Ce grand bailli d'Anet, chasseur infatigable,
> Courtisan par plaisir, philosophe par goût,
> Si tous les quatre encor nous nous trouvons à table,
>   Vous avec votre air enfantin,
>   Délicieuse Mamillonne.......

C'est ainsi que frère et neveux écrivaient à la duchesse de Bouillon.

Si les fantaisies de l'esprit la conduisirent au Temple, les curiosités de l'imagination l'entraînèrent ailleurs. Son père faisait de l'astrologie, sa mère y

croyait, et Marianne avait été bercée de ces contes. Elle avait vu son oncle aussi occupé d'horoscopes, de prédictions, comme de ses plus sérieuses affaires. Colbert et tout l'entourage donnaient dans ces idées ; Ondedéi correspondait de tous côtés avec les astrologues, et vingt ans après, évêque de Fréjus, il adressait encore à Colbert un horoscope qu'il recevait d'Italie [1]. Le cardinal, malgré de sincères efforts, n'avait guère su donner d'autre religion à ses nièces. La Fontaine, à la vérité, avait combattu, dans ses plus beaux vers, cette croyance qui, de son temps, n'était pas morte [2] ; et c'était une réponse peut-être à l'hôtel de Bouillon. La duchesse aussi était souvent témoin, chez sa sœur Olympe, de ces évocations d'esprits dont nous avons parlé. Son imagination en fut frappée ; un caprice la conduisit chez la Voisin, et elle fut citée à comparaître devant la chambre de l'Arsenal. Cependant madame de Bouillon ne se vit point décrétée de prise de corps, comme Olympe, le maréchal de Luxembourg et bien d'autres ; elle fut simplement interrogée. Il existe de ce dialogue entre elle et la justice deux versions que l'on peut consulter. L'une nous est fournie par madame de Sévigné, l'autre est l'acte dressé par les juges : ce n'est donc point la même langue. Voyons ce que dit la justice d'abord.

---

[1] *Lettre à Colbert.* ARCHIVES IMPÉR., portef. vert. Voyez *Corresp. adm.*, publiée par M. Guillaume Depping, t. IV.

[2] *L'Astrologue qui se laisse tomber dans un puits.*

La Voisin, interrogée sur ses relations avec madame de Bouillon, ne la chargea pas beaucoup; elle dit que la curiosité seulement l'avait attirée chez elle. Mais un complice de la Voisin, Le Sage, prétendit que la duchesse avait demandé du poison pour se défaire de son mari, afin d'épouser son neveu, le duc de Vendôme. Madame de Bouillon comparut à l'Arsenal le 29 janvier 1680; son interrogatoire, rendu dans un style dont il faut faire grâce, affirme que ce fut la Voisin qui se présenta chez elle pour lui proposer ses services, et en lui vantant le savoir-faire de l'un de ses acolytes. La duchesse en parla au duc de Vendôme et à l'abbé de Chaulieu, qui furent curieux de voir cet homme. Ils s'y rendirent en carrosse à six chevaux, et demandèrent à cet individu, qui était Le Sage, ce qu'il savait faire d'extraordinaire. Le sorcier leur proposa d'écrire quelques questions sur un papier; le duc de Vendôme prit la plume, et demanda si le duc de Beaufort était réellement mort, et où était le duc de Nevers. Le billet ayant été cacheté, Le Sage le lia avec un fil de soie, y mit du soufre avec des enveloppes de papier; puis il chargea le duc de Vendôme de le brûler lui-même, en disant à madame de Bouillon qu'elle retrouverait chez elle ce billet brûlé dans une porcelaine. Elle chercha donc, mais ne trouva rien. Vendôme et Chaulieu voulurent recommencer l'expérience, qui ne réussit pas mieux; ils en furent ainsi pour leur argent. La duchesse trouva la chose si ridicule « qu'elle la récita, dit-

elle, à plusieurs personnes, et la manda même à M. le
duc de Bouillon, qui étoit à l'armée. » Mais voici ce qui
serait plus sérieux : « Interrogée s'il n'est pas vrai qu'elle
écrivit un billet qu'elle mit entre les mains du dit Le
Sage et qui fut cacheté pour être brûlé, dans lequel
elle demandoit la mort de M. de Bouillon, son mari,
— a dit que non, et que la chose est si étrange qu'elle
se détruit d'elle-même [1]. »

Telles furent les réponses de la duchesse de Bouillon à ses juges, et les choses en demeurèrent là. Ce
misérable dont elle s'était moquée, l'accusant d'avoir
écrit ce billet, pouvait-il être croyable? La Voisin
d'ailleurs déposait autrement. En supposant même,
contre toute apparence, que la duchesse eût remis à
Le Sage un tel papier, avec Vendôme et Chaulieu pour
témoins, ce n'eût été qu'une plaisanterie, un peu forte,
il est vrai; mais que ne se permettait-on pas alors?
Voici ce qu'en dit madame de Sévigné : « La duchesse
de Bouillon alla demander à la Voisin un peu de poison pour faire mourir un vieux et ennuyeux mari
qu'elle avoit, et une invention pour épouser un jeune
homme qu'elle aimoit. Ce jeune homme étoit M. de
Vendôme, qui la menoit d'une main, et M. de Bouillon (son mari) de l'autre ; et de rire. Quand une *Mancine* ne fait qu'une folie comme celle-là, c'est donné;

---

[1] *Minute de l'interrogatoire*, signée Marianne Mancini, duchesse
de Bouillon, Bazin et La Reynie. BIBL. DE L'ARSENAL, Mss.

et ces sorcières vous rendent cela sérieusement, et font horreur à toute l'Europe d'une bagatelle [1] ! »

Ces bagatelles-là, nous ne les traitons pas si légèrement que les belles dames du temps. Cependant, madame de Sévigné n'était pas des amies de madame de Bouillon; elle ne nous parle que rarement d'elle; leurs sociétés particulières ne se confondaient point. Ce n'était donc ni l'amitié ni l'habitude de se voir qui la portaient à l'indulgence. Mais elle était l'écho de l'opinion, qui n'avait pu prendre au sérieux cette accusation chimérique. C'est sous cette impression générale du temps qu'elle nous rapporte ainsi l'entrevue de madame de Bouillon avec la justice.

· « Voici, dit-elle, ce que j'apprends de bon lieu. Madame de Bouillon entra comme une petite reine dans cette chambre; elle s'assit dans une chaise qu'on lui avait préparée; et, au lieu de répondre à la première question, elle demanda qu'on écrivît ce qu'elle vouloit dire; c'étoit : « Qu'elle ne venoit là que par le « respect qu'elle avoit pour l'ordre du roi, et nulle- « ment pour la chambre, qu'elle ne reconnaissoit point, « ne voulant point déroger au privilége des ducs. » Elle ne dit pas un mot que cela ne fût écrit; puis elle ôta son gant et fit voir une très-belle main. Elle répondit sincèrement, jusqu'à son âge. — Connoissez-vous la

---

[1] *Lettres de madame de Sévigné*, 31 janvier 1680.

Vigoureux ? — *Non.* — Connoissez-vous la Voisin ? *Oui.* — Pourquoi vouliez-vous vous défaire de votre mari ? — *Moi, m'en défaire ! Vous n'avez qu'à lui demander s'il en est persuadé ; il m'a donné la main jusqu'à cette porte.* — Mais pourquoi alliez-vous si souvent chez cette Voisin ? — *C'est que je voulois voir les Sibylles qu'elle m'avoit promises ; cette compagnie méritoit bien qu'on fît tous les pas.* — N'avez-vous pas montré à cette femme un sac d'argent ? — Elle dit que non par plus d'une raison, et tout cela d'un air fort riant et fort dédaigneux. — *Eh bien ! messieurs, est-ce là tout ce que vous avez à me dire ?* — Oui, madame. Elle se lève, et en sortant elle dit tout haut : *Vraiment, je n'eusse jamais cru que des hommes sages pussent demander tant de sottises.* Elle fut reçue de ses parents, amis et amies, avec adoration, tant elle était jolie, naïve, naturelle, hardie, et d'un bon air et d'un esprit tranquille [1]. »

Après ce tableau charmant d'une sinistre affaire, citons encore quelques mots de La Fare. « La duchesse de Bouillon, dit-il, parut avec confiance et hauteur devant ses juges, accompagnée de tous ses amis, qui étoient en grand nombre, et de ce qu'il y avoit de plus considérable [2] »

L'opinion publique, tout émue de ces épouvantables

---

[1] *Lettres de madame de Sévigné,* 31 janvier 1680.
[2] *Mém. du marquis de La Fare,* collect. Petitot, t. LXV, p. 249.

procès, couvrit si bien pourtant la duchesse de Bouillon qu'elle en fut quitte pour une simple séance. On répéta même, et l'anecdote a survécu, que, « le conseiller d'État La Reynie lui ayant demandé si elle avait vu le diable, elle lui répondit : Je le vois en ce moment ; il est laid, vieux et déguisé en conseiller d'État. » *Se non è vero, bene trovato.* Si madame de Bouillon fit réellement cette réponse flatteuse à La Reynie, il se dispensa de la faire enregistrer ; nous n'avons pu la découvrir sur la minute. M. de Bouillon fit publier l'interrogatoire de sa femme et le répandit dans toute l'Europe.

Mais que la fière duchesse ait bravé et mystifié ses juges, ou que ses partisans s'en soient vantés pour elle, le roi se fâcha de ces bruits irrévérencieux, et il exila la duchesse à Nérac (16 février 1680), où elle vécut en reine, comme partout où elle s'établissait ; elle eut enfin permission de revenir. Elle reparut à Paris, mais se montra peu à Versailles, dont la vie contrainte ne convenait pas à son humeur libre et à sa fierté. Elle y avait, comme partout ailleurs, des airs d'indépendance qu'on ne s'y permettait guère. « Elle arrivoit chez le roi la tête haute, dit le duc de Saint-Simon, et on l'entendait de deux pièces. Ce parler haut ne baissoit point de ton, et fort souvent même au souper du roi, où elle attaquoit Monseigneur et les autres princes [1]... » Ces grands airs et cette liberté n'é-

---

[1] *Mém. de Saint-Simon,* t. xx, p. 216, édit. in-18.

taient pas pour plaire à celui qui savait tant de gré aux gens qui se troublaient en sa présence.

Il y avait quinze ans que Marianne n'avait vu sa sœur Hortense, lorsqu'elle partit pour l'Angleterre, au mois de juillet 1687. Elle avait pris part à ses infortunes, et l'avait même assistée vaillamment contre le Mazarin : lorsqu'il voulut enlever sa femme du couvent de Chelles, madame de Bouillon partit à cheval pour prêter main-forte à sa sœur. Plus tard, il est vrai, quand Marie et Hortense s'enfuirent de Rome, « madame de Bouillon entra en furie contre ces folles, » dit madame de Sévigné; c'est qu'elle n'allait pas jusqu'à permettre des escapades si bruyantes. Cependant on imputa bien aussi à quelque fait de ce genre le petit voyage que fit Marianne en Angleterre, sous couleur de visiter madame de Mazarin. Voici ce que lui dit Saint-Évremond :

Un héros tout à vous, et sur mer et sur terre,
Retourne glorieux d'avoir eu dans son sein
　　La confiance d'un dessein
　　Qui sentoit la ruse de guerre.
Tel sur qui vous avez, dites-vous, le cœur net,
A fait cent et cent vœux pour votre heureux passage [1]...

Certes, tous ses amis faisaient aussi mille vœux pour elle, et Saint-Évremond tout le premier; mais que veut-il dire par cette ruse de guerre?

[1] *Œuvres de Saint-Évremond*, t. VI, p. 243.

Madame de Bouillon, à part les motifs du voyage, trouva au pavillon de Saint-James de quoi passer son temps; elle put s'y croire chez elle encore. Outre le jeu de la bassette, qui lui agréait assez, elle s'y trouva entourée de beaux-esprits, de poëtes épicuriens et philosophes, et de ces courtisans de Charles II, qui ne le cédaient point à ceux de Versailles. Elle y rencontra de la nouveauté sans changer d'habitudes; elle y put causer librement de tout et tenir tête aux plus hardis. Peut-être avait-elle essayé d'emmener La Fontaine, que la société de Saint-James voulait avoir : il ne partit pas, mais il écrivit; il fit des vers et de la prose à la divine Bouillon, et se plaignit de sa longue absence :

« Madame, nous commençons ici de murmurer contre les Anglois de ce qu'ils vous retiennent si longtemps. Je suis d'avis qu'ils vous rendent à la France avant la fin de l'automne, et qu'en échange nous leur donnions deux ou trois îles dans l'Océan. S'il ne s'agissoit que de ma satisfaction, je leur céderois tout l'Océan même.

> Vous excellez en mille choses,
> Vous portez en tous lieux la joie et les plaisirs;
> Allez en des climats inconnus aux zéphyrs,
> Les champs se vêtiront de roses. »

Après ces préliminaires charmants viennent des réflexions sérieuses, et qui vont au vif de la chose :

> Mais comme aucun bonheur n'est constant dans son cours,
> Quelques noirs aquilons troublent de si beaux jours.
> C'est là que vous savez témoigner du courage ;
> Vous envoyez aux vents ce fâcheux souvenir ;
> Vous avez cent secrets pour combattre l'orage :
> Que n'en aviez-vous un qui le sût prévenir ?

Admirable conseil, si doucement voilé, d'une amitié discrète et sage ! Que de choses dans ces six vers ! C'est toute une histoire à demi-mot : on devine assez maintenant ce que pouvait être ce voyage de madame de Bouillon. Écoutez encore le poëte rappeler à l'exilée ces charmants souvenirs de leurs relations :

> « Nul auteur de renom n'est ignoré de vous ;
> Pendant qu'on lit leurs vers, vos chiens ont beau se battre ;
> Vous mettez les holas, en écoutant l'auteur ;
> Vous égalez ce dictateur
> Qui dictait, tout d'un temps, à quatre.

« ... Il me souvient qu'un matin, vous lisant des vers, je vous trouvai en même temps attentive à ma lecture et à trois querelles d'animaux. Il est vrai qu'ils étaient sur le point de s'étrangler ; Jupiter, le conciliateur, n'y aurait fait œuvre. Qu'on juge par là, Madame, jusqu'où votre imagination peut aller, quand il n'y a rien qui la détourne [1].... »

Quel ravissant trait d'ironie à travers la plus aima-

---

[1] OEuvres de La Fontaine : *Lettres à la duchesse de Bouillon*, t. VI, p. 526 et suiv.

ble louange! C'était là, en effet, un des petits incon-
vénients de l'hôtel de Bouillon, où toutes sortes d'hôtes importuns faisaient concurrence aux gens d'esprit;
la maîtresse avait autant de faible pour les uns que
pour les autres. « Vous avez, lui écrivait Chaulieu,
plus de bêtes que je n'ai d'imagination, et il vous faut
prendre Boursault à gages pour faire des épitaphes, si
vous voulez conserver tant de chiens [1].... »

Le séjour de la duchesse de Bouillon à Londres
fut l'occasion d'une espèce de tournoi poétique entre
La Fontaine et Saint-Évremond : l'un tenait pour
Hortense, l'autre pour Marianne, et ils se portèrent
un défi en vrais chevaliers.

« Faisons-nous chevaliers de la Table Ronde, écrit
La Fontaine; aussi bien est-ce en Angleterre que cette
chevalerie a commencé. Nous aurons deux tentes en
notre équipage, et, au haut de ces deux tentes, les deux
portraits des divinités que nous adorons.

> Au passage d'un pont, ou sur le bord d'un bois,
> Nos hérauts publieront ce ban à haute voix :
> *Marianne sans pair, Hortense sans seconde,*
> Veulent les cœurs de tout le monde.
> Si vous en êtes cru, le parti le plus fort
> Penchera du côté d'Hortense ;
> Si l'on m'en croit aussi, Marianne d'abord

---

[1] La duchesse de Bouillon avait réuni sous ce titre, *les Chats de
La Fontaine,* un choix tout spécial de ses fables, écrites de la main
du poëte; ce précieux portefeuille fait partie de la collection d'autographes de M. Feuillet de Conches.

> Doit faire incliner la balance.
> Hortense ou Marianne, il faut y venir tous... »

La duchesse de Bouillon, pendant son séjour à Londres, fut surprise par un événement des plus graves, la chute de Jacques II. Elle se trouva prisonnière de son successeur Guillaume ; on crut qu'il ne voudrait point la laisser partir ; mais ce politique ombrageux se piqua pourtant de courtoisie à l'égard de madame de Bouillon : il la fit reconduire, sur son propre yacht, jusqu'à Rouen.

Saint-Évremond lui adressa, après son départ, une missive en vers au nom de la société de Saint-James :

> Vous nous avez sauvé les larmes
> Qu'on répand aux tristes adieux ;
> Mais le souvenir de vos charmes
> Tous les jours en coûte à nos yeux [1].

Ce ne fut point à Paris, mais sous les ombrages de Navarre, dans son comté d'Évreux, que la duchesse se rendit : Paris et la cour lui étaient interdits. On lit ce passage dans le journal de Dangeau : « Madame de Bouillon, qui est en Angleterre, a fait demander au roi, par M. de Seignelay, la permission de s'en aller à Venise ; le roi a répondu qu'elle iroit partout où elle voudroit, hormis à la cour et à Paris [2]. »

---

[1] *Œuvres de Saint-Évremond*, t. vi, p. 244.
[2] *Journal de Dangeau*, 12 septembre 1688.

Il faut en convenir, la famille de Mazarin donnait fort à faire à Sa Majesté : Olympe dérangeait ses amours, cabalait contre ses maîtresses, et allait demander aux sorciers des recettes pour ramener à elle cet illustre adorateur. Marie faisait invasion en France pour quelque dessein pareil. M. et Mme Mazarin assourdissaient le roi de leurs querelles : l'un allait le réveiller la nuit pour le prier de faire courir après sa femme ; l'autre faisait carnaval dans les couvents où on l'enfermait ; puis elle s'en allait en Angleterre déclarer la guerre aux belles pensionnaires de Louis XIV. Quant à madame de Bouillon, elle accueillait chez elle une littérature quelque peu indépendante, ou bien elle conspirait contre les poëtes que la cour protégeait : tels étaient, sans tenir registre de tout, les griefs du roi contre les *Mancines*, ses amies d'enfance. Les Vendôme, ces bruyants enfants du Temple, n'étaient pas sans causer aussi quelques tribulations à Sa Majesté. Il n'y avait que cet insouciant Nevers qui, toujours en route et ne voulant rien, ne lui rompait point la tête.

La duchesse de Bouillon profita d'un départ de ce frère nomade pour aller visiter l'Italie. Son beau-frère le cardinal, qui donnait autant de tracas au roi que les *Mancines*, résidait à poste fixe à Rome. Le fils de Marianne, le prince de Turenne, après avoir eu aussi maille à partir avec le maître, était allé servir en Morée dans l'armée vénitienne. Il revint trouver sa mère en

Italie avec son frère le duc d'Albret. Le gai Coulanges, qui se trouvait alors à Rome, parle, dans ses Mémoires, du prince de Turenne. « Il avoit beaucoup d'esprit, dit-il, et toute la valeur de sa race... Les Vénitiens ne finissoient point sur ses louanges. » C'est à Coulanges qu'il faut demander des détails sur la vie de la duchesse à Rome. « Elle n'avoit aucun souvenir de sa patrie, dit-il; il falloit la promener partout comme une étrangère... Il y eut beaucoup de promenades, de repas donnés de part et d'autre dans les plus belles vignes, où la musique n'étoit pas oubliée. La duchesse de Bouillon et le duc de Nevers s'avisèrent même, au clair de la lune, de profiter de la fraîcheur des belles nuits et de se promener dans un char découvert, ayant avec eux la signora Faustina, l'une des plus belles voix de Rome, et les instruments nécessaires pour l'accompagner. Ils la faisoient chanter sous les fenêtres de l'ambassadeur d'Espagne, qui, dès que Faustina avoit cessé, ne manquoit pas de lui faire répondre de dessus un balcon par la signora Georgina, sa maîtresse, qu'il avoit enlevée au duc de Mantoue, et qui, n'ayant pas une voix moins belle que Faustina, avoit aussi ses partisans; si bien que, chantant à l'envi l'une de l'autre, ce divertissement, qui dura plusieurs nuits, attira nombreuse compagnie. La différence des goûts qu'on éprouvoit pour ces deux voix forma deux factions qui, tour à tour, crioient si haut *Viva Francia! Viva Spagna!* que leurs cris se faisoient entendre jusque dans les quartiers les plus reculés [1]. »

Après le départ de cette aimable sœur, le duc de Nevers éprouva un grand vide.

> Sans un peu de Coulange, on mourroit en ces lieux,

dit-il dans une épître qu'il adresse de Rome à Marianne. Elle était rentrée en France avec ses fils le prince de Turenne et le duc d'Albret, dont les établissements devinrent la plus grande sollicitude de leur mère. Le duc de Bouillon céda à celui-ci son gouvernement d'Auvergne. Le comte d'Évreux, le plus jeune, fort lié avec le comte de Toulouse, obtint la charge de colonel général de la cavalerie. Après le combat malheureux d'Oudenarde, il écrivit une lettre offensante pour le duc de Bourgogne, et qui fut montrée au roi. « Le bruit qu'elle fit, dit Saint-Simon, réveilla madame de Bouillon, qui avait infiniment d'esprit et qui frémit des suites... Elle dépêcha vers son fils pour lui demander une autre lettre, qu'on pût faire passer pour la première et l'unique... M. de Bouillon arrivait de Turenne, où il s'était donné la plate satisfaction de brûler le maréchal de Noailles en effigie de paille et de carton, à califourchon sur son petit château d'Ayen, comme les Anglais brûlent un pape de paille tous les ans... Il courut porter cette seconde lettre de son fils

---

[1] *Mém. de Coulanges*, p. 210, 211, édit. Monmerqué.

au roi; mais il se trouva des gens charitables qui lui
contèrent le tour de politique et de sagesse de madame
de Bouillon [1]. » Ce fils cadet épousa la fille d'un gros
financier, et la belle-mère appela sa bru *son petit lingot
d'or*. En cela elle fit bon marché de l'orgueil des
Bouillon, sauf à se rattraper ailleurs. Voici un trait
qui la caractérise. La duchesse de Hanovre, un jour
que leurs carrosses se rencontrèrent, voulut qu'elle lui
cédât le pas. Madame de Bouillon en fut fort offensée.
« Sa famille, dit Saint-Simon, était nombreuse et alors
en grande splendeur; elle-même tenait un grand état
chez elle (c'était après son retour de Rome, en 1693).
Les Bouillon, piqués à l'excès, jurèrent de se venger,
et l'exécutèrent. Un jour qu'ils surent que madame de
Hanovre devait aller à la comédie, ils y allèrent tous
avec madame de Bouillon et une nombreuse livrée;
elle avait ordre de prendre querelle avec celle de madame de Hanovre. L'exécution fut complète, les gens
de la dernière battus à outrance, les harnais de ses
chevaux coupés, son carrosse fort maltraité. L'Allemande jeta les hauts cris [2]. »

Voilà comme elle en usait avec ses pareils, cette
grande dame si aimable avec les poëtes, ses amis.
Elle garda jusqu'à la mort (1714) sa beauté et ses
agréments; Saint-Simon l'assure, en nous traçant

[1] *Mém. de Saint-Simon*, t. xii, p. 4 et 10, édit. in-18.
[2] *Ibidem*, t. i[er], p. 65, édit. in-18.

d'elle ce vivant portrait : « Elle était la reine de Paris et de tous les lieux où elle avait été exilée... Mari, enfants, tous les Bouillon, le prince de Conti, le duc de Bourbon, qui ne bougeaient, à Paris, de chez elle, tous étaient plus petits devant elle que l'herbe... Elle n'allait chez personne qu'aux occasions..., et elle y conservait un air de supériorité sur tout le monde qu'elle savait mesurer et assaisonner de beaucoup de politesse selon les personnes... Sa maison était ouverte dès le matin...; c'était grande table matin et soir, grand jeu, et de toutes les sortes à la fois. Jamais femme qui s'occupât moins de sa toilette; point de beaux et singuliers visages comme le sien qui eussent moins besoin de secours, et à qui tout allât si bien : toutefois toujours de la parure et de belles pierreries. Elle savait, parlait bien, disputait volontiers, et quelquefois allait à la botte... L'esprit et la beauté la soutinrent, et le monde s'accoutuma à en être dominé [1]. »

Telle fut cette Marianne dont Mazarin aurait pu faire une reine. Elle avait le don suprême de la grandeur; c'était bien une femme de haut parage; rien ne lui fit courber la tête, rien ne fit tomber son prestige. Souriante et superbe sous ses disgrâces, elle resta debout au milieu de sa famille naufragée. Ce *beau et singulier visage* eût dû porter un diadème; mais, faite

---

[1] *OEuvres de Saint-Simon*, t. xx, p. 210 à 222, édit. in-18.

pour plaire autant que pour régner, la duchesse de Bouillon trouva sa vraie couronne : elle fut *la reine de Paris.*

Nous avons vu, dans leurs vicissitudes, les destinées des nièces de Mazarin. Dans cette belle société du xviiie siècle, si majestueusement assise, elles s'élevèrent tout à coup, ces brillantes parvenues, comme les protégées des fées, jusque sur les marches des trônes. Partout le sang de Mazarin se trouva mêlé au sang le plus illustre : ses nièces donnèrent le jour aux derniers Stuarts, aux Modène, aux Carignan, aux Vendôme, aux Conti, aux Bouillon, aux Colonna. Eugène et Vendôme, qui se disputèrent tant de champs de bataille, étaient Mancini par leurs mères. Mais, au milieu de ces fortunes improvisées, il y eut des chutes faites pour étonner le xviie siècle dans son antique hiérarchie. Quel contraste dans les destinées de deux femmes de cette époque! Marie Mancini, reine en espérance, vivait dans toutes les splendeurs de la royauté, alors qu'une jeune fille de son âge, orpheline abandonnée, était réduite à partager le pain d'un poëte indigent. Habitués à vivre d'illustres aumônes, des miettes tombées de la table des grands, ils tournèrent des yeux suppliants vers cette Marie, providence des muses affamées. Mais que vit-on plus tard? La veuve du poëte devint la femme du roi de France; elle monta tous ces degrés à force de prudence, de surveillance d'elle-même, en sacrifiant tout à sa bonne renommée, son bonheur à son ambition : celle-là eût été la digne nièce de Mazarin. L'autre n'avait plus qu'un pas à faire pour être reine; mais, n'écoutant que son cœur ou son ardent caprice, elle arma son oncle contre elle et se perdit. L'impétueuse femme, plus tard, traita le monde et l'opinion avec autant d'indépendance. Tombée de si haut dans une étrange obscurité, elle vit s'asseoir auprès du trône celle qu'elle avait assistée naguère.

Cette dynastie des Mancini, qui s'épanouit un matin si brillante, eut un déclin singulièrement rapide. Le sang de Mazarin ne porta point bonheur à ces races illustres auxquelles il s'était mêlé : la maison d'Este, les Stuarts, les Vendôme, les Conti, les Bouillon, les Soissons s'éteignirent. Ce sang ardent de l'Italie y donna naissance à des héros, mais la flamme se consuma vite. Ce fut surtout par l'intelligence que les Mancini brillèrent : le duc de Nevers et ses sœurs méritaient, sous ce rapport, un regard de l'histoire; les Vendôme, le prince Eugène, le duc de Nivernois, leurs enfants, reçurent aussi cet heureux héritage, et mêlèrent à leur vie politique ou guerrière le goût persistant de l'esprit et des beaux-arts.

FIN.

APPENDICE.

(A) Ondedéi, évêque de Fréjus, écrivait à Colbert, le 14 octobre 1661, au sujet des recherches commencées sur la généalogie du cardinal :

« Le séjour que j'ai fait ce soir à Nevers me repprésente la glorieuse mémoire de nostre grand Cardinal, et me fait souvenir ce que j'ai toujours oublié : c'est la généalogie de Son Éminence, à laquelle j'ay fait travailler par un honest homme, qui entend fort bien ces matières ; mais la mort ne m'a pas donné le loisir de la faire voir à M. le Cardinal. Vous estes informé d'ailleurs du voyage que fist le Père Piaceti à Montaldi et les papiers qu'il en rapporta ; après luy vint icy tout exprès un certain monsieur Costa, qui est de ce pays-là, qui avoit donné toutes les lumières au dit Père Piaceti qui estoit envoyé à Son Éminence par l'evesque de Tortone, qui escrit les histoires de nostre temps et qui promit à M. le Cardinal de faire une exacte recherche pour trouver quelque chose, qui puisse estre considérable ; mais comme cet homme a sceu la mort de Son Éminence, il m'escrit d'avoir sursis à toutes ses recherches. » (*Papiers de Colbert*, BIBLIOTH. IMPÉRIALE.)

(B) On citerait d'innombrables exemples de la fureur du jeu à cette époque, et de l'énormité des sommes que l'on y risquait ; en voici quelques-uns que M. L. de Laborde a recueillis, entre mille, dans les Mémoires contemporains. « Gourville, en

une demi-heure, allégea de 55,000 livres la bourse de Fouquet. M. de Créqui perd 100,000 écus en une soirée, et ne
paye que la moitié de la somme[1]. Le maréchal d'Estrées, qui
était fort emporté au jeu, perdit un soir, chez lui, 100,000 livres; il fit éteindre une chandelle, et cria fort contre les dis-
sipations de son sommelier[2]. Monsieur perdit 100,000 écus
contre Dangeau et Langlée; il vendit, pour s'acquitter, sa
vaisselle d'or, son balustre d'argent et ses pierreries[3]. Enfin,
le roi gagna, étant au lit, en une courte soirée, 2,700 pistoles[4]; et nous savons qu'en 1660 un abbé de Gordes, qui n'a
pas d'autre célébrité que ce malheur, perdit avec lui 150,000
livres.

Il est fort question de piperies dans toutes ces anecdotes de
jeu, comme on peut le voir surtout en maint passage de Tallemant des Réaux :

« Beaulieu Picart pipoit aussi bien qu'homme de France.
Son aîné avoit un maître à piper, et tous les grands joueurs
s'en escriment. Ils disent que c'est pour s'empêcher d'être
trompés[5]. »

« Souscarrière, le marquis de Montbrun, étoit pipeur. Mon-
george s'aperçut qu'il avoit escamoté une prime; il le traita de
fripon et de filou[6]. »

« La duchesse de La Ferté réunissoit chez elle ses fournis-
seurs, bouchers, boulangers, etc., les mettoit autour d'une
grande table, et jouoit avec eux une espèce de lansquenet.
Elle me disoit à l'oreille : Je les triche, mais c'est qu'ils me vo-
lent[7]. »

Il est question dans tous les écrits du temps de la passion

[1] *Hist. de Tallemant des Réaux*, t. I, p. 161.
[2] *Ibid.*, t. II, p. 65.
[3] *Suppl. de Bussy*, part. II, p. 18.
[4] Loret, 15 mars 1653.
[5] *Tallemant*, t. VI, p. 196.
[6] *Ibid.*, t. VII, p. 107.
[7] *Mém. de madame de Staal*, p. 69. Paris, in-12, Didot, 1846.

que le cardinal Mazarin conserva pour le jeu jusqu'à sa mort ;
madame de Motteville assure que, pendant sa dernière maladie, il pesait les pistoles qu'il avait gagnées, pour remettre
au jeu les plus légères. On dit au cardinal, dans un sonnet :
« Dispose

> De la reine de pique, trèfle, cœur ou carreau,
> Mais n'en fais pas ainsi de la reine de France [1]. »

> Que si tu veux que tes parentes
> Épousent les parents du roy,
> Tu les peux bien rendre contentes;
> Car, mesme dans ton désarroy,
> Les rois de carreau et de pique,
> Qui sont tes amis domestiques,
> Donneront à ces belles sœurs
> Des valets de trèfle et de cœur [2].

Scarron dit au cardinal, dans la *Mazarinade :*

> On te tient inventeur du hoc,
> Ou beau jeu de trente et quarante.

Le gazetier poëte fait parler ainsi le duc de Roquelaure :

> Peste, quelle apparence
> De jouer contre l'Éminence !
> Il nous met tous au breluquet,
> Aussi bien au hoc qu'au piquet [3].

> Mazarin, je te loue, autant que l'on peut dire,
> De pratiquer les dez, les cornets et tous jeux [4].

---

[1] Collect. Maurepas, t. II, p. 357.
[2] BIBL. IMP., Mss. du fonds Saint-Martin, n° 73.
[3] Loret, 29 novembre 1650.
[4] Collect. Maurepas, t. I, p. 337.

(C) PREMIÈRES RÉSIDENCES DE MAZARIN A PARIS, DE 1628 A 1644. — L'HÔTEL DE SAINT-PAUL. — L'HÔTEL DE CLUNY. — L'HÔTEL DE CLÈVES. — LA BASSE-COUR DU PALAIS-ROYAL.

Jules Mazarini, que ne décoraient encore ni la pourpre romaine ni le titre de premier ministre, simple agent d'Urbain VIII près du cardinal de Richelieu, avec le grade de capitaine d'infanterie et sous la qualification modeste de *signor Mazarini*, vint à Paris à différentes reprises, à dater de l'année 1628 [1]. Les Mémoires de Brienne nous apprennent que, pendant le temps de son séjour, il occupait un pied-à-terre à l'hôtel Saint-Paul, chez le comte de Chavigny, avec qui il entretenait des relations d'amitié [2]. Cet hôtel, situé dans la rue du Roi-de-Sicile, n° 2, vis-à-vis de la rue des Ballets [3], ne porta le nom d'hôtel Saint-Paul que depuis qu'il fut acquis par François d'Orléans-Longueville, comte de Saint-Paul, mort en 1632, et n'a de commun que le nom avec l'ancien hôtel Saint-Paul, séjour du roi Charles V et de quelques-uns de ses successeurs.

Il s'appelait, au XIIIᵉ siècle, hôtel du Roi-de-Sicile, et donna son nom à la rue; c'était le palais de Charles, comte d'Anjou et roi de Sicile, frère de Saint-Louis [4]. Après bien des vicissitudes, il a été démoli dans ces dernières années, et des constructions nouvelles couvrent aujourd'hui l'emplacement qu'il occupait. Nous ne chercherons pas à donner la description de cette demeure, qui a dû changer de physionomie presque aussi souvent que de maître; il nous suffit de constater, dans la série de ses grandeurs et de ses décadences, le séjour qu'y fit Mazarin.

Le 26 novembre 1634, Jules Mazarini, vice-légat d'Avignon,

---

[1] Aubery, *Hist. du cardinal Mazarin*. Rotterdam, 1695, t. I, p. 7 à 9.
[2] Brienne, *Mémoires*, t. I, p. 282.
[3] Plan de Paris, dressé par Gomboust en 1652, etc.
[4] Sauval, *Antiq. de Paris*, t. II, p. 76.

nonce extraordinaire du pape Urbain VIII près la cour de
France, fit son entrée solennelle dans Paris, où il résidait in-
cognito depuis le commencement du mois. Le comte d'Alais
et le sieur de Beautru, introducteur des ambassadeurs, allèrent le recevoir à Picpus. Le nonce extraordinaire monta dans
les carrosses du roi, et entra par la porte Saint-Antoine. Le
nonce ordinaire et presque tous les prélats qui se trouvaient
alors à Paris se joignirent au cortége, que suivaient plus de
cent carrosses, la plupart à six chevaux[1]. Il fut ainsi accompagné jusqu'à l'hôtel des Nonces, rue des Mathurins, où il descendit et reçut la visite des envoyés du roi et de la reine[2].
Cet hôtel des Nonces, c'était l'hôtel de Cluny. Les nonces du
pape habitaient, depuis 1601, ce célèbre palais abbatial[3]. En
1634, Mazarin descendit, en sa qualité de nonce extraordinaire,
à l'hôtel des abbés de Cluny[4], en attendant le moment où il
s'en attribuerait aussi les titres et les immenses revenus.

Nous ne pouvons nous dispenser de relever un quiproquo
singulier commis par M. Dussommerard dans sa notice sur
l'hôtel de Cluny (p. 24), répété après lui par M. Belin dans ses
notes de Dulaure (édit. de 1847, t. II, p. 118). Angélique Arnauld et ses sœurs seraient venues en 1625, selon eux, chercher
un refuge à l'hôtel de Cluny, rue des Mathurins : ceci paraîtrait
d'autant plus singulier que les nonces du pape occupaient alors
cet hôtel. Ce ne fut pas à l'hôtel de Cluny qu'allèrent se réfugier les persécutées de Port-Royal, mais bien dans une maison
située au haut du faubourg Saint-Jacques, appelée l'hôtel de
Clugni. Ce fut sur l'emplacement même de cet hôtel de Clugni
que fut bâti le couvent de Port-Royal de Paris. Ainsi, l'hôtel
acheté par Catherine Arnauld, et donné par elle à la commu-

---

[1] Aubery, *Hist. du cardinal Mazarin.* Rotterdam, 1695, 2 vol. in-12,
t. I, p. 61.

[2] Sauval, *Antiquités de Paris,* t. II, p. 105.

[3] Piganiol de la Force, *Description de Paris,* t. V, p. 489. — Dussommerard, *Hôtel de Cluny,* p. 24.

[4] Sauval, *Antiquités de Paris,* t. II, p. 105.

nauté de Port-Royal, qu'on l'appelle Clugni ou Cluny, comme
Sauval, ou Clagny, comme Piganiol, n'a aucun rapport avec
celui qui nous occupe [1].

Au XVIIIe siècle, les nonces abandonnèrent cette résidence.
Mazarin ne resta pas à Paris tout le temps que dura sa nonciature; il se rendit à Ruel près du cardinal de Richelieu, qui le
combla de prévenances, au point que, pendant toute la durée
d'une maladie qui exigea de grands soins et un repos absolu,
le cardinal l'installa en maître dans son château, se privant
même à son profit du suisse qui veillait à la porte de ses appartements. En 1636, le nonce extraordinaire, rappelé à Rome,
dut quitter Paris [2]. Il y revint en 1640, non plus en qualité
d'ambassadeur étranger, mais pour recevoir le titre et les pou-
voirs d'ambassadeur extraordinaire pour le roi en Italie [3].

Mazarin, devenu premier ministre, établit sa résidence à
l'hôtel de Clèves, situé dans la rue du Louvre [4], appelée aussi rue
de l'Oratoire. Cet hôtel, que les dégagements du Louvre opérés en 1758 [5] ont fait disparaître, avait été bâti pour Catherine
de Clèves, veuve de Henri duc de Guise, assassiné à Blois en
1588. Il fut habité par Bouthillier, qui y fit faire *un horloge
sonnant* [6]. Ce fut d'abord l'hôtel de Claude de Lorraine, duc
d'Aumale, marquis de Mayenne; Catherine de Clèves le fit re-
bâtir et orner d'une galerie où elle fit peindre tous les princes
des maisons de Guise, de Clèves et de Nevers. « C'est cet hôtel si renommé dans l'histoire du grand Alcandre, où cette
princesse, nommée Dorinde, s'étoit retirée après le meurtre de
son mari, et où la beauté ravissante de sa fille, appelée Mila-
garde, attiroit tous les princes de cette faction et tant d'autres
personnes considérables qu'on pouvoit dire que c'étoit là que la

---

[1] Sauval, t. I, p. 425. — Piganiol de la Force, 1742, t. VI, p. 309 et suiv.

[2] Aubery, *Histoire du cardinal Mazarin*, t. I, p. 69.

[3] *Ibid.*, t. I, p. 84.

[4] Sauval, *Antiquités de Paris*, t. II, p. 157.

[5] Lettres patentes du 26 décembre 1758. Voy. Lazare, *Dictionnaire des
Rues de Paris*, p. 504.

[6] *Supplément aux Antiquités de Paris de Dubreuil*, 1639, p. 65.

Ligue tenoit sa cour [1]. » Mazarin dut s'établir à l'hôtel de Clèves vers 1640 ou 1644, date de son entrée au conseil et de sa
promotion au cardinalat [2]; nous pouvons fixer au juste l'époque où il le quitta. Le 1er septembre 1643, le cardinal reçut avis,
grâce à la vigilance de sa police, d'un complot tramé contre
sa vie par le duc de Beaufort, à l'instigation de la duchesse de
Montbazon et de la cabale des Importants. Sans perdre un instant, il se mit aussitôt en sûreté au Louvre, rendit compte à la
régente des tentatives de ses ennemis, que le hasard avait fait
avorter jusqu'alors, mais dont il connaissait jusqu'aux moindres détails; et, profitant de l'intérêt qu'inspirait à la reine le
danger qu'il venait de courir, il obtint d'elle l'assurance qu'elle
le protégerait énergiquement contre les trames de ses adversaires [3]. Le soir, il retourna sous bonne escorte coucher à l'hôtel
de Clèves, autour duquel on veilla toute la nuit. Le lendemain,
le duc de Beaufort fut arrêté et enfermé au donjon de Vincennes; et comme la cour était sur le point de quitter le Louvre pour le Palais-Cardinal, dont Richelieu avait fait une dona-
tion au roi Louis XIII, Mazarin, abandonnant l'hôtel de Clèves,
où il ne se trouvait plus en sûreté, vint occuper, dans les dépendances de ce palais, un appartement donnant sur une basse-
cour dont l'entrée, qui s'ouvrait sur la rue des Bons-Enfants,
était protégée, comme toutes celles du palais, par des senti-
nelles et un corps de garde. Il s'installa définitivement dans
cette nouvelle demeure au commencement d'octobre 1643, et,
le 7 du même mois, la cour tout entière vint se fixer au Palais-
Cardinal [4].

Il ne faut pas attacher ici au mot basse-cour le sens qu'on
lui attribue aujourd'hui; les architectes donnaient alors ce nom
aux cours latérales, par opposition aux cours d'honneur, sur

[1] Sauval, t. II, p. 120.
[2] Aubery, t. I, p. 84 et suiv.
[3] Aubery, t. I, p. 203. Conférez avec *les Carnets de Mazarin*, *passim.*
BIBL. IMP., Mss, fonds Baluze.
[4] Aubery, t. I, p. 209; t. II, p. 345.

lesquelles se développaient les façades principales. Cette basse-
cour, ouverte sur la rue des Bons-Enfants, était entourée sur
ses quatre faces de bâtiments qui, sans être chargés d'ornements d'un goût équivoque comme ceux de la cour des Proues,
n'en présentaient pas moins cet air de majesté un peu lourde
que Mercier donnait à ses édifices. Ces bâtiments ne comprenaient qu'un étage, percé de fenêtres rectangulaires, élevé sur
un rez-de-chaussée, et surmonté de baies dans les combles,
que nous appellerions *mansardes* si ce nom eût existé alors[1].

Le logement choisi par Mazarin n'avait pas seulement le privilége d'être protégé par la garde du palais, ce qui le mettait
à l'abri de toute tentative de violence, il avait surtout l'immense avantage d'être contigu à l'appartement que la reine
vint occuper dans l'aile droite de la cour des Proues[2], la seule
partie du Palais-Royal qui conserve encore aujourd'hui quelques traces de son ornementation primitive. Cet appartement
d'Anne d'Autriche avait été laissé inachevé par Richelieu; il
fut terminé sous les ordres de la régente, qui y fit ajouter un
oratoire, une salle de bains et une galerie en retour sur le jardin[3]. C'est dans cette galerie, communiquant des appartements de la reine à ceux du cardinal, que se tint ordinairement le conseil, et qu'eut lieu, le 18 janvier 1650, l'arrestation
des princes[4].

On chercherait en vain aujourd'hui au Palais-Royal les bâtiments occupés par Mazarin et la basse-cour qui y donnait accès; celle-ci existe encore sous le nom de cour des Fontaines, mais séparée du palais, modifiée dans ses dimensions, et
ne conservant plus le moindre vestige des constructions qui
l'entouraient alors. La porte de cette cour sur la rue des

---

[1] Voyez les vues du Palais-Cardinal de cette époque. BIBL. IMP., estampes,
topographie. Paris, Palais-Royal.

[2] Plans du palais, BIBL. IMP., topographie. Paris, Palais-Royal. — *Curiosités de Paris*, par L. R., t. I, p. 159.

[3] Sauval, *Antiquités de Paris*, t. II, p. 168.

[4] *Ibid.*, t. II, p. 169. — Aubery, *Histoire du cardinal Mazarin*, t. II,
p. 70 et 74.

Bons-Enfants était située un peu plus haut que l'entrée actuelle de la cour des Fontaines; son aile gauche la séparait d'une autre cour plus petite, où se voyaient encore quelques restes de l'hôtel d'Estrées, acquis pour la formation du Palais-Cardinal; son aile droite était appuyée à l'hôtel Mélusine, et le corps de logis du fond donnait de l'autre côté sur une troisième cour disposée en parterre, qui le séparait des appartements de la reine. La galerie du conseil, qui reliait ces deux bâtiments, se trouvait ainsi entre ce parterre et le jardin, sur lequel s'ouvraient ses croisées [1].

L'appartement de Mazarin devait aussi avoir quelques vues sur ce fameux jardin du Palais-Cardinal, orné de parterres en broderies, de bosquets géométriques, d'un bassin et d'un rond d'eau de 82 toises de circonférence (environ 34 mètres de diamètre) [2], œuvre de Le Nôtre, qui préludait à ses grandes créations des Tuileries et de Versailles, au grand applaudissement des connaisseurs, qui réservaient leur sévérité pour les bâtiments du palais, et surtout pour l'inscription de la rue Saint-Honoré, qu'ils déclaraient n'être ni grecque, ni latine, ni française. Cette inscription, si fort maltraitée par les précieuses, était pourtant assez intelligible; elle ne portait que ces deux mots : *Palais-Cardinal*. Anne d'Autriche la fit enlever, puis rétablir plus tard, sur les instances de la duchesse d'Aiguillon; mais le Palais-Cardinal n'en perdit pas moins son nom [3].

––––––

(D) LE PALAIS MAZARIN. — SES RICHESSES. — SES GALERIES DE TABLEAUX.

Le palais Mazarin, avec ses sept cours et ses jardins, occupait tout l'espace compris entre les rues des Petits-Champs,

––––––

[1] Voyez les plans et vues du Palais-Royal. BIBL. IMP., estampes, topographie. Paris, Palais-Royal.

[2] Sauval, *Antiquités de Paris*, t. II, p. 172. — G. Brice, *Description de Paris*, t. I, p. 207.

[3] Sauval, *Antiquités de Paris*, t. II, p. 158.

Richelieu et *Vivien*, et s'étendait, vers les murs de la ville, un peu plus loin que l'emplacement actuel de la rue Colbert[1]. Il n'eut pas tout d'abord ces vastes proportions : le cardinal y ajouta successivement diverses galeries, de sorte que les bâtiments de ce palais n'avaient rien de fort régulier dans leur ensemble.

« Tout le monde y remarque, dit Sauval, une certaine gran-
« deur que le cardinal avoit apportée d'Italie, et qui n'est point
« encore entrée dans les maisons particulières, non pas même
« dans les royales; et quoique ce palais consiste en plusieurs
« logis entassés confusément les uns dans les autres, il ne laisse
« pas néanmoins d'être une des merveilles de Paris et de la
« France[2]. »

Lorsque Mazarin résolut, vers 1644, de se faire construire un palais, il acheta un grand hôtel situé au coin de la rue des Petits-Champs et de la rue Vivien, derrière le jardin du Palais-Royal[3]. Cette belle demeure, que Lemuet venait de terminer, était destinée au président des comptes, Jacques Tubeuf.

L'hôtel s'élevait entre cour et jardin; il était accompagné de deux ailes en retour vers la rue, dont les extrémités se reliaient à la porte principale par deux pavillons surmontés de petits dômes et par deux pans de murs couronnés, ainsi que l'entablement de la porte, d'une balustrade à jour. Cette porte était accostée de deux colonnes d'ordre ionique, et ornée de refends qui encadraient une ouverture rectangulaire[4].

Cette entrée a été modifiée depuis, mais les bâtiments de l'hôtel sont restés à peu de chose près ce qu'ils étaient alors. Ils ne comprenaient qu'un rez-de-chaussée et un étage, avec des fenêtres en œil-de-bœuf dans les combles.

Au milieu de la façade un fronton semi-circulaire, chargé de

---

[1] Voyez Plan de Paris, dressé par Gomboust en 1652.
[2] Sauval, *Antiquités de Paris*, t. II, p. 241.
[3] *Ibid.*, p. 173.
[4] Voyez *Façade du palais Mazarin, à Paris;* par Jean Marot.

sculptures et percé d'une ouverture carrée s'élevait au-dessus du premier étage, et brisait pour l'œil la ligne continue des toits. Le principal ornement de cet édifice, outre ses proportions élégantes et majestueuses, consistait dans l'appareil de la construction de briques rehaussé de chaînes de pierre qui encadraient les ouvertures, séparaient les étages, rampaient sous les combles, dessinant en blanc, sur le fond rouge des briques, les principales lignes architecturales [1]. Les appartements, dont le luxe intérieur répondait à l'élégance des bâtiments, avaient été décorés par Simon Vouët, l'un des peintres qui contribuèrent à cette époque aux embellissements du Louvre et du Palais-Cardinal.

On prétendit que Mazarin avait gagné l'hôtel Tubeuf au piquet, contre le président, *qui voulut bien se laisser perdre* [2]; mais cette assertion se trouve démentie par plusieurs notes des comptes de Colbert et des carnets de Mazarin, où il est question de divers à-compte donnés à M. Tubeuf sur le prix de son hôtel [3]. Le cardinal songea, tout en conservant ce qui existait de cet hôtel, à y faire exécuter les embellissements nécessaires pour le rendre digne de son nouveau maître.

En véritable Italien, Mazarin était passionné pour les arts; il lui fallait de belles et vastes galeries pour étaler les merveilles de peinture et de sculpture qu'il recueillait de tous côtés; dans cette intention, il manda de Rome le Bernin, célèbre architecte que Louis XIV fit venir plus tard pour achever le Louvre, mais à qui Claude Perrault fut préféré à la suite d'un concours.

Le pape ne consentit pas au départ du Bernin, qui se vit obligé de refuser les 12,000 écus de pension que lui offrait Son Éminence [4]. A défaut du Bernin, le cardinal chargea François

---

[1] Voyez les dessins du palais Mazarin, par Jean Marot.

[2] Voyez BIBL. IMP., estampes, topographie. Paris, quartier Feydeau, I, une note manuscrite à ce sujet.

[3] *Carnets de Mazarin*, an 1644, n° 6, p. 77. BIBL. IMP., Mss., fonds Baluze.

[4] Léon de Laborde, *le Palais Mazarin*, p. 166.

Mansart de lui construire derrière son hôtel, et parallèlement à la rue Vivien, deux galeries, l'une pour ses statues antiques, l'autre pour ses tableaux et curiosités de toutes sortes. Cet architecte devait en même temps refaire le grand escalier de l'hôtel Tubeuf, qui ne parut pas digne du nouveau palais, et ajouter deux ailes, l'une adossée aux nouvelles galeries, l'autre derrière la maison de Duret de Chevry, sur la rue de Richelieu.

Mansard répondit à la confiance du cardinal, et il éleva, dans le même style que l'hôtel, ces beaux bâtiments que l'on vient de restaurer du côté de la rue Vivienne, dont ils étaient séparés par une basse-cour disposée en parterres, sur laquelle donnait également un grand manége couvert [1]. Ces nouvelles constructions offraient encore l'appareil de brique à chaînes de pierre dont nous avons parlé; de plus les fenêtres du premier étage étaient rehaussées d'un attique sculpté, où se dessinaient alternativement des guirlandes de fleurs et les faisceaux de Mazarin en sautoir.

La galerie du rez-de-chaussée fut disposée pour recevoir les statues, et celle du premier étage pour les bustes, tableaux et autres objets d'art. Chacune de ces galeries était éclairée par huit grandes croisées, auxquelles correspondaient, dans la galerie haute, huit niches qui s'élevaient depuis le plancher jusqu'à la naissance de la voûte. L'architecte, complice de la vanité du maître, prodigua, dans les ornements tant intérieurs qu'extérieurs de ces galeries, les faisceaux et les étoiles qui meublent l'écu de Mazarin [2].

Mansart fut moins heureusement inspiré pour les constructions en pierre qu'il éleva derrière les galeries sur l'autre cour, actuellement cour de la Bibliothèque impériale. Ces constructions comprennent le bâtiment de l'horloge, le grand escalier

---

[1] Sauval, *Antiquités de Paris*, t. II, p. 173.

[2] Sauval, *Antiquités de Paris*, t. II, p. 177. Mazarin portait : d'azur à la hache d'armes d'argent, dans un faisceau d'armes d'or lié d'argent posé en pal, et une trangle de gueules sur le tout, chargée de trois étoiles d'or.

à droite, et la partie du bâtiment sur la rue de Richelieu où se trouve la porte principale.

Ces bâtiments offrent pour toute ornementation, au rez-de-chaussée, une arcature dont les clefs sont chargées de mascarons; entre ce rez-de-chaussée et le premier, une frise où les étoiles du cardinal se détachent au milieu d'un enlacement; enfin, au niveau de la toiture, une horloge d'un dessin assez gracieux, dont le cadran, soutenu par le Temps et l'Amour, sculptés en bas-relief, se voit en face de la grande porte.

Plus tard le cardinal fit prolonger considérablement les constructions élevées sur la rue de Richelieu, dans le but d'y établir une chapelle, une bibliothèque, de nouvelles salles pour des tableaux, et de vastes écuries [1]. Les travaux furent poussés avec activité, et dès 1647 on put installer la bibliothèque du cardinal dans le local qui lui était destiné.

L'architecte chargé de ces nouveaux bâtiments abandonna l'appareil mélangé de brique et de pierre, qui rappelait, disait-on, les châteaux de cartes par ses couleurs blanche, rouge et noire; il négligea absolument la face donnant sur la rue de Richelieu, alors fort peu élégante, et éleva du côté du jardin, encore inachevé, sur une longueur de plus de 60 toises, une façade en pierres de taille d'une apparence assez monumentale.

Au rez-de-chaussée furent établies les écuries de Son Éminence, dont Sauval nous a laissé cette description :

« L'écurie est si longue et si superbe que les étrangers « avouent que ni dans l'Europe, ni dans toutes les autres parties « de la terre, ils n'ont rien vu qui lui puisse être comparé, ni « qui en approche.

« On y entre par trois grandes portes cochères; un berceau « de briques et de pierres de taille lui sert de couverture; dans « la naissance de sa voûte sont épargnés et sculptés les chiffres « et les armes du cardinal; elle est large de 4 toises, longue de « près de 27, et éclairée de dix-neuf grandes croisées. Les pi-

---

[1] Sauval, *Antiquités de Paris*, t. ii, p. 179.

« liers, les auges et les râteliers sont de bois de chêne tourné,
« et derrière les chevaux règne un espace ou route si large que
« cinq ou six personnes s'y peuvent promener à l'aise; j'y ai
« vu cent chevaux barrés tout d'une suite. Dans les embrasures
« des croisées il y a des bancs où sont les lits des palefreniers,
« et des armoires pour tous les ustensiles nécessaires à une
« écurie; ces armoires au reste et ces bancs sont si bien prati-
« qués que non-seulement ils cachent tous ces vilains objets
« qui d'ordinaire défigurent ces sortes de lieux, mais qu'ils font
« encore un très-bel effet à la vue [1]. »

Tant de luxe fut outrageusement reproché au cardinal par
les satiriques de la Fronde, et entre autres par Scarron, qui s'é-
crie dans sa *Mazarinade :*

> Va rendre compte au Vatican
> . . . .
> Du beau palais de tes chevaux !

Et pourtant cette magnifique écurie devait suffire à grand'peine
pour le train du maître, à en juger par la relation de l'entrée
solennelle de Louis XIV et de Marie-Thérèse à Paris, où l'on
voit figurer cent cinquante-quatre chevaux et mulets apparte-
nant à Son Éminence. « Premièrement marchoient soixante et
« douze mulets de la maison de M. le cardinal Mazarin, divisés
« en trois troupes et précédés de deux trompettes vêtus des
« livrées de Son Éminence. Ceux de la première bande étoient
« couverts des livrées de Son Éminence en broderies de soie;
« ceux de la seconde, de couvertures de haute lice à fond de
« soie, et ceux de la troisième étoient couverts de velours
« rouge cramoisi, toutes en broderie d'or et d'argent avec ses
« armes.

« Le sieur de Fontenelles, premier écuyer, et Moreau, second
« écuyer de Son Éminence, suivoient à la tête de vingt-quatre

---

[1] Sauval, t. ii, p. 173.

« pages richement vêtus de ses livrées et montés sur de très-
« beaux chevaux ; ils étoient suivis de douze chevaux d'Espagne
« couverts de housses de velours rouge cramoisi en broderie,
« chacun conduit en main par deux palefreniers.

« Après cette bande marchoient les carrosses de Son Émi-
« nence, au nombre de sept, chacun attelé de six chevaux ;
« celui de son corps étoit couvert entièrement d'ouvrage d'or-
« févrerie vermeil doré, et environné de quarante valets de
« pied richement vêtus, après lesquels marchoit le sieur de
« Besmo, à la tête de la compagnie des gardes dudit sieur car-
« dinal [1]. »

On sait que La Fontaine, dans une lettre à Fouquet, où il lui
rend compte de cette brillante cérémonie, accorde une mention
flatteuse aux *mulets de Son Éminence :*

> Mais tout cela n'est rien au prix
> Des mulets de Son Éminence.
> Leur attirail avoit dû coûter cher.
> Ils se suivoient en file ainsi que patenôtres ;
> On en voyoit d'abord vingt et quatre marcher,
> Puis autres vingt et quatre, et puis vingt et quatre autres.
> Les housses des premiers étoient d'un fort grand prix,
> Les seconds les passoient, passés par les troisièmes ;
> Mais ceux-ci n'ont, à mon avis,
> Rien laissé pour les quatrièmes.
> Monsieur le cardinal l'entend en bonne foi,
> Car après ces mulets marchoient quinze attelages,
> Puis sa maison, et puis ses pages
> Se paradant en bel arroy,
> Montés sur chevaux aussi sages
> Que pas un d'eux, comme je croi.
> Figurez-vous que dans la France
> Il n'en est point de plus haut prix,
> Que l'un bondit, que l'autre danse,

---

[1] *Extrait des registres du Parlement, du jeudi* 26 *août* 1660. (Félibien,
Histoire de Paris, t. v, p. 171.)

> Et que cela n'est rien au prix
> Des mulets de Son Éminence [1].

Le jardin du palais, assez vaste, s'étendait devant les écuries ; mais, quoique qualifié *somptueux* par M. de Laborde [2], il ne fut jamais complétement terminé, et n'eut pas la renommée de celui du Palais-Cardinal. Sauval le mentionne seulement en ces termes : « Un parterre fort propre, et un jardin assez « spacieux qui n'est pas encore achevé [3]. » Le cardinal y fit établir une bauchette, sorte de jeu de boules d'origine italienne, auquel il était fort adroit, et où il passait des après-dîners entières [4].

Pour la décoration des galeries, où il avait l'intention de disposer ses admirables collections d'œuvres d'art, le cardinal ne voulant pas s'adresser à Vouët, que sa grande vogue avait gâté, et qui la plupart du temps abandonnait à ses élèves les travaux qu'on lui confiait, fit venir de Rome deux peintres célèbres, Grimaldi et Romanelli, qui se mirent à l'œuvre sous sa direction et celle des cardinaux Barberini. Grimaldi fut chargé de la galerie basse, dont la décoration devait rester assez simple, et des niches et trumeaux de la galerie haute ; Romanelli entreprit le plafond de la galerie haute, qui devait ne former qu'une seule et vaste peinture. L'artiste accomplit en six mois ce grand travail [5], et avec tant de succès qu'il fut chargé aussitôt après de décorer plusieurs plafonds du Louvre.

Cette grande page de peinture, qui représente un ciel mytho-logique, au centre duquel Jupiter foudroie les Titans, existe encore (salle des *Manuscrits de la Bibliothèque impériale*), mais dans un état de délabrement qui ne permet guère d'apprécier son mérite.

---

[1] La Fontaine, *Œuvres*, édit. Lequien. Paris, 1824, t. v, p. 336.
[2] *Palais Mazarin*, p. 23.
[3] Sauval, *Antiquités de Paris*, t. ii, p. 173.
[4] *Mémoires de Monglat*, collect. Petitot, t. li, p. 114.
[5] Sauval, *Antiquités de Paris*, t. ii, p. 177.

Rehaussées par ce brillant encadrement, les collections du cardinal jouirent bientôt d'une réputation européenne, et attirèrent au palais Mazarin, libéralement ouvert à tous, une multitude de visiteurs ; mais les richesses de ce palais, preuves *palpables*, disait-on, *des indélicatesses* du cardinal, servirent de texte aux diatribes des frondeurs. Dès 1649 parut une petite mazarinade sous ce titre : *Inventaire des merveilles du monde rencontrées dans le palais du cardinal Mazarin*, qui fournit de curieux détails sur les *merveilles* qui remplissaient dès lors le palais de Son Éminence.

Ce sont : des statues antiques, auxquelles l'auteur reproche leur *honteuse nudité*, des tables de *lapis azurus* incrustées de nacre et d'or, des cabinets d'ébène ornés de tableaux et d'animaux de bronze doré, d'autres tables de marbre à incrustations représentant des fleurs et des oiseaux, des statues de porphyre et d'albâtre, des cabinets d'écailles de tortue, un beau et rare tableau de la Vierge, *qui fait dire à tous que la piété est ici seulement en peinture*, un lit d'ivoire, une statue en marbre de la Charité sous les traits d'une femme allaitant un enfant, et enfin une chaise à ressorts, montant ou descendant à travers les planchers d'un étage à l'autre.

Après la première retraite du cardinal, un arrêt du Parlement, du 16 février 1649, ordonna la vente de tous les meubles[1] qui se trouvaient dans son palais, à la réserve de la bibliothèque, « qui devoit demeurer en la garde de Gabriel Naudé, afin que ladite bibliothèque fût conservée en son entier. » Cette heureuse exception était due à la sage intervention de plusieurs membres du Parlement, tels que le président de Thou[2].

Grâce aux lenteurs apportées à dessein par les commissaires chargés de présider à cette vente, les richesses du palais Mazarin eurent peu à souffrir de cette première atteinte, et l'accom-

[1] Aubery, *Histoire du cardinal Mazarin*. Rotterdam, 1695, t. I, p. 18.
[2] Voy. *Nouveau Journal*, etc., de tout ce qui s'est passé au Parlement de Paris, des années 1648 à 1649. Paris, 1649.

modement de Ruel permit bientôt au cardinal de rentrer en possession de son logis et de ses trésors.

Mais en 1651 le palais Mazarin eut à soutenir un second et plus rude assaut. En vain le président Tubeuf, pour le soustraire à un pillage imminent, en fit-il opérer la saisie le 13 février, en garantie d'une somme de 680,000 livres due par le cardinal [1] : un arrêt du 29 décembre ordonna la vente de tous les meubles du palais Mazarin, y compris la bibliothèque [2]. Cet arrêt fut mis à exécution ; et lorsqu'en 1653 Mazarin rentra triomphalement à Paris dans le carrosse du roi, il trouva son palais complétement dévasté. C'est alors qu'il vint occuper au Louvre un appartement situé au-dessus de celui du roi, qu'il conserva jusqu'à sa mort [3].

M. de Laborde, qui ne mentionne point le séjour du cardinal à l'hôtel de Clèves, lui fait habiter le Louvre dès l'époque de son entrée au conseil, contrairement au dire d'Aubery, qui nous montre Mazarin habitant d'abord l'hôtel de Clèves, passant au Palais-Royal avec la cour, et s'établissant au Louvre pour la première fois en 1653, alors que la reine mère et le roi avaient décidément abandonné le Palais-Royal pour revenir à leur ancienne résidence [4].

Mazarin, redevenu maître des affaires, s'efforça de réparer les torts que lui avait causés la Fronde ; sa fortune presque anéantie prit tout à coup des proportions immenses, et ses collections, rapidement accrues, devinrent plus brillantes et plus admirables qu'auparavant. De 1650 à 1653, le Parlement d'Angleterre mit en vente la riche collection de tableaux que Charles Ier avait acquise des ducs de Mantoue. Un amateur enthousiaste, Jabach, banquier allemand, résidant à Paris, rue Neuve-Saint-Merry, se rendit acquéreur de la plus grande par-

---

[1] Aubery, *Histoire de Mazarin*, t. II, p. 152.
[2] *Ibid.*, p. 199.
[3] *Ibid.*, p. 345.
[4] *Ibid.*, t. I, p. 203; t. II, p. 345.

lie de cette collection [1]. Mazarin, aussitôt que ses affaires furent rétablies, se mit en rapport avec lui, et, la fortune aidant, s'arrangea de telle sorte que les plus rares chefs-d'œuvre passèrent de la galerie de Jabach dans la sienne. C'est ainsi qu'il devint possesseur de l'*Antiope endormie* du Corrége et de la *Vénus del Pardo* du Titien, qui brillent aujourd'hui parmi les chefs-d'œuvre de la galerie du Louvre. En même temps il faisait rechercher en Italie et en Allemagne les œuvres des grands maîtres, les bustes et statues antiques, qu'il payait généreusement et qui lui arrivaient en foule; si bien qu'à l'époque où Sauval visita le palais Mazarin, vers 1661, il put y admirer près de quatre cents têtes, bustes et statues antiques de marbre, de bronze et de porphyre, et cinq cents tableaux de cent vingt maîtres différents, entre lesquels sept de Raphaël, trois du Corrége, huit du Titien, deux d'André del Sarte, douze de Louis Carrache, cinq de Paul Véronèse, vingt et un du Guide, vingt-huit de Van Dyck, etc. [2], répartis avec une infinité de meubles et d'objets rares dans les trois galeries et les appartements du cardinal, sans compter ceux que renfermaient ses appartements du Louvre.

Visitons avec Sauval ces galeries, parvenues en 1660 à l'apogée de leur richesse. Entrons d'abord dans la galerie basse ou galerie des antiques, décorée par Grimaldi, et qui abrite aujourd'hui les estampes de la Bibliothèque impériale. Nous y voyons près de cent bustes et statues de marbre, œuvres de choix, entre lesquelles brillent une Flore majestueuse, une Vestale, deux Consuls romains admirablement drapés, un Hercule étouffant Achéloüs, une Amazone à genoux combattant, « dont le beau corps, dit le galant Sauval, et la tête, aussi belle que guerrière, seraient capables de faire tomber les armes aux plus barbares; » une Pallas en porphyre avec la tête et les bras

---

[1] Villot, *Notice des Tableaux du Louvre*, école italienne. Paris, 1855, Introduction, p. 22.

[2] Sauval, *Antiquités de Paris*, t. II, p. 175.

de cuivre doré, et surtout une figure de Poppée sortant du bain, assise dans une chaise antique, et enveloppée d'un grand drap mouillé dont les plis indiscrets trahissent, au lieu de les cacher, toutes les perfections du corps. Parmi les bustes, citons un Bacchus, une Cléopâtre, une Sibylle, un portrait d'Auguste, une tête de Pallas en porphyre, les têtes d'Antonin et de Faustine, taillées dans le même bloc de marbre, et dont les cheveux finement fouillés font l'admiration de tous les artistes; et enfin le buste en marbre noir d'Aristote, placé autrefois par le cardinal de Lorraine au château de Meudon [1]. La plupart de ces marbres ornent aujourd'hui le Musée des Antiques [2].

La galerie haute, que le cardinal affectionnait particulièrement, plus riche encore, offrait aux regards le magnifique plafond de Romanelli; les huit grandes niches qui font face aux fenêtres étaient ornées de superbes statues antiques; « les « murs, tout environnés de tableaux, de cabinets, de tables, « de bustes dont les têtes sont de bronze et de porphyre et les « épaules d'albâtre oriental veiné, sont encore tapissés de da-« mas rouge cramoisi, semé des armes et des chiffres du car-« dinal, et rehaussés de passements d'or de Milan d'une lar-« geur et d'une épaisseur extraordinaires [3]. »

Au milieu de cette profusion de merveilles étaient deux Faunes antiques de marbre blanc, l'un grec et l'autre romain, qui dansent et semblent rire; mais d'un rire si vrai « qu'en « leur cachant la bouche on les voit rire des yeux, et, leur « cachant les yeux, on les voit rire de la bouche; » plus loin, l'*Antiope* et le *Mariage mystique de sainte Catherine*, du Corrége [4], et au-dessus de la porte le *David vainqueur de Goliath*, du Guide [5].

---

[1] Sauval, *Antiquités de Paris*, t. II, p. 176.

[2] Villot, *Notice des Tableaux du Louvre*, école italienne; Introduct., p. 24.

[3] Sauval, *Antiquités de Paris*, t. II, p. 177.

[4] *Ibid.*, p. 178.

[5] Voyez la gravure de Nanteuil, représentant Mazarin dans sa galerie. BIBL. IMP., estampes, topographie; Paris, quartier Feydeau, t. I.

Dans la galerie neuve, au-dessus des écuries, le long de la rue de Richelieu, on remarquait, entre une infinité de tableaux dont les murs étaient couverts, la *Vénus del Pardo* du Titien [1], et une *Flore* du même, que le cardinal légua à don Louis de Haro, en souvenir du traité des Pyrénées [2].

A ces tableaux, cités par Sauval, ajoutons encore un Van Dyck représentant la famille du roi d'Angleterre *d'une manière tout à fait galante;* une *Vierge* de Raphaël, reçue en présent de M. de Fontenay; le *David jouant de la harpe,* du Dominiquin; la *Vision de saint Romuald,* d'André Sacchi; un *Paysage* du Gobbo, etc. Brienne, qui nous fournit ces détails, remarque que les galeries du cardinal ne renfermaient ni Poussin, ni paysages de Claude Lorrain, point d'Albane ni de Guerchin [3]. En revanche, nous pouvons y ajouter, d'après un catalogue de la collection de Charles Ier publié par Vertue en 1757, le *Supplice de Marsyas,* en détrempe, du Corrége; le *Triomphe de la Vertu,* du même; la *Nativité* et le *Triomphe de Vespasien,* de Jules Romain; *Tarquin* et *Lucrèce,* du Titien; le *Parnasse,* de Perino del Vaga, etc.

Enfin, d'après le catalogue des biens meubles du cardinal, dressé par l'ordre du roi, en présence des exécuteurs testamentaires, du 31 mars au 22 juillet 1661, nous pouvons constater que les galeries du cardinal renfermaient à sa mort : cinq cent quarante-six tableaux originaux; deux cent quatre-vingt-trois de l'école italienne; soixante dix-sept des écoles allemande et flamande; soixante-dix-sept de l'école française; cent neuf de diverses écoles, y compris quelques dessins miniatures et mosaïque; plus, quatre-vingt-douze tableaux copiés d'après les maîtres; enfin, deux cent quarante et un portraits de papes, depuis saint Pierre jusqu'à Urbain VIII.

Nous avons dressé la liste des principales toiles qui passèrent des galeries du cardinal dans la collection du roi, et qui se

---

[1] Sauval, *Antiquités de Paris,* t. II, p. 178 et 179.
[2] Testament du cardinal Mazarin, *Œuvres de Louis XIV,* t. VI, p. 293.
[3] Brienne, *Mémoires,* chap. IX, p. 25.

retrouvent aujourd'hui au Louvre; elle permettra de juger du goût de Mazarin et de la valeur de sa collection de tableaux.

De Raphaël : le *Saint Michel* (petit), le *Saint Georges*, portrait de *Balthasar Castiglione;*

Du Corrége : le *Mariage mystique de sainte Catherine*, le *Sommeil d'Antiope;*

Du Titien : la *Vénus del Pardo*, la *Mise au tombeau*, *Portrait d'homme*, les *Pèlerins d'Emmaüs*, la *Maîtresse du Titien;*

Du Guide : *David vainqueur de Goliath*, le *Christ au jardin des Oliviers*, la *Madeleine*, le *Saint Sébastien;*

De Léonard de Vinci : *Saint Jean-Baptiste;*

Du Giorgione : la *Sainte Famille;*

D'Annibal Carrache : le *Martyre de saint Étienne*, la *Salutation angélique*, la *Prédication de saint Jean-Baptiste*, un *Paysage;*

D'Antoine Carrache : le *Déluge;*

Du Dominiquin : le *Triomphe de l'Amour*, *Paysage;*

De Lanfranchi : la *Séparation de saint Pierre et de saint Paul;*

Du Bassan : les *Noces de Cana;*

Du Rosso : le *Défi des Piérides;*

Du Gobbo : la *Vierge allaitant l'Enfant Jésus;*

De l'Orbetto : le *Mariage mystique de sainte Catherine.*

L'espace nous manquerait maintenant pour examiner « les « vases, croix, damiers, écritoires, de cristal, d'ambre, de « nacre, d'aventurine, de jaspe, de lapis, et ce nombre prodi- « gieux de cabinets, de chapelles, de tables, de tapisseries et « de meubles qui abondaient de tous côtés[1]. » Rappelons seulement les deux grands cabinets de la Paix et de la Guerre que le cardinal légua au roi, les six guéridons venus de Rome, le cabinet de lapis légué à la reine mère, et le grand cabinet

---

[1] Sauval, t. II, p. 174. Testament de Mazarin, *Œuvres de Louis XIV*, t. VI, p. 256.

de jaspe légué au duc d'Anjou; puis les tapis de Turquie, de
Perse et de Chine, rehaussés d'or, d'argent, ou brodés de
fleurs et de figures, et surtout ces belles tapisseries de taffetas,
de velours, de brocart d'or ou d'argent, de haute ou basse
lice, de toutes les fabriques et d'après les meilleurs maîtres,
parmi lesquelles on remarquait la tapisserie des *Travaux d'Hercule*, exécutée sur les dessins du Titien, qui fut donnée au
cardinal par le roi d'Espagne, à l'occasion de la paix des Pyrénées; puis la tapisserie des *Fruits de la guerre*, d'après un
dessin de Jules Romain, de 60 aunes de long sur 4 de large,
léguée par le cardinal à la couronne, ainsi que la tapisserie
des *Sabines*, du dessin de Raphaël, aussi de 60 aunes; la tenture de *Roboam*, du dessin de Raphaël, léguée à la princesse
de Conti; la tenture des *Actes des Apôtres*, fabriquée à Paris,
léguée au marquis de Mancini; les tapisseries d'*Énée* et *Sci-
pion*; une tenture fabriquée à Bruges, représentant les douze
mois de l'année, donnée par don Louis de Haro[1]. « Il avoit
« outre cela, dit Brienne, trente autres tentures de tapisserie
« au moins, les unes peintes à Rome sur de la toile d'argent,
« les autres de brocard d'or à fleurs de velours de diverses
« couleurs, découpées à Milan;... des verdures de Flandre en
« quantité, des tapisseries antiques de toutes sortes, des mo-
« dernes faites au Louvre, aux Gobelins[2]. »

Mazarin accumulait ainsi dans sa demeure les plus rares
chefs-d'œuvre de l'art et de l'industrie; mais c'était moins, dit-
il lui-même[3], par ostentation ou par un goût égoïste pour ces
belles choses, que dans le but d'offrir aux artistes français,
pour qui les portes du palais Mazarin étaient toujours ouvertes,
des modèles à imiter et de brillants sujets d'émulation.

Le cardinal Mazarin avait ainsi réalisé jusqu'à un certain
point l'idée, si fort en vogue aujourd'hui, des expositions uni-

---

[1] Sauval, *Antiquités de Paris*, t. II, p. 175. *Testament de Mazarin*, etc.
[2] Brienne, *Mémoires*, chap. IX, p. 24.
[3] *Carnets de Mazarin*, t. I, p. 24. BIBL. IMP., mss. F. Baluze.

verselles. Avec de pareilles richesses et un tel choix d'œuvres d'art, le palais Mazarin attira un grand nombre de curieux. Chaque jour il était visité par une foule d'étrangers[1]. Mazarin répondait ainsi à Colbert, à propos d'une visite qu'y avait faite Christine de Suède...[2] : « Je ne vois pas, par ce récit, que la « reine ait vu mon appartement du Louvre ; mais, en cas qu'elle « demande à le voir, je vous prie de prendre garde que *la* « *folle* n'entre pas dans mes cabinets, car on pourroit prendre « de mes petits tableaux. »

Le faste du maître, malgré la réputation d'avarice qu'on lui a faite bien mal à propos, était parfaitement en rapport avec la somptuosité de sa demeure. Il faut rappeler ici la fameuse loterie que Mazarin tira dans sa galerie haute, où étaient étalés pour plus de cinq cent mille livres d'objets, bijoux et meubles précieux, qui passèrent par la voie du sort à tous les seigneurs et dames de la cour, y compris la reine, le roi et les princes, à qui il avait distribué gratuitement ses billets[3].

Il envoya à Marie-Thérèse, comme présent de noces, pour un million deux cent mille livres de pierreries, un service de table tout en or, deux calèches du plus grand prix, l'une en velours rouge et or, attelée de six chevaux de Moscovie, l'autre en velours vert et argent, attelée de six chevaux des Indes couleur incarnat[4].

Son goût pour les pierreries et surtout pour les diamants est bien connu; il aimait à les manier et à les regarder. Outre les dix-huit Mazarins qu'il légua à la couronne, il en avait amassé une grande quantité, dont il disposa par son testament : la *Rose d'Angleterre*, un diamant brut pesant 14 carats, et le rubis

---

[1] Sauval, *Antiquités de Paris*, t. II, p. 252.

[2] *Lettre de Colbert*, du 11 septembre 1656. — L. de Laborde, *Palais Mazarin*, p. 46.

[3] *Mémoires de mademoiselle de Montpensier*, collect. Petitot, t. XLII, p. 303.

[4] *Suite de la nouvelle Relation contenant la marche de Leurs Majestés*, etc., p. 8. Paris, 1660, in-4°.

cabochon qu'il légua à la reine mère ; un bouquet de cinquante diamants légué à la reine ; trente et une émeraudes au duc d'Anjou ; une épée à garde de diamants au connétable Colonna ; six cent mille livres de diamants à diverses personnes, et trois cent soixante autres mille livres de pierreries qu'il partagea entre ses nièces et neveux [1].

Toutes les fêtes du palais Mazarin étaient célébrées par les gazetiers poëtes du temps :

> . . . . . Monsieur le cardinal,
> Par un apret vraiment royal,
> En plats d'argent, en porcelaines
> Traita le roi, traita deux reines...
> Après les friands aliments
> Vinrent les divertissements,
> Savoir : d'excellentes musiques
> Et de beaux spectacles comiques [2].
>
> . . . .

La chère fut admirable,

> Y compris les airs et les sons
> De vingt et quatre violons
> Qui de tout leur cœur fredonnèrent
> Tant que ces illustres dînèrent [3].

Cette fête était donnée en l'honneur du mariage de Laure Martinozzi avec le duc de Modène. Le soir, il y eut bal au Louvre. Lors de la conclusion du traité des Pyrénées, des fontaines de vin coulèrent pendant trois jours à la porte du palais Mazarin [4].

A l'occasion du mariage du roi, chacun put admirer

> Les feux qu'on voyoit à foizon
> Briller autour de la maizon ;

---

[1] Testament du cardinal Mazarin, *Œuvres de Louis XIV*, t. VI, p. 256.
[2] Loret, *Muse historique*, 23 août 1653.
[3] *Ibid.*, 16 septembre 1655.
[4] *Ibid.*, 21 février 1660.

et les pauvres se pressaient autour de ces brillantes illumina-
tions,

> A cause qu'illec on donnoit,
> A tout pauvre qui survenoit,
> Par une bonté peu commune,
> Pitance, boisson et pécune [1].

Plus tard, le 9 septembre, le cardinal offrit dans son palais à
Leurs Majestés un souper où les vingt-quatre violons firent
encore merveille

> Durant qu'on mangeoit des melons,
> Des pâtés, des tourtes, des bisques,
> Des plats de fruits en obélisques,
> Des massepins, des citrons doux [2].

Au commencement de mars 1661 eurent lieu, dans la chapelle du palais Mazarin, les épousailles d'Hortense Mancini
avec le marquis de La Meilleraie. Cette cérémonie fut suivie
d'un souper auquel le roi assista [3] ; mais le cardinal manquait
à cette fête : le 7 février précédent, il s'était fait transporter à
Vincennes, où la cour tout entière l'avait suivi.

Quelques jours plus tard, le 9 mars 1651, le palais Mazarin
était tendu de noir, et l'on célébrait dans Paris dix mille
messes pour le repos de l'âme de Jules Mazarin, cardinal
de la sainte Église romaine, duc de Nevers, de Donzi, de
Mayenne, de Rethel, etc. [4].

---

[1] Loret, *Muse historique*, 3 juillet 1660.
[2] *Ibid.*, 11 septembre 1660.
[3] *Gazette de Renaudot*, 5 mai 1661.
[4] Aubery, *Histoire du cardinal Mazarin*, liv. VIII.

(E) LA BIBLIOTHÈQUE DU CARDINAL MAZARIN.

Protecteur éclairé des lettres et des gens de lettres[1], Mazarin conçut de bonne heure l'idée de former une bibliothèque nombreuse et choisie, et d'en accorder l'accès au public. Dès 1644, avant qu'il se fût établi dans son palais de la rue des Petits-Champs, il mettait libéralement à la disposition de tous les quelques milliers de volumes qu'il avait acquis en 1643 pour la somme de dix-neuf mille livres, après la mort de M. de Cordes, chanoine de Limoges[2]. Mais plus tard il voulut que sa bibliothèque l'emportât, par le nombre et le choix des ouvrages, sur les plus célèbres collections de l'Europe. Dans ce but il chargea le savant bibliophile Gabriel Naudé de rechercher, en France, en Hollande, en Allemagne, en Angleterre, en Italie, etc., tous les livres excellents, éditions rares, manuscrits précieux, et d'en faire l'acquisition en son nom[3], en même temps qu'il usait dans ce but de toutes ses influences diplomatiques auprès des ministres et des souverains étrangers[4]. Le succès couronna promptement ses efforts; car, en 1649, l'auteur de la *Rymaille sur les plus célèbres bibliotières de Paris*[5] pouvait dire :

> Tous studieux ont un magasin
> Chez le cardinal Mazarin.

Dès 1651, cette bibliothèque ne comptait pas moins de quarante mille volumes, tous livres de choix, dont la reliure même avait été l'objet des plus grands soins. C'est dans une partie du

---

[1] Testament de Mazarin, *Œuvres de Louis XIV*, t. VI, p. 292. — Aubery, *Hist. de Mazarin*, t. II, p. 202.

[2] L. Jacob, *Traité des plus belles Bibliothèques*, 1644, p. 487. — *Lettres de Guy Patin*, 16 juin 1643. — Naudé, *Mascurat*, en 714 pages, p. 253.

[3] Naudé, *Mascurat*, p. 253 et suiv.

[4] Naudé, *Advis à nosseigneurs du Parlement*.

[5] Par le Gironage Simpliste, 1649.

premier étage de la longue galerie qu'il fit élever, vers 1646, le long de la rue de Richelieu, que le cardinal fit disposer sa bibliothèque. Sauval va nous en indiquer les dispositions intérieures. « Cette illustre bibliothèque est dans une galerie lon-
« gue de 30 toises ou environ, large de 4 1/2, couverte d'une
« voûte haute de plus de 5, éclairée de huit croisées et envi-
« ronnée de deux ordonnances de tablettes; les premières sont
« pleines de livres in-4° et in-folio, et de plus accompagnées
« d'un grand pupitre à hauteur d'appui qui règne tout autour,
« et de cinquante colonnes corinthiennes de bois, fort hautes,
« et travaillées avec bien de la propreté. Les balustres sont
« placés au-dessus, où l'on monte par quatre escaliers prati-
« qués et cachés dans l'angle des premières tablettes.

« Cette seconde ordonnance occupe tout l'espace qui, de-
« puis la première, va jusqu'à la naissance de la voûte, et est
« destinée aux volumes in-8° et aux autres petits livres; et,
« pour plus d'enrichissement, une petite galerie la borne, por-
« tée sur la corniche et l'entablement des colonnes corin-
« thiennes, et fermée d'un balustre de fer verni à hauteur
« d'appui. »

Nous pouvons du reste apprécier l'élégance de ces boiseries, car elles ont été enlevées du palais Mazarin après la mort du cardinal, et ajustées ensuite dans un pavillon du collége des Quatre-Nations, que Mazarin fonda par son testament, et auquel il légua sa bibliothèque, qui porte encore aujourd'hui le nom de *bibliothèque Mazarine*. La galerie n'était pas encore terminé quand Naudé, qui avait épuisé les catalogues de tous les libraires de Paris, rapporta d'Italie, en 1646, quatorze mille volumes[1]. L'année suivante, il revint d'Allemagne avec une nouvelle récolte de quatre mille volumes[2]. Il se préparait à faire d'autres voyages, particulièrement en Espagne, avant d'ouvrir au public la nouvelle bibliothèque; mais les troubles qui

[1] *Gazette de Renaudot*, 17 mars 1646.
[2] *Ibid.*, 12 janvier 1647.

survinrent y mirent obstacle [1]. L'ouverture n'avait pas encore eu lieu lorsque Naudé publia son *Jugement de tout ce qui a été imprimé contre le cardinal Mazarin, etc.*, ouvrage qu'on désigne sous le titre de *Mascurat*, du nom d'un des interlocuteurs, et qui parut pour la première fois en août 1649 [2]. Ce fut sans doute dans le courant de l'année 1650 que la nouvelle bibliothèque fut ouverte au public.

Quant à la composition de cette illustre bibliothèque, laissons parler le bibliothécaire lui-même, Gabriel Naudé, plaidant pour sa *chère fille* devant *Messieurs* du Parlement :

« C'est à dire, Messieurs, qu'elle est composée [3] de plus de
« quarante mille volumes recherchés par les soins des rois et
« des princes de l'Europe, et par tous les ambassadeurs qui
« sont sortis de France depuis dix ans, pour aller aux lieux les
« plus éloignés de ce royaume; car de dire que j'ai fait les
« voyages de Flandre, d'Italie, d'Angleterre et d'Allemagne,
« pour en rapporter ce qu'il y avoit de plus beau et de plus
« rare, c'est si peu de chose, en comparaison des soins qu'ont
« pris tant de têtes couronnées pour favoriser les desseins de
« Son Éminence, que je serois coupable d'en avoir seulement
« la moindre intention.

« Aussi est-ce, Messieurs, à ces illustres soins que cette bonne
« ville de Paris est redevable de deux cents Bibles traduites en
« toutes sortes de langues, de l'histoire la plus universelle et
« la mieux suivie qui se soit jamais vue, de trois mille cinq cents
« volumes qui sont purement et absolument de mathématiques,
« de toutes les vieilles et nouvelles éditions tant des saints Pères
« que de tous les autres auteurs classiques, d'une scholastique
« qui n'a point encore eu sa semblable, des coutumiers de plus
« de cent cinquante villes ou provinces, la plupart étrangères,

---

[1] Naudé, *Mascurat*, p. 256.

[2] Guy Patin, *Lettre* du 3 septembre 1649.

[3] G. Naudé, *Avis à nosseigneurs du Parlement sur la vente de la bibliothèque de M. le cardinal Mazarin*, 1649, publié par Petit-Radel, *Recherches sur les Bibliothèques anciennes*, p. 271.

« des synodes de plus de trois cents évêchés, des rituels et
« offices d'une infinité d'églises, des lois et fondations de toutes
« les religions et hôpitaux, de manuscrits en toutes langues,
« en tous les arts tant libéraux que mécaniques et en toutes
« sciences... »

A cette énumération Loret ajoute sept cents romans, cinq
cent cinquante comédies, trois cent trente tragédies [1]; et Sauval, « une médecine si riche et si nombreuse qu'on y trouvoit
« non-seulement tous les ouvrages, mais même toutes les dif-
« férentes impressions de ceux qui en ont écrit [2]. »

Quant à son administration, à son règlement, cette bibliothèque pourrait encore aujourd'hui servir d'exemple aux mieux
organisées. Laissons encore parler Naudé, qui, dans son *Mascurat*, nous donne à ce sujet les détails les plus précis [3].

« *Saint-Ange.* — Dis-moi ce que tu entends par bibliothèque
« publique. Est-ce que l'on prêtera des livres à tous ceux qui
« en auront affaire?

Mascurat. — La première règle sera de n'en prêter à per-
« sonne, au moins pour emporter hors de ladite bibliothèque;
« elle sera ouverte pour tout le monde sans excepter âme vi-
« vante, depuis les huit heures du matin jusqu'à cinq heures
« du soir; il y aura aussi des chaires pour ceux qui ne vou-
« dront que lire, et des tables garnies de plumes, encre et pa-
« pier pour ceux qui voudront écrire; et le bibliothécaire, avec
« ses serviteurs, seront obligés de donner aux étudiants tous
« les livres qu'ils pourront demander en telle langue ou science
« que ce soit, et de les remettre en leur place quand ils en
« auront fait, en leur baillant les autres dont ils auront be-
« soin. »

Pour comble d'égards, et afin que les lecteurs ne fussent
pas exposés à essuyer la mauvaise humeur d'un suisse ou la

---

[1] Loret, *Muse historique*, 14 janvier 1652.
[2] Sauval, *Antiquités de Paris*, t. II, p. 180.
[3] Naudé, *Mascurat*, p. 242.

malice des pages, une entrée particulière avait été ménagée sur la rue de Richelieu, avec une inscription gravée en lettres d'or sur une plaque de marbre noir, portant :

LUDOVICO XIV
FELICITER IMPERANTE...
JULIUS CARDINALIS MAZARINUS...
BIBLIOTHECAM HANC...
PUBLICE PATERE VOLUIT
CENSU PERPETUO DOTAVIT
POSTERITATI COMMENDAVIT [1].

Certes, s'il existait alors au monde une chose respectable, c'était cette belle collection des œuvres du genre humain, si généreusement ouverte à tous, alors que la bibliothèque du Roi ne réunissait pas dix mille volumes, et n'était accessible qu'à un petit nombre de privilégiés.

Pourtant, dès 1649, les efforts chaleureux du président de Thou, du coadjuteur et de quelques autres avaient eu peine à la soustraire aux fureurs du Parlement, et à obtenir une exception en sa faveur, dans l'arrêt qui frappait tous les biens du cardinal [2].

En 1651, malgré la saisie tutélaire de Tubeuf, auquel Naudé remit, *la larme à l'œil*, les clefs de la bibliothèque [3] ; malgré les protestations énergiques de quelques gens de cœur que n'aveuglait pas complétement la haine contre *le Mazarin* ; malgré l'offre de quarante-cinq mille livres faite par le sieur Vialette, trésorier de France à Moulins, pour conserver intact, en l'acquérant en bloc, ce précieux dépôt [4] ; malgré le touchant plaidoyer de Naudé, qui offrait de jurer sur l'Évangile que l'intention du cardinal était de léguer sa bibliothèque au pu-

---

[1] Naudé, *Mascurat*, p. 246.
[2] *Arrêt du Parlement de Paris*, du 16 février 1649.— *Mémoires du cardinal de Retz*, t. I, p. 259. Paris, 1842.
[3] Aubery, *Hist. du cardinal Mazarin*, t. II, p. 152.
[4] *Ibid.*, p. 200.

blic [1], l'arrêt du 29 décembre ordonna la vente en détail et
aux enchères publiques. Ce sacrilège fut consommé ! En janvier 1652, les livres précieux, si péniblement rassemblés, furent livrés à vil prix, en détail, au hasard, et cette collection
sans rivale fut impitoyablement dispersée. Loret constate avec
tristesse cette profanation :

> Des beaux livres du cardinal
> On fait une vente publique,
> Et dans Paris chacun se pique
> D'aller voir ce triste débris
> Qui déplaît fort aux beaux esprits. .
> Mais enfin cette librairie
> N'est plus rien qu'une pillerie.
> Tel vient offrir deux quarts d'écus
> De ce qui vaut deux cents écus;
> Tel emporte dessous sa robe
> Cinq ou six auteurs qu'il dérobe.....
> Et, pour tout dire en peu de mots,
> Recors, sergents et commissaires
> En sont les bibliothécaires [2].

Guy Patin en prend plus facilement son parti, tout biblio-
mane qu'il est, et annonce lestement à son ami Falconet que
seize mille volumes sont déjà partis le 30 janvier [3].

La vente continuait encore le 5 mars ; une seule voix osa
protester hautement dans Paris contre cet acte odieux, celle
de Gaumin, maître des requêtes, qui termine par ces deux
vers assez piquants une épigramme latine qu'il adresse au
Parlement :

> Nec mirare nefas, emptus probat empta Senatus :
>   Vendidit hic libros, vendere jura solet [4].

---

[1] Naudé, *Advis à nosseigneurs du Parlement.*
[2] Loret, *Muse historique*, 14 janvier 1652.
[3] *Lettres de Guy Patin*, 30 janvier 1642.
[4] *Ibid.*, 5 mars 1652.

La cour s'émut cependant de cet acte de vandalisme sauvage. Le roi, alors à Poitiers, ordonna à Fouquet, son procureur général, par la lettre de cachet du 1er février 1652, de s'opposer à la vente; mais cette opposition resta sans effet.[1] Le pauvre Naudé, qui ne put sauver du naufrage que les livres de médecine, qu'il acquit en son nom pour la somme de trois mille cinq cents livres[2], ne survécut pas à la perte de sa *chère fille :* il en mourut de chagrin[3].

Aussitôt après son retour, le cardinal, en rétablissant son palais dans son ancien état, s'occupa spécialement de sa bibliothèque; il en rassembla les débris, acquit pour dix mille livres la bibliothèque de Gabriel Naudé[4], lança de nouveau des émissaires actifs et intelligents sur la trace des manuscrits et des ouvrages rares, et parvint en fort peu de temps à rendre à cette belle collection, sinon toute son ancienne splendeur, du moins le premier rang entre les bibliothèques connues. Loret écrivait en 1654[5] :

> On m'a dit que Son Éminence...
> Va rétablir dans peu de jours
> Cette bibliothèque rare
> Dont un temps malin et barbare. . .
> Avoit dissipé les trésors.
> De toute part on en rassemble
> Un si prodigieux nombre ensemble
> Que, dans un an, s'il plaît à Dieu,
> On verra, dans ce noble lieu,
> Des registres, cahiers et livres,
> Pour plus de trois cent mille livres.

Depuis la mort du bon Naudé, le cardinal n'abandonnait pas

---

[1] Aubery, *Hist. de Mazarin*, t. II, p. 203. — Il cite *in extenso* la lettre de cachet.

[2] *Lettres de Guy Patin*, 5 mars 1652.

[3] A Abbeville, en 1653.

[4] *Lettres de Guy Patin*, 1er mai 1654.

[5] Loret, *Muse historique*, 9 mai 1654.

aveuglément à ses bibliothécaires le soin de composer sa bibliothèque. « Les livres achetés de nouveau n'étoient jamais placés avant que Son Éminence n'en eût vu et examiné les titres et les principaux chapitres. Pour cela on les lui rangeoit tous sur un très-grand bureau dans la galerie de la bibliothèque attenante à sa chapelle; à quoi il témoignoit prendre un singulier plaisir [1]. »

En 1660, la bibliothèque Mazarine paraît avoir complétement réparé ses pertes; et le gazetier, en rendant compte d'une fête donnée à toute la cour après le mariage du roi, en parle en ces termes [2] :

> Mais surtout la bibliothèque,
> Contenant mainte œuvre à la grecque,
> Et des rangs de livres nombreux,
> Persans, latins, chinois, hébreux,
> Turcs, anglais, allemands, cosaques,
> Hurons, iroquois, syriaques;
> Bref, tant de volumes divers,
> D'auteurs tant en prose qu'en vers,
> Qu'on peut, sans passer pour profane,
> Alléguer que la Vaticane
> N'a point tant de livres de prix
> Ni tant de rares manuscrits.

A la mort du cardinal, les livres furent enlevés du palais Mazarin, et le local qu'ils occupaient fut cédé en 1698 par le duc de Nevers à madame la marquise de Lambert [3].

Quand l'édifice du collége des Quatre-Nations (aujourd'hui l'Institut de France) fut terminé, on y installa les boiseries et les livres de la bibliothèque Mazarine, qui redevint publique en 1691 [4], sous la direction de la Sorbonne, jusqu'en 1791,

---

[1] Aubery, *Hist. du cardinal Mazarin*, t. II, p. 203.
[2] Loret, *Muse historique*, 11 septembre 1660.
[3] *Placet de madame la marquise de Lambert*, présenté en 1730.
[4] *Livre commode, ou les Adresses de la ville de Paris pour* 1691, p. 11

époque où L.-Joseph Hooke en fit la remise, en refusant de
prêter serment à la constitution civile du clergé [1]. Administrée
civilement depuis cette époque, elle accrut ses richesses, mais
sans conserver, à beaucoup près, la supériorité qu'elle eut à
l'origine sur la bibliothèque du Roi. C'est aujourd'hui la quatrième des bibliothèques de Paris; elle compte environ cent
cinquante mille volumes, dont quatre mille manuscrits.

(F)   HÔTEL DE VENDÔME.

Charles IX, voulant enclore dans Paris l'*hostel* et le jardin
des Tuileries, ainsi que les faubourgs attenants, posa, en
1566, la première pierre des murs qui, partant de la rivière de
Seine, à l'extrémité de ce jardin, devaient suivre à peu près
la ligne tracée aujourd'hui par la rue Royale et les boulevards,
et rejoindre à la porte Saint-Denis l'enceinte de Charles V [2].
Dès lors le faubourg Saint-Honoré fut considéré comme faisant partie de la ville, et se couvrit rapidement de couvents et
d'hôtels.

Vers 1562, le duc de Retz s'était fait construire dans ce faubourg un hôtel que les historiens désignent sous le nom d'hôtel du Perron, et où Charles IX logea deux fois, en 1566 et en
1574 [3], lorsqu'il revint en toute hâte de Saint-Germain, après
la découverte du complot des Mal-Contents.

La duchesse de Mercœur acheta en 1603 cet hôtel, pour la
somme de 12,000 écus [4], le fit abattre [5], et, le 29 juin 1604,
posa la première pierre d'un monastère des Capucines [6] et

---

[1] Lazare, *Dictionnaire administratif des Rues de Paris*, 1844, p. 335.
[2] Dubreuil, *Théâtre des Antiquités de Paris*, 1612, p. 1063.
[3] Sauval, t. II, p. 124. — Saint-Victor, *Tableau de Paris*, 1808, t. I, p. 457.
[4] Sauval, *Antiquités de Paris*, t. II, p. 124.
[5] *Ibid.*, t. II, p. 122.
[6] Dubreuil, *Théâtre des Antiquités de Paris*, p. 938.

d'un nouvel hôtel, qui s'élevèrent côte à côte. Pendant le temps que dura la construction des deux édifices, de 1601 à 1606, la duchesse se retira, avec douze filles qui voulaient entrer dans cet ordre, à la maison de la Roquette, hors du faubourg Saint-Antoine[1]. Les douze religieuses y firent leur noviciat, et, le 18 juin 1607, eut lieu la consécration de l'église des Capucines[2]. En même temps la duchesse prit possession de l'hôtel de Mercœur, qui devint l'hôtel de Vendôme par le mariage de Françoise de Lorraine, fille de la duchesse de Mercœur, avec César, duc de Vendôme, fils légitimé de Henri IV.

Cet hôtel occupait avec ses jardins un espace d'environ dix-huit arpents; il était situé rue Saint-Honoré, à l'endroit où se trouve aujourd'hui la place Vendôme, et ses jardins, qui touchaient presque aux murs de la ville, se composaient d'un parterre qui régnait devant les bâtiments, et d'un parc boisé percé d'allées en étoile autour d'un grand rond-point central[3].

La façade principale de l'hôtel, d'une architecture élégante, ne présentait qu'un seul étage percé de cinq grandes arcades, séparées par des colonnes accouplées d'ordre ionique, portées sur des piédestaux engagés dans le vif du bâtiment, ornés de bossages et de cartouches, ainsi que les pans de murs qui les séparaient. Chacune de ces arcades était garnie d'une balustrade à hauteur d'appui, à l'exception de celle du milieu, qui s'ouvrait dans toute la hauteur du bâtiment et servait de porte d'entrée. Celle-ci était de plus surmontée d'un petit attique où étaient sculptées les armes de Bourbon-Vendôme, et terminée par un fronton cintré qui portait deux statues couchées. L'édifice était en outre couronné à l'italienne d'une balustrade à jour[4].

En 1645, les ambassadeurs extraordinaires de Pologne vinrent assister à la cérémonie du mariage de Louise-Marie de

---

[1] Sauval, *Antiquités*, t. ii, p. 122.
[2] Dubreuil, *Théâtre des Antiquités de Paris*, p. 938.
[3] Voyez le *Plan de Gomboust*, dressé en 1652.
[4] BIBL. IMP., topographie, place Vendôme, t. i; dessins de cette façade.

Gonzague-Nevers avec Vladislas, fils de Sigismond, roi de Pologne. Ils firent la plus magnifique entrée qu'on ait jamais vue à Paris; leurs vêtements et harnais étincelaient d'or, de diamants et de pierreries. L'hôtel de Vendôme fut préparé exprès pour les loger, et orné des plus riches et des plus beaux meubles de la couronne [1].

En 1647, Cornifiz Wlfeldt, ambassadeur extraordinaire de Danemark, logea encore à l'hôtel de Vendôme [2].

En 1665, le duc de Vendôme mourut, laissant son hôtel à son petit-fils, fils aîné du duc de Mercœur et de Laure Mancini. Mais celui-ci, qui fut le célèbre Vendôme, habita peu cette maison, et demeura le plus souvent au Temple avec son frère, le Grand Prieur [3].

Louvois, voyant ces grands bâtiments inoccupés, conçut la pensée de former sur leur emplacement une vaste place; dans ce but il acheta, au nom du roi, en 1685, l'hôtel de Vendôme, pour la somme de 660,000 livres. La place projetée devait avoir 86 toises de long sur 78 de large (environ 180 mètres sur 160), former un carré fermé seulement sur trois côtés, le quatrième restant ouvert sur la rue Saint-Honoré; elle devait être entourée de bâtiments réguliers et uniformes, dont les façades seraient construites aux frais du roi. En face de la rue Saint-Honoré, une riche arcade devait servir de dégagement et de perspective; au milieu devait s'élever une statue équestre de Louis le Grand.

On songea d'abord à livrer les constructions à des particuliers; mais Louvois eut l'heureuse inspiration d'y établir la bibliothèque du Roi [4], l'hôtel de la Monnaie, les académies, etc.

Après la mort de Louvois, en 1691, son projet fut abandonné; les travaux exécutés furent démolis, et une déclaration

---

[1] Sauval, *Antiquités*, t. ii, p. 106.
[2] *Ibid.*
[3] *Ibid.*, p. 628.
[4] Voy. Bibl. imp., topographie, Paris, place Vendôme, les plans détaillés de ce projet.

du roi, du 7 avril 1699, céda à la ville de Paris le terrain et les matériaux, à la charge de faire bâtir un hôtel pour les mousquetaires noirs, et d'ouvrir sur ce même emplacement une autre place d'après les dessins de Hardouin Mansart. Cette nouvelle place est la place Vendôme, telle que nous la voyons aujourd'hui ; elle est moins grandiose que ne semblait l'annoncer le premier projet ; les maisons qui l'entourent, astreintes à un plan uniforme, furent livrées à des particuliers. Dès 1717, le chancelier de France occupa l'hôtel actuel du ministère de la justice, confisqué sur les traitants Bourvalais et Villemarec, condamnés par la chambre de justice. En 1719, Law acheta tous les terrains qui restaient ; mais, obligé de fuir en 1720, il ne put en tirer parti.

La création de la place Vendôme força d'exproprier les Capucines de madame de Mercœur ; le roi, en dédommagement, leur fit élever un magnifique couvent dans l'axe de la nouvelle place, au bout de la rue des Petits-Champs, sur l'emplacement actuel de la rue de la Paix. Les sculptures de cette place, qui porta d'abord le nom de place des Conquêtes, puis de Louis le Grand, furent confiées à Pouletier, et les bâtiments à Jules Hardouin Mansart. Au centre on érigea une statue en bronze de Louis XIV, modelée par Girardon, fondue d'un seul jet en 1692 par Keller [1], et inaugurée en 1699.

La statue du grand roi, renversée pendant la Révolution, laissa un piédestal vide, sur lequel fut exposé, le 24 janvier 1793, le lit ensanglanté de Lepelletier de Saint-Fargeau. Napoléon fit abattre ce piédestal en 1806, et élever au milieu de la place la colonne que nous y voyons aujourd'hui.

LE CHATEAU D'ANET [2].

Le bourg d'Anet, situé près de Dreux, est célèbre, depuis

---

[1] Voir, pour les détails de la fonte de cette statue, BIBL. IMP., topographie, Paris, place Vendôme.

[2] Piganiol de la Force, *Descript. de Paris*, 1642, t. VIII, p. 257.

le xvie siècle, par son charmant château, délicieux bijou ciselé pour la belle Diane de Poitiers par Philibert Delorme.

> L'Amour en ordonna la superbe structure :
> Par ses adroites mains avec art enlacés,
> Les chiffres de Diane y sont encor tracés,

dit Voltaire dans *la Henriade*.

L'architecte prodigua en effet dans les ornements, sur les cheminées, sur les fenêtres, les chiffres enlacés d'Henri et de Diane, ainsi que les allégories les plus ingénieuses. L'entrée du château était décorée d'un portique soutenu par quatre colonnes doriques ; l'archivolte ornée de festons de bronze et d'une Diane du même métal, entourée de chiens et de sangliers. Dans l'attique se trouvait une horloge ornée d'un groupe en bronze représentant une meute poursuivant un cerf ; les chiens couraient et aboyaient, et le cerf sonnait les heures avec un de ses pieds. On remarquait dans l'orangerie une fontaine au milieu de laquelle s'élevait une statue représentant une femme couverte d'une draperie mouillée, travail d'une rare perfection.

La chapelle, ornée de statues, de bas-reliefs, de fort beaux vitraux, renfermait le tombeau de Diane, morte en 1566. C'était un élégant sarcophage soutenu par quatre sphinx de marbre blanc, sur lequel la duchesse de Valentinois était représentée, les mains jointes, à genoux sur un prie-Dieu, et ayant devant elle un livre de prières. A l'époque de la Révolution, ce tombeau fut transporté à Paris, au Musée des monuments français.

Le château d'Anet passa à la duchesse de Mercœur, au duc de Vendôme, puis au célèbre Vendôme, son fils, mort en 1712. Sa veuve le laissa à sa mère, la princesse de Condé, qui le transmit à la spirituelle duchesse du Maine, sa fille. Il passa ensuite au comte d'Eu, fils du duc du Maine, et à sa mort fit retour à la couronne ; Louis XV en fit don au duc de Penthièvre. Les diverses qualités de ses possesseurs se trouvent rappelées dans ces vers de Florian, ami dévoué du vertueux duc de Penthièvre :

Anet, tu possédas tous les biens de ce monde :
Beauté, gloire, esprit et vertu !

La Révolution détruisit en partie ce monument; la façade
intérieure, transportée à Paris avec le soin que méritait ce
précieux échantillon de l'architecture de la Renaissance, se
voit aujourd'hui, comme on sait, dans la cour de l'École des
Beaux-Arts.

Le château d'Anet, sauvé d'une complète destruction par
M. le comte de Caraman, est maintenant rangé au nombre des
monuments historiques; sa façade extérieure vient d'être res-
taurée tout récemment, et rétablie dans son état primitif.

LE TEMPLE. — L'HÔTEL DU GRAND PRIEUR DE FRANCE.

Nous n'entreprendrons pas l'histoire de la commanderie
du Temple, dont la grosse tour, construite au XIIIᵉ siècle, devenue à jamais célèbre par la détention de la famille
royale en 1793, ne disparut qu'en 1811; nous ne toucherons
pas non plus à son vaste enclos, protégé par de hautes mu-
railles crénelées, qui ne tombèrent complétement qu'en 1802,
et sur l'emplacement duquel fut ouvert, en 1809, le marché au
vieux linge; nous dirons seulement quelques mots de cet hôtel
des grands prieurs de France, qui, sous les auspices des Vendôme, devint le siége de cette joyeuse société dont il est question dans ce livre.

Cet hôtel, situé au coin de la rue du Temple et de la rue de
la Corderie, avait été construit pour Jacques de Souvré, fils
du maréchal de Souvré, gouverneur de Louis XIII. Delile en
dirigea les travaux, qui furent interrompus par la mort du fon-
dateur, et demeurèrent inachevés. La cour était entourée d'un
péristyle à colonnes ioniques accouplées, élevées sur des piédestaux d'une hauteur démesurée. Au fond de cette cour se
trouvait le corps de logis, peu élevé et assez mal proportionné.
La grande porte, sur la rue du Temple, était décorée d'un
ordre dorique à colonnes isolées, au milieu d'une pesante fa-

çade en maçonnerie ; le tout surmonté d'un attique couronné d'une balustrade chargée de vases. Tout cet ouvrage, au dire des contemporains, manquait de goût et d'élégance [1]. Quant à l'intérieur des appartements, on pourra s'en faire une idée par deux aquarelles conservées au musée de Versailles, parmi les portraits disposés dans la galerie de l'attique : l'une d'elles représente un des salons dans lesquels se réunissaient les convives des soupers du Temple ; au milieu se trouvent divers instruments de musique, parmi lesquels on remarque un clavecin, au fond une table vivement éclairée, chargée de plats et de bouteilles ; les panneaux des murs sont tapissés de cuir estampé.

Le jardin, qui s'étendait derrière l'hôtel, décoré à la mode du temps et orné de moulages en plâtre des plus beaux antiques, était en tout temps ouvert au public [2].

En 1721, le chevalier d'Orléans, Grand Prieur, fit faire à cet hôtel de notables changements, sous la direction de l'architecte Appenard [3]. En 1812 et 1813, on lui fit subir d'importantes modifications, dans l'intention d'y établir le ministère des cultes ; mais, en 1814, une ordonnance de Louis XVIII donna cet établissement à la princesse de Conti, abbesse de Remiremont, pour y installer une communauté de Bénédictines qui devaient prier continuellement pour la France. Plus tard, cette ordonnance illégale fut annulée, et en 1853 l'hôtel des Grands Prieurs a été complétement démoli. En vertu d'une loi du 23 avril 1854, l'emplacement de l'hôtel et des jardins a été abandonné à la ville de Paris, à la condition d'y établir une promenade publique et d'y ériger un monument à la mémoire de Louis XVI.

[1] Germain Brice, *Description de Paris*, 1712, t. i, p. 463.
[2] Sauval, *Antiquités de Paris*, t. ii, p. 285-286.
[3] Piganiol de la Force, 1742, t. iv, p. 224.

(G)　　　·　　　HÔTEL DE CONTI.　　　·

Marie Martinozzi, devenue princesse de Conti en 1654, vint habiter l'hôtel de Conti, situé sur le quái Malaquais (aujourd'hui n° 11); ce fut d'abord l'hôtel du comte de Brienne, secrétaire d'État, où le prince de Conti avait demeuré, et qu'il acheta [1]. Le cardinal Mazarin le fit reconstruire pour sa nièce; celle-ci l'échangea, après la mort du prince (vers 1669), contre l'hôtel de M. de Guénégaud, secrétaire d'État, à qui elle abandonna en outre la terre du Bouchet, près de Paris [2].

Cet ancien hôtel de Conti était un assez grand bâtiment composé de trois corps, dont deux en retour vers le quai, terminés par deux pavillons ornés de frontons à jour, et reliés entre eux par une terrasse sous laquelle s'ouvrait la porte principale, décorée d'un ordre dorique. Cette terrasse se repliait sur la cour, et régnait, à la hauteur du premier étage, sur toute la longueur de l'aile gauche [3]. Ces constructions, élevées de deux étages au-dessus du rez-de-chaussée, étaient lourdes et sans élégance.

Cet hôtel portait encore le nom de Guénégaud en 1676 [4]. Il passa ensuite au duc de Créqui, puis au duc de La Trémouille son gendre, et en 1712 fut vendu au duc de Lauzun, qui l'occupa jusqu'à sa mort et y fit faire de grands embellissements [5]. La duchesse de Lauzun le vendit à Louise-Adélaïde de Bourbon-Conti, connue sous le nom de mademoiselle de La Roche-sur-Yon. En 1770, l'hôtel de La Roche-sur-Yon devint l'hôtel de Mazois; ses dehors furent renouvelés et ses dedans fort em-

---

[1] Sauval, *Antiquités de Paris*, t. II, p. 131. — *Plan de Paris*, par Gomboust, 1652.

[2] Lemaire, *Paris ancien et nouveau*, t. III, p. 242.

[3] Voyez le dessin de Jean Marot, *Vue de l'hôtel du Plessis-Guénégaud*, sur le quai Malaquais.

[4] Voyez le *Plan de Paris*, dressé par Bullet, 1676.

[5] Germain Brice, *Description de Paris*, 1717, t. III, p. 270. — Piganiol de la Force, *Description de Paris*, 1742, t. VII, p. 273.

bellis.[1]. Après la Révolution, cet hôtel fut occupé longtemps par le ministère de la police générale [2]. Enfin, vers 1840, un spéculateur, M. Caillard, l'acheta et le fit abattre, pour vendre séparément le terrain et les matériaux. La place qu'il occupait est encore vide aujourd'hui, et il n'en reste d'autre trace qu'une fausse façade plaquée contre le mur de la maison voisine, et que l'on pourrait tout au plus rapporter aux embellissements de l'hôtel de Mazois.

Mais arrivons au second hôtel de Conti, situé sur l'emplacement actuel de l'hôtel des Monnaies. Les seigneurs de Nesle possédaient en ce lieu, au XIIIe siècle, un hôtel qu'Amaury de Nesle vendit en 1398 à Philippe le Bel [3]. De cet hôtel dépendait cette fameuse tour de Nesle, qui jouit encore de nos jours d'une si triste célébrité. En 1350, le roi Jean y fit trancher la tête aux comtes d'Eu et de Guines, connétables de France. Il fut donné, en 1380, par Charles V à Jean, duc de Berry, qui y mourut en 1416 [4]. Pendant la domination anglaise, le roi d'Angleterre y séjourna souvent. En 1552 et 1570, Henri II et Charles IX en ordonnèrent la vente.

Louis de Gonzague, duc de Nevers, l'acheta en 1572, et le fit reconstruire plus tard avec une telle magnificence que Henri IV, causant un jour avec ce duc, lui dit, en regardant les bâtiments encore inachevés de son hôtel : « Mon neveu, j'irai loger chez vous quand votre maison sera achevée [5]. » C'était en effet un vaste et imposant édifice de brique et de pierre, ayant quelque rapport avec les constructions de la place Royale ; il s'étendait, avec ses splendides jardins, depuis la porte de Nesle jusqu'à la rue Dauphine [6].

---

[1] *Curiosités de Paris*, par L. R. (Lerouge), 1771, t. II, p. 142.

[2] Girault de Saint-Fargeau, *les Quarante-huit Quartiers de Paris*, p. 433.

[3] Sauval, *Antiquités*, t. II, p. 240.

[4] Sauval, t. II, p. 117, 181. Sauval dit que Charles VII le vendit au duc de Berry.

[5] Tallemant des Réaux, t. I, p. 91.

[6] Voyez aux estampes de la BIBLIOTH. IMPÉRIALE, topographie, Paris, Monnoie, t. I, et plans de Paris, 1609.

Marie de Gonzague de Clèves, duchesse de Nevers, qui devint reine de Pologne, vendit en 1641 l'hôtel de Nevers à H. de Guénégaud, qui fit abattre les bâtiments, aliéna une partie des terrains, et ouvrit la rue Guénégaud derrière les jardins du nouvel hôtel qu'il fit construire par François Mansart. Vers 1669[1], la princesse de Conti acquit l'hôtel Guénégaud, qui prit dès lors le nom d'hôtel de Conti. Elle le conserva tel que Mansart l'avait élevé : sa façade principale, perpendiculaire au quai, correspondait à la façade latérale actuelle de l'hôtel des Monnaies, sur la petite place de Conti ; elle était décorée d'une belle porte, surmontée d'un entablement dorique soutenu par deux consoles, et ornée de sculptures pratiquées au fond d'une sorte de voussure enrichie de refends, ouvrage qui jouit en son temps d'une grande célébrité.

La façade sur le jardin était basse, et couronnée d'une balustrade à l'italienne. Ce jardin, assez vaste, décoré de parterres, d'eaux jaillissantes, était en outre rempli en été de magnifiques orangers. Les appartements en étaient fort renommés ; on y remarquait un salon dont le plafond avait été peint par Jouvenet[2].

A côté de cet hôtel, vers le fond de l'impasse de Conti, se trouvait un second bâtiment, aussi de François Mansart, connu sous le nom de petit hôtel de Conti.

Après la mort de la princesse de Conti, son hôtel passa successivement à ses deux fils, puis aux descendants du second[3]. Le prince de Conti, grand prieur de France, le vendit à la ville de Paris, en 1751, un million trois cent mille livres. Le garde-meuble de la couronne y fut plus tard établi jusqu'en 1768, où, par lettres patentes du 16 avril, Louis XV en ordonna la démolition

---

[1] Voyez une gravure de Blondel, 1670, où le nom d'hôtel de Conti se voit inscrit sur la porte.

[2] Voyez G. Brice, *Description de Paris*, 1717, t. III, p. 253, et les dessins de J. Marot ; puis un autre dessin par Sylvestre, BIBL. IMP., collections topographiques, Paris, Monnoie, etc., etc.

[3] Piganiol de la Force, t. VII, p. 223.

pour la création d'un nouvel hôtel des Monnaies. Cet hôtel, élevé sous la direction de l'architecte Antoine [1], est le même que nous voyons aujourd'hui ; il occupe tout l'emplacement des deux anciens hôtels de Conti.

(H)   PARTAGE DU PALAIS MAZARIN.

Hôtel de Nevers. — Hôtel Mazarin. — Hôtel de la Banque royale. — Hôtel de la Compagnie des Indes. — Bibliothèque royale.

Un article du testament du cardinal portait : « A l'égard du « palais de Paris, appartenances et dépendances..... mondit « seigneur les lègue, savoir : moitié audit seigneur marquis « Mancini, son neveu, moitié auxdits seigneurs duc et du- « chesse Mazarini ; ensemble les bustes et figures qui sont audit « palais, à partager aussi par moitié entre eux [2]. »

En vertu de cette clause, Philippe-Julien Mancini et Armand de La Porte, duc de Mazarin, se partagèrent le palais. Le duc de Nevers eut les constructions neuves situées sur la rue de Richelieu et la cour de l'Horloge avec une partie de l'ancien hôtel de Duret de Chevry. L'entrée principale de son hôtel, qui prit dès lors le nom d'hôtel de Nevers, se trouva placée sur la rue de Richelieu ; c'est actuellement la porte de la Bibliothèque impériale [3].

Le duc de Mazarin eut pour sa part la plus belle partie du palais, savoir : l'ancien hôtel Tubeuf, les galeries élevées par Mansart, et des dépendances sur la rue des Petits-Champs : à peu près tout ce qui s'étendait sur les rues Vivien et des

---

[1] Lazare, *Dictionnaire administratif des Rues de Paris*, 1842, p. 456.

[2] Testament du cardinal Mazarin, *Œuvres de Louis XIV*, t. VI, p. 292.

[3] Voyez les plans aux estampes de la BIBLIOTH. IMPÉRIALE, topographie, Paris, quartier Feydeau, t. II ; et surtout une série de plans manuscrits conservés et réunis en un volume très-grand in-folio, sous le titre de *Bibliothèque royale*.

Petits-Champs. Cette partie continua de porter le nom de palais ou hôtel Mazarin [1].

A peine entré en possession de son hôtel, le duc de Nevers en détacha la portion occupant le coin de la rue des Petits-Champs, qu'il vendit au sieur de Varennes pour la somme de cinquante mille livres [2]. Il occupa les appartements du premier, à droite de la porte d'entrée; mais jusqu'à l'année 1670 il habita peu cette demeure.

Lors de son mariage, le duc de Nevers donna dans son hôtel une fête brillante, où l'on joua la *Bérénice* de Racine. La duchesse occupa les appartements de la galerie sur le jardin. Nous avons parlé des joyeux soupers qui réunissaient parfois dans cette maison la société épicurienne du Temple.

En 1683 fut ouverte, derrière les jardins de l'hôtel Mazarin et de l'hôtel de Nevers, la rue Mazarin, qui prit après le nom de rue Colbert. Cette rue passa sous la galerie de l'hôtel de Nevers par une arcade [3] percée à travers les anciennes écuries. En 1698, le duc de Nevers céda le local occupé autrefois par la bibliothèque du cardinal à l'extrémité de la galerie, au-dessus de la rue Colbert, à madame la marquise de Lambert, pour en jouir en viager. Ce local était vide, et dépouillé même de ses boiseries, qui avaient été transportées avec les livres au collège des Quatre-Nations.

Nous avons dit un mot des réunions de madame de Lambert, dont le salon était situé sur l'emplacement occupé, de nos jours, par le cabinet des médailles de la Bibliothèque impériale; ce salon était l'antichambre obligée de l'Académie française [4]. La marquise réunissait à ses dîners du mardi et du mercredi la société la plus spirituelle et la plus élégante,

---

[1] Voyez les plans mentionnés dans la note précédente.

[2] *Mémoire présenté par Ph. Mazarini Mancini, prince de Vergagnes,* 1711. BIBL. IMP., Manuscr. suppl. français, 2818.

[3] *Arrêté du 18 janvier* 1683, reproduit par Lazare, *Dict. des Rues de Paris,* p. 147; 1844.

[4] *Mémoires du marquis d'Argenson* (Loisirs d'un ministre).

au milieu de laquelle brillaient Fontenelle et la duchesse du Maine [1].

En 1707 le duc de Nevers mourut, et son hôtel passa à son fils aîné, M. de Donzi, prince de Vergagnes, qui y fit exécuter en 1709, sous la direction de l'architecte Dallin, des réparations qui lui coûtèrent près de cent mille livres [2]. L'hôtel de Nevers demeura en la possession du prince de Vergagnes jusqu'au 10 mai 1719, époque où il le vendit à Law. En 1716 était né, à l'hôtel de Nevers, un fils du prince de Vergagnes, qui porta plus tard le titre de duc de Nivernois. En 1717, il fut question pour la première fois de placer à l'hôtel de Nevers la bibliothèque du Roi, trop à l'étroit dans une maison de la rue Vivien, où Colbert l'avait fait transporter en 1666; on devait aussi établir l'Imprimerie royale dans les anciennes écuries du cardinal [3]. L'architecte de Cotte rédigea un mémoire sur ce projet [4]; mais il fallait que madame de Lambert abandonnât son logement : elle s'y refusa, et ce projet n'eut pas de suites. En 1719, Jean Law acheta l'hôtel de Nevers pour y établir sa banque, qui portait le titre de *Banque royale*.

Voyons maintenant ce qu'était devenu l'hôtel Mazarin. Le duc de Mazarin, possesseur des belles galeries du cardinal, conserva la plus grande partie de ses tableaux et objets d'art. « Après « ces pièces curieuses, » disait en 1664 François Colletet, « il « en reste peu à voir en France, car tout le rare et beau de « cette sorte se trouve dans ce palais [5]. » Même en 1717, malgré le gaspillage et les fureurs iconoclastes du maître, l'hôtel Mazarin soutenait encore son ancienne réputation : « On ne « verra pas de lieu dans tout Paris où il y ait plus de curio- « sités ni qui soit rempli d'une plus grande quantité de meu-

---

[1] *Lettres de la duchesse du Maine et de la marquise de Simiane.*

[2] Blondel, *Architecture française.*

[3] G. Brice, *Description de Paris*, 1717, t. i, table, p. xviii.

[4] Voir ce *Mémoire*, rédigé par de Cotte en 1717.

[5] François Colletet, *Abrégé des Antiquités de la ville de Paris*, 1664, p. 253.

« bles précieux que celui-ci [1]. » Le 9 avril 1661, le duc de Mazarin donna une fête magnifique dans son hôtel au marquis Angelelly, qui avait épousé, au nom du connétable Colonna, Marie Mancini [2]. Jusqu'à la célébration de son mariage, la fiancée habita l'hôtel Mazarin avec la duchesse sa sœur [3].

Cette somptueuse demeure servit souvent, pendant les absences fréquentes de ses maîtres, de résidence à des personnages de distinction ; ainsi, le 15 février 1663, le comte d'Harcourt se rendit avec cinquante carrosses au-devant du cardinal d'Este, et

> Dans le beau palais Mazarin.....
> Mena ce Romain d'importance,
> Ayant dans ce grand logement
> Un somptueux appartement [4].

L'année suivante, ce fut le légat du pape qui descendit à l'hôtel Mazarin [5].

La fuite de la duchesse (13 juin 1668) laissa le duc de Mazarin seul maître dans son hôtel ; ce fut alors qu'il entreprit, au nom de la décence, son expédition contre les statues qui le scandalisaient par leur nudité ; il gaspilla honteusement ses tableaux profanes, qu'il donna de divers côtés, mais qui, heureusement pour l'art, se retrouvent en partie au Louvre [6].

En revanche, il conserva religieusement les tableaux de piété et les belles tapisseries du cardinal, qu'il faisait pieusement étaler devant sa porte le jour de la Fête-Dieu [7]. Il vendit aussi une partie de son jardin à Colbert, pour y faire construire des maisons sur la rue Vivien [8]. Cette aliénation dut avoir lieu

---

[1] G. Brice, *Description de Paris*, 1717, t. I, p. 337.
[2] *Gazette de Renaudot*, 16 avril 1661.
[3] *Mémoires de madame de La Fayette.*
[4] Loret, *Muse historique*, 17 février 1663.
[5] *Ibid*, 16 août 1664.
[6] *Mémoires de Brienne* ; pass.
[7] G. Brice, *Description de Paris*, 1717, t. I, p. 339.
[8] *Ibid.*, p. 299

vers 1683, en même temps que l'ouverture de la rue Mazarin (rue Colbert). Ce maniaque mourut en 1712, laissant son hôtel et ses titres à son fils Guy-Paul-Jules, duc de Mazarin. Celui-ci le vendit en 1719, pour la somme d'un million, à Jean Law, et alla s'établir dans un hôtel situé un peu plus bas, dans la même rue.

Law se trouva ainsi, en 1719, possesseur de la totalité du palais Mazarin par l'acquisition simultanée de l'hôtel de Nevers, de l'hôtel Mazarin, et des maisons construites dans le jardin, sur les rues Vivien et Colbert.

Law établit ses comptoirs, bureaux, imprimeries et ateliers de la Banque royale dans les bâtiments de l'hôtel de Nevers, qui prit dès lors le nom d'hôtel de la Banque royale, et il installa les bureaux et magasins de la Compagnie des Indes dans l'hôtel Mazarin, qui devint ainsi l'hôtel de la Compagnie des Indes [1].

Law fit de l'hôtel de la Banque royale sa résidence ; il occupa les appartements du duc de Nevers, et réserva pour les grandes réceptions ceux de la grande galerie, autrefois occupés par la duchesse ; il en fit peindre les plafonds par Pellegrini, artiste vénitien, qui représenta dans des tableaux allégoriques les prospérités que la Banque et la Compagnie des Indes devaient faire pleuvoir sur la France [2]. Il fit faire en même temps (1719-1720) de grandes réparations aux deux hôtels par l'architecte Mollet, établit la porte du palais Mazarin telle que nous la voyons aujourd'hui (rue Neuve-des-Petits-Champs), abattit les maisons sur la rue Vivien, et jeta les fondements d'un grand bâtiment destiné à prolonger les galeries de Mansart jusqu'à la rue Colbert, parallèlement à la galerie de la rue de Richelieu.

Mais la chute du système vint suspendre ces travaux (1720). Law, assiégé dans son hôtel, où sa vie se trouva menacée, se réfugia au Palais-Royal, et bientôt quitta la France.

---

[1] Voyez les plans déjà indiqués.
[2] Piganiol de la Force, *Descript. de Paris*, 1742, t. II, p. 582.

Le 18 juillet 1721, l'hôtel de la Banque fut saisi au nom de la Compagnie des Indes, à laquelle Law avait été condamné à payer une somme de douze millions; mais cet hôtel échappa aux créanciers, comme ayant été acheté au nom et des deniers du roi; les terrains sur la rue Vivien furent seuls vendus. Le 14 septembre 1721, un arrêt du conseil ordonna le transport de la bibliothèque du Roi dans l'ancien hôtel de Nevers [1].

Un autre arrêt, du 24 septembre 1724, établit la Bourse dans la cour de l'hôtel de la Compagnie des Indes (ancien hôtel Mazarin), qui s'ouvrait sur la rue Vivien, et s'étendait devant les galeries de Mansart; la Bourse se tenait tous les jours, de dix heures du matin à une heure [2].

La translation de la bibliothèque du Roi à l'hôtel de Nevers eut lieu par les soins de Bignon, le bibliothécaire. De Cotte, architecte du roi, fut chargé des dispositions à prendre; il arrangea comme nous les voyons aujourd'hui, sauf quelques changements de détail opérés pendant la Révolution, les galeries sur la rue de Richelieu, et éleva en face, parallèlement et dans le même style, la galerie où se trouve aujourd'hui la salle de lecture, et qui se lie au bâtiment de l'Horloge.

Bignon occupa l'ancien appartement de Law et du duc de Nevers [3]. Les peintures de Pellegrini, qui rappelaient de tristes souvenirs, furent grattées [4], et les travaux furent poussés avec activité sous la direction du duc d'Antin.

Mais un obstacle imprévu vint en entraver l'exécution : madame de Lambert, dont les appartements étaient destinés à recevoir des livres, refusa de les quitter, et s'opposa à l'érection des bâtiments qui masquaient ses vues sur le jardin; elle présenta à cet effet un mémoire chaudement appuyé par la du-

---

[1] Piganiol de la Force, *Descript. de Paris*, 1742, t. II, p. 583.

[2] *Ibid.*, p. 471.

[3] Voir les plans réunis en un volume sous ce titre : *Bibliothèque royale*, aux estampes de la BIBL. IMP.

[4] Piganiol de la Force, *Descript. de Paris*, t. II, p. 583.

chesse du Maine, et les travaux restèrent suspendus [1]. En 1733, madame de Lambert mourut, à quatre-vingt-six ans; on reprit alors les travaux interrompus, et on compléta l'ensemble des constructions, en unissant par un bâtiment transversal les extrémités de la salle de lecture et de la galerie qui longe la rue de Richelieu.

Les appartements de madame de Lambert furent affectés au cabinet des médailles et antiques, réuni à la Bibliothèque; les divisions intérieures furent supprimées, et le salon des médailles fut disposé comme nous le voyons aujourd'hui, avec des panneaux ornés de peintures de Vanloo, Natoire et Boucher [2]; on y plaça un portrait de Louis XV, qui, supprimé pendant la Révolution, fut ensuite remplacé par celui de Louis XVIII.

Ce fut le 2 septembre 1741 que le cabinet des médailles, transporté de Versailles à Paris, prit possession de son nouveau local [3].

Depuis lors, la Bibliothèque a envahi peu à peu l'ancien hôtel Mazarin, où fut établi sous la République et l'Empire le Trésor public. La Bourse fut transférée, pendant la Révolution, dans l'église des Petits-Pères, puis dans l'ancien magasin de décors de l'Opéra, et enfin, en 1826, dans le palais construit par Brongniart [4]. Les manuscrits d'abord prirent possession d'une partie des appartements de l'hôtel Mazarin et de la galerie de Romanelli; les estampes viennent d'être transportées récemment dans cette galerie du rez-de-chaussée, peuplée naguère des statues antiques du cardinal; et cette belle partie du palais Mazarin est en ce moment même l'objet d'une importante restauration qu'elle mérite à tous égards, sous le rapport de l'art comme au point de vue de l'histoire.

[1] *Mém. pour madame la marquise de Lambert*, présenté le 22 avril 1730. — *Lettre du duc d'Antin à M. de Cotte*, 22 avril 1730.

[2] Blondel, *Architecture française*, t. III, p. 75.

[3] *Archives du cabinet des médailles.*

[4] Lazare, *Dictionn. administratif des Rues de Paris*, 1844, p. 91.

(I)   HÔTEL DE SOISSONS.

L'hôtel de Soissons était situé sur l'emplacement actuel de la Halle aux Blés; il occupait tout l'espace compris entre les rues Coquillière, de Grenelle, des Deux-Écus et du Four-Saint-Honoré[1].

Sur une partie de ce vaste espace, les seigneurs de Nesle possédaient, avant le xiiie siècle, une résidence adossée à l'enceinte de Philippe-Auguste (un peu plus bas que la rue de Grenelle), dont l'entrée s'ouvrait sur la rue de Nesle, qui prit plus tard le nom de rue d'Orléans[2].

Jean de Nesle la céda, en 1232, à saint Louis, qui l'abandonna aussitôt à Blanche de Castille[3]. Cette reine ne cessa dès lors d'y demeurer, et y mourut en 1252[4]. A cette époque, l'hôtel de Nesle entendit souvent les ballades amoureuses de Thibaut, comte de Champagne.

En 1327, cette demeure prit le nom d'hôtel de Bohême ou de Behaigne, en devenant la propriété de Jean de Luxembourg, roi de Bohême. Plus tard il fit retour à la couronne, et le roi Jean en fit présent, en 1354, à Amédée VI, comte de Savoie[5]. Charles VI le racheta, et le donna, en 1388, à son frère, le duc d'Orléans. Charles d'Orléans, son fils, vint y réveiller les poétiques échos endormis depuis le départ de Thibaut de Champagne pour la Terre-Sainte. C'est alors que l'hôtel de Behaigne et la rue où il se trouvait prirent le nom des ducs d'Orléans[6].

---

[1] Citons, une fois pour toutes, la *Collection topographique de la* BIBLIOTH. IMPÉRIALE, *France, Paris, quartier de la Banque de France*, où nous avons puisé la plupart des documents relatifs à la topographie de l'hôtel de Soissons.

[2] *Ibid.*

[3] Sauval, *Antiquités de Paris*, t. ii, p. 211.

[4] *Ibid.* — D'autres historiens la font mourir à Melun, où elle s'était retirée.

[5] Sauval, t. ii, p. 212.
Ibid.

En 1492, Louis II d'Orléans, qui fut Louis XII, roi de France, abandonna une partie de son hôtel aux Filles repenties [1], qui, en 1499, se trouvèrent maîtresses de tout l'édifice, à la charge de dire chaque jour des prières pour la santé et la prospérité du roi de France [2].

En 1572, Catherine de Médicis, effrayée par une prédiction qui lui annonçait qu'elle mourrait près de Saint-Germain, laissant inachevés les bâtiments du palais des Tuileries, qui dépendait de la paroisse de Saint-Germain l'Auxerrois [3], résolut de se faire bâtir un hôtel sur l'emplacement du monastère des Filles repenties. Ces recluses durent quitter la place, et on leur donna en échange l'abbaye de Saint-Magloire [4].

Catherine ajouta à l'ancien hôtel de Nesle de vastes terrains contigus, supprima la partie de la rue d'Orléans qui allait de la rue des Deux-Écus à la rue Coquillière, ainsi qu'un bout de la rue des Vieilles-Étuves, et prolongea la rue des Deux-Écus jusqu'à la rue de Grenelle. Le périmètre de son hôtel se trouvait ainsi dessiné comme nous l'avons indiqué plus haut.

Jean Bullaut fut chargé de la construction de cet hôtel, qui s'étendit entre la rue Coquillière et la rue des Deux-Écus, vers la rue du Four. Le bâtiment principal s'éleva entre deux jardins : l'un, longeant la rue du Four, fut disposé en parterres et orné d'un bassin au milieu duquel était couchée une Vénus de marbre, ouvrage de Jean Goujon [5]; l'autre s'étendit jusqu'à la rue de Grenelle, également orné de festons et d'eaux jaillissantes, et ombragé de grands et beaux arbres. La façade sur le jardin principal se composait de trois pavillons surmontés de hautes toitures. Celui du milieu était percé d'une seule grande fenêtre en arcade, et flanqué de deux avant-corps ornés de frontons sculptés aux armes de France. Un mur à terrasse, au

[1] Dubreuil, *Théâtre des Antiquités de Paris*, 1612, p. 847.
[2] Sauval, t. II, p. 213.
[3] Mézeray, *Histoire de France*, t. III, p. 580.
[4] Dubreuil, *Théâtre des Antiquités de Paris*, p. 847-848.
[5] Germain Brice, *Description de Paris*, t. I, p. 358.

milieu duquel s'ouvrait une large porte, reliait ces deux avant-corps à deux grands bâtiments en saillie qui se développaient sur le jardin, à droite et à gauche de la façade principale. Sur la droite, une haute colonne monumentale, dont nous parlerons, dominait l'ensemble de ces élégantes constructions [1].

La chapelle était isolée au bout du jardin, au coin de la rue de Grenelle et de la rue Coquillière ; elle conserva longtemps le nom de *chapelle de la Reine* ; on remarquait son portail couronné de deux clochers suspendus, et les beaux festons qui en ornaient la porte. Une *Annonciation* sculptée par G. Pilon décorait le maître-autel [2].

L'entrée principale de l'hôtel était sur la rue des Deux-Écus ; Salomon de Bresse y éleva plus tard une magnifique porte [3] ; elle s'ouvrait sur une cour qui faisait le coin de la rue du Four. Au fond, à gauche de cette cour, s'élevait la fameuse colonne de Bullaut, à la description de laquelle Sauval consacre quatre pages in-folio [4]. Elle fut construite, dit-on, dans le but de servir d'observatoire à Catherine et à son astrologue Ruggieri ; elle est d'ordre dorique, haute de 143 pieds, cannelée ; la sphère qui la termine était autrefois supportée par une lanterne en fer. Un escalier à vis, qui règne dans l'intérieur, permet d'arriver au sommet, et la corniche est assez large pour que plusieurs personnes puissent s'y tenir à la fois.

On peut encore juger à peu près du mérite de cette colonne, car elle a été conservée, non sans peine, contre le bâtiment de la Halle aux Blés ; seulement on devra faire abstraction du hideux cadran solaire qui la dépare, de la fontaine qui prétend la décorer, et restituer dans les cannelures les CH entrelacés, les miroirs brisés, les lacs d'amour dont elles étaient semées, et dont quelques vestiges ont reparu, depuis qu'on a fait tomber

---

[1] Voyez plans et dessins, par Sylvestre, aux *collections topographiques* de la Biblioth. Impériale, indiquées ci-dessus.

[2] Sauval, *Antiquités*, t. ii, p. 217.

[3] Voir le dessin de cette porte dans l'œuvre de Jean Marot.

[4] Sauval, *Antiquités*, t. ii, p. 217 et suiv.

la couche de plâtre sur laquelle étaient tracées les lignes de ce cadran solaire. Il faudrait rendre aussi à la corniche son balcon, et replacer la sphère au sommet de la lanterne dont nous avons parlé [1].

Jusqu'à la mort de Catherine de Médicis, arrivée en 1589, cet hôtel porta le nom d'hôtel de la Reine, n'en déplaise à M. Alexandre Dumas, qui, dans son drame de *Henri III*, fait dire à Catherine : *Notre hôtel de Soisssons*[2], nom qu'il ne prit qu'en 1604, quinze ans après la mort de Catherine, lorsqu'il fut acheté par Charles de Bourbon, comte de Soissons.

Catherine mourut, assistée à ses derniers moments par Laurent *de Saint-Germain*, évêque de Nazareth. Son testament léguait son hôtel à Christine de Lorraine, sa petite-fille; mais Catherine ayant laissé plus de dettes que de biens, l'hôtel fut vendu au profit des créanciers. Catherine de Bourbon, sœur de Henri IV, l'acheta. A la mort de cette princesse, le comte de Soissons, qui l'avait ardemment aimée, paya cet hôtel près de cent mille livres pour s'entourer des souvenirs de sa chère maîtresse[3]. Le comte de Soissons mourut en 1612; sa fille Marie de Bourbon apporta en mariage l'hôtel de Soissons à Thomas de Savoie, prince de Carignan; leur fils Eugène-Maurice hérita de l'hôtel et du titre des comtes de Soissons; il épousa Olympe Mancini, et fut le père du prince Eugène, qui naquit à l'hôtel de Soissons le 18 octobre 1663.

Sous la Régence, l'hôtel de Soissons appartenait au prince Victor-Amédée de Savoie-Carignan, qui offrit à Law de transporter dans les jardins de son hôtel le marché des actions, que le chancelier avait repoussé de la place Vendôme. Law accepta, et une ordonnance du 1er août 1720 établit la Bourse dans le jardin de cet hôtel, où le prince de Carignan fit cons-

[1] Voyez les dessins de Delagrive, *géographe de la ville de Paris*, 1750, etc.
[2] *Henri III et sa cour*, acte I, scène I.
[3] Sauval, *Antiquités*, t. II, p. 214.

truire cent trente-sept baraques, qu'il louait 2,500 livres par mois [1].

Malgré les énormes bénéfices que dut lui procurer cette spéculation, le prince de Carignan mourut insolvable en 1741; ses créanciers obtinrent la permission de faire démolir son hôtel pour en vendre les matériaux. Un ami des arts, Petit de Bachaumont, parvint à sauver la colonne de Bullaut en l'achetant de ses deniers [2]. La ville de Paris acquit, en 1755, les terrains de l'hôtel de Soissons pour la somme de deux millions; en 1762, on résolut d'y élever un édifice pour la halle au blé; en 1767, cette halle et les maisons uniformes qui l'entourent étaient achevées [3]. La colonne, rachetée par la ville, avait été *décorée* d'un cadran solaire, et une fontaine coula de son piédestal. A ces deux conditions on voulut bien oublier que la colonne de Bullaut dérangeait quelque peu la symétrie de la nouvelle halle, et le dernier vestige du palais de Médicis a pu parvenir jusqu'à nous en sacrifiant à la Révolution les chiffres couronnés, les emblèmes et les fleurs de lis qui attestaient sa royale origine.

(J) Le maréchal de Luxembourg fut arrêté et enfermé à la Bastille. Le Sage l'accusait d'avoir fait un pacte avec le diable, afin de pouvoir marier sa fille au fils de Louvois. Était-ce bien la peine de vendre son âme pour cela? On connaît la belle réponse que l'on prête à Luxembourg parlant à ses juges: « Quand Mathieu de Montmorency épousa la veuve de Louis le Gros, il ne s'adressa point au diable, mais aux états généraux;

---

[1] Voyez *Plan de la Bourse de Paris*, établie par ordonnance du roi, etc., Bibl. imp., topographie, Paris, quartier de la Banque de France.

[2] Voyez gravure de Carmontel qui représente P. de Bachaumont près de la colonne, avec cette inscription : *Columna stante quiescit;* Bibl. imp., topographie, etc.

[3] *Curiosités de Paris*, par L. R., 1771.

qui déclarèrent que, pour acquérir au roi mineur l'appui de
Montmorency, il fallait faire ce mariage. » Cette fière réponse,
dit Voltaire, n'était pas d'un coupable. Cependant madame de
Sévigné, dans les nouvelles qu'elle mandait à sa fille sur ce procès fameux, ne présente pas le maréchal de Luxembourg dans
cette fière attitude. « M. de Luxembourg, dit-elle, a été deux
jours sans manger; il avoit demandé plusieurs jésuites, on les
lui a refusés; il a demandé la *Vie des Saints*, on la lui a donnée. Il ne sait, comme vous voyez, à quel saint se vouer. Il fut
interrogé quatre heures vendredi et samedi; il parut ensuite
fort soulagé, et soupa. On croit qu'il auroit mieux fait de mettre son innocence en pleine campagne.... M. de Luxembourg
est entièrement déconfit; ce n'est pas un homme ni un petit
homme, ce n'est pas même une femme, c'est une femmelette :
*Fermez cette fenêtre, allumez du feu, donnez-moi du chocolat,
donnez-moi ce livre; j'ai quitté Dieu, il m'a abandonné.* Voilà
ce qu'il a montré à Bézémeaux et à ses commissaires avec une
pâleur mortelle. Quand on n'a que cela à porter à la Bastille, il
vaut mieux gagner pays [1]. »

Nous avons pourtant quelque peine à croire que l'âme vaillante de Luxembourg se soit affaissée à un tel degré.

(**K**)   *Lettre du comte de Rebenac au Roi.*

« 7 octobre 1688, à Madrid.

« Madame la comtesse de Soissons a donné lieu depuis quinze jours
à une intrigue fort considérable en ceste cour; le roy d'Espagne estoit
prevenu contre elle; il l'accusoit de sortilege, et, par une opinion assez
particuliere, il s'est mis en teste depuis quelques jours que, sans un
sort qu'elle avoit jeté sur luy, il auroit eu des enfans. Cette pensée,
Sire, l'a extrèmement troublé, et luy a fait prendre le pretexte d'une
affaire qui estoit survenue entre des Espagnols et des domestiques
de madame de Soissons pour luy faire insinuer par madame la

----

[1] Madame de Sévigné, *Lettres*, 31 janvier 1680.

connetable Colonna qu'elle feroit bien de se retirer en Flandres, où on luy a donné la jouissance de la maison de Terveuren, sa vie durant. Elle n'a pas voulu déférer à ce conseil, et a cru que la prise de Bellegrade, dont la première nouvelle a esté portée icy par un gentilhomme du chevalier de Savoie, feroit changer quelque chose à cet ordre; néanmoins le marquis de los Balbases fut chargé de le lui confirmer. Sur cela elle alla trouver la reyne, ne doutant point qu'elle ne disposast absolument d'elle pour la faire entrer dans ses intérests; mais cette princesse lui conseilla au contraire de s'accommoder à la volonté du roy d'Espagne. Madame de Soissons, transportée de ressentiment, a pris le parti de déclamer contre la reyne et de se jeter entre les bras du comte d'Oropesa et du comte de Mansfeld, qui estoient les seuls autheurs de sa disgrace; elle leur a persuadé que la reyne d'Espagne estoit *autrice* de son malheur, par les complaisances qu'elle avoit pour Votre Majesté, qui m'avoit, dit-elle, donné ordre de la faire, s'il se pouvoit, sortir de Madrid. Sur ce pied-là, Sire, ces deux hommes l'ont regardée comme une personne irritée contre la reyne d'Espagne et contre les interests de V. M., et qui par cette raison leur convenoit à l'un et à l'autre. Ils ont outre cela fait connoitre la grandeur de leur crédit, qui pouvoit en peu de jours chasser et retenir qui bon leur sembleroit.

« Cependant ils n'ont encore pu gagner sur l'esprit du roy que la permission pour madame de Soissons de différer son départ, afin qu'elle ne parust point chassée de cette cour, et on croit que dans peu elle prendra un pretexte de se retirer.

« Ce que je viens d'avoir l'honneur de dire à Votre Majesté sur la conduite de cette intrigue n'est qu'une presomption de ma part; mais, Sire, elle est fondée sur tant de paroles semées dans les discours que j'ay eus avec le comte et la comtesse de Mansfeld et plusieurs autres que je crois estre assuré que la chose s'est passée ainsy.

« Je dois, Sire, avoir l'honneur de dire à V. M. que je n'ay aucune part quelle qu'elle soit à cette intrigue. Je n'ay point veu madame de Soissons depuis que je suis icy; elle m'a fait faire des compliments par voie indirecte, je les ay rendus de la mesme manière; je n'ay point eu d'empressement de la trouver nulle part ny elle moy. J'ay seulement esté attentif à sa conduite. J'ay trouvé que la reyne d'Espagne se plaisoit quelquefois à sa conversation, mais n'avoit au-

une confiance véritable en elle; aussy elle ne m'a pas paru dangereuse de ce costé là..... » (ARCHIV. DES AFF. ÉTRANG.)

Lettre du comte de Rebenac au roi.

23 décembre 1688, à Madrid.

« SIRE,

« J'ay hésité si je devois avoir l'honneur d'informer V. M. de quelques particularités qui sont venues à ma cognoissance. Comme elles
sont en quelque sorte contre la pudeur, j'apprehendois qu'elles ne
fussent contre le respect; mais, Sire, j'ay cru qu'elles pouvoient avoir
des conséquences si grandes que je debvois plutost m'exposer à commettre une faute en les disant comme elles sont qu'en les suppri-
mant avec danger de porter quelque prejudice à vos interests.

« Lorsque je suis venu à Madrid j'ay trouvé qu'un bruit s'étoit ré-
pandu que le roy d'Espagne pouvoit avoir des enfans. Ce bruit, Sire,
aussy bien que celuy d'une pretendue grossesse de la reyne, ne me
parut avoir que des fondemens fort vagues. J'ay mesme profité de
quelques ouvertures que la reyne m'a faict pour en tirer des lumières
seures. Elle me laissoit un jour entendre d'une manière, le lendemain c'estoit d'une autre, sans que je prisse la liberté de luy oser
faire aucune question sur une matière de ceste nature. Enfin, Sire,
elle me dit une fois qu'elle vouloit bien me confier ce qu'elle n'avoit
jamais voulu dire à personne : c'est qu'à la vérité elle n'étoit plus
fille, mais qu'autant qu'elle se pouvoit figurer les choses, elle croyoit
n'avoir jamais d'enfans. Sa pudeur l'empeschant de s'expliquer davantage et mon respect de la questionner, je compris cependant à
quelques-uns de ses discours qu'il y avoit une débileté naturelle qu'on
attribuoit à trop de vivacité de la part du roy; enfin, Sire, que la
coetion, comme parlent les medecins, n'estoit point parfaite. J'eus
l'honneur de mander à V. M. sur cela que le roy d'Espagne n'auroit
point d'enfans, du moins selon les apparences.

« Depuis cinq ou six semaines le premier bruit s'est renouvellé
avec plus de force qu'auparavant; les pelcrinages ont été plus fréquens, et plusieurs revelations de certains imposteurs, dont les cou-
vens d'hommes et de femmes sont remplis en ces pays-ci, marquoient
qu'infailliblement la reyne deviendroit grosse. Je me suis contenté
d'admirer à quel point de superstition alloit la foiblesse du roy et

29

de la plupart des Espagnols, en sorte que j'estois fatigué d'entendre les contes qu'on en faisoit tous les jours. Entre ceux-là, Sire, il y en a un que j'ay honte de dire à V. M., et je n'oserois le faire s'il n'avoit eu des suites.

« Un certain moine dominicain, amy du confesseur du roy, eut une revelation que le roy et la reyne estoient charmés; je marque, en passant, Sire, que depuis longtems le roy d'Espagne a dans l'esprit qu'il l'est, et mesme par madame la comtesse de Soissons. Il estoit question de lever le charme, pourvu qu'il eust été jetté depuis le mariage; s'il l'avoit été avant, il n'y avoit point de remède tant qu'il dureroit. La ceremonie estoit horrible, car, Sire, le roy et la reyne devoient estre déshabillés tous nuds. Le moine, revestu d'habits d'église, devoit faire des exorcismes, mais d'une manière infame; ensuite de quoy, en la presence mesme du moyne, on devoit voir sy le charme estoit levé tout de bon. La reyne a esté violemment persécutée par le roy pour y consentir, et elle ne pouvoit en aucune façon s'y résoudre. Tout cela s'estoit passé fort secrétement, et je n'en avois aucune connoissance, lorsque je receus un billet non signé par lequel on m'avertissoit que, sy la reyne avoit la complaisance de consentir à ce que ce moine proposoit, pour que le roy eust des enfans, qu'elle seroit perdue, et que c'estoit un piege que le comte d'Oropesa lui tendoit. Le dessein estoit d'en conclure que la reyne estoit charmée avant son mariage; que, par conséquent, il devenoit nul, ou du moins on la rendoit odieuse au roy et au peuple. C'estoit dans ce temps que le prince de Portugal mourut, et qu'on parloit de l'infante. Comme toutes ces méchancetés, mesme les plus noires, viennent par ces sortes de voies, le Père confesseur de la reyne et moy fismes nos diligences pour approfondir l'affaire. Nous sçumes premièrement de la reyne elle-mesme ce qui se passoit, et elle prit ses précautions. Nous trouvasmes ensuite que la question avoit été proposée à de certains théologiens, et quelques-uns d'eux avoient déjà opiné pour la nullité du mariage. Enfin, Sire, c'estoit une chose horrible et un piége dangereux pour la reyne; on n'a pas trouvé de voye plus seure pour l'éviter que celle de publier sous main la chose, et depuis le roy d'Espagne n'y pense plus. . . . .

« J'ay trouvé le secret d'avoir des caleçons du roy, parce que, pour n'oublier aucune particularité, il ne porte ses chemises que jusqu'à la ceinture, et les porte d'une toile bien grosse et quy le puisse bien grater. Je les ay fait examiner à deux chirurgiens; l'un croit que la génération peut s'en suivre, l'autre asseure que non; mais il est vrai du moins qu'il y a du changement depuis deux mois.....

« V. M. jugera; si je fais une faute contre le profond respect que je luy dois en rapportant des choses de cette nature, je luy en demande très-humblement pardon; si j'ay manqué, le zèle que j'ay pour son service m'en a inspiré la hardiesse, et je me souviens que V. M. m'a fait l'honneur de me commander de luy donner part, avec un chifre secret, des moindres circonstances qui pouvoient luy importer. » (ARCHIV. DES AFF. ÉTRANG.)

Lettre du comte de Rebenac au roi.

« Franchini, médecin de la reyne, ne peut se sauver que sur une très grande ignorance de laquelle il seroit plus suspect que personne. Je luy ay donné des advis continuels, pendant le mal de la reyne, sur la nature des remèdes dont il se servoit, et il y a persisté jusqu'à la fin. Je luy ay connu de l'affectation à appuyer les bruits qui se répandoient des excès de bouche que la reyne faisoit, et il adjoustoit beaucoup de faussetés. Il a revelé mes soupçons, quoy que je ne les luy eusse communiqués qu'avec un ordre exprès de n'en parler à personne. Depuis la mort, il m'a fuy, et je ne l'ai vu qu'à peine le troisième jour, quoique je l'eusse envoyé chercher plusieurs fois..... En sorte, Sire, que sa conduite m'est suspecte. Je sçais de plus qu'il a dit à une personne de ses amis qu'il estoit vray que, dans l'ouverture du corps et dans le cours de la maladie, il avoit remarqué des symptomes extraordinaires, mais qu'il y alloit de sa vie s'il parloit, et que ce quy venoit d'arriver l'avoit obligé depuis longtems à souhaiter passionnément son congé.

« Le public se persuade présentement le poison et n'en fait aucun doute; mais la malignité de ce peuple est si grande que beaucoup de gens l'approuvent, parce que, disent-ils, la reyne n'avoit pas d'enfants, et ils regardent le crime comme un coup d'État quy a leur approbation.

« J'avois demandé à assister à l'ouverture de son corps, et l'on pouvoit du moins me permettre que j'y envoyasse des médecins et chirurgiens, mais on me l'a refusé..... Lorsque je vis la reyne à la dernière extrémité, je laissay des chirurgiens et autres personnes aux portes de son appartement, afin qu'ils se servissent du désordre qui a coustume d'arriver dans ces sortes de rencontres pour entrer et reconnoistre s'il paroissoit quelque chose sur le visage de la reyne; mais les précautions estoient prises pour que personne n'entrast. J'ay fait tous mes efforts moy-mesme, et la porte me fut refusée comme aux autres. Le lendemain elle avoit le visage tout bleu, et des moines qui avoient dit la messe à un autel qu'il y avoit proche m'ont dict que la manière dont elle estoit leur donnoit des soupçons.

« Des gens qui venoient de Portugal ont trouvé force courriers sur leur route, avant mesme que la reyne fust en danger de mort; cette particularité marqueroit de l'intelligence entre le comte d'Oropesa et le Portugal.

« On a eu une affectation fort grande, dès le commencement de la maladie, à répandre que la reyne estoit tombée de cheval et s'estoit rompue une veine dans le corps, qu'elle avoit mangé une quantité prodigieuse d'huitres, de citron et de lait glacé, et l'on a vu nombre des mesmes gens s'empresser de répandre les mesmes bruits. Cependant je les ay tous vérifiés faux. Il n'est pas vray qu'elle soit tombée de cheval ny qu'elle ait mangé rien d'extraordinaire. Et il est très vray, Sire, qu'elle est morte d'une manière bien horrible..... » (ARCHIV. DES AFF. ÉTRANG.)

(K) Le *Grand Dictionnaire historique des Précieuses* nous offre le portrait de Marie Mancini, connétable Colonna, sous le nom de *Maximiliane*.

« Si toute l'Europe ne connoissoit pas les belles qualitez qui rendent Maximiliane une des plus admirables de son sexe, j'aurois de la peine à me résoudre à la mettre dans ce Dictionnaire, n'ignorant pas que l'on n'auroit point manqué de publier que j'estois obligé de dire du bien de celle de qui j'en ay tant receu [1]. Mais puisque la connoissance que chacun a de son mérite a levé cet obstacle, je puis dire, sans estre soubçonné de flaterie, que c'est la personne du monde la plus spirituelle, qu'elle n'ignore rien, qu'elle a leu tous les bons livres, qu'elle écrit avec une facilité qui ne se peut imaginer, et

---

[1] L'auteur signe : *Le sieur de Somaize, secrétaire de madame la connestable Colonna.*

qu'encore qu'elle ne soit pas de Grèce (France) elle en sçait si bien la langue que les plus spirituels d'Athènes (Paris), et ceux mesmes qui sont de l'assemblée des quarante barons (l'Académie française), confessent qu'elle en connoist tout à fait bien la délicatesse; de quoi Madate (La Menardière), qui avoit l'honneur de la voir souvent, peut rendre témoignage.

« J'oseroy adjouter à cecy que le Ciel ne luy a pas seulement donné un esprit propre aux lettres, mais encore capable de régner sur les cœurs des plus puissans princes de l'Europe [1]. Ce que je veux dire est assez connu sans qu'il soit besoin de m'expliquer davantage [2]. »

(L) Les lettres suivantes se rapportent à la fuite de la connétable Colonna, ainsi qu'au séjour qu'elle fit en France. Elles ont été tirées des manuscrits de la Bibliothèque impériale (vol. verts, C), et publiés dans la *Correspondance administrative*, sous Louis XIV, par G.-B. Depping, t. iv, p. 723 à 730.

Le connétable Colonna à Colbert.

« A Rome, le 7 aoust 1672.

« Je ne doute pas qu'à l'occasion du retour de S. M. à Paris tous les parents de nostre famille ne reviennent mesmement avec le roy, et que, sur l'affaire qui m'est malheureusement arrivée, ils ne s'assemblent tous pour la supplier de vouloir, par sa justice, faire réparation à l'honneur de tant de familles qui sont intéressées dans la fuitte de madame la conétable. J'espère aussy que la prière que je vous en fay contribuera beaucoup à porter S. M. ou à faire revenir ma femme en Italie, dans les formes qu'elle jugera plus convenables, ou à la faire mettre dans un couvent enfermé, esloigné de la cour, pour luy donner lieu de se remettre en elle-mesme, en attendant que le temps fournisse d'autres expédiens. J'attends donc que par vostre faveur une si juste demande aye l'effect que l'on désire, et que je puisse, par cette dernière obligation, augmenter la qualité de vostre, etc. »

[1] Allusion à l'amour de Louis XIV pour Marie Mancini.
[2] Le *Grand Dictionnaire historique des Prétieuses....*, par le sieur de Somaize...., t. ii, p. 33. Paris, 1661.

La sœur Marie-Magdeleine de Jésus, abbesse du Lys, à Colbert.

JHS † MAR.

« Ce 27 aoust (1672).

« Monseigneur, nous ne manquerons point d'exécuter avec toute la soumission que nous devons les ordres du Roy, que vous nous avez fait l'honneur de nous envoier pour la réception de madame la conétable Colonne dans cette maison ; mais vous voulés bien, Monseigneur, que je vous demande la grace d'agréer que je m'adresse à vous dans les occasions où je me trouveré embarrassée sur les choses qui la regarderont, comme je le suis dès à présent, de ce qu'il n'est point marqué, par lettre du Roy ni par celle de M. le marquis de Seignelay, combien de femmes je dois recevoir avec elle. Ie souhaitterés bien en estre informée avant qu'elle fust venue, afin de ne rien faire que vous n'aprouviés ; èt dans ce mesme sentiment je prendré la liberté de vous rendre compte de ce qui se passera sur ce sujet. »

« Le 30 aoust.

« Paix en Nostre Seigneur JC. Comme je croy estre de mon devoir de vous informer de ce qui se passe céans au sujet de madame la conestable, je prends la liberté de vous dire, Monseigneur, que, depuis samedy au soir qu'elle y est entrée, elle n'a veu que trois personnes : le premier, un gentilhomme de madame la comtesse, nommé de Bescheville, qui vint dès le lendemain luy en aporter des lettres. Elle ne lui parla d'abord qu'un instant, et fut faire ses responses, qui n'estoient guère que de dix ou douze lignes chacune. En les portant, elle fut bien un petit cart d'heure avec lui. Durant qu'il estet céans, il arriva un valet de chambre de madame Mazarin, nomé Nolende, qui luy en aportet des lettres ; il venoit de chez madame de Bouillon, et fut au parloir avec le gentilhomme de madame la comtesse, ce qui m'inquietta beaucoup lorsque je le seus ; mais la chose avet esté d'une manière que nous n'avions pas pu prévoir. Elle luy parla bien une bonne heure, et le retint à coucher pour avoir plus de tems à faire réponce ; sa lettre paresset fort ample. Hier, madame de Bouillon envoia un gentilhomme, nomé du Feu, savoir de ses nouvelles. Il n'avet qu'un compliment à luy faire, et ne fut qu'un moment. J'ai creu, Monseigneur, comme l'ordre du Roy porte de la laisser voir à mesdames ses sœurs, que je ne devés pas refuser ceux qu'elles envoient; mais je vais toujours, avant qu'on luy dise, m'informer de leur nom et de quelle part ils viennent. Aujourd'huy le fils de M. Tambonneau a envoié une personne luy porter une lettre et faire compliment; je lui ay refusé de la voir, et me suis trouvée en peine quelle excuse prendre, ne sachant si je dois donner connessance à ceux qui viennent de la volonté du Roy sur ce sujet. Je luy ai dit, sans m'expliquer davantage, que mon supérieur m'avoit ordonné de ne la point laisser voir que l'on ne me montrast un ordre par escrit. Il s'en est allé avec sa lettre, assez mal satisfait. Tant qu'elle n'aura personne à nostre dehors, il sera facile qu'elle ne sache point que l'on renvoie de ceux qui la demandent; mais, si ses officiers viennent bientost, comme elle l'espère, nous ne pourrons plus luy cacher. Elle nous a dit qu'elle les avet mandés à ses filles, mais qu'elle ne veut pas en faire entrer d'autre que celle qui est présentement avec elle. Elle a toujours paru assez gaye depuis qu'elle est icy, quoyque, dans le fonds, nous croyons bien qu'elle s'ennuye beaucoup. Elle croy que M. et madame de Nevers pourront venir bientost, ce que j'ay esté bien aise de savoir, afin de pouvoir, Monseigneur, vous demander de quelle manière j'en dois user, n'estant point compris dans l'ordre du Roy. Je vous suplie très humblement d'avoir la bonté de nous le faire mander, et si je puis donner connessance à mesdames ses sœurs de l'ordre que j'ay du Roy de ne la laisser voir qu'à elles. La crainte que j'ay de faire quelque chose contre les intentions de S. M. m'engagera à vous estre souvent importune; mais, estant par ce motif, j'espère que vostre bonté me le pardonnera, et ne désagréera pas qu'en mesme tems je me donne l'honneur de vous demander la continuation de vostre protection pour cette pauvre maison.

« P. S. Depuis nostre lettre escritte, il est venu à madame la connestable un tailleur, une lingère et d'autres gens de cette sorte, et avec eux un home qui a esté dans son voiage avec elle, de qui je croy qu'elle se sert pour ses affaires. Je le vis au parloir avec le gentilhome ordinère du Roy, lorsqu'elle arriva. Je n'en say point le nom; mais, comme elle n'ai cy aucune harde, je croy que ces personnes pourront venir souvent. Ie n'ay pas creu qu'on les pust refuser; mais je ne laisse pas d'en estre fort inquiettée, craignant que quelqu'un qu'elle ne doive pas voir se serve de ce pretexte et vienne avec eux. Elle parest estre surprise de ce que personne ne la vient voir. »

« Ce vendredi au soir (23 septembre).

« Je viens de recevoir, avec la reconnessance que je dois à vos bontes, la lettre que vous m'avez fait l'honneur de m'escrire. Depuis celle qui vous a esté rendue de nostre part, les choses ont changé. Madame la conestable, qui d'abord parut un peu s'emporter lorsque je luy dis que l'intention du Roy estet qu'elle satisfist pour les choses nécessaires à sa dépense, après que sa lettre fut partie, me témoigna en estre faschée, et vouloir suivre les sentimens de S. M.; ce qu'elle a fait ensuitte. Et tant sur ce point que pour tout le reste, nous avons tous les sujets du monde d'en estre contentes et de nous louer de sa conduitte. Je vous demande, Monseigneur, l'honneur de vostre protection pour cette pauvre maison. »

« Le 3 octobre.

« J'ai receu avec le mesme respect et soumission les ordres du Roy pour laisser sortir madame la conestable de cette maison, comme j'a-vés fait celuy de l'y faire entrer. Si elle a aporté quelque retardement, je vous suplie de croire, Monseigneur, que je n'y ay aucune part, et l'aurés remise sur l'heure entre les mains de M. de La Giberti, si elle n'avet réglé avec luy toute chose. l'ai suivy avec toute la fidélité que je dois les intentions de S. M., que vous m'avez fait l'honneur de me prescrire; de son costé elle s'est fort bien conduite, et nous avons tout sujet de nous en louer. »

La connétable Colonna à Colbert.

« Du Lis, ce 23 septembre 1672.

« Je croyé, Monseigneur, que vous auriés eu plus de charité pour vostre prochain, et que vous ne montreriés pas au Roy ma lettre, la-quelle j'escrivis en colère, sans savoir ce que je faisois. J'en ay eu assez de regret lorsque j'ay esté de sang-froid. Mais comme aux fau-tes commises il n'y a plus de remède, je vous prie au moins de ra-doucir le plus qu'il vous sera possible l'esprit du Roy, en ly faisant connoistre que, quand je serés icy retenue par ses ordres, je y de-meurerés encor avec plus de satisfaction dans l'espérance de fair quel-que chose quy ly seroit agréable, et que de plus je ne sohaitte nul-lement sortir d'icy pour aller à 60 lieus de Paris, à moins qu'il ne me le commande expressément; ce que je feré après pour l'obéir, mais non pas pour suivre mon plésir, le trouvant tout entier dans cette maison, où je demeureray, si S. M. le trouve bon, jusques à ce que Dieu m'inspire ce que j'auré affair touchant mon accomodement. Cependant, soyés assuré que je ne me consoleré jamais d'avoir eu une prontitude si mal à propos, et d'avoir dépleu à celluy à qui je dois tout ce que j'ay au monde. Je vous prie de mescuser auprès de luy, et de me croire fort vostre, etc. »

Réponse de Colbert à la connétable Colonna.

« A Versailles, le 24 septembre 1672.

« J'ai leu au Roy le billet que vous m'avez fait l'honneur de m'escrire par le retour de mon courrier. S. M. a bien receu les excuses que vous faites des termes de vostre billet du jour précédent, et elle m'ordonne de vous asseurer qu'elle vous donnera toujours la protection qu'elle vous a promise. Et en mesme temps elle m'ordonne de vous dire qu'elle persiste dans ce que j'ay eu l'honneur de vous escrire de sa part; et pour cet effect que vous choisissiez un couvent à 60 lieues de Paris, pour vous y retirer jusques à ce que vostre acomodement avec M. le conestable puisse se terminer. S. M. attend par le retour du porteur, qu'elle m'ordonne de vous envoyer exprès, le nom du couvent que vous aurez choisy, affin que vous puissiez vous y rendre et y demeurer en toute seureté. Après m'estre acquitté de l'ordre de S. M., je vous prie de me permettre, Madame, de vous dire qu'il est difficile que vous puissiez juger de ma charité, ou pour mieux dire de l'envie de vous servir et de contribuer quelque chose à vostre satisfaction par ce qui s'est passé. Le Roy a bien voulu faire passer par ma plume ses ordres sur vostre sujet; vous m'escrivez sur l'exécution de ces mesmes ordres; je luy doibs fidélité, et ainsy je ne pouvois pas me dispenser de lui faire voir vostre lettre. Et j'espère, Madame, que vous en jugerez ainsy, et que vous agréerez la protestation que je vous fais d'estre toujours, etc. »

La connétable Colonna à Colbert.

« Du Lys, ce 25 septembre 1672.

« Le commencement de vostre lettre m'a fort réjouy, Monseigneur, voyant que le Roy avoit bien receu mes excuses et qu'il vouloit bien m'accorder toujours sa protection; mais la suitte ne me fait que trop conoistre qu'il me voudroit voir bien loing de son royaume, et que ce n'est que par une simple honesteté tout ce qu'yl en fait. Du reste, je ne sçay pas assé bien la carte pour choisir un couvent dans une ville à 60 lieux de Paris; il n'a qu'a dir où il veut que j'aylle, je m'y rendré, quoyqu'il me soit bien fascheux de quitter un endroit où j'estois déjà toutte accoutumée, et où je recevois tous les bons traitements que je pouvois sohaitter. Au moins que ce soit dans une abbaye et un beaux couvent, car je ne sauré pas y durer autrement. Je n'auré jamais creu ce que je voye; je n'en diré pas davantage, parce que je ne me possède pas si bien que vous; y vaut mieux finir. Dites seulement au Roy que je ly demande de ly parler une fois avant que m'en aler, quy sera la dernière fois de ma vie, puis que je ne reviendré plus à Paris. Octroyés cette grace, je vous conjure, Monseigneur, et après je ly promets que je m'en iré encore plus loing s'il le souhaitte, estant tousjours fort disposée à ly obér, et à vous de vous témoigner que je seré toutte ma vie vostre, etc. »

« Ce 1er octobre.

« Vous ne me répondés pas un mot, Monseigneur, sur la prière que je vous avois fait de faire au Roy de ma part; je ne sçay plus que en juger. Je conois la bonté et l'honesteté du Roy de tout tems, et ne say ce que je puis avoir démérité depuis mon arrivée en France, qu'il ne me juge pas digne d'une audiance ni d'un mot de réponse; ou il faut que j'aye bien des ennemis, ou que mon malheur soit sans exemple, puisqu'il n'est possible que le Roy, qui est le plus obligeant Roy du monde, comance par moi à estre inexorable. Escusés, Monseigneur, la plainte que je vous fait, et croyés-moi tousjours vostre, etc. »

Lettre du roi à la connétable Colonna.

« A Versailles, le 26 septembre 1672.

« Ma cousine, désirant vous donner une abbaye commode pour vous retirer et y demeurer en toute seureté pendant le temps que vous voudrez demeurer dans mon royaume, je n'en ay point trouvé qui convinst mieux à tout ce que vous pouvez désirer que celle de Saint-Pierre, de ma ville de Reims, dont la dame d'Orval est abbesse; et pour cet effect, aussi tost que j'auray une dernière response à cette lettre, j'envoyeray le sieur Goberti pour vous y aller conduire. Sur

ce, je prie Dieu qu'il ayt, ma cousine, en sa sainte et digne garde. »
(BIBLIOTH. IMP., Mss., vol. verts, C.)

———

L'hôtel occupé par la duchesse de Bouillon sur le quai Malaquais (aujourd'hui n° 17) avait été bâti par François Mansart[1]
pour Macé Bertrand de La Bazinière, trésorier de l'Épargne;
il était regardé de son temps comme l'un des plus magnifiques
de Paris. La duchesse de Bouillon dut en faire l'acquisition vers
1676, à en juger par une lettre de Chaulieu, du 1er octobre 1677,
où il dit à la duchesse : « Je demandai à la Seine si elle n'avoit
point eu l'honneur de vous voir à Paris, puisque

. . . .

Elle coule depuis un an
Et nuit et jour à votre porte. »

Jusque-là elle avait dû habiter l'ancien hôtel de Bouillon, situé
dans la rue des Petits-Champs, en face de la rue Neuve des
Bons-Enfants[2].

L'hôtel de Bouillon, du quai Malaquais, s'élevait entre cour
et jardin, avec deux ailes en retour vers le quai, terminées par
des pavillons percés de deux arcades séparées par des pilas-
tres doriques et ornées de balustrades à hauteur d'appui. La
porte d'entrée, cintrée, s'ouvrait au milieu d'un mur orné de
refends en bossages, qui supportait une terrasse reliant ces
deux pavillons[3]. Le jardin avait été décoré par Le Nôtre de parterres en broderie[4] et de bassins à jets d'eau. Les appartements
étaient grands et richement ornés; on remarquait surtout un
cabinet, du côté du jardin, peint par Charles Lebrun, où l'on

[1] *Curiosités de Paris*, par L. R., t. II, p. 142.
[2] *Plans de Paris*, de Gomboust, 1652. — *Id.*, de Bullet, 1676.
[3] Voyez le dessin de Jean Marot, *Vue de la maison de M. de La Bazinière*, BIBL. IMP.
[4] Voyez le dessin d'un de ces parterres, BIBL. IMP., estampes, topographie,
Paris, Monnoie, t. I.

voyait Apollon sur le Parnasse, entouré des arts et des sciences.
L'appartement de la duchesse était du côté de la rivière, fort
orné de peintures et de dorures, avec quelques tableaux de
prix ; son cabinet était garni de bijoux précieux, de porcelaines,
de vases de cristal de roche, etc.[1]. La duchesse de Bouillon tenait de son oncle un goût prononcé pour les curiosités et objets
d'art ; aussi son nom se trouve-t-il parmi ceux des *fameux
curieux et dames curieuses des ouvrages magnifiques* publiés
par le *Livre commode contenant les adresses pour la ville de
Paris*, de 1692, p. 64. Elle mourut dans son hôtel, le 20 juin
1714. Cet hôtel resta longtemps propriété de la famille de
Bouillon, mais il fut modifié à différentes reprises, et enfin complétement reconstruit[2]. Il appartient aujourd'hui à M. le prince
de Chimay.

CHATEAU DE NAVARRE.

La magnifique résidence de Navarre, construite à deux lieues
d'Évreux par le duc de Bouillon, sur l'emplacement d'une maison de plaisance de la reine Jeanne de Navarre, n'existe plus.
Ses cours d'eau et les restes de ses bâtiments étaient déjà trans-
formés en usine quand le banquier Laffitte en devint proprié-
taire, et vendit ce domaine en 1830 au roi Louis-Philippe, pour
la somme de sept millions.

C'est après la chute de l'Empire que Navarre fut détruit.
L'impératrice Joséphine s'y retira en 1810, après son divorce,
et pendant deux ans elle se plut à embellir cette résidence dont
l'empereur lui avait fait don.

LETTRES INÉDITES ADRESSÉES A LA DUCHESSE DE BOUILLON PAR L'ABBÉ DE CHAULIEU.

« A Fontenay, le 5 juillet 1708.

« En me disant que vous me trouvez quelquefois à redire, vous
m'engagez, divine Princesse, à faire durer encore un peu une absence

---

[1] G. Brice, *Description de Paris*, 1717, t. iii, p. 271 et 272.
[2] Girault de Saint-Fargeau, *les Quarante-huit Quartiers de Paris*, p. 433.

qui me fait tant d'honneur. Mais pourquoy venez-vous, par ce discours enchanteur, troubler l'indolence et la tranquillité dont je jouys icy ? Il y a longtemps que je vous reproche ces coquetteries sourdes, aussy bien que l'injustice qu'il y a à me reprocher ma foiblesse sans avoir voulu éprouver mes forces. Je vivois icy sans rien craindre et sans rien désirer ; vostre lettre m'est venue rappeler les souvenirs de l'unique chose que je regrette à Paris, qui est vous. Tous vos deffauts ont des charmes ; jugez de ce que cela fait avec tant de talents de plaire ; vous savez rendre les paradoxes vraisemblables, vos contradictions plus délicieuses que la complaisance des autres, et la déraison aimable.

Quiquid calcaveris rosa fiet..... »

« Fontenay, le 3 juillet 1710.

« J'attends toujours, Madame, quelque grand evenement pour me donner l'honneur de vous ecrire ; en voicy deux au lieu d'un : le premier et le plus considérable pour moy, c'est que je suis devenu depuis huit jours totalement sourd. Vous m'aimeriez peut-estre mieux muet ; mais je perdrois trop si je ne vous entendois plus, *dulce loquentem,* et vous y gagneriez trop si je ne parlois pas. Quoi qu'il en soit, cela n'a dépendu ni de votre choix, ni du mien, et le Ciel m'a impitoyablement privé de la faculté auditive. De quelque amitié dont vous m'honoriez, vous apprendrez cette grande nouvelle en riant, ou rirez en l'apprenant, comme il vous plaira. C'est une chose admirable de nous voir, madame de Chaulieu et moy, criant à tue-tête pour former une conversation dont encore la moitié nous échappe, quoique le reste des gens nous entende d'aussy loin que les bateries devant Douay... [1] »

---

[1] Collection d'autographes de l'auteur.

NOTE SUR L'ACTE DE BAPTÊME DU CARDINAL MAZARIN.

La naissance de Mazarin restera décidément à l'état de problème; nous pensions avoir établi, d'après des détails précis, qu'il était né à Rome, dans le quartier de Rione di Trevi; notre assertion se trouve au moins ébranlée par une prétendue pièce authentique que vient de publier le *Courrier franco-italien* (2 octobre 1856): c'est un extrait de l'acte de baptême du cardinal Mazarin, trouvé, nous dit-on, par M. Gabriel Cherubini dans les archives de Piscina (Abruzzes). Voici cet extrait:

« Ex libro baptizatorum conservato in Ecclesia cathedrali Marsorum Sanctæ Mariæ Gratiarum civitatis Piscinæ, fol. 13, a tergo:

« Die xiv julii 1602, Julius Raymundus, filius Petri Mazzarini Palermitani et dominæ Hortensiæ, ejus uxoris, baptizatus est a me domino Paschale Pippi, eumque de sacro fonte baptismatis recepit Christina, obstetrix civitatis Piscinæ. »

Nous aurions plus d'un scrupule à signaler quant à l'authenticité de cet acte: il est pour le moins très-incomplet; si inexacts que soient les registres tenus par les curés dans les petites paroisses, il est certaines mentions qu'on ne manque jamais de faire dans les usages de l'Église. Or, ces mentions ne se trouvent pas dans l'acte en question.

Ainsi, *julii:* on ajoute d'ordinaire *mensis;* — 1602: il faudrait *anno Domini millesimo...* en lettres et non en chiffres.

— *Filius* : il faudrait ici la mention de la naissance: *natus ex legitimo matrimonio;* de plus la mention du jour, de l'heure, du lieu de la naissance. La qualité d'épouse donnée à la dame Hortense, *ejus uxoris*, ne suffit pas pour établir la légitimité du nouveau-né. — *Domino Paschale Pippi:* il faudrait ici la qualité de l'officiant, *parocho, presbytero*, etc., *ecclesiæ cathedralis*, etc. — *Recepit Christina obstetrix:* la mention de cette accoucheuse nous semble inusitée. Admettons qu'elle ne vicie pas l'acte, qu'elle indique une fonction en titre, propre à la ville de Piscina; il faudrait encore voir, à côté, une autre mention tout à fait indispensable, celle du parrain, de la marraine, des témoins. Or cette indispensable mention fait défaut. En somme, l'acte en question peut avoir été abrégé; mais, tel qu'il est, il ne saurait être admis comme authentique. Telle est l'opinion d'un écrivain dont on ne récusera pas l'autorité en pareille matière, M. Rapetti, à qui nous sommes redevable des observations précédentes.

FIN DE L'APPENDICE.

TABLE ANALYTIQUE.

— Sa chute, sa liaison avec le marquis de Richelieu, sa punition, ibid.

Autriche (don Juan d'), envoyé d'Espagne en France; ses manières originales, sa *folie;* il déplut à Marie Mancini, 264.

B

Bade (le prince Louis de), général au service de l'empereur, enlève son cousin Eugène de Savoie à la France, 207. — Ses rapports avec la comtesse de Soissons exilée, 231, note I. — Il va chercher à l'étranger des subsides, ibid.

Ballets, introduits en France par Mazarin ; sommes énormes qu'il dépensa pour ces divertissements, 163. — Goût prononcé de Louis XIV pour les ballets ; il joue cinq rôles dans *les Noces de Thétis et Pelée,* 164. — Olympe Mancini seconde le roi dans ces représentations, ibid. — Succès de Marie-Anne Mancini dans ces divertissements, 357, 359.

Banier (le baron de), amant de la duchesse de Mazarin, tué en duel par le prince Philippe de Savoie, 337.

Barberini (le cardinal Antonio), neveu du pape, soutient Mazarin contre Francesco Barberini, qui voulait le mettre en jugement, 28. — Le fait nommer nonce extraordinaire, 31. — Vient à Paris après la mort d'Urbain VIII; préside aux décorations du palais Mazarin, 54. — Demande à Mazarin la main de Laura Mancini pour son neveu Colonna, 63. — Correspondance à ce sujet, 64, note I. — Préside aux funérailles de madame Mancini, 79, note I.

Barberini (Francisco), neveu du pape, veut faire mettre Mazarin en jugement après l'affaire de Cazal, 28. — Vient à Paris, après la mort d'Urbain VIII; reçu par Mazarin dans son palais, 54.

Bartet, affidé du cardinal, le tient au courant, dans sa correspondance, des diverses phases du rapprochement entre le roi et la comtesse de Soissons, 174, 175, note I. — Indique à la comtesse la conduite qu'elle doit tenir vis-à-vis du roi; comment il apprécie le caractère d'Olympe (Documents inédits tirés des ARCH. DES AFF. ÉTRANG.), ibid.

Bayle suppose que la duchesse de Mazarin dicta elle-même ses mémoires, 309, note I. — Il vante l'esprit de la duchesse de Mazarin, 342.

Beaufort (François de Vendôme; duc de). — Mazarin espérait lui faire épouser, comme à son frère, une de ses nièces, 65.

Beauvais (La Cropte), écuyer de Condé, père de la comtesse de Soissons, refuse au lit de mort d'épouser la mère, 202.

Beauvais (madame de), première femme de chambre de la reine. — Surnom que lui donnait la cour : borgne et déjà sur le retour, 168. — Fut la première maîtresse de Louis XIV, ibid. — Ce qu'elle y gagna, 169.

Benserade. — Mazarin comparait ses vers à ceux de ce poëte, 24. — Vers sur Marie-Anne Mancini représentant une Muse dans le ballet des *Saisons,* 358, 360. — L'un des poëtes qui fréquentaient l'hôtel de Bouillon, 359.

Bibliothèque de Mazarin, vendue par ordre du Parlement, 71. — Ce qu'en dit Guy Patin, 72. — Lettre de Mazarin à propos de cette vente, ibid. — Le duc d'Orléans exige la vente en détail, ibid. — Histoire et description de cette bibliothèque, *Appendice* (E).

Blanquet. — Sa correspondance avec le ministre au sujet du voyage en Espagne de la comtesse de Soissons (tirée des ARCH. DES AFF. ÉTRANG.), 209, note I.

Boileau fait avec Racine la parodie du sonnet contre *Phèdre,* 153. — Échappe au ressentiment du duc de Nevers par la protection du prince de Condé, 155. — Sonnet dans lequel le duc de Nevers se vante de l'avoir fait bâtonner, 156.

Bonnet (bénédictin), éloge qu'il fait de la beauté de Mazarin, 29.

Bossuet, attaqué par le duc de Nevers à propos de la querelle du quiétisme, 148 et suiv. — Épigrammes et chansons du duc de Nevers contre ce prélat, 149.

Bouillon (Maur. God. de La Tour, duc de) épouse Marie-Anne Mancini ; va combattre les Turcs, 360. — Revient et ramène sa femme à Paris, 365. — Son caractère, son goût pour la chasse et la guerre, 368 et suiv. — S'amusa à brûler le maréchal de Noailles en effigie, 386.

C

Son séjour en France; vaines tentatives pour rentrer à la cour, 283. — Son séjour dans les Pays-Bas et en Espagne, 285 et suiv. — Portrait flatteur que fait d'elle à cette époque la marquise de Villars, 285. — Ses dernières années malheureuses, 237. — Appréciation de sa vie et de son caractère, 288. — Fait évader la duchesse de Mazarin, retenue de force dans un couvent, 323.

Colonna (l'abbé, puis cardinal) se rend à la cour de Madrid et prend Mazarin pour camérier, 19. — Envoie Mazarin porter une dépêche à Rome, pour faire diversion à son amour, 20.

Condé (le grand). — Comment il appelait Mazarin, 5. — Ses exigences vis-à-vis du cardinal; il tâche de le faire supplanter près de la reine, 55; — son insolence à l'égard de Mazarin, 56. — Il est arrêté, 57. — Mazarin est contraint de le délivrer, ibid. — Dénonce au Parlement le mariage du duc de Mercœur, 64, 98. — Passe à l'ennemi, 75. — Condamné à mort par le Parlement, 77. — Eut pour maîtresse la duchesse de Châtillon; comment elle lui faisait des partisans, 169.

Condé (le prince de), fils du grand Condé, amoureux de la duchesse de Nevers, 142. — Comment il joua le mari, ou fut joué par lui, ibid.

Conti (le prince de). — Élevé au collége de Clermont avec Paul Mancini, 43. — Son mariage avec Anne-Marie Martinozzi, 77, 107 et suiv. — Portrait peu flatteur que de Retz trace de ce prince, 108. — Sa figure; influence qu'exerçait sur lui sa sœur la duchesse de Longueville, ibid. — Négociations relatives à son mariage, 109. — Sa conduite scandaleuse durant ces négociations, 110. — Fâcheux résultats de cette conduite, 111. — Honteux de son mariage; ses violences contre Sarrazin, qui l'avait négocié, ibid. — Ce fait nié par Cosnac, ibid. — Conti frustré par Mazarin; sa fureur contre Cosnac à ce sujet, 109, 112. — Avantages qu'il retira de son mariage; ses faits militaires, 113. — Le prince de Conti courtise madame de Sévigné, ibid. — Sa jalousie à l'égard de madame de Longueville sa sœur et de la princesse sa femme; anecdotes à ce sujet, 114 et suiv. — Sa rencontre avec de Var-

des, 114. — Inquiétudes que lui donne une galanterie du roi, 115. — Conversation qu'il eut avec Cosnac à ce sujet, 116. — Sa conversion; il écrit contre la comédie; mot de Voltaire à ce sujet; sa mort, 118.

Conti (Anne-Marie Martinozzi, princesse de), 107. — Son arrivée à la cour; portrait que fait d'elle madame de Motteville, 36. — Son mariage avec le prince de Conti, 77, 107 et suiv. — Courtisée d'abord par le duc de Candale, elle l'eût préféré au prince de Conti, 107, 110. — Sa beauté, son surnom, 107. — Négociations relatives à son mariage; sa dot, 109. — Fâcheux résultats qu'eurent pour elle les désordres de son mari, 111. — Cérémonies de ses fiançailles et de son mariage; ses riches toilettes, ibid. — Son éloge par madame de Motteville, 112. — La jalousie de son mari; anecdotes à ce sujet, 114 et suiv. — Son aventure avec le roi, 114. — Son mari la rappelle auprès de lui; accident qui lui arrive, 115. — Ses bontés pour Cosnac, aumônier du prince; elle le fait nommer évêque de Valence, 115, 116. — Sentiments qu'elle inspirait à de Vardes; comment il sut les lui exprimer; anecdote, 117. — Se retire avec son mari en Guyenne, ibid. — Sa dévotion, sa correspondance mystique avec madame de Longueville, 118. — Nom que lui donnait madame de Sévigné, ibid. — Devient veuve; sa vie édifiante; sa mort racontée par madame de Sévigné, 118 et suiv. — Désolation générale, 119. — Ses libéralités, ses enfants, 120. — Elle laisse, par testament, le soin de leur éducation à madame de Longueville, 119. — Inscription de son tombeau, 120, note I.

Conti (François-Louis, prince de), fils de Marie Martinozzi; ses belles qualités; ce qu'en dit Saint-Simon, 120.

Conti (hôtels de). — Les deux hôtels de Conti, histoire et description, *Appendice* (F).

Conti (Torquato) et le marquis de Bagni, généraux de l'armée du pape, emploient Mazarin dans les négociations avec Milan et le maréchal d'Estrées, 25.

Correspondance de Mazarin avec la reine. — Nous montre les véritables sen-

S

FIN DE LA TABLE ANALYTIQUE.

TABLE DES MATIÈRES.

FIN DE LA TABLE DES MATIÈRES.

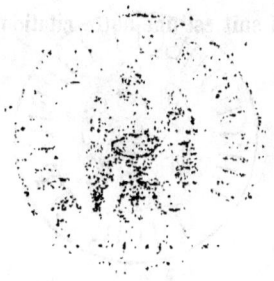

ERRATA.

Page 212, ligne 7 : fille unique, *lisez* fille aînée.
Page 233, ligne 2 : orgueilleux praticien, *lisez* orgueilleux patricien.
Page 245, note 1, ligne 5 : Somaire, *lisez* Somaize.
Page 306, note 2, ligne 2 : après *le laissa faire*, fermez les guillemets; ce qui suit est une autre citation.

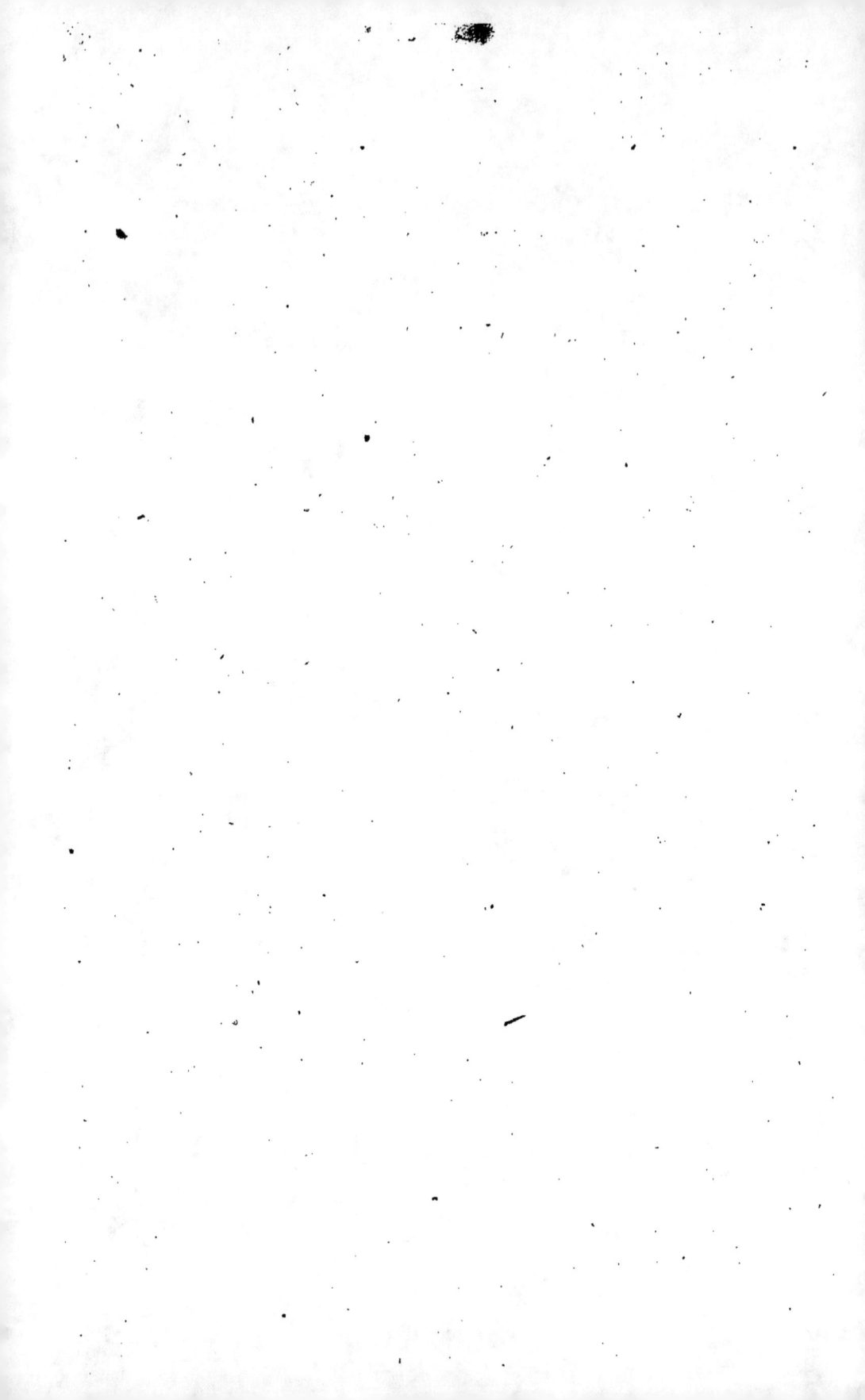

www.ingramcontent.com/pod-product-compliance
Lightning Source LLC
Chambersburg PA
CBHW070713280326
41926CB00087B/1898